Hartinger / Goldgruber

Fokus Exzellenz im Gesundheitswesen

Bleiben Sie auf dem Laufenden!

Hanser Newsletter informieren Sie regelmäßig über neue Bücher und Termine aus den verschiedenen Bereichen der Technik. Profitieren Sie auch von Gewinnspielen und exklusiven Leseproben. Gleich anmelden unter
www.hanser-fachbuch.de/newsletter

Gerd Hartinger (Hrsg.)
Judith Goldgruber (Hrsg.)

Fokus Exzellenz im Gesundheitswesen

Mit dem Grazer Management-Ansatz zum Erfolg

Mit einem Geleitwort von Friedrich Glasl

HANSER

Autoren:

Hon. Prof. (FH) Dr. Gerd Hartinger
Geschäftsführer der Geriatrischen Gesundheitszentren, Graz

Dr. Judith Goldgruber
Leiterin der Albert Schweitzer Institut für Geriatrie und Gerontologie, Graz

FSC MIX Papier aus verantwortungsvollen Quellen FSC® C014889

Alle in diesem Buch enthaltenen Informationen wurden nach bestem Wissen zusammengestellt und mit Sorgfalt geprüft und getestet. Dennoch sind Fehler nicht ganz auszuschließen. Aus diesem Grund sind die im vorliegenden Buch enthaltenen Informationen mit keiner Verpflichtung oder Garantie irgendeiner Art verbunden. Autor(en, Herausgeber) und Verlag übernehmen infolgedessen keine Verantwortung und werden keine daraus folgende oder sonstige Haftung übernehmen, die auf irgendeine Weise aus der Benutzung dieser Informationen – oder Teilen davon – entsteht.
Ebenso wenig übernehmen Autor(en, Herausgeber) und Verlag die Gewähr dafür, dass die beschriebenen Verfahren usw. frei von Schutzrechten Dritter sind. Die Wiedergabe von Gebrauchsnamen, Handelsnamen, Warenbezeichnungen usw. in diesem Werk berechtigt auch ohne besondere Kennzeichnung nicht zu der Annahme, dass solche Namen im Sinne der Warenzeichen- und Markenschutz-Gesetzgebung als frei zu betrachten wären und daher von jedermann benutzt werden dürften.

Bibliografische Information der Deutschen Nationalbibliothek:
Die Deutsche Nationalbibliothek verzeichnet diese Publikation in der Deutschen Nationalbibliografie; detaillierte bibliografische Daten sind im Internet über http://dnb.d-nb.de abrufbar.

Dieses Werk ist urheberrechtlich geschützt.
Alle Rechte, auch die der Übersetzung, des Nachdruckes und der Vervielfältigung des Buches, oder Teilen daraus, vorbehalten. Kein Teil des Werkes darf ohne schriftliche Genehmigung des Verlages in irgendeiner Form (Fotokopie, Mikrofilm oder ein anderes Verfahren) – auch nicht für Zwecke der Unterrichtsgestaltung – reproduziert oder unter Verwendung elektronischer Systeme verarbeitet, vervielfältigt oder verbreitet werden.

© 2020 Carl Hanser Verlag München
Internet: www.hanser-fachbuch.de

Redaktion: Antje Bieber
Lektorat: Lisa Hoffmann-Bäuml
Herstellung: Anne Kurth
Satz: Kösel Media GmbH, Krugzell
Titelbild: © shutterstock.com/Totsaa.arch Studio
Covergestaltung: Max Kostopoulos
Coverkonzept: Marc Müller-Bremer, www.rebranding.de, München
Druck und Bindung: Friedrich Pustet GmbH & Co. KG, Regensburg
Printed in Germany

Print-ISBN   978-3-446-46339-4
E-Book-ISBN   978-3-446-46437-7

Wie eine Organisation lernt, sich selbst zu erneuern

Geleitwort von *Friedrich Glasl*, Politikwissenschaftler und Psychologe

Die tief greifenden Veränderungen in Politik, Wirtschaft und Gesellschaft betreffen in unvermindertem Maß den Sozial- und Gesundheitsbereich. Durch demografische Umschichtungen, technologische Innovationen, vielfältige ökologische Herausforderungen und weltpolitische Gewichtsverschiebungen sind Maßnahmen dringend geboten, vor allem zur Prävention der auf uns zukommenden Klimakatastrophe und aller Folgeerscheinungen. Deshalb müssen Organisationen schnell und gut erfassen, welche Anforderungen heute und morgen an sie gestellt werden, um auf sie so einzugehen, dass sie nicht nur einige Symptome bekämpfen, sondern die wesentlichen Faktoren erkennen und ihnen begegnen können. Für wirksame Antworten auf die neuen Fragen sind unbedingt neue Denkansätze gefordert. Das gilt zum einen für das Organisations- und Menschenbild, besonders aber für das Changemanagement selbst.

Diesen Herausforderungen tragen verschiedene Managementkonzepte und -techniken Rechnung, mit deren Hilfe sich Führungspersonen für aktuelle Signale öffnen, die Probleme und deren Hintergründe erkennen und durchschauen, um schnell passende Lösungen zu konzipieren und umzusetzen. Für den Erfolg ist jedoch entscheidend, ob ein soziales System durch die Art und Weise, wie die nötigen Veränderungen konzipiert, geplant, gemanagt und umgesetzt werden, lernt, organisationale Innovationen aus eigener Kraft zu gestalten. Das Management der Grazer Geriatrischen Gesundheitszentren hat dafür von Anfang an den Weg des kooperativen Changemanagements nach den Prinzipien der Organisationsentwicklung beschritten. Denn das Hauptziel der Organisationsentwicklung ist, die Innovationsfähigkeit eines sozialen Systems zu entwickeln! Dadurch kann eine Organisation immer wieder die passenden Antworten auf stets neue Herausforderungen geben.

Das grundlegende Organisationsverständnis der Führung der Grazer Geriatrischen Gesundheitszentren geht aus von einer „evolutionären Organisation", die sich von Phase zu Phase organisch entwickelt. In jeder Phase erwerben nicht nur die in ihr tätigen Menschen individuell Wissen und Können, sondern es lernt darüber hinaus auch das soziale System als Ganzes und erwirbt die Fähigkeit, Situationen höherer Komplexität gut zu bewältigen. Wobei das „Bewältigen" über reaktives Antworten oft weit hinausgeht, weil künftige Anforderungen antizipiert. Solche Organisationen sind dann imstande, selbst Entwicklungsimpulse zu geben, die in eine positive Richtung führen. Die Grazer Geriatrischen Gesundheitszentren demonstrieren auch das ganz eindeutig.

Weil hierfür das evolutionäre Organisationsbild grundsätzlich und praktisch handlungsleitend ist, gehe ich hier in kompakter Form auf dessen Wurzeln ein, um noch besser würdigen zu können, was in Graz erreicht worden ist und insgesamt wegweisende Bedeutung hat.

Die Theorie der „evolutionären Organisation" ist ab 1954 in den Niederlanden von Prof. Bernard Lievegoed und dem von ihm gegründeten NPI-Institut für Organisationsentwicklung erforscht, entwickelt und durch Beratung in Europa praktiziert worden. 1969 ist über die evolutionäre Organisation zum ersten Mal in dem Buch „Organisaties in ontwikkeling" publiziert worden (1974 in deutscher Übersetzung als „Organisationen im Wandel"). Darin wurde in Einzelheiten dargestellt, wie die evolutionäre Organisation nach der Gründung zuerst als „Pionierphase", dann in der 2. Phase als „Differenzierungsphase", und in der 3. Phase als „Integrationsphase" von vielen Organisationen umgesetzt worden ist. Prof. Lievegoed wusste gut, wovon er bei Evolution sprach, denn er war zu seiner Zeit in den Niederlanden der berühmteste Entwicklungspsychologe, dessen Buch „De levensloop van de mens" (Der Lebenslauf des Menschen) in Holland 1976 sogar mehrere Monate als Nr. 1 auf der Bestsellerliste stand.

Da ich von 1967 bis 1985 Mitarbeiter an dem Institut für Organisationsentwicklung war, arbeitete ich als Berater, Trainer, Forscher und Universitätsdozent in vielen Ländern mit den unterschiedlichsten Organisationstypen und war an der praktischen Konkretisierung der Phasentheorie rege beteiligt. Dadurch konnte ich, aufgrund meiner Zusammenarbeit mit Prof. Daniel Jones (der mit James Womack und Daniel Roos das Konzept des „schlanken Unternehmens" in Womack/Jones/Roos 1991 beschrieb), auch noch eine 4. Entwicklungsphase beschreiben, die „Assoziationsphase", und 1992 gemeinsam mit Lievegoed im Buch „Dynamische Unternehmensentwicklung" (erweiterte 5. Auflage 2016) vorstellen. Es gibt seither viele Organisationen in der Wirtschaft, im Gesundheits- und Bildungswesen wie auch in der öffentlichen Verwaltung, die sich von der Integrationsphase weiter entwickeln zur Assoziationsphase und damit ihre Leistungsfähigkeit unter sich ständig wandelnden Umweltbedingungen sichern.

Die Führung der Geriatrischen Gesundheitszentren in Graz griff diese Ideen und viele moderne Managementinstrumente schon vor mehr als zwanzig Jahren auf und implementierte sie schrittweise.

Um die besonderen Verdienste des Grazer Ansatzes richtig würdigen zu können, gehe ich hier auf die wichtigsten Merkmale der vier Entwicklungsphasen kurz ein. Soziale Entwicklung vollzieht sich in einem Dreischritt, der mit einem „globalen Ganzen" beginnt, in dem schon Künftiges keimhaft angelegt ist; der zweite Schritt führt weiter zu „arbeitsteiliger Differenzierung" und im dritten Schritt zu einer neuerlichen „Integration" auf einer höheren Ebene, die wieder ein „globales Ganzes" für die nächste Entwicklungsphase darstellt.

Wir können bei der phasenweisen Entwicklung sozialer Systeme einen Wandel der Paradigmen beobachten, nach denen Führung, Organisationen und die Außenbeziehungen jeweils grundlegend anders gestaltet werden. Die „Pionierphase" wird von einem intuitiv-personalistischen Denken bestimmt, die zweite Phase, „Differenzierungsphase", von rational-mechanistischen Prinzipien, die dritte Phase, „Integrationsphase", von einer ganzheitlich-organismischen Mentalität und die vierte Phase, „Assoziationsphase", von sozial-ökologischen Modellvorstellungen.

Die Hauptmerkmale der vier Phasen fasse ich wie folgt zusammen:

- In der **Pionierphase** (intuitiv-personalistisch) dreht sich alles um Menschen und Beziehungen; die charismatisch inspirierenden Pionierpersönlichkeiten prägen mit ihren Auffassungen das informelle Gefüge, das soziale Klima, die Zuweisung von Allround-Funktionen an Menschen, entsprechend ihren praktischen Erfahrungen. Zu Kunden werden relativ persönlich gestaltete Treuebeziehungen gepflegt. Zur Erfüllung der Bedürfnisse der Kunden nimmt man nötigenfalls auch eigene Nachteile in Kauf. Die Arbeitsabläufe sind durch Improvisieren möglichst auf konkrete Situationen abgestimmt und flexibel. Doch durch schnelles Wachstum und geforderte Spezialisierung kann dieses System an seine Grenzen kommen. Dann wird es unübersichtlich oder sogar chaotisch und schwer steuerbar.

- Die **Differenzierungsphase** (rational-mechanistisch) orientiert sich am Ingenieur-Denken und schafft Ordnung, Planbarkeit und Steuerbarkeit des „Apparats". Dafür wird die Organisation rational durchforstet; und durch verbindliche Regelungen werden Entscheidungs-, Koordinations- und Kontrollmechanismen geschaffen und die Arbeitsabläufe standardisiert. Planende, ausführende und kontrollierende Funktionen werden strikt voneinander getrennt und jede für sich professionalisiert. Die Führung betont formale Kompetenzregelungen und ordnet menschliche Aspekte den Sachzwängen unter. Und die Beziehungen zu den Kunden werden zu anonymen Marktbeziehungen. Das „Personal" muss die rationale Logik des Systems beachten und lernen, die eigenen Grenzen der Zuständigkeit und Verantwortung und die der anderen zu respektieren. Als Folge einer zu rigiden Anwendung der Prinzipien kann die Organisation erstarren und es kommt zur Krise. Durch das Betonen der Zuständigkeitsgrenzen driften die verschiedenen Bereiche auseinander und das Erleben des Ganzen geht verloren.

- Die **Integrationsphase** (ganzheitlich-organismisch) orientiert sich an den Lebenswissenschaften und nutzt die vielfältigen Ressourcen ihrer Mitarbeiter zur Selbststeuerung kleinerer und größerer Organisationseinheiten. Als Sinn und Zweck der Organisation wird die Erfüllung der Kundenbedürfnisse verstanden und durch rege Beteiligung der Mitarbeiter werden Politik und Strategie der Organisation erarbeitet. Alle Wertschöpfungsprozesse sind konsequent auf den Kundennutzen ausgerichtet und werden von den daran beteiligten Mitarbeitern weitgehend eigenverantwortlich geplant, organisiert, koordiniert und kontrolliert. Auch die ständige Verbesserung der eigenen Arbeitsprozesse ist selbstverständlicher Teil jeder Funktionsausübung. Das Management strebt als „agogische Führung" die Förderung der Menschen zur

Selbstständigkeit auf allen Ebenen an. Durch die Anwendung dieser Prinzipien geht es den Kunden wie auch den Mitarbeitern gut, wenngleich aber die Interessen anderer Anspruchsgruppen kaum berücksichtigt werden. Ein sehr beeindruckendes Beispiel einer Organisation des Gesundheitswesens in der Integrationsphase bringt Frederic Laloux (2014) in seinem Buch „Reinventing Organizations" mit der Heimkrankenpflege „Buurtzorg" in den Niederlanden. Darin wird Selbstmanagement auf der lokalen, regionalen und nationalen Ebene durch Coaches konsequent gelebt – und erweist sich als bestens patientenzentriert und sehr erfolgreich.

- Die **Assoziationsphase** (sozial-ökologisch) macht die strukturelle Einbindung der Interessen der „Stakeholder", d. h. der Anspruchsgruppen, von deren Kooperation der Erfolg der eigenen Organisation abhängt, zum leitenden Prinzip. Die Maxime der Assoziationsphase lautet: „Wir sind eine Schicksalsgemeinschaft! Und wenn es den einzelnen Mitgliedern des „Soziotops" gut geht, dann geht es dem Ganzen gut! Und auch vice versa: Wenn es dem Ganzen gut geht, geht es auch den einzelnen Mitgliedern gut und wir können die an uns gestellten Anforderungen am besten erfüllen!" Somit richtet sich die Wertschöpfung nicht nur nach den Bedürfnissen der Kunden, sondern auch nach denen der Kunden der Kunden, der Lieferanten und ihrer Vor-Lieferanten, der Kommunen und größeren Verbände und der Gesellschaft im weitesten Sinn. Zu diesem Zweck wird gestaltende Verantwortung für den Wertschöpfungsprozess weit über die Grenzen der eigenen Organisation hinaus übernommen. In partnerschaftlicher Zusammenarbeit werden auf Augenhöhe miteinander Zukunfts- und Marktforschung betrieben, Produkte entwickelt, Arbeitsprozesse durchgängig geplant und organisiert und Kosten transparent gemacht. Die Werthaltung ändert sich „von Ego zu Eco" (Scharmer 2009) und ermöglicht nachhaltiges Wirtschaften.

Diese Entwicklungsphasen lassen sich in den Grazer Geriatrischen Gesundheitszentren sowohl für die Gesamtorganisation als auch bei den Projekten des Qualitätsmanagements, die in diesem Buch vorgestellt werden, beobachten.

Das demonstriere ich zunächst für die Gesamtorganisation. Die Pionier- und Differenzierungsphase werden hier nicht beschrieben, weil die Organisationsentwicklung bei der ausgereiften Differenzierungsphase ansetzt und die Geriatrischen Gesundheitszentren in die Integrationsphase (nach Glasl/Lievegoed 2016) führt. Bis in Einzelheiten sind die Merkmale der Integrationsphase erkennbar: Kundenorientierung als konsequente Ausrichtung auf die zu betreuenden Personen und deren Angehörige (vgl. Kapitel 3) und die Professionalisierung der Wertschöpfungsprozesse, die mit moderner Technologie unterstützt (vgl. Kapitel 6, 8 und 9) dem Kundennutzen dienen (Kapitel 4 und 6); und nicht zuletzt Leadership, das Lernen und Entwicklung der Mitarbeiter zum Ziel hat (Kapitel 2 und 5). Und das geschieht nach einem ganzheitlichen Verständnis, wie es in Kapitel 1, Bild 1.7 als „Exzellenzphase" visualisiert wird. Qualitätsverbesserungen, Forschung und Entwicklung werden als permanente Aufgaben betrachtet (Kapitel 10, 12 und 13). Dies alles ist nach dem ganzheitlichen EFQM-Qualitätsmodell gestaltet. Was in diesem Buch „Exzellenzphase" genannt wird, ist nach den Merkmalen der evolutionären Organisation nach wie vor als „Integrationsphase" zu bezeichnen, in der die vielen Ansätze, die in diesem Buch als paradigmatisch konsistent vorgestellt werden, zu einem ganzheitlichen System integriert und konsolidiert werden. Die vierte Entwicklungsphase im Sinne der Theorie der evolutionären Organisation, die „Assoziationsphase", geht in der Gestaltung der Außenbeziehungen grundsätzlich noch weiter. Im Gesundheitswesen ist das in Kapitel 13 erwähnte „Esther-Netzwerk" in Südschweden ein gutes Vorbild dafür, wohin die Entwicklung zu einer assoziativen Partnerschaft gehen könnte.

Denn vereinzelt gibt es in Kapitel 1 bereits Ansätze zur Assoziationsphase, beispielsweise wenn die Balanced Scorecard um die 5. Dimension „Gesellschaftsperspektive" erweitert wird und wenn in Bild 1.12 (Stakeholder-Landkarte) und in Bild 1.14 auf die Kooperationspartner hingewiesen wird. Die Kommunikation mit den in Kapitel 11 genannten Stakeholders wird sich von der Einbahn-Kommunikation zur dialogischen Kommunikation weiter wandeln, wie das ansatzweise schon mit dem „Zuweisermarketing" geschieht. Die Diagnose der Unternehmenskultur (Kapitel 13) lässt bei den befragten Führungspersonen eine Haltung erkennen, wie sie in der Assoziationsphase Voraussetzung ist: Es wird (Bild 13.4) eine Intensivierung der Kundenorientierung, der Gemeinwohlorientierung und der Beziehungen zu externen Stakeholdern (Verbände, politische Stellen) gewünscht, während die Wahrung der Macht- und Kontrollinteressen und die Betonung der Standardregelungen nach Meinung der Befragten geringer werden sollten. Insgesamt stärkt dies meinen Eindruck, dass das Entwicklungsdenken in den Grazer Geriatrischen Gesundheitszentren in den Menschen gut verwurzelt ist.

An dieser Stelle ist auch eine Zwischenbemerkung angebracht. In Kapitel 1 wird u. a. auf Tom Burns (1971) hingewiesen, der den Wandel des Organisationsverständnisses von einem mechanistischen zu einem organischen Organisationsbild beschreibt. Damit erfasst Burns aber nur eine Teilstrecke der organisationalen Evolution. Denn die Entwicklung der Organisation beginnt, wie dargelegt, in der Pionierphase mit einem intuitiv-personalistischen Organisationsbild wandelt sich in der Differenzierungsphase zu einem rational-mechanistischen Organisationsverständnis und in der Integrationsphase zu einem ganzheitlich-organismischen Organisationsbild, das sich in der Assoziationsphase erweitert zu einem umfassenden sozial-ökologischen Systemverständnis, das über die Grenzen der einzelnen Organisation hinausgeht. Diese vier Phasen lassen sich bis heute empirisch nachweisen – aber es wird sicher auch noch zu einer fünften und sechsten etc. Phase mit neuen Paradigmen kommen, wenn die weitere Entwicklung nicht unterbunden wird. Und vielleicht sind die Grazer Geriatrischen Gesundheitszentren einmal Schrittmacher dieser Entwicklung?

Jetzt zeige ich auf der Ebene der konkreten Innovationsprojekte die qualitativen Phasen der sozialen Entwicklung. Der langfristig angelegte und vielschichtige Prozess der Organisationsentwicklung der Geriatrischen Gesundheitszentren in Graz konnte nur durch viele Projekte, die einander stimmig ergänzten, bewältigt werden. Es ist interessant zu sehen, wie einzelne Projekte eine Reifung durchmachen. Nachdem die Früchte dieser Arbeit konsolidiert worden sind, öffnen sich die Möglichkeiten für die Assoziationsphase – wenn diese Weiterentwicklung sinnvoll erscheint und auch so gewollt wird.

In Kapitel 10 werden die einzelnen Etappen der Innovationsprojekte (1) „Pionierphase", (2) „Aufbauphase", (3) „Durchdringungsphase" und (4) „Exzellenzphase" genannt. Aus den Beschreibungen der qualitativen Phasen gehen aber trotz der anderen Bezeichnungen die oben angeführten Hauptmerkmale der „evolutionären Organisation" deutlich hervor. In der „Pionierphase" eines Projekts steht die inspirierende Bedeutung der Projektidee im Vordergrund, die von überzeugten und motivierten Projektbetreibern propagiert und vorgelebt wird. Dafür werden mit dem Schaffen der „Strukturqualität" die nötigen organisationalen, finanziellen sowie personalen Ressourcen bereitgestellt, und proaktiv werden mit Schulungen die Fähigkeiten entwickelt, die für die spätere Funktionsausübung Voraussetzung sind. Die zweite Projektphase – hier „Aufbauphase" genannt – weist die Hauptmerkmale der Differenzierungsphase auf: Standardisieren bzw. vereinheitlichen von Prozessen, Professionalisierung mittels Zertifizierung, Auswahl des Systems mit seinen unterstützenden Techniken etc. Die (3) „Durchdringungsphase" und (4) „Exzellenzphase" weisen zusammen die Merkmale der „Integrationsphase" auf, wobei die Beschreibung der „Exzellenzphase" das Streben nach Ganzheitlichkeit gut deutlich macht, da die einzelnen Teilprojekte zusammen ein Ganzes bilden, das in sich stimmig ist und wieder auf die einzelnen Projekte als umfassender „Sinn-Kontext" zurückwirkt.

Anerkennende Beachtung verdient die Gestaltung des Veränderungsprozesses. Der Organisationsentwicklungsprozess hat zielbewusst die Entwicklung des jetzt bestehenden Modells der Geriatrischen Gesundheitszentren ermöglicht. Um all die positiven Ergebnisse zu erreichen, gilt folgendes oberstes Prinzip (Glasl/Kalcher/Piber 2020, S. 51 ff.): „Die Kriterien für die Gestaltung des Veränderungsprozesses müssen stimmig sein mit den Kriterien, die für das anzustrebende Ergebnis gelten." Wenn die Menschen in ihrem Arbeitsprozess als Ausdruck ihrer Kundenorientierung immer die Würde der Patienten achten sollen, dann müssen im Veränderungsprozess auch die Mitarbeiter ihrer Würde entsprechend an dem Veränderungsprozess gestaltend mitwirken. Und wenn das Ergebnis des Organisationsentwicklungsprozesses sein soll, dass die Mitarbeiter Selbstmanagement praktizieren, muss der Veränderungsprozess selbst unterwegs immer mehr zur Selbststeuerung einladen und ermächtigen. Das ist in den zwanzig Jahren, über die in dem vorliegenden Buch berichtet wird, auch wirklich so geschehen. Denn durch partizipative bzw. kooperative Projektarbeit wurden die Mitarbeiter zu Mitgestaltern ihrer eigenen Arbeitswelt und durch entsprechende vorausschauend konzipierte Weiterbildungsmaßnahmen konnten sie rechtzeitig die Fähigkeiten erwerben, die später für den Arbeitsalltag notwendig waren. Beim Konzipieren wie auch beim Organisieren und Umsetzen wurde auch auf die psychosozialen Prozesse geachtet, weil Veränderungen immer Unsicherheiten und Spannungen mit sich bringen, die zu Konflikten eskalieren können. Proaktive Informations- und Kommunikationsprozesse sorgten dafür, dass die Menschen im Betrieb möglichst gut im Bild waren, was erreicht worden ist, was weiter geplant war, was der Hintergrund dazu war usw. Diese Prozesse wurden, miteinander vernetzt, zur professionellen Prozessbegleitung der Organisationsentwicklung (Glasl/Kalcher/Piber 2014). Der so angelegte Entwicklungsprozess verdeutlicht auch, dass eine konsolidierte, ganzheitlich-organische Integrationsphase die unverzichtbare Voraussetzung für eine weitere Entwicklung zur sozial-ökologischen Assoziationsphase ist. Denn in jeder Phase lernen nicht nur die in ihr tätigen Menschen individuell etwas dazu, sondern es lernt auch das soziale System als Ganzes und erwirbt dadurch die Fähigkeit, Situationen höherer Komplexität gut zu bewältigen.

Der in diesem Buch beschriebene Managementansatz der Grazer Geriatrischen Gesundheitszentren und der dabei beschrittene Weg der Organisationsentwicklung befähigen die Organisation, auf die drängenden Fragen von heute und von morgen richtige Antworten zu geben. Darum ist zu hoffen, dass durch dieses Beispiel die Verantwortlichen im Gesundheitswesen und auch in anderen Bereichen inspiriert werden, sich auch auf einen Entwicklungsweg einzulassen, wie er in Graz vorbildlich und mit Erfolg praktiziert worden ist. Denn es ist nach außen, für die Patienten und anderen Stakeholder, wie nach innen, für die Mitarbeiter, ein wichtiger Beitrag zu einer humanen Gesellschaft, allen gegenläufigen Tendenzen unserer Zeit zum Trotz.

> Prof. Dr. Dr. h. c. *Friedrich Glasl,* Politikwissenschaftler und Psychologe, war von 1967 bis 1985 Consultant am NPI-Institut für Organisationsentwicklung (NL), ist Mitgründer der „Trigon Entwicklungsberatung", Mediator BM sowie Autor zahlreicher Lehrbücher und Lehrfilme. Friedrich Glasl wurde 2014 mit dem Sokrates-Mediationspreis, 2015 mit dem D.A.CH-Mediationspreis und 2017 mit dem LifeAchievementAward ausgezeichnet.

■ Literatur

Burns, Tom: *Mechanistic and Organismic Structures.* In: Thompson, James David; Vroom, Victor Harold (Hrsg.): *Organizational Design and Research. Approaches to organizational design.* 2. Teil. University of Pittsburgh Press, Pittsburgh 1971, S. 43–55

Glasl, Friedrich; Kalcher, Trude; Piber, Hannes: *Professionelle Prozessberatung. Das Trigon-Modell der sieben OE-Basisprozesse.* Haupt Verlag, Freies Geistesleben, Bern/Stuttgart/Wien 2020

Glasl, Friedrich; Lievegoed, Bernard: *Dynamische Unternehmensentwicklung. Grundlagen für nachhaltiges Change Management.* 5. neubearbeitete Auflage. Haupt Verlag, Freies Geistesleben, Bern/Stuttgart 2016

Laloux, Frederic: *Reinventing Organizations. A Guide to Creating Organizations Inspired by the Next Stage in Human Consciousness.* Nelson Parker, Brussels 2014

Lievegoed, Bernard: *Lebenskrisen – Lebenschancen. Die Entwicklung des Menschen zwischen Kindheit und Alter.* Kösel, München 1979

Lievegoed, Bernard: *Organisationen im Wandel. Die praktische Führung sozialer Systeme in der Zukunft.* Haupt Verlag, Bern 1974

Scharmer, Otto C.: *Theory U. Leading from the Future as it Emerges.* Berrett-Koehler Publishers, Inc., San Francisco 2009

Womack, James P.; Jones, Daniel T.; Roos, Daniel: *Die zweite Revolution in der Autoindustrie. Konsequenzen aus der weltweiten Studie des Massachusetts Institute of Technology.* Campus Verlag, Frankfurt/New York 1992

The global leader in the Geriatric Healthcare Sector

Vorwort von *Léon Tossaint*, CEO EFQM

Excellence is of growing interest for leaders of organisations who have the ambition to increase the value for their customers, in fact for all their stakeholders, to strengthen their competitiveness and ultimately to become a global role model within their business sector.

Creating a culture for excellence within the veins of an organisation is core to the success of becoming a role model for excellence in any business today, facing the fierce challenges of a continuous changing business environment. Change indeed is the only "constant factor" in today's organisation development. Anticipating changes requires an agile and flexible approach in each business sector, also in the healthcare sector.

Many organisations in healthcare around the world are a member of the EFQM (European Foundation for Quality Management) and are using the EFQM Excellence Model to guide their "Journey for Excellence". In EFQM we can see a growing interest for networking and benchmarking within the different healthcare sectors, like the EFQM networks for hospital healthcare and mental healthcare, all based on the need to anticipate the growing global competition (increasing mobility of patients) and the ambition of the network participants to become a global role model within their healthcare sector.

Geriatric Health Centres Graz is a European leading organisation within the geriatric healthcare sector, a fast growing sector – driven by global aging – where patients want to be treated within the region they have lived, close to their family and friends. The leaders of GGZ Graz, therefor have chosen for a strategy to deliver world class services to their patients and their families, in collaboration with the Albert Schweitzer Institute and supported by the Steiermark Regional Government. This strategy has resulted for GGZ Graz in being recognized not only by the EFQM Global Excellence Award Program but also by their colleagues in Europe and even beyond by their colleagues in China as the global leader in the Geriatric Healthcare sector.

This book "Fokus Exzellenz", under the authorship of Gerd Hartinger and Judith Goldgruber, describes the transformation process GGZ Graz went through to become this global role model for excellence and it shares the many role model practices and learning experiences, where other organisations can benefit from.

Excellence starts with leadership and the GGZ Graz leadership team has inspired all their employees to focus on adding value for their patients, to be creative in finding solutions (not accepting a problem without a solution proposal), to take care for all the stakeholders including family and friends of the patients. This inspiring leadership has created a culture for excellence, within the entire organisation.

The internal way of working in the Geriatric Health Centres of the City of Graz, has been described here following the structure of the EFQM Excellence Model, which in fact provides the logic of a global management system, where every organisation can be reflected in and refer to.

Therefor this book is not only a bible for organizational transformation in the (geriatric) healthcare sector but a must for all organisations in any business who want to learn from managing a complex transformation process to – at the end – become a global leading role model within their business sector.

Aus einem Misserfolg eine Erfolgsgeschichte machen

Vorwort von *Josef Düllings*, Präsident des Verbands der Krankenhausdirektoren Deutschlands e. V.

Misserfolg ist der erste Schritt zum Erfolg und Erfolg der erste Schritt zum Misserfolg. Dieses Grundgesetz können Führungskräfte, auch wenn sie es kennen, kaum außer Kraft setzen. Daher macht es Sinn, Strategien zu entwickeln, die mit diesem Grundgesetz rechnen. Die Geriatrischen Gesundheitszentren der Stadt Graz wissen, welche Strategien aus einem Misserfolg eine Erfolgsgeschichte machen und diese über 20 Jahre halten.

Wenn man auch nur einen Bruchteil der unübersehbaren Vielfalt an Erfolgsliteratur gelesen hat, könnte man es vielleicht so ausdrücken: Ideen sind der Rohstoff, mit dem wir Realität gestalten. Ideen entstehen aus einer starken Persönlichkeit (Leadership) und einer Vernetzung mit exzellenten Persönlichkeiten (Kommunikation). Dieser Fluss ist aber kaum planbar, sondern hängt vom Qualitätsniveau der eigenen Persönlichkeit ab. Vernetzung und Persönlichkeit führen zu einer Vision für den Bereich, der einem auf dem eigenen Lebensweg zeitweise anvertraut ist. Für die operative Ebene etwa des Geschäftsführers ist eine Reduktion von Komplexität (im Sinne von Niklas Luhmann) erforderlich. Dieses Verdienst kommt Orison Swett Marden* zu, der erkannt hat, dass Erfolg, auch andauernder Erfolg, auf zwei Säulen ruht – und es ist so einfach, dass die meisten abwinken – und nur auf diesen zwei Säulen, nämlich Zielorientierung und Ausdauer, bis das Ziel erreicht ist. Das war's. Jedes zusätzliche Wort dazu ist überflüssig.

Was in Österreich gelungen ist, kann auch für Krankenhäuser und Gesundheitsunternehmen in Deutschland gerade in Zeiten des Umbruchs von Bedeutung sein. Es könnte in einem Wettbewerbsumfeld dazu beitragen, den Vorsprung zu sichern oder gerade erst zu erreichen. Exzellenz ist kein Zufall. Sie entspringt der transformativen Kraft außergewöhnlicher Gedanken von außergewöhnlichen Persönlichkeiten in einem außergewöhnlichen Netzwerk.

---

* Marden, Orison Swett: *Pushing to the Front*, Wilder Publications, Radford 2007

Inhalt

Geleitwort V

Vorworte XIII

Einleitung 1
Gerd Hartinger, Judith Goldgruber

1   Der Grazer Managementansatz: Ein ganzheitliches
    Verständnis von Exzellenz 9
    Gerd Hartinger
    1.1   Der kybernetische Managementkreislauf und seine zentrale
          Bedeutung 14
    1.2   In Phasen zum Erfolg in der Qualitätsentwicklung 18
    1.3   Der Innovationsprozess und dessen Elemente 23
    1.4   Mit einem Bündel von Managementwerkzeugen zum Erfolg 28
    1.5   Mit Kooperationen und Vernetzung zum Erfolg 33
    1.6   Effektivität und Effizienz zu vereinbaren ist das Ziel 36
    1.7   Das Haus der Qualität im Management 38
    1.8   Der Erfolg der organischen Methodik: bedarfsgerechte
          Dienstleistungen und Produkte 42
    1.9   Das Erfolgsfaktoren-Modell der Organisation 47
    1.10 Ausblick 51
    1.11 Literatur 54

	2	Ein Blick ins Innere einer lernenden Organisation	57
		Gerd Hartinger, Lisa Weidinger, Martina Bohnstingl	
	2.1	Vision und Unternehmensprofil schaffen Klarheit und Orientierung	62
	2.2	Qualitätsführerschaft durch bedarfsgerechte, hochwertige und individuelle Behandlung sichern	64
	2.3	Attraktiver und fairer Arbeitgeber für Mitarbeiter sein	70
	2.4	Innovationskraft nutzen, um beispielgebend in der Altersmedizin und Pflege zu sein	73
	2.5	Durch einen effizienten und verantwortungsvollen Umgang mit Sachgütern nachhaltig handeln	77
	2.6	Leistungsfähigkeit durch Selbstreflexion sowie Austausch und Vernetzung mit den Besten verbessern	80
	2.7	Finanzielle Stabilität in einem dynamischen und komplexen Umfeld sichern	85
	2.8	Literatur	87

Medizin und Pflege – die zentralen Bereiche einer Gesundheitsorganisation

	3	Wie bedarfsorientierte Patientenversorgung in der Altersmedizin gelingen kann	89
		Brigitte Hermann, Lisa Adele Laubreiter, Walter Schippinger	
	3.1	Standortbestimmung	90
	3.2	Aufbau geeigneter Strukturen	93
	3.3	Ethische Grundhaltung und Optimierung der Behandlung	94
	3.4	Vernetzung und Nachhaltigkeit	101
	3.5	Ausblick	104
	3.6	Literatur	105
	4	Wie die Professionalisierung der Pflege und Betreuung gelingen kann	109
		Waltraud Haas-Wippel, Lisa Weidinger	
	4.1	Entwickeln eines einheitlichen Pflege- und Pflegequalitätsverständnisses	110
	4.2	Forcieren von Pflegewissenschaft und Pflegeprozessqualität	114
	4.3	Vernetzung zwischen Pflegepraxis und Pflegewissenschaft	119
	4.4	Pflege unter der Prämisse „mobil vor stationär"	126

4.5	Ausblick	131
4.6	Literatur	132

Die einzelnen Organiasationsbreiche als kraftvolle Steuereinheit im Change-Prozess

5 Wie Leadership im Veränderungsprozess erfolgt 137
Gerd Hartinger

5.1	Das traditionelle Führungswerkzeug	138
5.2	Entwicklungsphasen der Organisation unter dem Blickpunkt der Führung	141
5.3	Kompetenzen und Führungsstil in den Entwicklungsphasen	145
5.4	Führungskräfte und Mitarbeiter fordern und fördern	149
5.5	Management-by-Techniken als hilfreiches Instrumentarium	154
5.6	Ausblick	156
5.7	Literatur	156

6 Wie es gelingt, Mitarbeiter und Digitalisierung für das Wohl der Menschen in Einklang zu bringen 159
Anita Tscherne, Irene Schwarz

6.1	Aufbau von Human-Resources-Strukturen und einheitlichen Abläufen	161
6.2	Einsatz wichtiger Human-Resources-Tools und Digitalisierung	162
6.3	Lebensphasenorientierte Personalentwicklung und betriebliches Gesundheitsmanagement	165
6.4	Attraktiver Arbeitgeber	172
6.5	Ausblick	174
6.6	Literatur	176

7 Beitrag des Finanzmanagements zu einer stabilen und wirksamen Führung 179
Daniela Knapp

7.1	Schaffen eines wirtschaftlichen Fundaments	181
7.2	Balanced Scorecard als zentrales Steuerungs- und Kommunikationsinstrument	184
7.3	Kontinuierliche Qualitätsverbesserung	187
7.4	Effizienz durch Automatisierung und Digitalisierung	192

7.5	Ausblick	194
7.6	Literatur	195

8 Technik- und Facility-Management als nachhaltiger Begleiter in Change-Prozessen ... 197
Gerd Hartinger, Franz Scheucher, Martina Pojer

8.1	Vom Armen- und Siechenhaus zu ausgezeichneter Architektur und nachhaltigem Handeln	198
8.2	Infrastruktur nach dem „Patient first"-Prinzip schaffen	201
8.3	Kontinuierliches Wachstum – Die Pflegeheime der 4. Generation	205
8.4	Mit Nachhaltigkeit zum Erfolg	211
8.5	Ausblick	213
8.6	Literatur	214

9 IT- und Prozessmanagement – wie sie in Interaktion zur Exzellenz führen ... 217
Stefan Windisch

9.1	EDV wird zu IT-Management	218
9.2	Aufbau und Vernetzung	221
9.3	Wandel der IT zur Organisationsabteilung	223
9.4	IT als Businesspartner	229
9.5	Ausblick	234
9.6	Literatur	236

10 Wie Qualitätsmanagement ein Unternehmen verändern kann ... 239
Martin Orehovec, Romana Winkler

10.1	Qualitätsmanagement als Unterstützer des Wandelns	240
10.2	Einführung von Elementen des Qualitätsmanagements	242
10.3	Entwicklung der Strukturqualität und Übergang zur Prozessqualität	245
10.4	Vertiefung der Prozessqualität	250
10.5	Gesteigerte Ergebnisqualität durch wirksames Qualitätsmanagement	254
10.6	Ausblick	259
10.7	Literatur	260

11 Wie ein fruchtbarer Dialog mit Stakeholdern gelingt 263
Franz Scheucher, Tina Carina Wellmann

- 11.1 Eine gute Basis schafft den Nährboden für Wachstum 264
- 11.2 Partizipation als Geheimnis für erfolgreiches Marketing 269
- 11.3 Festigung der Marke „Geriatrische Gesundheitszentren der Stadt Graz, GGZ" 272
- 11.4 Mit dem Geist der Zeit gehen 275
- 11.5 Ausblick 281
- 11.6 Literatur 281

12 Warum es sich lohnt, in Forschung und Entwicklung zu investieren 283
Judith Goldgruber, Lisa Weidinger

- 12.1 Erste Innovationen durch wissenschaftliche Abschlussarbeiten .. 285
- 12.2 Wissenschaft als Leidenschaft 287
- 12.3 Gründung des Albert Schweitzer Instituts 289
- 12.4 Strategische Kooperationen als Maxime 296
- 12.5 Ausblick 299
- 12.6 Literatur 300

Unternehmenskultur - das Fundament einer sich wandelnden Organisation

13 Unternehmenskultur – Sinnstiftung macht nicht nur in agilen Zeiten den Unterschied 303
Judith Goldgruber

- 13.1 Grundlagen der Unternehmenskultur 304
- 13.2 Unternehmenskultur-Diagnose der Geriatrischen Gesundheitszentren 311
- 13.3 Wandel der Unternehmenskultur 315
- 13.4 Wohin die Managementreise führen wird 316
- 13.5 Literatur 323

Abkürzungsverzeichnis 325

Index 329

Herausgeber und Autoren 333

Einleitung

Gerd Hartinger, Judith Goldgruber

> „Wenn Du ein Schiff bauen willst, dann trommle nicht Männer zusammen,
> um Holz zu beschaffen, Aufgaben zu vergeben und die Arbeit einzuteilen,
> sondern lehre die Männer die Sehnsucht nach dem weiten, endlosen Meer."
> Antoine de Saint-Exupéry

Antoine de Saint-Exupérys schöne Metapher macht deutlich, welch hohen Stellenwert die Sehnsucht – heute spricht man wohl eher von einer Vision – bei der Erreichung jedes Zieles hat. Es braucht Leidenschaft, Begeisterung, Abenteuergeist und Mut, um eine große Aufgabe zu meistern. Doch ist es unbedingt notwendig, die Metapher weiterzudenken: Auch wenn die Vision noch so verlockend erscheint, die Mannschaft wird bei den ersten zehn Versuchen über den Floßbau nicht hinauskommen und auch nach Jahren noch an keiner Regatta teilnehmen. Denn es sind auch gut ausgebildete Schiffskonstrukteure und hervorragende Kenntnisse in Nautik von Nöten, um ein gutes, hochseetüchtiges Schiff zu bauen und damit letztlich auch in See zu stechen. Das Bild spiegelt trefflich den Spirit wider, wie er in den Geriatrischen Gesundheitszentren gelebt wird. Neugierig, leidenschaftlich und begeistert stellen sich die Mitarbeiter in ihrer täglichen Arbeit der großen Aufgabe, eine bedarfsgerechte, zukunftweisende Versorgung für alte Menschen zu gewährleisten und stetig weiter zu entwickeln. Die notwendigen Skills und eine klar umrissene Strategie sind dafür jedoch ebenso unabdingbar.

Best Point of Service und Best Point of Care, wie sie dem Verständnis von Qualität und Nachhaltigkeit der Geriatrischen Gesundheitszentren entsprechen, entstehen nicht nur aufgrund einer klaren Vision, sondern sind Resultate systematischer Arbeit. Erfolg ist kein Zufall, vielmehr basiert er auf fundamentalen Konzepten der Exzellenz. In diesem Prozess gilt es, sich konsequent an den Besten zu orientieren, um von der Pionierphase über die Aufbau- und Durchdringungsphase zur Exzellenzphase vorzudringen. Auf der Reise zur Exzellenz ist stetiges, bedarfsorientiertes, auf die Marktgegebenheiten und den Bedarf der Zielgruppe ausgerichtetes Portfoliomanagement erforderlich. Zudem ist die konsequente Auswahl von innovativen, teamorientierten Mitarbeitern von enormer Wichtigkeit, die bereit sind, diesen Weg mitzugehen. Hier gilt es bei der Zusammenstellung der Mannschaft, um noch einmal das Bild vom Schiff zu bedienen, mit großer Sorgfalt vorzugehen und ihre speziellen Fähigkeiten und Begabungen zu orten. Denn Exzellenz kann auch nur dann gelingen, wenn in den Schlüsselfunktionen die richtigen Menschen an der richtigen Position ihren Talenten entsprechend wirken dürfen.

Changemanagement als strategischer Anker

Seit ihrer Neugründung im Jahr 2000 haben sich die Geriatrischen Gesundheitszentren von einem strategisch und strukturell daniederliegenden Unternehmen im Rahmen eines gezielten Changemanagement-Prozesses zu einem europäischen Kompetenzzentrum für Altersmedizin und Pflege entwickelt. Dies konnte nur durch proaktives frühzeitiges Erkennen und Bearbeiten der sich stellenden Herausforderungen des Marktes, innovativer Ausweitung des Versorgungsspektrums und hochgradiger Umsetzungskompetenz jedes einzelnen Mitarbeiters erreicht werden. „Changemanagement" als strategische Haltung wurde dabei im Selbstverständnis der Organisation fest verankert. Heute verfolgt das Unternehmen eine Nischenstrategie im Gesundheitswesen durch Konzentration auf Diversifikation bei den geriatrischen Versorgungsformen. Dieses Marktsegment wurde frühzeitig erkannt, Produkte wurden um- und ausgebaut und ein hohes Marktvolumen wurde erlangt. Alleinstellungsmerkmal ist das abgestufte und bedarfsgerechte Versorgungsangebot, durch das die Geriatrischen Gesundheitszentren bestmöglich auf die wachsende Bevölkerungsgruppe der älteren Menschen und ihre unterschiedlichen Bedürfnisse eingehen können. Die Unternehmensstrategie basiert auf zahlreichen Analysen (z. B. Markt-Portfolio und SWOT-Analyse) und geht von der Konzentration auf das Marktsegment der Altersmedizin bzw. Geriatrie, den dortigen Bedarfen und Herausforderungen aus. Diese Strategie wird durch strategische Ziele und Maßnahmen konkretisiert und durch entsprechende Messgrößen mittels Balanced Scorecard (BSC) verfolgt.

Behutsam und mit Bedacht wurde in einem Zeitraum von 20 Jahren ein hochwertiges Modell abgestufter Versorgung mit über 20 verschiedenen Versorgungsangeboten („Produkten") entwickelt, das auch einen messbaren gesellschaftlichen Mehrwert unter schonendem Ressourceneinsatz stiftet.

Als Kompass auf der Reise zur Exzellenz leiteten die Geriatrischen Gesundheitszentren das EFQM-Modell, da es einen 360-Grad-Blick auf ein Unternehmen ermöglicht und einen Rahmen vorgibt, der dabei hilft, keinen Bereich im Unternehmen zu vergessen; eben ein Total-Quality-Management-System. Der Vorteil an Qualitätsmanagementsystemen wie ISO, KTQ und EFQM sind stringente, regelbasierte Zyklen, die einer lernenden Organisation helfen, sich stetig zu verbessern. Ein qualitatives Managementsystem unterstützt somit das Management selbst, seine originäre Aufgabe professionell zu erledigen und auf mögliche Änderungen im System flexibel zu reagieren.

Paradigmenwechsel im Gesundheits- und Sozialwesen

Die ursprünglich langen Zyklen gesellschaftlicher und wirtschaftlicher Entwicklungen, wie sie vor allem von den Ökonomen Nicolai Kondratieff und Josef Schumpeter beschrieben wurden, haben sich heute in allen Wirtschaftsbereichen extrem verkürzt.

Die Halbwertszeit von Wissen schrumpft beständig. Ein starker Veränderungsdruck und ein harter Verdrängungswettbewerb sind die Proponenten dieses Paradigmenwechsels. Das Gesundheitswesen ist diesem Wandel in besonderem Maße ausgesetzt, sodass sich die Spitals- und Pflegelandschaft heute in ganz Europa im Umbau befindet. Pflegebedürftigkeit und chronische Erkrankungen im Alter werden aufgrund des demografischen Wandels dramatisch zunehmen. Die medizinische und soziale Versorgung alter Menschen stellt uns damit vor eine der größten Herausforderungen der kommenden Jahre. Den steigenden Erwartungen von Patienten, Bewohnern, Klienten und Angehörigen, Mitarbeitern, Zuweisungspartnern und Health Professionals auf allen Ebenen steht ein öffentlicher Haushalt gegenüber, der mit immer bescheideneren Mitteln auskommen soll.

Insgesamt besteht eine Überkapazität an Pflegeheimbetten in Österreich. In manchen OECD-Ländern und insbesondere in Deutschland und Österreich gibt es zudem eine Überkapazität an Betten in der Akutversorgung. Dies führt dazu, dass eine Reduzierung der Akutbetten von den politisch Verantwortlichen vorangetrieben wird. Aufgrund der demografischen und epidemiologischen Entwicklung sehen die Betreiber von Akutbetten am ehesten im Bereich der Geriatrie Chancen, um ihre Existenz zu sichern. Somit herrscht ein Verdrängungswettbewerb in der Geriatrie vor. Dadurch sehen sich die Geriatrischen Gesundheitszentren mit zunehmend mehr Mitbewerbern, die sich auf ähnliche Schwerpunkte spezialisieren wollen, konfrontiert.

Dieser Veränderungsdynamik – immer mehr leisten, mit immer weniger Mitteln – wird heute nur gerecht, wer professionelle systemische Managementtools zu Hilfe nimmt und diese beherrscht. Vor dem Hintergrund dieses massiven Paradigmenwechsels braucht es Unternehmen und Gesundheitsdienste-Anbieter, die diese Komplexität als positive Herausforderung und als Chance für den notwenigen Wandel begreifen, mehr noch, sie müssen die Komplexität als „die Herausforderung" begreifen, die zu Innovation anregt. Komplexitätsmanagement ist somit das Gebot der Stunde.

Um dem notwendigen Wandel Rückenwind zu verleihen, wäre es der Idealfall, wenn Gesundheitswesen, Kassensystem und Pflege rechtlich und finanziell wie kommunizierende Gefäße denken und planen. Die Realität sieht vielerorts vollkommen anders aus: Die Vernetzung von Gesundheits- und Sozialsystem mit ihren unterschiedlichen Verantwortlichkeiten, gesetzlichen Grundlagen und Finanzierungsformen stellt für die Patienten und Einrichtungen eine große Herausforderung dar. Und viel Zeit und Energie fließt in das Erkennen von Möglichkeiten entlang der regulatorischen Grenzen und des politischen Willens. Deshalb ist es gerade in starren Systemen oft notwendig, sich als Game Changer zu positionieren und bestehende Prozesse und Produkte infrage zu stellen, will man Veränderung im Sinne von Patienten, Angehörigen und der Gesellschaft erreichen. Als Beispiel seien die Pflegeheime der 4. und 5. Generation genannt; Pflegeeinrichtungen, die in Raumkonzept, Architektur, Infrastruktur und Prozessabläufen einen kompletten Paradigmenwechsel im Pflegeverständnis darstellten: Kleine Strukturen von 8 bis 15 Bewohnern, Einzelzimmer, Gemeinschaftsräume mit Küchen, großzügige Außenbereiche, moderne und freundliche Wohn-Bauweise. Ein Modell, von dem die Geriatrischen Gesundheitszentren zutiefst überzeugt sind, das jedoch mit der steirischen Gesetzgebung einfach nicht kompatibel war. Solche verkrusteten Strukturen aufzubrechen, braucht viel Zeit und Energie. Und nicht selten gehen die Bemühungen ins Leere. Im Fall der Pflegeheime der 4. Generation ist es jedoch gelungen, den Gesetzgeber mit ins Boot zu holen und damit eine zeitgemäße Pflegequalität überhaupt erst zu ermöglichen.

Die Managementreise der Geriatrischen Gesundheitszentren

Exzellenz ist kein Zufall. In der Exzellenzphase angekommen, blicken die Geriatrischen Gesundheitszentren zurück auf 20 Jahre Arbeit entlang eines konsequenten, stringenten Zusammenspiels strategisch ausgerichteter Managementtools und einer klar umrissenen, begeistert gelebten Vision. Das Big Picture zeigt die Managementreise der Geriatrischen Gesundheitszentren, welche in vier Phasen verläuft. Die Phasen entsprechen weitgehend den Entwicklungsphasen eines Unternehmens nach Glasl und Lievegoed (2016). Jede Phase ist geprägt von leitenden Handlungsmotiven, von Widerständen, von Wachstum. Und jede Phase ist schließlich gekrönt von Erfolgen.

Der Schiffsmetapher folgend, visualisiert das Big Picture die Geriatrischen Gesundheitszentren in ihrer Pionierphase durch ein kleines Segelboot, welches bis zur Exzellenzphase hin stetig zu einem hochseetüchtigen Schiff umgebaut wird. An den Phasenübergängen erreicht das Schiff jeweils Festland. Am Ufer stehen zunächst überschaubar viele Gebäude, doch im Laufe von 20 Jahren wächst das Unternehmen zu einem beachtlichen Gebäudekomplex heran.

- Am Beginn der **Pionierphase** (2000–2005) treibt ein Segelboot im Wasser. Der Geschäftsführer trifft die Go-Entscheidung für den Unternehmens-Kick-off. Er macht seine – zunächst an Mitarbeitern überschaubare – Mannschaft startklar. Fehlende gesetzliche Regelungen sowie Widerstände auf vielen Ebenen und damit einhergehende Rechtsstreite erschweren die Arbeit erheblich. Doch am Ende der etwa 5-jährigen Pionierphase ist die Aufnahme der Kliniken in die Leistungsorientierte Krankenanstaltenfinanzierung (LKF) geschafft.
- In der **Aufbauphase** (2006–2010) gilt es, die bestehenden Puzzleteile zu einem Ganzen zusammenzufügen und Mitarbeiter durch gezielte Aus-, Fort- und Weiterbildung für die zahlreichen vor ihnen liegenden Herausforderungen fit zu machen. Zentrales Thema der zweiten 5-jährigen Periode sind Projekte. Ein Projekt folgt dem nächsten. Das Unternehmen tritt in eine intensive Bauphase ein. Das Segelboot wächst. Wiederum tut sich ein Rechtsstreit auf. Am Ende der Aufbauphase steht die 1. Vernetzte Verbundzertifizierung nach KTQ.
- In der etwa 5-jährigen **Durchdringungsphase** (2011–2015) wächst das Segelboot zu einem Schiff beachtlicher Größe heran. Beflügelt von der Kreativität der wachsenden Mitarbeiterschaft und klare Ziele vor Augen, geht der eingeschlagene Qualitätsweg weiter. Doch interne Widerstände tun sich auf. Am Ende der Durchdringungsphase steht der Staatspreis für Unternehmensqualität, DIE Auszeichnung für die erfolgreichsten und besten Unternehmen Österreichs aus allen Branchen. Später

Einleitung 5

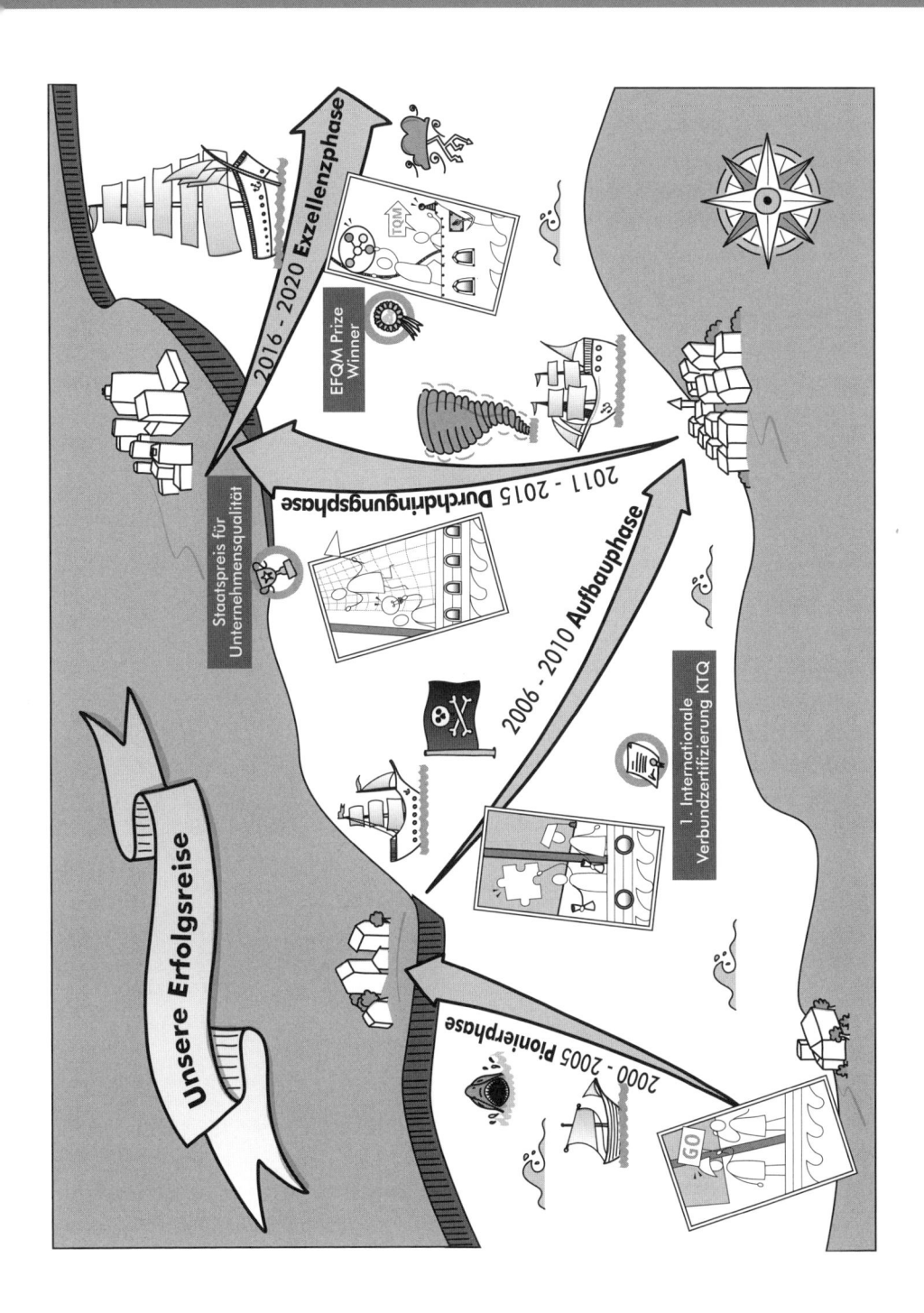

Unsere Erfolgsreise

- **2000 - 2005 Pionierphase**
- **2006 - 2010 Aufbauphase** — 1. Internationale Verbundzertifizierung KTQ
- **2011 - 2015 Durchdringungsphase** — Staatspreis für Unternehmensqualität
- **2016 - 2020 Exzellenzphase** — EFQM Prize Winner

wird gleich das erste Antreten auf europäischer Ebene mit dem Finalistenstatus beim EFQM Excellence Award gewürdigt.

- In der **Exzellenzphase** (2016 – 2020) angekommen, wächst das Unternehmen zum stattlichen, hochseetüchtigen Schiff heran. Die Geriatrischen Gesundheitszentren eröffnen das erste Pflegewohnheim der 4. Generation in ihrem Bundesland. Widerstände von Gesetzgebern und Systempartnern im Zusammenhang mit den gesetzlichen Rahmenbedingungen für diese neue Art von Pflegeheimen tun sich auf. Doch weitere Pflegewohnheime der 4. Generation folgen. Zentrales Thema in der Exzellenzphase ist die Vernetzung, lokal wie global. Forschung und Entwicklung gewinnen an Bedeutung. Kooperation hat höchste Priorität. Eine ganzheitliche Ausrichtung an TQM wird selbstverständlich. Zwei Preise des EFQM Excellence Awards krönen den Erfolg.

Jede der vier Entwicklungsphasen wird im Big Picture durch ein charakteristisches Bild im rechteckigen Rahmen symbolisiert. Dieses Bild soll im Verlauf des Buches als Kompass dienen und Orientierung geben. Es soll der rote Faden sein, der Wiedererkennung fördert und die jeweiligen Entwicklungsphasen in den unterschiedlichen Organisationseinheiten visualisiert.

Anzumerken ist, dass es sich bei den beschriebenen Entwicklungsphasen explizit um die Phasen der Entwicklung der Geriatrischen Gesundheitszentren handelt. Nicht jedes Unternehmen muss notwendigerweise in der gleichen Form wachsen und reifen. Auch die Phasenübergänge in 5-Jahres-Zyklen sind nicht zwingend. Denn manche Unternehmen bleiben auf einer Entwicklungsstufe stehen. Andere entwickeln sich über die Zeit womöglich sogar zu einer früheren Phase zurück. Einige Unternehmen verweilen vielleicht ähnlich lang wie die Geriatrischen Gesundheitszentren in einer Entwicklungsphase. Andere mögen sich langsamer oder auch rascher entwickeln.

Hinzuweisen ist auch darauf, dass Phasologien niemals Beschreibungen der Realität sind. Sie sollen auch gar nicht die Wirklichkeit abbilden, sondern das Verstehen fördern. Sie sollen die Komplexität organisatorischen Handelns soweit reduzieren, dass die großen Zusammenhänge ins Licht rücken.

Das Buch im Überblick

Das vorliegende Buch wurde von Führungskräften der Geriatrischen Gesundheitszentren verfasst:

1. *Gerd Hartinger*, Geschäftsführer, stellt im ersten Beitrag den Grazer Managementansatz vor. Hartinger verknüpft die Tools des Grazer Managementansatzes aus der Perspektive des „Cockpits" in ganzheitlicher Form.
2. *Gerd Hartinger*, Geschäftsführer, *Lisa Weidinger*, wissenschaftliche Mitarbeiterin, und *Martina Bohnstingl*, Geschäftsbereichsleiterin Alternative Wohnformen, geben im zweiten Beitrag Einblicke ins Innere der Geriatrischen Gesundheitszentren und somit ins Innere einer lernenden Organisation.

Die nächsten beiden Beiträge thematisieren die Entwicklung der Geriatrischen Gesundheitszentren aus der Perspektive der zentralen Bereiche einer Gesundheitsorganisation: Medizin und Pflege.

3. *Brigitte Hermann*, Stellvertretende Ärztliche Leiterin, *Lisa Adele Laubreiter*, Assistentin Ärztliche Leitung, und *Walter Schippinger*, Ärztlicher Leiter, beschreiben im dritten Beitrag, wie bedarfsorientierte Patientenversorgung in der Altersmedizin gelingen kann.
4. *Waltraud Haas-Wippel*, Pflegedienstleiterin, und *Lisa Weidinger*, wissenschaftliche Mitarbeiterin, befassen sich im vierten Beitrag mit den Entwicklungen im Pflegebereich. Sie gehen insbesondere auf die Frage ein, wie die Professionalisierung der Pflege und Betreuung gelingen kann.

Die folgenden acht Beiträge thematisieren die Entwicklung der Geriatrischen Gesundheitszentren aus der Perspektive der einzelnen Organisationsbereiche. Diese erweisen sich als kraftvolle Steuereinheiten im Change-Prozess.

5. *Gerd Hartinger*, Geschäftsführer, erläutert im fünften Beitrag, wie Leadership im Veränderungsprozess erfolgt. Er gibt Einblicke in sein Führungsverständnis und zeigt unterschiedliche Prioritäten der Führung in den verschiedenen Entwicklungsphasen auf.
6. *Anita Tscherne*, Human Resources Leiterin, und *Irene Schwarz*, Assistentin Human Resources, befassen sich im sechsten Beitrag mit der Entwicklung des Unternehmens im Human-Resources-Bereich. Sie erörtern, wie es gelingt, Mitarbeiter und Digitalisierung für das Wohl der Menschen in Einklang zu bringen.
7. *Daniela Knapp*, Leiterin Finanzmanagement, beschreibt im siebten Beitrag, wie das Finanzmanagement zur stabilen Basis eines Gesundheits- und Sozialunternehmens beiträgt. Sie beschreibt den Change-Prozess von einer hoch defizitären zu einer wirtschaftlich gesunden Organisation.
8. *Gerd Hartinger*, Geschäftsführer, *Franz Scheucher*, Leiter Technik- und Facility-Management, und *Martina Pojer*, Geschäftsbereichsleiterin Pflegewohnheime, unterstreichen im achten Beitrag die Bedeutung des Bereichs Technik- und Facility-Management als nachhaltiger Begleiter in Change-Prozessen.
9. *Stefan Windisch*, Leiter IT- und Prozessmanagement, beschreibt im neunten Beitrag, wo effizientes IT- und Prozessmanagement ansetzen muss, um in Interaktion zur Exzellenz zu führen.
10. *Martin Orehovec*, Qualitätsmanager, und *Romana Winkler*, Qualitätsmanagerin, erklären im zehnten Beitrag, wie Qualitätsmanagement eine Organisation verändern kann und wie es gelingt, durch Qualitätsmanagement Veränderungen erfolgreich zu begegnen.
11. *Franz Scheucher*, Leiter Technik- und Facility-Management, und *Tina Carina Wellmann*, Stabsstelle Marketing/PR, beschreiben im zwölften Beitrag, wie durch strategisches Marketing ein fruchtbarer Dialog mit Stakeholdern gelingt.

12. *Judith Goldgruber*, Leiterin Forschung und Entwicklung, und *Lisa Weidinger*, wissenschaftliche Mitarbeiterin, gehen im zwölften Beitrag darauf ein, warum es sich lohnt, in Forschung und Entwicklung zu investieren.

Der abschließende Beitrag beschäftigt sich mit dem Fundament einer sich wandelnden Organisation: der Unternehmenskultur.

13. *Judith Goldgruber*, Leiterin Forschung und Entwicklung, beschreibt im abschließenden dreizehnten Beitrag die Unternehmenskultur als Fundament einer erfolgreichen Organisation. Sie analysiert, warum Sinnstiftung nicht nur in agilen Zeiten den Unterschied macht und gibt damit einen Ausblick auf eine mögliche Zukunft des Unternehmens.

■ Literatur

Glasl, Friedrich; Lievegoed, Bernard: *Dynamische Unternehmensentwicklung. Grundlagen für nachhaltiges Change Management.* 5. neubearbeitete Auflage. Verlag Freies Geistesleben, Stuttgart/Bern 2016

1 Der Grazer Managementansatz: Ein ganzheitliches Verständnis von Exzellenz

Gerd Hartinger

In diesem Kapitel erfahren Sie Näheres über die Managementansätze der Geriatrischen Gesundheitszentren. Welche Methoden und Instrumente wurden verwendet, welche haben sich bewährt?

> „Eine Organisation braucht wie ein Schiff eine Zielrichtung, einen Skipper, eine kompetente Steuerung, eine eingespielte Mannschaft und Regeln des Miteinanders, wie auch eine gute Ausstattung. Volatile Märkte können kurzfristig Unwetter auslösen, Schönwetterkapitäne sind dann bald mit ihrem Latein am Ende."
>
> Gerd Hartinger

Jeder seriöse Managementansatz berücksichtigt die näheren und ferneren Umwelten eines Unternehmens. Nur ein Verständnis für die Umwelten und Zusammenhänge, deren wirkende Kräfte und Entwicklungen, erlaubt ein professionelles Vorgehen der Organisation. Bild 1.1 veranschaulicht die Zusammenhänge auf mehreren Ebenen. In der innersten Ebene um das Unternehmen wirken die Stakeholder (z. B. Patienten, Bewohner, Zuweiser, Finanziers). In der zweiten Ebene wirkt der zugehörige Branchen-Markt. Dieser bestimmt beispielsweise den Zugang zu den Gesundheitsberufen. In der dritten Ebene liegen die globalen Themen und Megatrends, wie die Demografie und die Epidemiologie. In der Folge nimmt der Grazer Managementansatz das im Kern dargestellte Unternehmen und die näheren Ebenen in den Fokus, immer aber auch unter Berücksichtigung des Kontexts und der Analyse der Trends in den äußeren Schichten. Ohne diese kontextuellen Zusammenhänge zu berücksichtigen, greift jede Strategie zu kurz und ist vor Überraschungen nie gefeit.

Bild 1.1 Einbettung der Geriatrischen Gesundheitszentren in einem globalen Zusammenhang (in Anlehnung an EFQM-Modell 2020)

Der Grazer Managementansatz baut auf bewährten Methoden und Instrumenten auf, nimmt eine Auswahl vor, entwickelt manche Tools weiter, kombiniert diese neu und erlangt dadurch eine eigene Effektivität und gesteigerte Wirkung. Es hat sich vor allem gezeigt, dass das Wissen und die vereinzelte Anwendung von Managementmethoden zu wenig bewirkt. Konsequenz bei der Anwendung und Umsetzung macht den Erfolg aus. Auf der Grundlage eines guten Methodenrepertoires ist Überzeugungskraft für einen neuen Weg – wie Changemanagement – viel leichter zu gewinnen. Nach Kant ist nichts praktischer als eine gute Theorie. Die hier zugrunde liegende Theorie besagt, dass geeignete Methoden, Instrumente und Erkenntnisse das Management bei der Diagnose und Therapie des Unternehmensgeschehens unterstützen. Die adäquate Anwendung von geeigneten Managementinstrumenten befähigt zu guten Entscheidungen, vor allem durch die damit bewirkte Kommunikation in einer Organisation. Managementerfahrung erweist sich einmal mehr als unabdingbar, Know-how der Mitarbeiter einzubeziehen als unersetzbar.

Managementkonzepte und -instrumente helfen, den Weg der Veränderung anschaulich zu begleiten. Durch sie ist es möglich, die Ausgangssituation eines Vorhabens zu erkennen und zu beschreiben, Strategien und Ziele zu formulieren, Alternativen abzuwägen, Entscheidungstechniken anzuwenden und den Weg zur Umsetzung zu professionalisieren. Ziel von Managementmodellen ist es schließlich, das Handeln in Organisationen auszurichten und zu konformieren sowie eine möglichst optimale gemeinsame (kulturelle) Basis zu schaffen, um die verfolgten Managementziele möglichst effektiv und effizient zu erreichen. Methoden und deren grafische Anschauung erleichtern den Weg nachvollziehbar zu entwickeln, eine Vorstellung über die angestrebte Zukunft zu erlangen und schließlich eine Vereinbarung über die dazu notwendigen Schritte und Maßnahmen zu erzielen. Methoden können fehlgelenkt auch in die

Irre leiten, daher ist die dahinterliegende Wertehaltung der Führung von größter Bedeutung.

Am Beginn stand die Vision, aus einem Siechenhaus der Geriatrie ohne Zukunftsperspektive und mit hoher Verschuldung ein zukunftsorientiertes, innovatives Musterunternehmen zu gestalten. Schon im Rahmen der ersten Führungskräftekonferenz im April 2000 stand die angestrebte Phasenentwicklung des Unternehmens „in vier Phasen zur Exzellenz im Gesundheitswesen" auf der zentralen Agenda der Tagung. Kaum jemand glaubte damals, diesen Zustand je zu erreichen. Niemand konnte den dazu notwendigen Aufwand auch nur annähernd abschätzen oder die Zeit für diese Entwicklung berechnen. Dennoch lag Aufbruchsstimmung und Gewissheit, dass der Weg in die richtige Richtung weist, in der Luft. So konnte die nötige Veränderungsbereitschaft und Durchhaltevermögen aufgebaut werden. Der Startschuss für das Changemanagement-Projekt war gefallen.

> ⓘ Changemanagement bezeichnet das planvolle Management von Veränderungsprozessen von einem Ausgangszustand hin zu einem Zielzustand. Die Hauptaufgabe besteht darin, gezielt und aktiv sowie strategisch und wirkungsvoll in die Anpassungsprozesse einzugreifen."
> (Zelesniack/Grolman 2017)

Der Weg beginnt mit dem ersten Schritt. In unserem Beispiel wurde die Geschäftsführung neu ausgeschrieben und erstmals eine Geschäftsordnung – unter Mitwirkung des neuen Geschäftsführers – erstellt. Dadurch waren die Voraussetzungen für das ambitionierte Change-Projekt geschaffen.

Wie in Lewins (1963) Feldtheorie beschrieben, erfolgt eine Veränderung grundsätzlich in drei Phasen (Auftauen – Ändern – Wiedereinfrieren). Dies veranschaulicht Bild 1.2. Es ist zwingend erforderlich, sich die Notwendigkeit zur Veränderung in der Ausgangsphase unentwegt vor Augen zu führen, plastisch und verständlich zu machen, d. h. klar zu beschreiben, welche Auswirkungen ein Stillstand verursacht (Status-quo-Fortführungsvariante). Dieser führt nämlich häufig zu Verlusten von Arbeitsplätzen bis hin zur Insolvenz. Erst ein umfangreiches Verständnis für die gebotene Notwendigkeit den Status-quo-Zustand zu verlassen, schafft einen hinreichenden Veränderungswillen der Mitarbeiter sowie eine notwendige Veränderungsmasse und -energie, um die naturgegebene Trägheit von Organisationen zu überwinden.

Dadurch kann es dem Management gelingen, dass der Veränderungswunsch bei den Führungskräften und im besten Fall auch bei den Mitarbeitern in der Basis herbeigesehnt wird. Dieser tief verankerte Veränderungswille ist unabdingbar für große Transformationen. Erst dadurch ist genug Überzeugungskraft vorhanden, um die kommenden anstrengenden Aufgaben zu bewältigen.

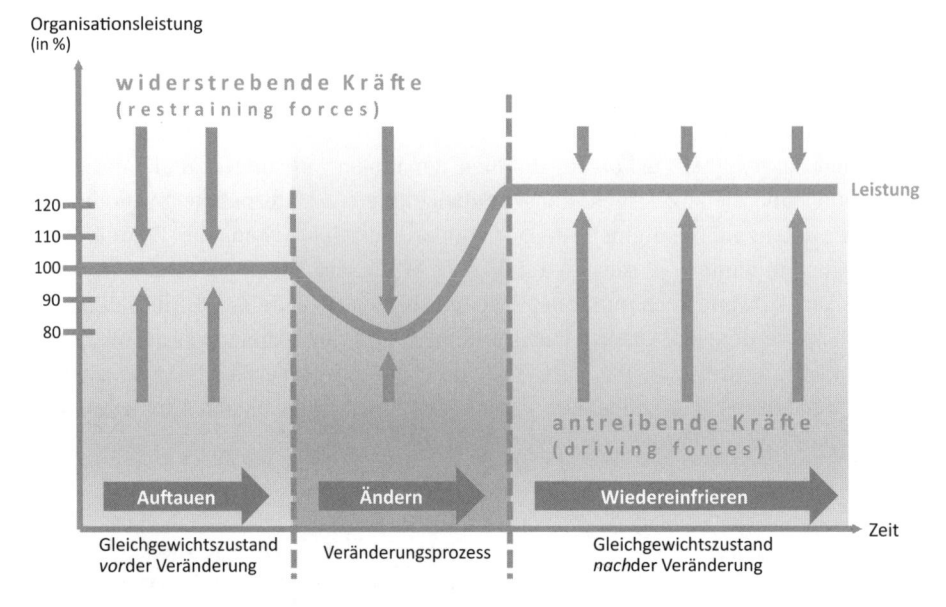

Bild 1.2 Auftauen – Ändern – Wiedereinfrieren (in Anlehnung an Lewin 1963)

Verstärkt durch den Business-Process-Re-engineering (BPR)-Ansatz von Hammer und Champy kann eine Organisation viel umfassender verändert werden, als dies durch z. B. „Organizational Learning" oder andere basale Managementmethoden alleine möglich wäre. Dieser Ansatz verfolgt eine tief greifende Organisationsveränderung und begnügt sich nicht mit bloßem Optimieren von Abläufen. Das Geschäftsfeld insgesamt wird neu gedacht und Produkte neu definiert. So ist der Eingriff in die Organisation viel stärker und ermöglicht größere Leistungssteigerungen für die Patienten (Hammer/Champy 1995).

Wie in Bild 1.3 dargestellt, wurde es dem Unternehmen möglich, durch innovative Neugestaltung, konsequente Umsetzung und unternehmensweite Mobilisierung die alten Leistungsgrenzen erheblich zu überschreiten. Obwohl der Gesundheitsmarkt in der Regel vollkommen reglementiert ist, haben sich die Dienstleistungsprodukte verzehnfacht, der Umsatz hat sich verdreifacht, die Mitarbeiter haben sich verdoppelt, der hohe Ausgangsverlust des Betriebes konnte in ein positives Ergebnis gewandelt werden. Zudem wurde die Qualitätsführerschaft im Branchensegment erreicht.

Der Business-Process-Re-engineering-Ansatz – ein Top-down-Ansatz – steht dabei keineswegs in Konkurrenz zu dem Kaizen-Managementkonzept – einem Vertreter der kontinuierlichen Veränderung (KVP). Eine additive Verwendung ist zu empfehlen, also die Top-down- und die Bottom-up-Dynamiken von beiden Modellen für Organisationen zu nutzen und deren Ansätze zu kombinieren. Das bedeutet, Führungskräfte und Mitarbeiter gleichermaßen für die Veränderung zu gewinnen und deren Ideen zum Wohle der Organisation und zum Wohle der Patienten zu nutzen.

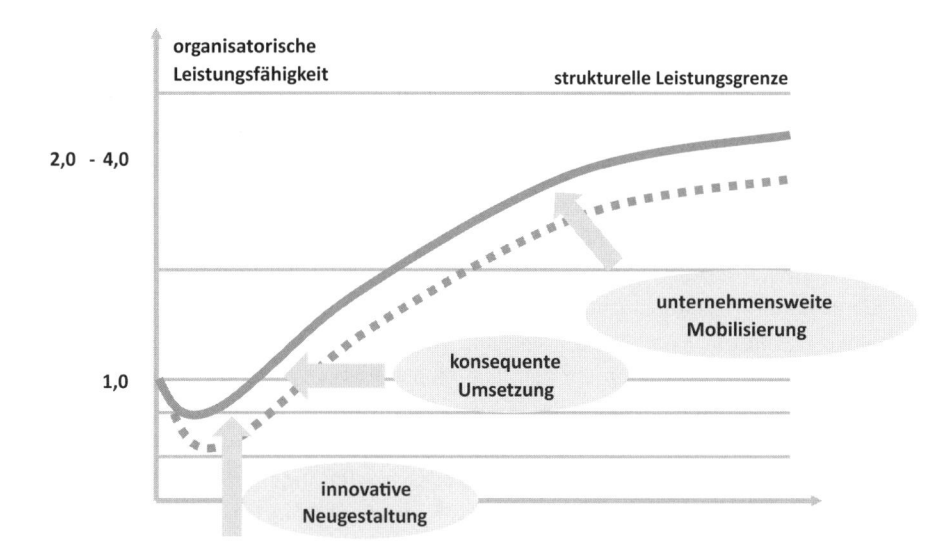

Bild 1.3 Proaktives Management beim Re-engineering von Geschäftsprozessen (Suter/Vorbach/Weitlaner 2015)

Bild 1.4 zeigt den notwendigen Wandel von einer mechanischen zu einer organischen Organisationsform, wie er sich auch in den Geriatrischen Gesundheitszentren vollzog. Bei der mechanischen (vormals tayloristischen) Form zählt noch die strenge Hierarchie, bloß eine direktionale Vorgehensweise, zentrale Entscheidungskompetenz, ein hoher Formalisierungsgrad und Gehorsam. Bei der organischen Form sind funktionale Autorität, netzwerkartige Kommunikationsstrukturen, mehrere Entscheidungszentren, evolutionäre Aufgabengestaltung und ein sinnstiftender Aufgabenbereich vorherrschend. Organisationen liegen oft auf dem Kontinuum zwischen diesen extremen Polen, modernere weiter rechts, traditionelle weiter links. In herausfordernden Zeiten mit erweiterter Komplexität und turbulenten Umwelten empfehlen sich organische Organisationsformen, da diese eine größere Anpassungsfähigkeit aufweisen.

Mechanische Organisationsform
1. strenge Hierarchie
2. vertikale Interaktion
3. abwärts gerichtete Kommunikation
4. zentralisierte Entscheidungskompetenz
5. starke Formalisierung
6. Loyalität und Gehorsam

Organische Organisationsform
1. funktionale Autorität
2. laterale Interaktion
3. netzwerkartige Kommunikationsstruktur
4. viele Entscheidungszentren
5. fortgesetzte Neudefinition der Aufgaben
6. Hingabe an die Aufgaben

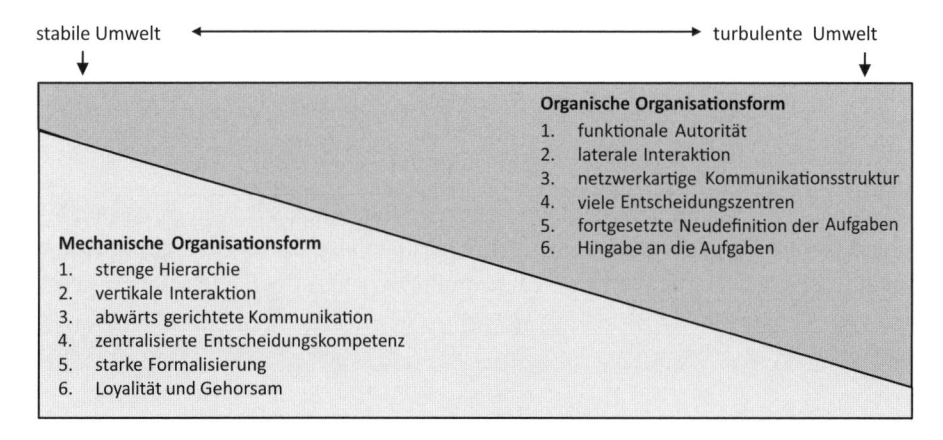

Bild 1.4 Der Wandel von der mechanischen zur organischen Organisation (Burns/Stalker 2001)

Eine organische Organisation setzt aber auch reifere Führungskräfte und Mitarbeiter voraus, um unternehmerisch erfolgreich zu sein. Die Reifung der Führungskräfte und der Mitarbeiter sollte im besten Fall mit der Entwicklung eines Unternehmens einhergehen. Nicht mehr der Arzt oder die Organisation stehen im Vordergrund, sondern die eigentliche Mission und der Unternehmenszweck, in unserem Fall die professionelle und empathische Behandlung von Patienten. Ebenso obsolet sind die strenge Linienorganisation und deren ausschließlich hierarchische Top-down-Kommunikation. Dazu eine beispielhafte Order: „Mit anderen Berufsgruppen darf nicht gesprochen werden, die Kommunikation verläuft ausschließlich über die Vorgesetztenstruktur." Ein notwendiger Wandel hin zu einer achtungsvollen, wertschätzenden Zusammenarbeit im Prozess der Versorgung und somit auf den Patientenstationen (Widerspruch zur Linienautorität) findet statt. Da der Patient im Fokus steht, kann das Experiment bei reifen Führungskräften und einer Organisation, die ebenso diesen Entwicklungsstand erreicht hat, gelingen. Oftmals müssen Vorgesetzte aber auch umgeschult oder versetzt werden, wenn nicht erst die biologische Lösung – die Pensionierung der hindernden Führungskraft – greifend werden soll. In manchen Fällen bleibt also nichts anderes übrig, als sich von hinderlichen Personen in Führungsrollen zu trennen, um die Mitarbeiter und die Organisation entwickeln zu können.

In der Regel ist es nicht möglich, dass sich alle Unternehmensbereiche vollkommen gleichförmig entwickeln. Dennoch muss darauf geachtet werden, dass der „Unternehmens-Zug" nicht ganz abreißt. Dann besteht die Gefahr, dass manche Bereiche zu weit zurückbleiben und sich Subkulturen bilden. Es stellt sich somit auch die Frage, wie unterschiedlich entwickelte Abteilungen und Führungskräfte möglichst konform und zeitgleich in Richtung der angestrebten Organisationsentwicklung vorangebracht werden können. Ein Lösungsansatz wäre, sie durch adäquate Methodik und Konsequenz voranzubringen.

■ 1.1 Der kybernetische Managementkreislauf und seine zentrale Bedeutung

> *„Erste Aufgabe von Führung ist es, Zusammenarbeit zu organisieren."*
> Reinhard Sprenger

Im Folgenden wird das Management- und Führungsverständnis dargelegt, das auf bewährten Erkenntnissen der Managementlehre beruht, diese zum Teil weiterentwickelt und andere Teile auf das Wesentliche reduziert, um der angestrebten leichten Anwendbarkeit und Breitenwirkung gerecht zu werden.

Bild 1.5 beschreibt die grundsätzliche Managementtätigkeit, die auch für Veränderungsprojekte gilt, und erste Maßnahmen, welche die Organisationen in diesem Rahmen definieren.

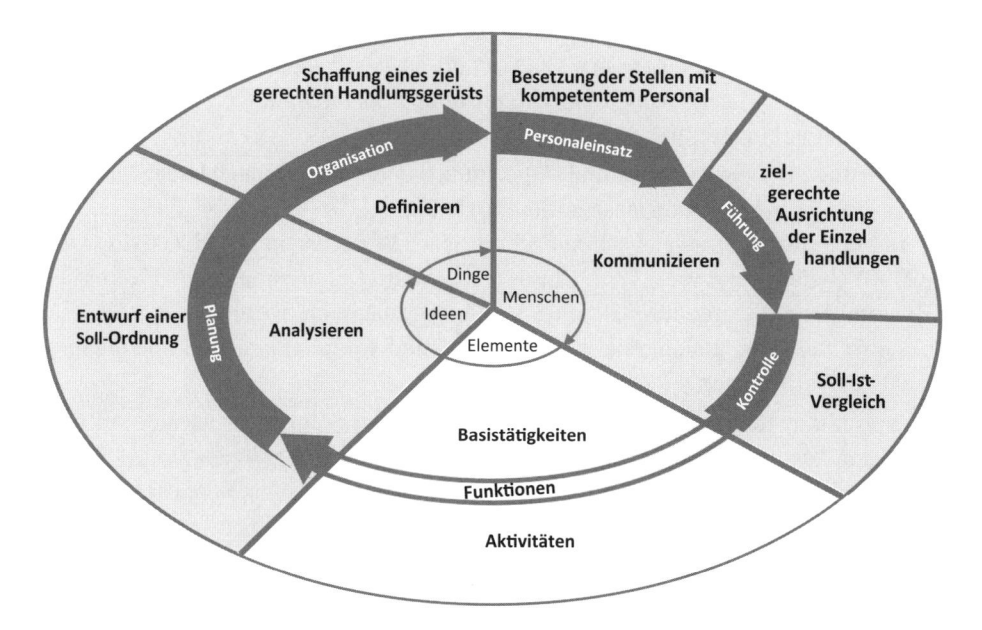

Bild 1.5 Kreislauf von Management und Führung (in Anlehnung an Koontz/O'Donnell 1990)

- **Planung:** als Entwurf einer neuen Ordnung, eines gewünschten Soll-Zustandes der Organisation, mit zugrundeliegender und vorangehender Ist-Analyse, Umfeldanalyse etc.
Zuerst entstand ein Leitbild der Pflege, es folgte die Vision „in Stufen zur Exzellenz" und neue Geschäftsfelder wurden im Nischensegment der Geriatrie identifiziert. Zur Analyse der Ausgangssituation half die Erstellung der Eröffnungsbilanz mit 01.01.2000. Die ständigen Verluste der Vergangenheit (EBITDA) und das negative Eigenkapital wurden offenkundig.
- **Organisation:** die Schaffung eines zielgerichteten Handlungsgerüsts und die Definition von Maßnahmen, Tätigkeiten etc., welche für eine professionelle Transformation nötig sind.
Der Aufbau eines modernen Rechnungswesens gelang aus der antiquierten Kameralistik heraus. Der Investitionsstau der letzten Jahrzehnte führte zu einer Neu- und Umbauinitiative. Ein professionelles und trotzdem sehr schlankes Projektmanagement wurde dazu mit einer Fachhochschule entwickelt und implementiert, welches beinahe unverändert auch noch heute dient. Nach dieser Neustrukturierung der Organisation konnte die Pionierphase beginnen.
- Kommunizieren: die adäquate Gestaltung von Strukturen für die Organisation zur Kommunikation und Informationsweitergabe. Eine effektive Organisation braucht

zum Funktionieren entsprechende Informations- und Kommunikationskanäle und vor allem kompetentes Personal an den Leitungsstellen.

- **Personaleinsatz**planung und die Besetzung der Stellen mit geeigneten Mitarbeitern.

  Bei den neuen Besetzungen wurde zur Gänze auf die bis dahin gängige Parteipolitik verzichtet und eine strenge Objektivierung der Postenbesetzung eingeführt. Dies zahlte sich schon bald für die Organisation und deren Kunden aus. Die Professionalität nahm merkbar zu.

- **Führung** als zielgerichtetes und abgestimmtes (operatives) Handeln der Mitarbeiter in Richtung der strategischen Gesamtziele.

  Aus der neuen Strategie wurden Jahresziele (Management by Objectives, kurz MbO) abgleitet und vereinbart. Dieses sehr effektive Steuerungsmittel (Jahreszielvereinbarung) wurde über 20 Jahre verfeinert. Insgesamt wurden in diesem Zeitraum rund 9 000 umfangreiche Jahresziele (rund 450 p. a.) realisiert und entsprechende Verbesserungen erreicht.

- Controlling, **Kontrolle** und Steuerung mithilfe von Soll-Ist-Vergleichen auf dem langen Weg des Fortschreitens bei der Umsetzung der Maßnahmen.

  Zu Beginn standen die Gründung des Finanz- und Controlling-Bereiches und der Aufbau eines Berichtswesens im Fokus. Mit dem Jahr 2005 kam es zur Einführung der Balanced Scorecard und damit zur Unterstützung der strategischen und operativen Steuerung. Ein Kennzahlensystem zur systematischen Rückmeldung des Erreichten wurde entwickelt. Zuerst bestand dieses hauptsächlich aus betriebswirtschaftlichen Kennzahlen. Mit den Jahren wurden immer mehr behandlungsrelevante Kennzahlen erarbeitet und zur Steuerung herangezogen.

- **Funktionen:** Basistätigkeiten und praktische Ausführungen an den jeweiligen Stellen und Bereichen der Organisation zur Aufrechterhaltung des Betriebes.

  Zur Optimierung der Basistätigkeiten und Routinen wurde das Prozessmanagement eingerichtet und mittels Flow Charts veranschaulicht. Durch die damit bewirkte Überarbeitung der Abläufe und abstrahierte Darstellung der Zusammenhänge entstand ein wesentlich besseres Verständnis für das Zusammenwirken der einzelnen Tätigkeiten. Wo es sich als zweckmäßig erwies, wurden Leitlinien, Richtlinien und Standards der Behandlung eingeführt.

In Übereinstimmung mit Badura u. a. (2013) besteht im Gesundheits- und Pflegewesen eine Besonderheit im Gegensatz zur Industrie. Erstens sind Patienten Bestandteil im „Produktionsprozess" der Organisation, da die Mitarbeit der zu Versorgenden unabdingbar ist. Zweitens werden Menschen „behandelt" und drittens sind seelische, soziale und biologische Prozesse nicht vollkommen beherrschbar. Patienten sind nicht nur Konsumenten der medizinischen Dienstleistung, d. h. der Wiederherstellung ihrer Gesundheit. Vielmehr sind sie an dem Dienstleistungsprozess „Heilung" maßgeblich beteiligt, also Bestandteil ihrer Genesung. Mit ihnen werden Behandlungsverträge geschlossen, hingegen sind herkömmliche Produkte i. d. R. bloß Werkstück. Sie interagieren nicht im „Produktionsprozess". Bei vulnerablen Patienten spielen auch die Angehörigen eine bedeutsame Rolle im Rekonvaleszenzprozess. Dadurch wird die Managementkonzeption bei Gesundheitsorganisationen anspruchsvoller. Während eine Fabrik von außen eine sogenannte Blackbox darstellt, gleicht eine Gesundheitseinrichtung eher einem Glashaus. Das bedeutet aber keineswegs, dass alles unbeherrschbar wird und Managementmethoden ohnedies zum Scheitern verurteilt sind. Im Gegenteil, bei erhöhter Komplexität wird es umso wichtiger, geeignete und hilfreiche methodische Unterstützung zu Verfügung zu haben.

Wie jeder Handwerker braucht auch der Manager Methoden und Instrumente für sein erfolgreiches Tun (Unkel 2011). Diese Methoden und ihre systematische Anwendung fehlen heute noch in vielen Gesundheitseinrichtungen. Aus Sicht von Change-Projekten erweisen sich folgende Managementtools und -methoden zur Strategieentwicklung und -umsetzung als besonders wirksam (Hartinger 2019):

- Mindmap zur Schaffung von Überblick und Orientierung bei neuen Projekten,
- SWOT-Analyse zum Erkennen der Stärken, Schwächen, Chancen und Risiken,
- Boston-Consulting-Group (BCG)-Matrix zur Beurteilung der Reife von Produkten/Dienstleistungen,
- Analyse der Lebenszyklusphasen von Produkten und Dienstleistungen,
- Stakeholder- und Marktanalyse, um die Bedürfnisse und Interessen frühzeitig zu erkennen,
- Portfolioanalyse zur Überblicksgewinnung und Strukturierung, Priorisierung,
- Nutzwertanalyse als Entscheidungstechnik (qualitativ und quantitativ),
- Projektmanagement-Methoden, zur Steuerung von komplexen Projekten,
- Strategielandkarte (Strategy Map) mit Umsetzungszeitplan,
- Prozessmanagement-Methode (Flow Charts etc.) zum abstrahierten Überblick,
- Simulations- und Szenario-Technik, um Zukunftsbilder rechtzeitig zu antizipieren,
- Balanced Scorecard (BSC) zur zentralen Steuerung der Dimensionen vom Groben zum Detail,
- Management by Objectives (MbO) z.B. mit Jahreszielvereinbarungen,
- Management-Informationssystem (MIS) zum Reporting.
- systematischer Aufbau von Kommunikationsstrukturen zur Wissensweitergabe und -generierung.

In den Geriatrischen Gesundheitszentren wurden diese Instrumente sukzessive und zum passenden Zeitpunkt über die Phasen der Entwicklung installiert sowie niederschwellig auf mehreren Ebenen nutzbar gemacht.

Im Folgenden werden die Bausteine, Managementmethoden und Vorgehensweisen dargelegt, die als Anregung dienen und zur Nachahmung ermuntern sollen. Der Mix an Managementmethoden und -tools ergibt in Summe ein spezifisches Methodenrepertoire, den Grazer Managementansatz.

1.2 In Phasen zum Erfolg in der Qualitätsentwicklung

„Wir werden die wahre Gesundheit nur entdecken, wenn wir uns von der Menge trennen. Denn die Masse steht im Gegensatz zur rechten Vernunft und verteidigt ihre eigenen Übel und Leiden. Lasst uns fragen: Was ist das Beste? Und nicht: Was ist das Übliche?"

Lucius Annaeus Seneca

In den Geriatrischen Gesundheitszentren vollzog sich die Organisationsentwicklung (OE) in vier Phasen über 20 Jahre und orientierte sich an den bewährten Qualitätsmanagementsystemen (QM-Systemen). Am Beginn stand eine vom Geschäftsführer betreute Diplomarbeit zur Analyse aller in Frage kommenden QM-Systeme. Dabei wurden alle namhaften QM-Systeme analysiert und auf Übereinstimmung mit der Wertehaltung der Führungskräfte und der Ressourcen der Organisation getestet. Ausgewählt wurde ein Medizin-genuines QM-System: KTQ (Kooperation für Transparenz und Qualität im Gesundheitswesen), da derartige Systeme (beispielsweise auch E-Qalin, ein Qualitätsmanagementsystem speziell für Alten- und Pflegeheime) die Sprache der Gesundheitsberufe (Health Professionals) am besten treffen und daher auch weniger Widerstände zu überwinden sind. Dadurch wurde die angestrebte Tiefenwirkung in der Organisation erreicht. Das KTQ-Modell bezeichnet dies als die Fähigkeit zur Durchdringung der Organisation bis zur Basis. Danach wurde ein branchenneutrales QM-System gewählt: EFQM, mit dem die Freude an der Innovation angeregt wird.

Grundlegend ist der von Deming (1982) kreierte Plan-Do-Check-Act-Zyklus (PDCA), der den Managementkreislauf am prominentesten beschreibt. Eigentlich kommt diese Logik in allen QM-Modellen vor, so auch bei dem der European Foundation for Quality Management (EFQM). Hier wird sie in variierter Form als Radar-Logik beschrieben. Die Geriatrischen Gesundheitszentren strebten über alle Phasen die Entwicklung in Richtung Total-Quality-Management-System an.

> **Total Quality Management** (TQM) wird als ein umfassendes Unternehmensführungskonzept beschrieben, das die Qualität zur zentralen Führungsaufgabe erklärt und ständige Qualitätsverbesserung anstrebt. In diesem Konzept werden alle Berufsgruppen, alle Hierarchieebenen und alle Prozesse eingebunden, um den Nutzenzuwachs und die Zufriedenheit aller externen und internen Kunden sowie der wesentlichen Stakeholder zu realisieren (DIN EN ISO 8402). TQM definiert selbst keine Zertifizierungsgrundlage und wird in Europa am besten durch das EFQM-Modell – als Entwicklungsmodell zur Exzellenz – verkörpert (Haubrock 2018).

Entsprechend der phasenorientierten Fortentwicklung des Unternehmens kann es sinnvoll sein, auch das QM-System zu wechseln. Diese Entwicklung kann über Stufen der Weiterentwicklung mit Hilfe des PDCA-Zyklus gut beschrieben und der Fortschritt grafisch veranschaulicht werden (Bild 1.6).

Entwicklungen müssen dabei immer wieder durch „Standardisierungsstufen" (Ruhephasen) gesichert werden. Im Sinne von Lewin (1963) baut jeder Change-Prozess auf dieser Vorgehensweise auf.

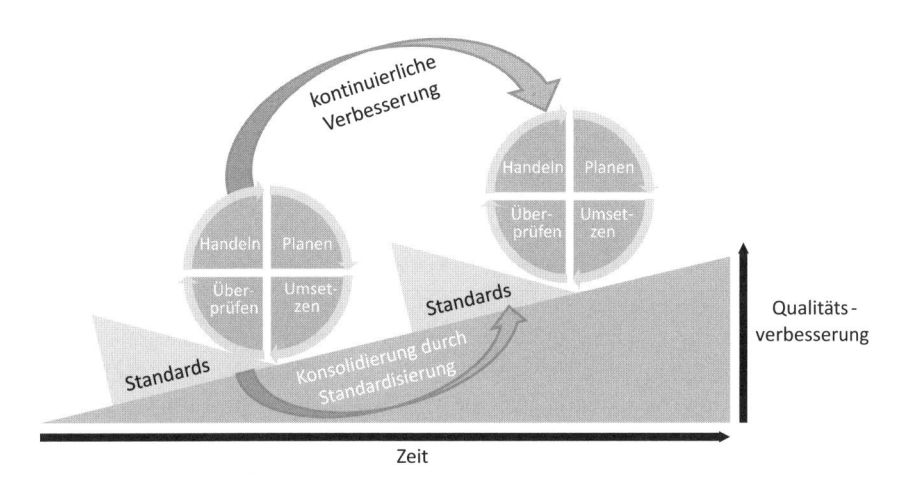

Bild 1.6 Kontinuierliche Qualitätsverbesserung durch PDCA und Standardisierung (Vietze 2013)

Bild 1.6 zeigt die Entwicklung und steigende Komplexität der unternehmerischen Zusammenhänge von der Struktur- über die Prozess- bis hin zur Ergebnisqualität anhand der vorherrschenden Logik in der Organisation. Mit zunehmender Entwicklung des Unternehmens werden die Werkzeuge des Handelns professioneller, das Zusammenwirken der Kräfte einer Organisation wird erkennbarer und auch der Wert der einzelnen Leistung (des einzelnen Mitarbeiters) für das Ganze begreifbarer. Der Weg führt dabei zweifelsfrei über die von Donabedian (1966) so passend beschriebenen Stufen, von der Struktur- über die Prozess- zur Ergebnisqualität.

Das Qualitätsmodell nach Donabedian (1966) wird im Gesundheitswesen häufig verwendet und beschreibt drei Qualitätsdimensionen: Struktur-, Prozess- und Ergebnisqualität. Die Strukturqualität umfasst Voraussetzungen für die Leistungserbringung (technische und personelle Ausstattung, Infrastruktur etc.). Prozessqualität beschreibt ein leistungserbringendes Handeln („Versorgen") und das Durchführen von Maßnahmen (Erheben, Planen, Durchführen sowie regelmäßige reflektierte Evaluation der Leistungserbringung). Ergebnisqualität betrifft die Qualität des Produkts, den Outcome oder die Resultate der Prozesse (Czypionka 2006).

Bis 2005 standen die Strukturqualität und somit die Ressourcen der Organisation im Vordergrund. Um das Jahr 2010 war die Prozessqualität vorherrschend. Im Jahr 2015 wurde die Ergebnisqualität in den Fokus gestellt. Das Beispiel „Reinigungsmanagement im Krankenhaus" soll diese (notwendige) Entwicklung verdeutlichen:

In der Strukturphase werden bloß Reinigungspersonal, gemessen in Vollzeitäquivalenten, sowie Reinigungsgeräte und -mittel in Betracht gezogen. Demgemäß sind nur diese im Fokus der Ausschreibung und Vergabe. Bei der Prozessqualität werden Abläufe und Häufigkeiten interessant, beispielsweise die Frequenz der Reinigung der Funktions- und Sanitärbereiche im Krankenhaus. Diese Elemente werden in der Ausschreibung und Vergabe in der Prozessqualitätsphase definiert und vereinbart. Bei der Ergebnisqualität wird bedeutsam, wie rein und hygienetauglich die Räume und Flächen (z. B. im OP oder im Patientenzimmer) wirklich sind. Dies wird beispielsweise durch sogenannte Abklatschtests (Hygienetestung) überprüft. Unangekündigte Begehungen werden zur Ergebniskontrolle herangezogen. In der Strukturphase wird zwar die Qualifikation des Personals vereinbart, die Arbeitsweise steht aber nicht im Vordergrund. In der Prozessphase werden die Arbeiten in ihren Zusammenhängen (Abläufen) optimiert und Frequenzen von Tätigkeiten als Qualitätsmerkmale herangezogen. Erst bei der Ergebnisqualität kommt es nicht mehr auf ein streng definiertes Personalstellenprofil oder genau definierte Abläufe an, sondern endlich auf das Resultat der Arbeitstätigkeit. Dieses Verständnis muss sowohl bei dem Auftraggeber wie auch beim Auftragnehmer der Reinigungsleistung vorhanden sein. Überzeichnend dargestellt, reicht es eigentlich in der Strukturstufe, genügend Personal – ohne messbare Reinigungswirkung – tätig werden zu lassen. Auch in der Prozessstufe werden nur die Frequenzen der Reinigung definiert und kontrolliert. Keime könnten sich weiter verschleppen. Erst in der Ergebnisstufe ist es bedeutsam, dass das Ziel, reinlicher, sauberer und hygienischer zu sein, wirklich erreicht wird. Eine gute Ausbildung und Ausrüstung (Struktur) sowie die sorgfältige Abstimmung der Arbeitsabläufe (Prozess) führen mit der Orientierung (Messung) auf das Resultat (hygienisch reine Oberflächen) zur gewünschten Wirkung (Outcome). So einfach ist es und doch so schwer, bis ein Organisationssystem zu dieser Entwicklungsstufe heranreift. Erfahrungsgemäß ist ein Überspringen der Phasenentwicklung nicht möglich. Organismen brauchen Zeit zum Reifen.

Grafische Darstellungen (wie Bild 1.7) sind notwendig, um den Beteiligten den Weg des Fortschritts vor Augen zu führen und Rückmeldung über die geleistete Entwicklungsarbeit zu geben. Die Geriatrischen Gesundheitszentren haben diesen Weg beschritten und große qualitative Unternehmensfortschritte erzielt. Diese Qualitäts- und Organisationsentwicklungsphasen können zum Beispiel in Kombination mit einem TQM-System (wie EFQM) veranschaulicht werden, indem die Punktewerte dieses Systems als Zuordnungsgröße (Ranking) verwendet werden, wodurch eine nachvollziehbare stufenförmige Entwicklung über die Jahre entsteht.

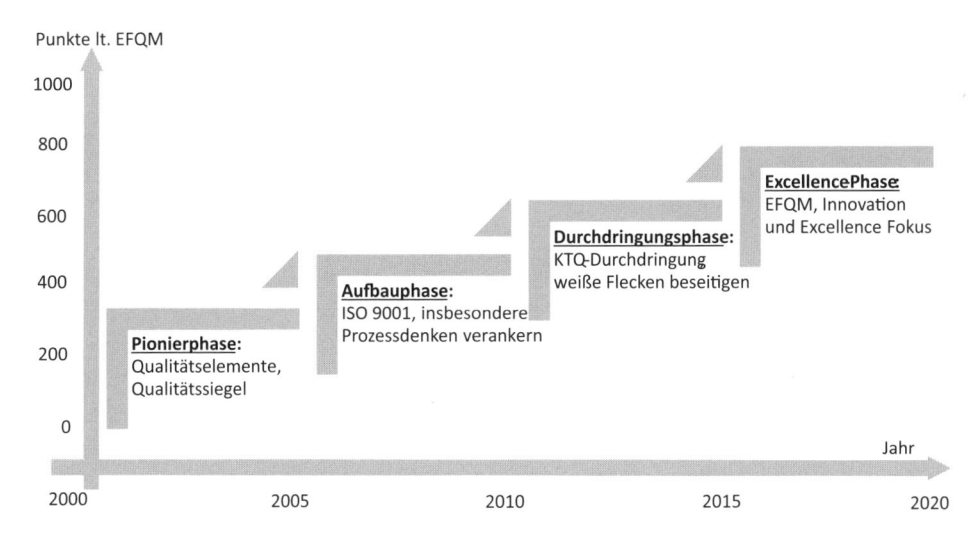

Bild 1.7 Phasen des Qualitätsfortschritts der Geriatrischen Gesundheitszentren anhand der EFQM-Skalierung

Das Unternehmen hat sich schrittweise in Richtung TQM fortentwickelt entschieden und die Phasen (in Anlehnung an Glasl und Lievegoed 2016) wie folgt bezeichnet:

- In der **Pionierphase** (2000 – 2005) wurde mit einzelnen Qualitätsinitiativen und -sicherungsmaßnahmen begonnen. Es folgten einfache Qualitätssiegel, wie das steirische Pflegeheim-Gütesiegel.
- In der **Aufbauphase** (2005 – 2010) diente vor allem die ISO 9001 als Grundlage für Qualitätsentwicklung. Rund 200 Richtlinien bzw. Leitlinien wurden erstellt und etwa 80 Prozesse standardisiert.
- In der **Durchdringungsphase** (2010 – 2015) entschieden sich die Geriatrischen Gesundheitszentren für das System „Kooperation für Transparenz und Qualität im Gesundheitswesen" (KTQ®), welches vor allem in Zentraleuropa und vorwiegend in Deutschland stark verbreitet ist.
- In der **Exzellenzphase** (2015 – 2020) entschieden sich die Geriatrischen Gesundheitszentren für EFQM, da dieses QM- oder Managementsystem die Innovationskraft sowie die Freude der Führungskräfte und Mitarbeiter am Fortschritt der Organisation fördert. Erstmals wurde auch die Dimension der Finanzen und der Technik bedeutsam.

Mit den Phasen der Organisationsentwicklung haben sich auch die Dimensionen und Elemente des Managements, wie Führungsstil, Übernahme von Verantwortung, Einbindung der Mitarbeiter, das Organigramm, die Steuerung der Ziele und auch die Beziehung zur Umwelt und Gesellschaft verändert. Tabelle 1.1 fasst diese Entwicklungen zusammen.

Tabelle 1.1 Die Phasenentwicklung der Geriatrischen Gesundheitszentren und deren Dimensionen (Hartinger 2019)

	Pionierphase	Aufbauphase	Durchdringungsphase	Exzellenzphase
Führungsstil, Verantwortung und Handlungsspielraum	autoritär, autokratisch, per Weisung, wenig Handlungsspielraum	informativ, konsultativ, Übertragung von Verantwortung, Handlungsspielraum wird gewährt	partizipativ, beratend, kooperativ, Verantwortung wird geteilt und wahrgenommen	delegativ, autonom, Befähigung, Coaching, Verantwortung wird weitgehend selbst wahrgenommen
Mitarbeitereinbindung Zusammenarbeit und Beziehung	Koexistenz, eindimensional interaktiv, Einzelbereiche, Gehorsamkeit	Kollaboration, Zusammenarbeit, Gruppen, Loyalität	Kooperation, Einbindung, Teamwork, Flexibilität	Ko-Evolution, Ko-Kreation, Vernetzung, freundschaftlich, wertschätzend
Steuerung und Ziel	Top-down-Ziele, direktive Auftragsausführung, Führung, Kraft, Macht oder Amt, Kontrolle	Steuerung über Strukturen, Kennzahlen Architektur, Kompetenzregelung, Fachwissen wird bestimmend, Professionalität als Ziel	Steuerung über Prozesse; Steuerung durch Indikatoren, Selbstkontrolle, optimaler Verfahrensablauf als Ziel	Steuerung über Ergebnisse (Outcome), Sinnstiftung, Selbststeuerung, Wirksamkeit als Ziel
Struktur und Organigramm	Improvisation, Hierarchie, Top-down	Linienorganisation (stringent, linear), professionelle Rationalisierung	Matrixorganisation bei gutem Klima, alle Hierarchieebenen einbezogen	vernetzte Wechselwirkung, organische Struktur
Kultur und Leitbild	Auftragsausführungskultur, Geist des Aufbaus, kein Leitbild oder nur verordnet	Aufbruchsstimmung, Leitbild entsteht nebeneinander oder vereinzelt	Toleranz, Engagement, Miteinander, Freude an der Leistung, Leitbild entsteht gemeinsam	Begeisterung, Achtsamkeit und Wertschätzung, Leitbild trägt zur Sinnstiftung bei
Umwelt und Gesellschaft	auf sich bezogen, Umwelt und Gesellschaft kaum wahrgenommen	kompetitiv, Umwelt und Gesellschaft werden berücksichtigt	Kooperationen, Umwelt und Gesellschaft sind beeinflussbar	zahlreiche Netzwerkstrukturen, Umwelt und Gesellschaft werden unterstützt

1.3 Der Innovationsprozess und dessen Elemente

> *„Wenn ein Steuermann nicht weiß, welches Ziel er ansteuern soll, dann ist kein Wind der richtige."*
> Lucius Annaeus Seneca

Aus der Managementzyklus-Philosophie hat sich über die Jahre eine strukturierte Systematik entwickelt, die im Folgenden als strategischer Qualitätsverbesserungs- und Innovationsprozess der Organisation vorgestellt wird. Es handelt sich um eine kaskadierte Vorgehensweise zur Verbesserung des Unternehmens sowie zur Entwicklung bedarfsgerechter Versorgungsprodukte und somit um einen systematisierten Organisationsentwicklungsprozess. Die Logik bildet die Vorgehensweise zur Weiterentwicklung des Betriebs als Versorgungsorganisation im Krankenhaus- und Pflegewesen ab.

Die Fächerdifferenzierung der Geriatrie war Ende des 20. Jahrhunderts noch nicht sehr verbreitet; es handelte sich um eine junge Disziplin. Mit dem folgenden Prozess hat die Organisation die bis dahin bestehende „Marktnische" Geriatrie und Pflege systematisch erkundet und ausgebaut. Dazu wurde geforscht, Masterarbeiten wurden betreut, Referenzbesuche zu Best-Practice-Einrichtungen forciert und trägerübergreifende Lernprozesse initiiert.

Der mehrjährig konzipierte Strategieprozess (mit i.d.R. 5-jährigem Zielhorizont) findet seine Detaillierung im jährlich stattfindenden Umsetzungsprozess mit einhergehendem Wirtschaftsplan (Budget). Dieser startet jährlich mit der Überarbeitung der Balanced Scorecard (BSC) und findet seine Ableitung in der Vereinbarung der Jahresziele mit den Führungsebenen. Durch gemeinsame Schwerpunktsetzungen werden der Strategieprozess und die BSC mit der Wirtschaftsplanung effizient in Einklang gebracht und Doppelgleisigkeiten sowie Widersprüche zwischen den Interessen der Bereiche Medizin, Pflege und Verwaltung von vornherein vermieden. Dies war aber eine Erkenntnis, die erst über die Zeit und Entwicklung der Organisation zu einer gewissen Reife möglich wurde. Es entstand ein gemeinsames Verständnis der Vorgehensweise, über die Grenzen von Abteilungen hinaus.

Die SWOT-Analyse dient dabei als Ausgangspunkt des Prozesses (Bild 1.8). Diese einfache Methode ist – bei richtiger Anwendung – leicht verständlich, hocheffizient und wirkungsvoll. Die Abschätzung von Stärken und Schwächen, wie auch Chancen und Risiken einer Organisation lässt schnell in einen innovativen Organisationsentwicklungsprozess einsteigen.

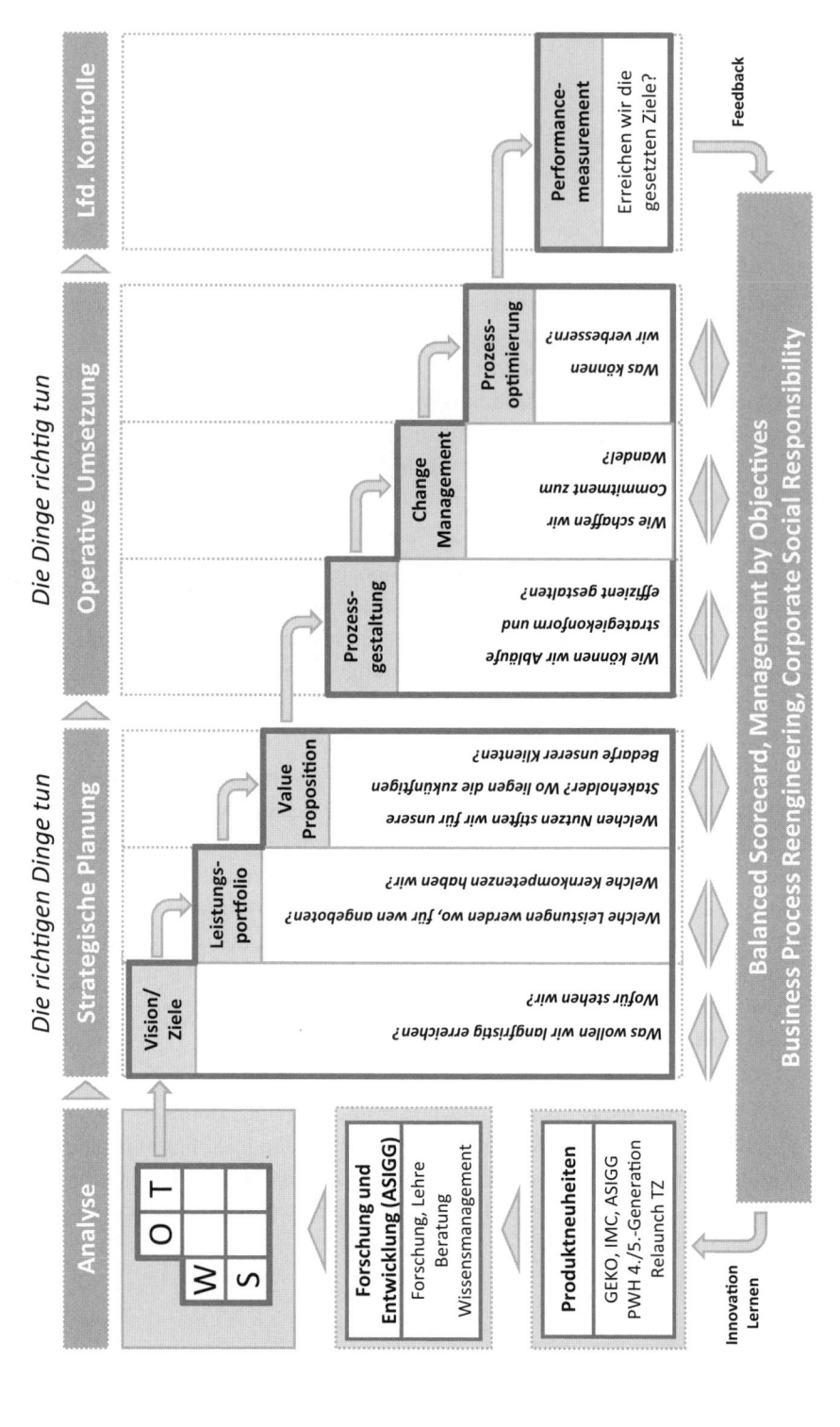

Bild 1.8 Strategischer Qualitätsverbesserungs- und Innovations-Prozess der Geriatrischen Gesundheitszentren

Die richtigen Dinge tun: Die erste Stufe betrachtet die strategische Planung und leitet sich aus der Vision, der Mission und den übergeordneten Zielen des Unternehmens ab. Im Fokus steht die Frage, „Was will das Unternehmen langfristig erreichen?". Den Kernkompetenzen folgend wird untersucht, „Auf welche Gesundheitsdienstleistungen will sich das Unternehmen konzentrieren?" und „Was macht das Unternehmen weiter einzigartig?", „Was sind die USPs (Unique Selling Points, zu Deutsch Alleinstellungsmerkmale)?" Diese grundlegende Kaskade wird nur alle drei bis fünf Jahre bzw. bei Bedarf, zum Beispiel bei relevanter Marktveränderung, durchlaufen.

Die Dinge richtig tun: Die operative Phase setzt die zuvor entwickelte Planung in konkrete Projekte, Jahresziele und Maßnahmen in den Organisationseinheiten um. Es kommt zur Prozessoptimierung und organisatorischer Änderung in der betrieblichen Praxis. Zentrale Fragen sind: „Welche Abläufe müssen strategiegemäß verändert werden?", „Wie schaffen wir ein einheitliches Verständnis?", „Wie können die Abläufe kontinuierlich verbessert werden?". Insgesamt wurden in den 20 Jahren rund 250 aufwendige Projekte und beinahe 9 000 Jahresziele (im Durschnitt 450 jährlich) realisiert. Diese Kaskade wird jährlich und kontinuierlich durchlaufen.

Performancemessung: Nach diesen großen Schritten folgen, zeitlich versetzt (i.d.R. zumindest einige Monate nach Inbetriebnahme), die Erfolgsmessungen und die Evaluierungen. Begleitend wird eine strukturierte Risikobeurteilung vorgenommen. Soll-Ist-Abweichungen, Kalkulationen und Folgeerlös-/kostenabschätzungen sind an der Tagesordnung.

Begleitet und getriggert wird die Entwicklung durch Managementmethoden und -Instrumente wie Business Process Re-engineering (BPR), Corporate Social Responsibility (CSR), das Management-Informationssystem (MIS) und – wie im Fall der Geriatrischen Gesundheitszentren – von zehn (eine pro Hauptproduktbereich) implementierten Balanced Scorecards (BSC), die seit 2005 kontinuierlich im Einsatz sind.

Die auf diese Weise neu entwickelten Gesundheitsdienstleistungen und Produktneuheiten werden in Folge über interne und/oder externe Forschungseinheiten begleitet sowie evaluiert. Die hauseigene Forschungs- und Entwicklungsabteilung, das Albert Schweitzer Institut für Geriatrie und Gerontologie, bringt gemäß ihrem Auftrag (verankert im Businessplan) durch Forschung, Bildung, Beratung und Wissensmanagement im internationalen Austausch neue Ideen zum Vorschein, die i.d.R. wieder Innovationen auslösen können. Darüber hinaus wird kontinuierlich Versorgungsforschung betrieben, um die Bedürfnisse der Klienten besser zu verstehen. Oft kommt es auch im Unterricht an Unis, Fachhochschulen und in der Erwachsenenbildung zu Ideen, die in der Folge über den kaskadierten Prozess zu neuen Produkten und gesellschaftsrelevanten Innovationen führen.

Alle Aktivitäten basieren auf den definierten Werten, der Kultur des wertschätzenden Umgangs miteinander und dem Methodeneinsatz des Unternehmens. Diese Kaskade erzeugt eine Spirale des Fortschritts. Über die Jahre entstanden aus ursprünglich zwei Versorgungsprodukten im Jahr 2000, rund 20 heute. Im Schnitt wurde jedes Jahr ein neues Versorgungsprodukt implementiert. Dies ist im restriktiven und streng geregelten Gesundheits- und Sozialsystem wohl ein Novum. Zahlreiche dieser neuen „Geriatrie-Produkte", wie der Geriatrische Konsiliardienst (GEKO) wurden national ausgezeichnet und international anerkannt. Veröffentlichungen in renommierten Medical Journals und einschlägigen Fachbüchern folgten (Schippinger u. a. 2013).

In diesem Prozess nimmt die Balanced Scorecard (BSC) eine zentrale Rolle ein und hat sich in der langjährigen Anwendung zu einem universellen Unternehmensführungswerkzeug weiterentwickelt.

> Die **Balanced Scorecard (BSC)** ist ein Verbindungsglied zwischen Strategie und operativem Handeln und verfolgt eine ausgewogene Betrachtung von vier unterschiedlichen Perspektiven (auch Dimensionen genannt) eines Unternehmens. Die Dimensionen der BSC umfassen die Finanzperspektive (Return) und die Kundenperspektive (Output), die Prozessperspektive (Prozess) und die Potenzial- oder Mitarbeiterperspektive (Input). (Kaplan/Norton 1997).

Die Balanced Scorecard als Strategieinstrument bewirkt auch eine fokussierte Kommunikation über die Organisationseinheiten und dient zum besseren Verständnis für die angestrebten und gemeinsam erarbeiten Entwicklungsnotwendigkeiten. Die in der BSC notwendigen Kennzahlen werden i. d. R. auch als Messinstrument für Qualitätsmanagementsysteme herangezogen. Die BSC entwickelte sich zunehmend zu einem wesentlichen „Ergänzungs-Instrument" für anspruchsvolle Qualitätsmodelle. Sowohl bei den KTQ®- als auch bei den EFQM-Zertifizierungen erwiesen sich die Kennzahlen der BSC als bedeutsame Grundlage einer höhergradigen Zertifizierung.

Seit dem Jahr 2005 verwenden die Geriatrischen Gesundheitszentren die Balanced Scorecard erfolgreich zur Umsetzung der strategischen Ziele und zur Überführung dieser auf die operative (taktische) Ebene (Bild 1.9). Damit wurde es möglich, – über alle folgenden Entwicklungsstufen – die Ergebniskennzahlen und die Outcome-Parameter zu messen, übersichtlich zu erfassen und zu steuern. Dies führte zur stärkeren Konzentration auf die wesentlichen Aufgaben und trug zur Motivation des Personals bei.

Es zeigte sich von Anfang an ein Zusatznutzen des „Controlling-Werkzeugs" von Kaplan und Norton (1997), mit dem wir zunächst nicht gerechnet hatten. Die Bearbeitung der Balanced Scorecard führte zu einem besseren gemeinsamen Verständnis für das Unternehmen und wurde bald zu einem zentralen Kommunikationsmittel zwischen der Leitungsebene und der operativen Ebene. Die Mitarbeiter verstanden nun viel leichter, wie ihr Handeln mit den zentralen (gemeinsamen) Zielen zusammenhängt. Somit wurde die Balanced Scorecard als Instrument auch zu einem Motivator für die Mitarbeiter.

| Vision | Eine Vision entsteht. | „Wir wollen ein führendes geriatrisches Kompetenzzentrum in der EU werden." |

| Strategie | Die Strategie wird formuliert. | • Wir streben die eine Qualitätsführerschaft an ...
• Wir sichern die Patientenqualität durch ... |

| Ursachen-/ Wirkungsketten | Die Erfolgsfaktoren werden formuliert. Die Balanced Scorecard entsteht. | • optimale Prozessen
• Fähigkeit zum Wandel
• hohe Kundenorientierung
• gute finanzielle Ergebnisse |

Finanzperspektive — Kundenperspektive — Vision und Strategie — Interne Prozessperspektive — Lern- und Entwicklungsperspektive

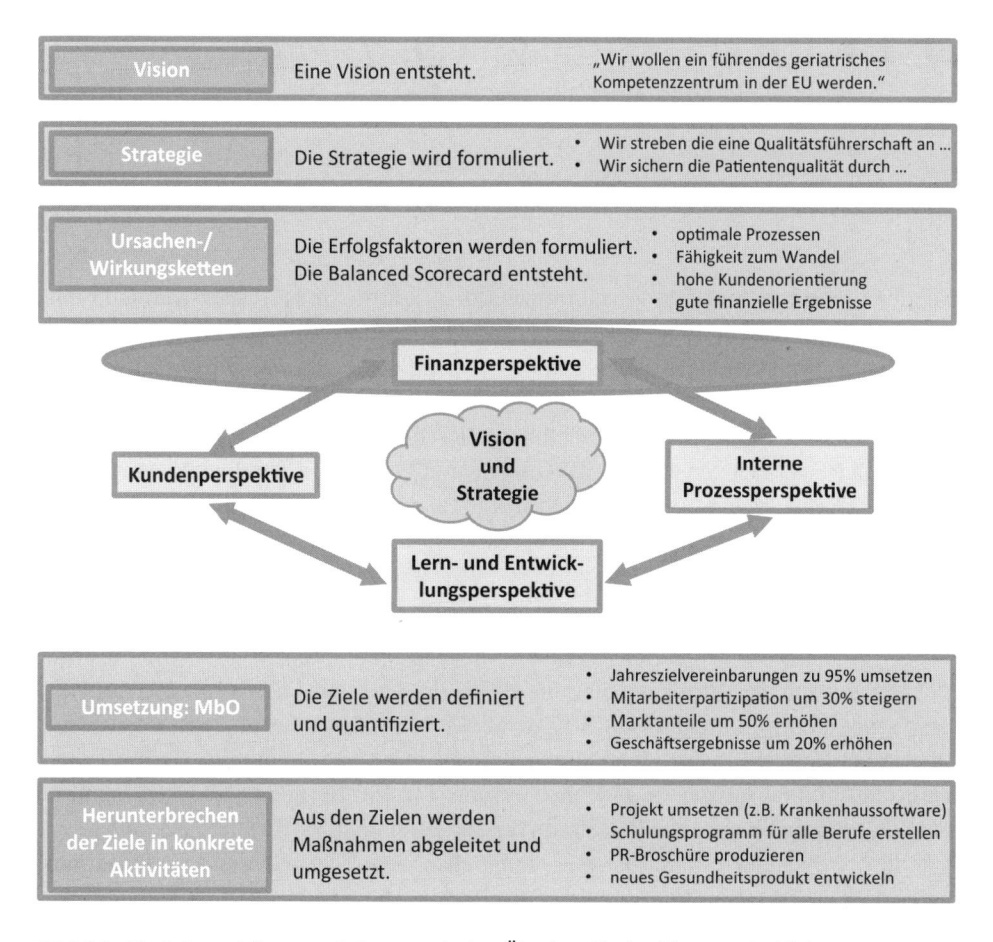

| Umsetzung: MbO | Die Ziele werden definiert und quantifiziert. | • Jahreszielvereinbarungen zu 95% umsetzen
• Mitarbeiterpartizipation um 30% steigern
• Marktanteile um 50% erhöhen
• Geschäftsergebnisse um 20% erhöhen |

| Herunterbrechen der Ziele in konkrete Aktivitäten | Aus den Zielen werden Maßnahmen abgeleitet und umgesetzt. | • Projekt umsetzen (z.B. Krankenhaussoftware)
• Schulungsprogramm für alle Berufe erstellen
• PR-Broschüre produzieren
• neues Gesundheitsprodukt entwickeln |

Bild 1.9 Die Balanced Scorecard als strategischer Überbau für den Weg von der Vision zum praktischen Handeln (Hartinger 2019)

Im Zuge der Weiterentwicklung ist die Organisation 2015 dazu übergegangen, eine fünfte Dimension einzuarbeiten, die „Gesellschaftsperspektive", da die klassische Balanced Scorecard diese Perspektive nicht enthielt. Diese hinzugefügte Dimension bezweckt, das aus der Organisation generierte Wissen der Gesellschaft zugänglich zu machen und mit dieser stärker zu interagieren und ergänzt somit idealtypisch die im EFQM-Modell geforderte Ausrichtung auf die Ergebnisgröße „Gesellschaft". Die Balanced Scorecard erlaubt es, eine weitere als notwendig erachtete Dimension zu ergänzen und somit alle steuerungsrelevanten Controlling-Notwendigkeiten in einem Instrument zu realisieren.

1.4 Mit einem Bündel von Managementwerkzeugen zum Erfolg

„Jeder Teil eines Dings enthält etwas von der Natur des Ganzen."
Leonardo da Vinci

Bei der Gründung der Geriatrischen Gesundheitszentren im Jahr 2000 waren die Managementinstrumente und deren Bedeutung für die Professionalisierung weitgehend unbekannt. Schritt für Schritt wurden diese zur Strukturierung von Sitzungen, zur Darstellung der Vorgehensweise bei notwendigen Veränderungen und zur Optimierung von Entscheidungen eingeführt, bis diese schließlich über die Jahre zu selbstverständlichen Werkzeugen des Managements mutierten. Wie der Installateur seinen Werkzeugkoffer braucht, braucht auch das Management zahlreiche Instrumente, um das Geschehen aus einer höheren Perspektive zu betrachten und zu verstehen sowie effektiv und effizient zu arbeiten.

Prozessmanagement

Der Prozess von der Aufnahme über die Behandlung bis zur Entlassung der Patienten beschreibt die Kerntätigkeit jedes Krankenhauses bzw. jeder Gesundheitseinrichtung. Dieser Kernprozess im patientennahen Bereich muss von unterstützenden Management- und Supportprozessen begleitet werden. Die ISO-Normenreihe bietet dazu die passende Symbolik, um die Flow Charts für alle Beteiligten der Gesundheitsberufe verständlich darzustellen. Damit ist es auch möglich, Schwachstellen und Optimierungspotenziale zu erkennen und mittels PDCA-Prozess die Organisation an ständige Verbesserung zu gewöhnen. Eine fortschrittliche Organisation will in allen Fachbereichen die Patienten nach dem neuesten anerkannten und veröffentlichten Wissensstand (State of the Art) der Medizin und Pflege behandeln. Dazu ist es notwendig, das relevante Wissen der Disziplinen (der Wissensgesellschaft, z. B. der Altersmedizin und Palliativpflege) in die Gesundheitsorganisation zu implementieren. Auch aus diesem Grund entschieden sich die Geriatrischen Gesundheitszentren eine eigene Forschungs- und Entwicklungsabteilung ins Leben zu rufen. Das gefragte Wissen wird hierbei durch einen spezifischen Prozess „Lehre und Forschung" (Bild 1.10) identifiziert, generiert und, wo notwendig, adaptiert bzw. weiterentwickelt und durch passende Kommunikationsformate (z. B. Journal Clubs) möglichst zeitnah den Gesundheitsberufen auf den Stationen zur Verfügung gestellt. Die Folge ist ein aktiver Umgang der Mitarbeiter mit Wissen (Wissensmanagement) und eine innovierte Organisation.

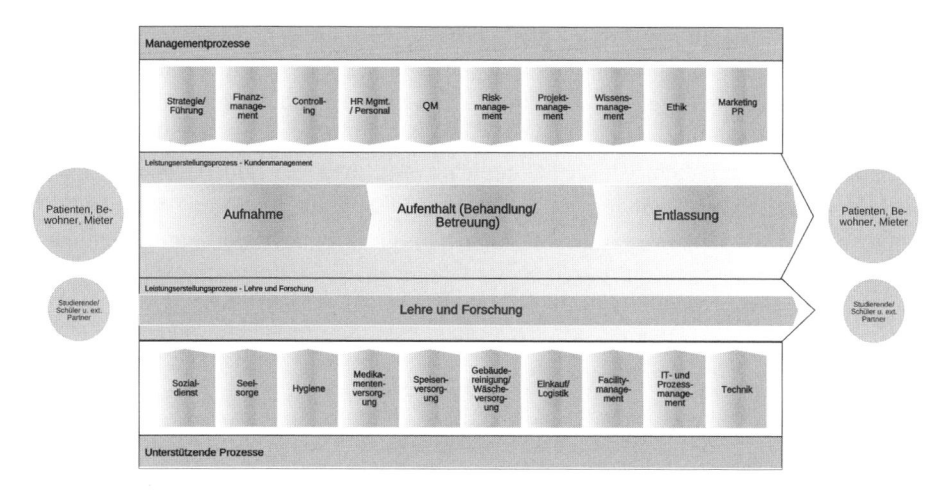

Bild 1.10 Der Behandlungsprozess und seine unterstützenden Elemente in den Geriatrischen Gesundheitszentren

Dokumentenmanagement

In den Geriatrischen Gesundheitszentren wurden in Vorbereitung zur ersten KTQ®-Zertifizierung 2010 rund 1 500 Altdokumente identifiziert, überarbeitet, standardisiert und schließlich auf circa 1 000 Dokumente reduziert. Zudem wurden rund 80 Arbeitsprozesse (Standard Operation Procedures, kurz SOPs) identifiziert, interdisziplinär erarbeitet, standardisiert und grafisch dargestellt, die zwanzig wesentlichsten (wie der Medikationsprozess) davon in einem größeren Detaillierungsgrad. Diese Dokumente und Prozesse wurden in einem weiteren Schritt in ein einheitliches Dokumentensystem (SharePoint/OTS) übergeführt und allen Mitarbeitern online zur Verfügung gestellt (Bild 1.10). Dieses Vorgehen brachte eine wesentliche Arbeitserleichterung für die gesamte Organisation mit sich. Jeder Mitarbeiter findet seit dem Jahr 2010 die für ihn erforderlichen Unterlagen (Formulare, Leitlinien, Arbeitsunterlagen etc.) und Prozessabläufe auf einer grafischen übersichtlichen Oberfläche unmittelbar verfügbar, auf dem jeweils aktuellen Stand. In den Jahren 2015 bis 2018 wurden die bürokratisch repetitiven Prozessabläufe in Workflows übergeführt, was dazu beitrug, die Durchlaufzeit von Bearbeitungsprozessen wesentlich zu reduzieren.

Kommunikations- und Informationsmanagement

Entscheidendes Bindeglied (Transmitter) in einer Organisation ist die strukturierte Kommunikation. Um wirksame Resultate zu erzielen, muss der „Organismus" Organisation mit Informationen und Wissen versorgt werden, notwendige Informationen müssen in ausreichendem Maße mit der Umwelt ausgetauscht und in das Innere des Betriebes fließen. Ohne geeigneten Informationsfluss können die Entwicklungen aus der Unternehmensumwelt nicht rechtzeitig wahrgenommen und die notwendigen Schlüsse für das Unternehmen nicht gezogen werden. Auch im Inneren des Unternehmens entstehen ständig Informationen (z. B. Wissen von Experten), die an die geeigneten Stellen weitergeleitet werden müssen. Sonst können Synergien nicht erkannt und Richtungsanpassungen nicht eingeleitet werden. Der Informationsfluss ist wie ein Lebensnerv der Organisation, die Kommunikationsstruktur das dazu gehörende Gebilde. Offizielle Kommunikationsstrukturen aufzubauen, ist ein willentlicher Akt, diese entstehen keinesfalls von selbst. Kommunikationsarbeit verbraucht Zeit und Ressourcen und muss daher im Verhältnis zum Nutzen ausgewogen gestaltet werden. Bild 1.11 gibt die Kommunikationsstruktur des Unternehmens aus der Sicht der Leitung stark vereinfacht wieder.

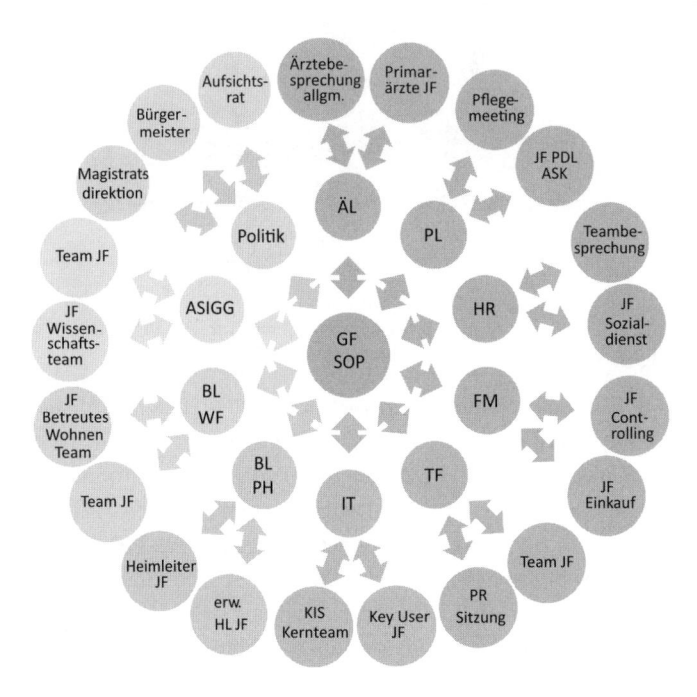

Bild 1.11 Vereinfachte Kommunikationsstrukturen der Geriatrischen Gesundheitszentren

In den Geriatrischen Gesundheitszentren wurden rund 110 Kommunikationsstrukturen definiert und implementiert, um den Informationsfluss zur Befähigung der Mitarbeiter in den Organisationsbereichen herbeizuführen. Klare Verantwortlichkeiten sind dabei nötig, z. B. wer beruft Meetings ein, wer steuert, wer moderiert, wer protokolliert und vor allem wer setzt um (To-dos), ist festzulegen. Es empfiehlt sich dabei die Struktur nicht zu arbeitsteilig zu gestalten. Für ein Kommunikationsmedium gab es immer nur einen Hauptverantwortlichen, der i. d. R. auch gleichzeitig moderierte.

Projektmanagement

Das Projektmanagement der Organisation wird in den weiterführenden Kapiteln ausführlich beschrieben. Die Umsetzung der gewonnenen Ergebnisse zu Vorhaben hat die Organisation mittels einer Reihe von Projekten realisiert. Innerhalb sehr kurzer Zeit und mit Unterstützung einer Fachhochschule wurde bereits im Jahr 2000 ein einfaches

Projektmanagement-Handbuch herausgegeben und die wichtigsten dazu notwendigen Reports (wie Projektauftrag, Zwischen- und Abschlussbericht) standardisiert sowie eintägige Schulungen abgehalten. Innerhalb der ersten 15 Jahre gelang es, mit diesem einfachen Ansatz mehr als 200 Großprojekte zu realisieren und unzählige Mitarbeiter zu Projektleitern und Teammitgliedern zu befähigen. Beinahe alle beschlossenen Projekte wurden umgesetzt, nichts unerledigt gelassen, bei manchen wurde lediglich auf den richtigen Zeitpunkt bis zur Realisierung gewartet. Zuerst wurden die prioritären und umsatzintensiven Geschäftsbereiche saniert, danach die peripheren Bereiche und Standorte. Insgesamt wurden rund 150 Mio. Euro in diesem Zeitraum investiert, unter anderem alle denkmalgeschützten Objekte revitalisiert, zweckwidrige Gebäude abgetragen und innovative neue Bauwerke konzipiert und errichtet. Die Wirkung des relativ trivialen Instrumentes „Projektmanagement" wird in der Praxis häufig unterbewertet und Formalitäten überbewertet.

Stakeholdermanagement

Ebenso bedeutsam ist die Interaktion und Kommunikation mit den Stakeholdern (Anspruchsgruppen). Unabdingbar für die Entwicklung einer Organisation ist es, die Stakeholder (z. B. Patienten, Zuweiser, Fachgesellschaften, Eigentümer) zu identifizieren und deren Interessen zu berücksichtigen. Zu oft passiert es in der Praxis, dass Annahmen über Ansprüche dieser Gruppen (z. B. Mitarbeiter) getroffen und Dienstleistungen entwickelt werden, ohne diese in geeigneter Form (z. B. Fokusgruppen) anzuhören. Die Geriatrischen Gesundheitszentren kreierten eine spezifische Systematik, um ihre Stakeholder besser zu verstehen, um sie zu clustern, in eine Landkarte zu übertragen und in vier Felder zu unterteilen. Dies verhalf dazu, eine Übersicht zu erzielen, die Einflussnahme der Stakeholder auf die Strategie der Organisation erkennbar zu machen und das Handeln danach auszurichten (Bild 1.12).

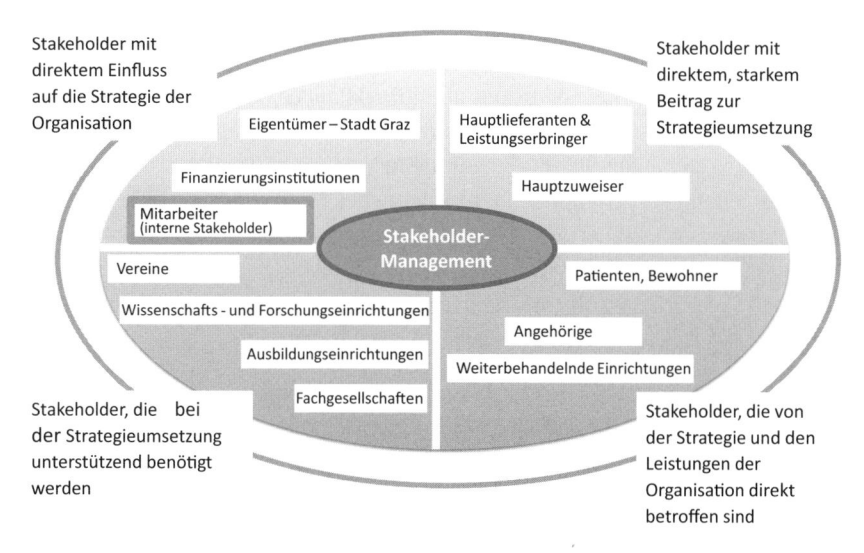

Bild 1.12 Stakeholder der Geriatrischen Gesundheitszentren und deren Einflussfelder

Anschließend wurden den Führungskräften der ersten beiden Ebenen ein oder mehrere Stakeholder zur Kontaktpflege mit zugehörigen Zielen zugeordnet. Im Zusammenwirken mit den Stakeholdern sind Transparenz, Einbeziehung und die kontinuierliche Kommunikation der erzielten Zwischenergebnisse der Schlüssel zum Verständnis. Bei Differenzen geht es darum, unterschiedliche Interessen zu verstehen, sachliche Zugänge zu ermöglichen und sich nicht auf Positionen zu versteifen. Das Harvard-Konzept (Fisher/Ury/Patton 2000) und die davon abgeleitete Harvard-Verhandlungstechnik ist hierbei von größtem Nutzen.

Ein Grundpfeiler für das Verständnis der Stakeholder bilden Befragungen oder andere Methoden der systematischen Einbindung und Rückmeldung (Feedback). Mit den Jahren entstand ein umfassendes Befragungssystem (mit ca. 50 Elementen), welches in einer Matrix dargestellt wurde, um die Übersicht zu bewahren und die Zusammenhänge und Ableitungen herstellen zu können (Bild 1.13). Die Stakeholder, wie beispielsweise die Patienten, wurden in Untergruppen wie Akutpatienten, Tageskinikpatienten, Hospizpatienten, Demenzpatienten unterteilt und jeweils spezifische Fragetechniken und -kataloge entwickelt. Für die Befragungen wurden mit zunehmender Erfahrung immer geeignetere validierte Instrumente identifiziert und unabhängige Befragungsinstitute mit der Durchführung beauftragt. Die Ableitungen und die Umsetzung der Verbesserungen wurden mit den eigenen Mitarbeitern vorgenommen.

Im besten Fall erlauben diese Befragungen auch qualifizierte Fremdvergleiche (Benchmarks), wie dies bei Great Place to Work, einer Zertifizierung von Arbeitsplatzkultur, der Fall ist. Hierbei erzielte die Organisation im europäischen Branchenbenchmark bei den Kategorien Glaubwürdigkeit, Respekt, Fairness, Stolz und Teamgeist Höchstwerte. Ebenso wurden Frequenzen der Befragungen von Patienten (nach Abschluss der Behandlung, jährlich oder mehrjährig) festgelegt, wobei Anleihen zu den Frequenzen aus den Qualitätsmanagementmodellen stammen. Nach den Befragungen und den möglichst spezifischen Auswertungen folgen Präsentationen vor den Fachgremien und Beteiligten. Danach werden die Ergebnisse von den jeweiligen zuständigen Leitungsorganen systematisch abgearbeitet und sinnvoll umgesetzt. Diese Umsetzung der Ergebnisse und Benchmarks erfolgt wiederum über die Balanced Scorecard (bei hochprioritären Zielen), über die Jahreszielvereinbarungen der jeweiligen Bereiche oder über Jour-fixe-Besprechungen bei operativen Einzelmaßnahmen; somit durch systematische Einbindung in bestehende und bewährte Instrumente des Managements. In Ergänzung zu diesen qualitativen und subjektiven Befragungen haben sich auch einige objektive Verfahren etabliert, wie der österreichweite Vergleich der Outcomes (anhand von Assessmentdaten) bei Patienten der Akutgeriatrie und Remobilisation und bei Wachkomapatienten.

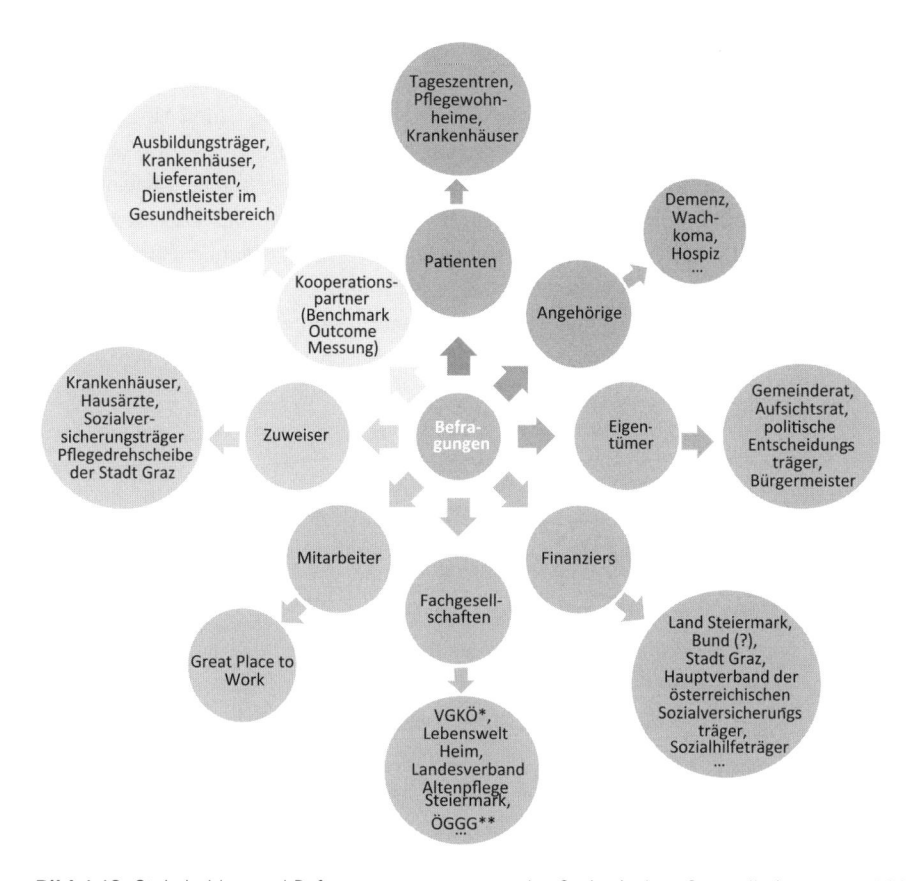

Bild 1.13 Stakeholder- und Befragungsmanagement der Geriatrischen Gesundheitszentren 2019

1.5 Mit Kooperationen und Vernetzung zum Erfolg

> „Menschen, die miteinander arbeiten, addieren ihre Potenziale.
> Menschen, die füreinander arbeiten, multiplizieren ihre Potenziale!"
> Steffen Kirchner

Unter Kooperationen und Vernetzungen wird grundsätzlich das Zusammenarbeiten zweier oder mehrerer Einrichtungen verstanden, um ein gemeinsames Ziel – hier die Verbesserung der Patientenbehandlung und -betreuung – zu verfolgen. Dabei bleiben die kooperierenden oder vernetzten Organisationen rechtlich und in der Regel auch wirtschaftlich selbstständig.

Stetig hat sich das „Kooperations- und Vernetzungsmanagement" der Geriatrischen Gesundheitszentren entwickelt. Zunächst wurde mit mehreren Vereinen – die ideal zur Patientenbetreuung beitragen können und oft eine räumliche Unterbringung und fachlichen Anschluss suchten – Kooperationsverträge geschlossen und am Standort der Geriatrischen Gesundheitszentren angesiedelt. Dazu gehört beispielsweise der Hospizverein Steiermark mit seinen rund 850 Ehrenamtlichen, der Österreichische Wachkomaverein, die Roten Nasen Clowndoctors Steiermark, mobile Pflegedienste oder niedergelassene Ärzte. Ebenso wurden Neugründungen konzipiert und initiiert, wie die Gründung des ehrenamtlichen Besuchsdienstes „Bunte Blätter", oder die erste Installation eines Case-und-Care-Managements (Pflegedrehscheibe) in der Steiermark (Bild 1.14).

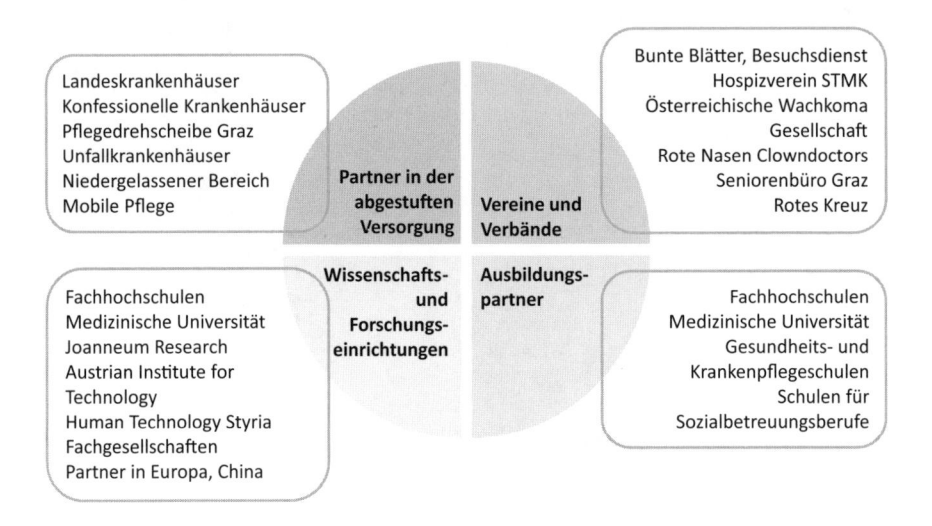

Partner in der abgestuften Versorgung	Vereine und Verbände
Landeskrankenhäuser Konfessionelle Krankenhäuser Pflegedrehscheibe Graz Unfallkrankenhäuser Niedergelassener Bereich Mobile Pflege	Bunte Blätter, Besuchsdienst Hospizverein STMK Österreichische Wachkoma Gesellschaft Rote Nasen Clowndoctors Seniorenbüro Graz Rotes Kreuz
Wissenschafts- und Forschungseinrichtungen	**Ausbildungspartner**
Fachhochschulen Medizinische Universität Joanneum Research Austrian Institute for Technology Human Technology Styria Fachgesellschaften Partner in Europa, China	Fachhochschulen Medizinische Universität Gesundheits- und Krankenpflegeschulen Schulen für Sozialbetreuungsberufe

Bild 1.14 Beispiele für Kooperationen und Vernetzungen der Geriatrischen Gesundheitszentren

Durch die Initiierung und Gestaltung von trägerübergreifenden Versorgungspfaden mit Akutkliniken und nachsorgenden Einrichtungen konnte der Behandlungsprozess kontinuierlich verbessert werden. Die Zusammenarbeit verfolgt das von der WHO postulierte Ziel einer kontinuierlichen integrierten Weiterbehandlung (Continuum of Care), ohne die sonst üblichen Versorgungsbrüche. Bekannt sind die gegenteiligen Folgen, wie eine Rekonvaleszenzverzögerung oder anhaltende Bettlägerigkeit.

Über die Jahre wurden mit rund 20 Ausbildungsstätten (z. B. Fachhoch- und Pflegeschulen) Kooperationsverträge geschlossen, um fundierte Ausbildungen in Geriatrie und Pflege zu ermöglichen sowie, darauf aufbauend, geeignete Mitarbeiter zu akquirieren.

In der Forschung wurden zahlreiche und auf lange Zeit angelegte Partnerschaften geschlossen, z. B. mit der Medizinischen Universität Graz, mit Joanneum Research, dem Austrian Institute of Technology, mit Fachhochschulen oder der Federation of German Geriatrics. In großer Wertschätzung entwickeln sich diese Partnerschaften weiter, führen zu neuen Erkenntnissen und erfolgreichen Synergien.

Benchmarking

Benchmarking kann als vertiefte Form der Kooperation verstanden werden. Schon sehr früh haben sich die Geriatrischen Gesundheitszentren für Benchmark als innovative Lernform sowie Wissenspartnerschaft entschieden und gründeten mit branchengleichen Unternehmen (in vielen Bundesländern) den Verband Geriatrischer Krankenhäuser Österreichs im Jahr 2004. Später wurde an dem zentralen Standort in Graz der Landesverband Altenpflege Steiermark gegründet und damit auch die Aufnahme in den Bundesverband Lebenswelt Heim Österreich vollzogen, wodurch dieser auch Mitglied der Europäischen Pflegevereinigung wurde. Der Wissensfluss war dadurch angelegt. Ebenso wurden den Geriatrischen Gesundheitszentren – als einziges Mitglied außerhalb Deutschlands – in den deutschen Geriatrie Verbund aufgenommen. Durch die gegenseitigen Besuche und die Teilnahme an Veranstaltungen, auch in der Schweiz und vor allem in skandinavischen Ländern, entwickelten sich Austausche über Kennzahlen, Erkenntnisse und Prozesse, wodurch zusätzliche Innovationen ausgelöst wurden und wertvolle Freundschaften entstanden sind. Als Folge der Ausbreitung der Lernpartnerschaften wurde eine Funktion zur Koordination der Benchmarkpflege ins Leben gerufen. Alle derart entstandenen Zusatztätigkeiten wurden engagierten Mitarbeitern zum Kompetenzgewinn angeboten, ohne dass dafür eigene Stellen geschaffen werden mussten oder Zusatzkosten entstanden wären. Ein weiterer Kreislauf organisatorischer Evolution war angelegt und konnte wirksam werden.

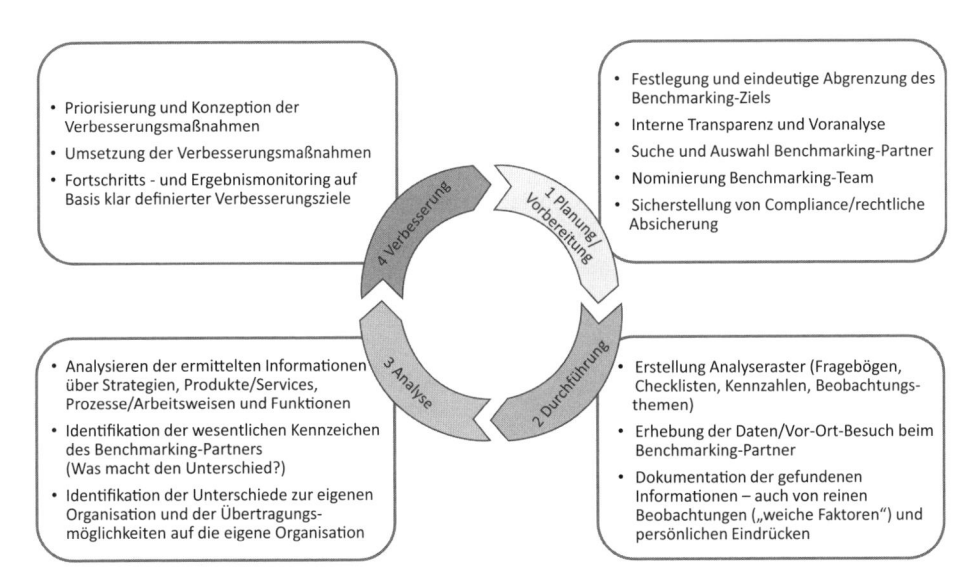

Bild 1.15 Der Benchmarking-Prozess der Geriatrischen Gesundheitszentren und seine unterstützenden Elemente

Ein systematischer Benchmarking-Prozess kann beispielhaft wie in Bild 1.15 dargestellt werden. In der Phase der Planung und Vorbereitung wird dafür Sorge getragen, ob die Interessen der Benchmarking-Partner übereinstimmen. In der Umsetzungs-

oder Durchführungsphase wird die Art und Weise festgelegt, was und in welcher Form (z. B. Kennzahlen, Prozesse, Storytelling) ausgetauscht werden soll. In der Analysephase werden Kennzahlen und Prozesse analysiert und bei einer Gegenüberstellung wird geprüft, ob Lernpotenziale ersichtlich oder Erkenntnisse ableitbar sind. In der abschließenden Verbesserungsphase werden die Optionen, begleitet von einem Monitoring des Fortschritts, priorisiert, zugeteilt und umgesetzt.

■ 1.6 Effektivität und Effizienz zu vereinbaren ist das Ziel

> *„Höchste Weisheiten sind belanglose Daten, wenn man sie nicht zur Grundlage von Handlungen und Verhaltensweisen macht."*
> Peter Drucker

In der Ökonomie wird zwischen den zwei grundlegenden Begriffen und Orientierungen, Effizienz und Effektivität, unterschieden. Beide können Zielgegenstand einer Organisation, eines Bereiches sein. Im Worst Case merkt die Organisation überhaupt nicht, woran sie eigentlich arbeitet. Häufig stehen beide nicht im Fokus, wodurch Betriebs- und Volksvermögen vernichtet wird. Das Verhältnis zwischen Output (z. B. Summe von erzeugten Gesundheitsdienstleistungen) zu Input (z. B. die eingesetzten Ressourcen, wie Personal oder Heilmittel) nennt man Effizienz. Es geht also um einen wirtschaftlichen Ressourceneinsatz zur Zielerreichung. Übergeordnet sollte es in Gesundheitsbetrieben um die Wirkungsorientierung gehen, also um den Zusammenhang zwischen dem Outcome (z. B. Gesundheitsgewinn) und dem zuvor angestrebten Ziel (z. B. Heilung der Krankheit), also der realen Wirkung des Prozesses. Während die Output-Input-Relation – also die Wirtschaftlichkeit – relativ einfach (quantitativ) gemessen werden kann (z. B. Operationen pro Vollzeitäquivalent oder pro Zeiteinheit), ist dies bei der Relation von Outcome zu angestrebtem Ziel schwerer operationalisierbar (z. B. Heilungsrate). Bei der Effektivität (Wirksamkeit) rückt der qualitative Aspekt in den Vordergrund (z. B. Wie stellt man die Heilung fest?). Ebenso wird die Zeitdimension bedeutsam (z. B. Ab wann stellt man die Heilung fest?). Die Wirksamkeit ist in der Regel schwerer bestimmbar, benötigt somit eigene Diagnosemethoden.

Bild 1.16 veranschaulicht den Zusammenhang zwischen Effizienz und Effektivität.

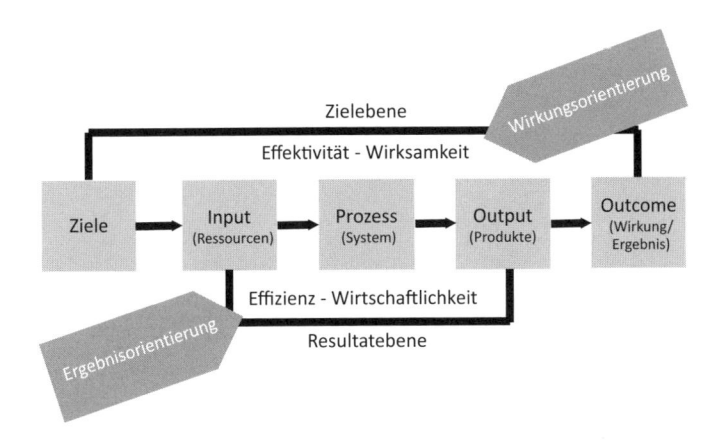

Bild 1.16 Zusammenhang zwischen Effizienz und Effektivität (in Anlehnung an Ewinger 2007)

Es ist aber auch möglich, hocheffizient zu arbeiten (z. B. gut und ressourcenschonend zu operieren), aber das eigentliche Ziel – Nutzen zu stiften – zu verfehlen. Zum Beispiel operiert der Chirurg die Wirbelsäule (effizient), aber es kommt zu keiner Verbesserung bzw. zu weiteren Versteifungen. Hingegen wäre eine alternative Therapie (z. B. manuelle Heilgymnastik und Physiotherapie) für diese Diagnose wirksamer gewesen und hätte die Beschwerden gelindert bzw. beseitigt. Ideal ist immer die Kombination, die richtige (effektive) Behandlungsmethode zu wählen und diese höchst effizient (mit minimalem Ressourceneinsatz) durchzuführen; also die effektiv wirksamen Maßnahmen effizient auszuführen. So beschäftigt sich die Betriebswirtschaftslehre u. a. fortwährend damit, die Mittel (Ressourcen) in einem Prozess optimal einzusetzen. Dabei muss es sich – wie bereits erwähnt – nicht immer um Effektivität handeln, es können auch unwirksame Produkte effizient hergestellt werden.

Dieser Zusammenhang besteht auch auf der volkswirtschaftlichen Ebene. Je mehr Effektivität gesundheitspolitischer Maßnahmen auf der Makroperspektive einer Gesellschaft gelingt (z. B. durch einen Mix gesundheitsfördernder Programme), desto höher ist die Volksgesundheit.

Die Methode der Geriatrischen Gesundheitszentren verfolgte in der Pionierphase mehr den Ansatz der Ergebnisorientierung und in den weiteren Phasen vermehrt den Ansatz der Wirkungsorientierung. Diese Haltung wurde durch den Eigentümer (Stadt Graz) unterstützt und wandte sich dauerhaft gegen kurzfristige Effizienzgewinne (kurzfristiges Gewinnstreben). Die Finanzdirektion des Trägers sah dies – wie dies durchaus üblich ist – anders. Hier standen die kurzfristige Gewinnoptimierung, Kostenvermeidung und die Reduktion von Investitionen im Vordergrund. Dies entspricht einer dem Shareholder-Value-Konzept geprägten Welt. Der Ansatz der Geriatrischen Gesundheitszentren verfolgt eine langfristige Wirkung. Als idealisierten Grundgedanken kann man formulieren: „Wenn die neuen Konzepte zur Patientenversorgung bedarfsgerecht, effektiv, effizient und nachhaltig sind, werden die dazu notwendige Finanzierung und der Erfolg nach und nach folgen. Eine kurzfristige Gewinnmaximierung ist nicht erforderlich. Diese Konzepte und der damit verbundene Outcome sind in der Gesundheits- und Sozialwirtschaft leichter als unter gewinnorientierten Marktbedingungen zu argumentieren und setzen sich schlussendlich bei den Entscheidungsträgern, als vernunftbegabten Wesen, in einer fairen und weitgehend transparenten Gesellschaftsordnung durch (modifiziertes Homooeconomicus-Postulat).

■ 1.7 Das Haus der Qualität im Management

„Es gibt keine objektiv feststellbare Realität. Beobachter und Beobachtetes stehen in einem nebelhaften, miteinander verschränkten Zusammenhang."
Leonardo da Vinci

Die Wirkmechanismen der eingesetzten Managementmethoden und -instrumente sollen ein komplexes organisches Gebilde – wie ein Krankenhaus – dazu befähigen, in einer anspruchsvollen Umwelt (VUCA) zurecht zu kommen. Sie sollen die Führung und die Mitarbeiter unterstützen, dabei die eigentliche Aufgabe – die Patientenbehandlung – bestmöglich wahrzunehmen. Bei einem hochkomplexen Gebilde, wie es ein Krankenhaus ist, bedarf es einiges an Wissen und Professionalität bei der Anwendung von Tools und Instrumenten. Zur Veranschaulichung sei erwähnt: „Ein Flugzeug fliegt man auch nicht ohne Instrumentenunterstützung." Das bedeutet, dass es im übertragenen Sinne in Organisationen ebenso ein professionelles Management-Cockpit braucht, um Gesundheitsbetriebe gut zu lenken.

Einen Überblick über das Managementmethoden-Werk der hier beschriebenen Gesundheitsorganisation gibt das Haus der Qualität (House of Quality) (Bild 1.17).

An der Spitze des Hauses der Qualität – als Giebel – steht der Patient mit dem Leitslogan „Bei uns sind Menschen in den besten Händen". Damit ist die konsequente Patientenorientierung gemeint. Das „Patient first"-Prinzip leitet das gesamte weitere Handeln und stellt immer wieder die Reflexionsfläche dar. Ein achtungs- und würdevoller Umgang mit der vulnerablen Patientenklientel, stellt die höchste Prämisse dar. Dabei hilft das in Schweden entwickelte „Esther Thinking", eine Philosophie, die in das „Handeln" eines Gesundheitsbetriebes die Patientensicht stets ehrlich einbezieht.

Auf der nächsten Ebene folgt das übergeordnete Qualitätsmanagementmodell (TQM), welches alle in der Organisation angewandten Managementmethoden und -konzepte integriert und umfasst. Die Ergebnisse der EFQM-Rankings (bis zu 1 000 Punkte sind erreichbar) eignen sich dazu, der Organisation eine Rückmeldung über den Entwicklungsstand und Hinweise für die Weiterentwicklung zu geben.

1.7 Das Haus der Qualität im Management

„Patient first"

Qualitätsmanagement
Quality and Safety (EFQM, KTQ, ISO, CIRS etc.)

Management Tools (Befähigung)
„Nichts ist praktischer als eine gute Theorie."
Immanuel Kant

- TQM/EFQM, PDCA, RADAR-Logik
- Business Process Reengineering - BPR
- Learning Organisation, Lean Management
- Human Resources Management - HR
- Leadership (Graz lead, St. Gallen, Malik)
- Balanced Scorecard, Jahreszielvereinbarungen
- Boston-Consulting-Matrix, Lebenszyklus
- Forschung & Lehre (ASIGG, Innovationstreiber)
- Stakeholder Management etc.
- Corporate Social Responsibility - CSR
- Supply Chain Management - SCM

Fokus: Entwicklung & organisatorische Reife

Mitarbeitende
Bei uns sind **Menschen** in den **besten Händen**

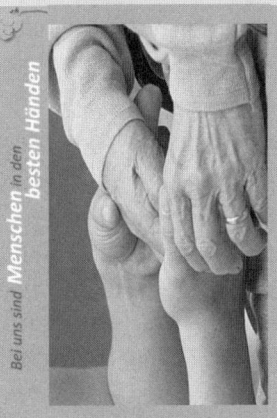

Fokus: Exzellenz/Gesundheitsgewinn

Veränderung zum Besseren (Ergebnisse)
„Auf die Qualität des Wirkens kommt es an."
Albert Schweitzer

- Stages of Excellence – EFQM
- Hohe Rekonvaleszenzraten, MIS-Berichte
- Neue Produkte, bedarfsgerechte Versorgung
- Hohe Patienten-/Bewohnerzufriedenheit
- Mitarbeiter- und Eigentümerzufriedenheit
- Lehrbeauftragte, Konferenzen, Vorträge …
- Trainingszentrum Geriatrie heute etc.
- Zunehmende Referenzbesuche
- Kompetenzzentren (China, Jiangsu, Shanghai)
- Staatspreis e, EFQM, SALUS, Teleios etc.

Fokus: Management by Results

Verantwortungsvolle Führung: „Change Management" wird gelebt und methodisch unterstützt.

Projektvorgehen 〉 Analyse 〉 Konzeption 〉 Qualifikation 〉 Optimierung 〉 Umsetzung 〉 Nachhaltigkeit

Bild 1.17 Haus der Qualität der Geriatrischen Gesundheitszentren

Auf der einen Seite des Hauses der Qualität stehen die unterstützenden Managementinstrumente (Tools), die „Befähiger", also die Methoden, Modelle, Konzepte und grundsätzlichen Haltungen, mit deren Unterstützung in Summe die Entwicklung zum Besseren vorangetrieben wird. Beispielhaft werden das Business Process Re-engineering, Leadership Modell Graz, Balanced Scorecard, Boston-Consulting-Group-Portfolio (BCG), die eigene Forschungs- und Entwicklungsabteilung (ASIGG), das Stakeholdermanagement, die umwelt- und sozialorientierte Ausrichtung (Corporate Social Responsibility, kurz CSR), Lean Management oder das ausgefeilte Prozessmanagement der Organisation erwähnt.

Auf der anderen Seite des Hauses der Qualität stehen die „Ergebnisse" der Arbeit und die methodische Vorgehensweise des Betriebes, wie die Entwicklungsstufen der Organisation, das abgestufte Versorgungsmodell, die neuen Produkte, die Lehraufträge, das entstandene Kompetenzzentrum, die Nachfolgeorganisationen und Referenzbesuche. Hier liegt der Fokus auf den erzielten Ergebnissen. Drucker (2009) hat diese Seite als die ureigene Aufgabe und notwendigen Resultate des Managements bezeichnet.

Die Bausteine des Hauses der Qualität erinnern an die Gliederung der EFQM-Bausteine der vergangenen 20 Jahre, welche in Befähiger und Ergebnisse geteilt wurden.

Im Zentrum des Hauses der Qualität steht der Mitarbeiter, welcher die höchste Aufmerksamkeit und Wertschätzung erfährt. Die Haltung und vorbildhafte Werteorientierung der Mitarbeiter ist in einem Gesundheitsunternehmen noch bedeutsamer als in anderen Branchen und zentral für den Erfolg. Die 24-stündige Arbeit am bzw. mit Patienten an 365 Tagen im Jahr, wirkten sich auf die Prozesse und die Kultur aus. Die Methodik unterstützt im Idealfall dabei, die Fähigkeiten der Mitarbeiter auszubauen und zu ihrer möglichen einzigartigen Entwicklung beizutragen – sich zum Wohle der Patientenversorgung selbst zu verwirklichen, jeder auf seiner Ebene. Ein professioneller und wertschätzender Umgang in den interdisziplinären Teams führt zu einer Exzellenz in der Patientenversorgung, wenn die ethische Grundlage und die Strategie (Sinnstiftung) passen.

Die Basis der Kultur ist die verantwortungsvolle, umsichtige und steuernde Führung, die sich der innovativen Veränderung (Changemanagement), der patientenzentrierten Weiterentwicklung und bedarfsorientierten Versorgung, verschreibt. Das bedeutet, als Servant Leader dem höheren Zweck der Organisation und den Menschen zu dienen.

Abgearbeitet werden die im Haus der Qualität erarbeiteten Innovationen und Vorhaben durch ein strukturiertes Projektmanagement-Vorgehen, Projekt nach Projekt. Insgesamt waren es in den Jahren 2000 bis 2020 rund 250 Projekte. Die relativ einfache Methode „Projektmanagement" eignet sich hervorragend durch Einzelprojektabwicklungen – wie dem Neubau eines Krankenhauses, der Installierung der Balanced Scorecard oder der Implementierung der elektronischen Gesundheitsakte (ELGA) – ein großes Ganzes, das Changemanagement-Vorhaben, zu realisieren. In einem multizentrischen Kontext (dem Programm-Management) können damit die erstrebten großen Veränderungen erzielt werden.

Durch die Darstellung der „Managementpyramide" werden die Verbindungen des Grazer Managementansatzes veranschaulicht (Bild 1.18). Die Managementpyramide zeigt vereinfacht die Zusammenhänge der Unternehmensstrategie – vom handlungsleitenden Prinzip „Patient first", über die Vision „Erreichung eines führenden Kompetenzzentrums für Altersmedizin und Pflege in Europa" zu der Mission „Optimale Behandlung und Versorgung" zu kommen. Basierend auf den Werten und dem Leitbild mit dem Claim „Bei uns sind Menschen in den besten Händen", folgen die Strategie und durch maßgebliche Unterstützung der Balanced Scorecard – zur Verbindung aller Elemente und Dimensionen des Managementmodells – die Jahreszielvereinbarungen (mit den Führungskräften) und die ethischen Standards, um richtungsgelenkt zur praktischen Anwendung (Tun) zu kommen. Letztlich zählt zum Philosophieren vor allem das Umsetzen, die Resultatorientierung des Managements.

Die sechs strategischen Stoßrichtungen fokussieren auf die Gesellschaft und Innovation (Nachhaltigkeit und in Netzwerken arbeiten), das Klientel (bedarfsgerechte, abgestufte Versorgung und Qualitätssicherung), die Finanzen und Wirtschaftlichkeit (aus Benchmarking lernen und finanzielle Unabhängigkeit), die Prozesse und Organisation (Qualitätsmanagement und kontinuierliche Verbesserung) bis hin zu „Mitarbeitern und Lernen" (Teamarbeit und Wissensmanagement).

Bild 1.18 Die Managementpyramide der Geriatrischen Gesundheitszentren (in Anlehnung an Virginia Mason Institute 2018)

Diesem Vorgehen könnte man eine sehr mechanistische eindimensionale Ausrichtung nachsagen, bloß Top-down gedacht und das Unternehmensgeschehen naiv interpretierend. Einfache Grafiken sind jedoch wichtig, denn sie reduzieren die dahinterliegende Komplexität und erhöhen das Verständnis für die Zusammenhänge. Erst die Studie der

Details zeigt den dynamischen, mehrfach-iterativen Prozess auf, den die Pfeile in Bild 1.16 – also den interaktiven Prozess zwischen Top-down und Bottom-up der Kräfte und Ideen – symbolisieren.

Diese Vorgehensweise beruht grundsätzlich und übergeordnet auf dem Verständnis des St. Galler Management-Modells und des EFQM-Modells. Das St. Galler Management-Modell bietet nach Meinung des Autors einen idealen Einordnungs- und Übersichtsrahmen auf der Makro- mit Interaktion zur Mesoebene und das EFQM-Modell einen idealen Bearbeitungsrahmen auf der Mesoebene mit Interaktionen zur Mikroebene. Insgesamt unterstützen die Modelle daher Organisationen, die Exzellenz anstreben. Ein praktisches heuristisches Umsetzungsbeispiel mit Erweiterungen durch bewährte Managementinstrumente stellt der Grazer Managementansatz dar.

■ 1.8 Der Erfolg der organischen Methodik: bedarfsgerechte Dienstleistungen und Produkte

„Was nutzt die höchste Erkenntnis, wenn nicht Taten folgen?"
Gerd Hartinger

In Summe führte die gewählte Methodik zu einer Innovationsspirale, zu neuen Produkten und Dienstleistungen. Die Geriatrischen Gesundheitszentren entwickelten ein abgestuftes, bedarfsgerechtes Versorgungsdienstleistungsportfolio für geriatrische Patienten. Im Jahr 2000 begann das Unternehmen mit zwei Versorgungsdienstleistungen (Pflegeheim, Allgemeine Geriatrie im Pflegekrankenhaus). Bis heute haben sich 20 Produkte ausdifferenziert, die im Folgenden vorgestellt werden.

Diese Produkte entstanden entlang der vier Hauptversorgungsbereiche mit Unterstützung der speziell entwickelten Versorgungsforschung, durch Lehrtätigkeiten, Referenzreisen sowie Kooperationen (Bild 1.19):

- traumatisierte Patienten, die behandelt und remobilisiert wieder in ihre gewohnte Umgebung integriert werden können,
- Palliativ- und Hospizpatienten, bei denen Lebensqualität und Linderung der Leiden im Vordergrund steht,
- demenziell erkrankte Patienten, denen Orientierung, Sicherheit und Lebensqualität geboten werden soll,
- gebrechliche, instabile Patienten und Pflegebedürftige (Frailty-Syndrom), denen Rekonvaleszenz oder die Erlangung eines erträglichen Gesundheitszustandes ermöglicht werden soll.

1.8 Der Erfolg der organischen Methodik: bedarfsgerechte Dienstleistungen und Produkte

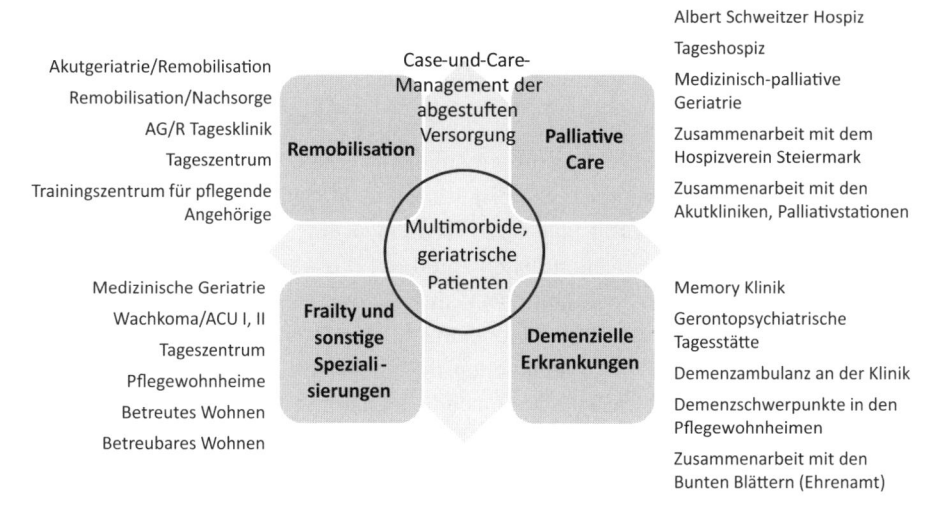

```
Akutgeriatrie/Remobilisation      Case-und-Care-          Albert Schweitzer Hospiz
Remobilisation/Nachsorge          Management der          Tageshospiz
AG/R Tagesklinik                  abgestuften             Medizinisch-palliative
Tageszentrum      Remobilisation  Versorgung  Palliative  Geriatrie
Trainingszentrum für pflegende                 Care       Zusammenarbeit mit dem
Angehörige                                                Hospizverein Steiermark
                        Multimorbide,                     Zusammenarbeit mit den
                        geriatrische                      Akutkliniken, Palliativstationen
Medizinische Geriatrie   Patienten
Wachkoma/ACU I, II   Frailty und                          Memory Klinik
Tageszentrum         sonstige           Demenzielle       Gerontopsychiatrische
Pflegewohnheime      Speziali-          Erkrankungen      Tagesstätte
Betreutes Wohnen     sierungen                            Demenzambulanz an der Klinik
Betreubares Wohnen                                        Demenzschwerpunkte in den
                                                          Pflegewohnheimen
                                                          Zusammenarbeit mit den
                                                          Bunten Blättern (Ehrenamt)
```

Bild 1.19 Geriatrische Dienstleistungsprodukte in den vier Hauptversorgungsbereichen der Geriatrischen Gesundheitszentren

Die Dienstleistungsprodukte entstanden unter Zuhilfenahme weiterer traditioneller Managementinstrumente. Neben der bewährten BCG-Matrix, die Auskunft darüber gibt, in welchem der vier Felder (Questionmark, Stars, Cash Cow, Poor Dog) sich ein Produkt befindet, entwickelten die Geriatrischen Gesundheitszentren die allgemeine Lebenszykluskurve weiter, um die entstandenen Produkte exakter in ihrem Lebensabschnitt zu positionieren. In Kombination (BCG und Lebenszyklus) können somit ein detailliertes Bild über die Marktposition der Produkte geschaffen und die Trends (durch die Zeitreihenbeobachtung) abgelesen werden. Aus bewährten Dienstleitungen werden so zweckmäßigerweise Produktentwicklungen initiiert und beschrieben.

Die einzelnen Produkte wurden nach Einschätzung eines definierten Führungsteams jährlich positioniert, das heißt, sie werden den Phasen, Entwicklung, Einführung, Wachstum, Reife, Sättigung und Rückgang zugeordnet. Mit den Jahren zeigten sich durch die lernende Organisation immer mehr junge Produkte. Das bedeutet, die Produkte in der Entwicklungs- und Einführungsphase nahmen zu. Sie erlangten Evidenz und bekamen häufig Auszeichnungen und wurden später in die Regelfinanzierung aufgenommen. So entstand beispielsweise nach einiger Zeit aus den Pflegeheimen der zweiten Generation Pflegeheime der vierten Generation, oder aus der Apalliker-Frühförderung auch eine Apalliker-Langzeitförderung (Wachkoma). Aus der Abteilung für Forschung und Entwicklung gingen Curricula für Ausbildungen in Österreich und China sowie ein Trainingszentrum für pflegende Angehörige hervor.

Wenn man von Produkten überzeugt ist, deren Zeit vielleicht noch nicht gekommen ist, empfiehlt es sich, diese einzufrieren (oder auf Sparflamme zu betreiben) und zum passenden Zeitpunkt zu reaktivieren. Beispielsweise waren lange Zeit stationär-ersetzende, teilstationäre oder ambulante Angebote nicht gängig, obwohl diese zum Patientenwohl und im Sinne der Finanzierbarkeit höchst angebracht wären. Aber es können auch

Produkte, die sich eigentlich schon im Residuum befinden, durch eine Varianz ihrer Eigenschaften wieder bedarfsgerecht erneuert werden. Beispielsweise wurde aus der allgemeinen Geriatrie eine medizinisch-palliative Geriatrie mit wesentlich verkürzter Verweildauer.

Nicht zu vernachlässigen sind schwer vorhersehbare externale Faktoren, welche schlagartig relevant werden können. Beispielsweise waren die Pflegeheime in der Steiermark eigentlich bereits in der Sättigungsphase und schon nahe am „Poor Dog", als der Pflegeregress, also der Rückgriff der öffentlichen Hand auf das Vermögen des Betroffenen beim stationären Pflegeheimaufenthalt, als Wahlgeschenk vor einer Nationalratswahl wegfiel. Dadurch boomte dieser Bereich unerwartet erneut und es wurden innerhalb von zwei Jahren rund 2 000 Pflegeheimbetten in der Steiermark zusätzlich bewilligt. Dies entgegen der Public-Health-Doktrin und dem Ziel der meisten Gesundheitssysteme „mobil vor stationär", da nun die mobile Versorgung im Momentum teurer wurde als die stationäre. Aber natürlich locken gesundheitsökonomisch nachteilig induzierte (günstige) Produkte die Kunden und steigern die Nachfrage. Das kommt einer Fehlallokation staatlicher Mittel gleich. Aus Sicht einer Organisation empfiehlt es sich, zusätzlich zur Marktbeobachtung, ein Frühwarn-Indikatoren-System einzurichten.

In Folge dieser Entwicklung erging im Jahr 2015 der österreichische Qualitätspreis für integrierte Versorgung (INTEGRI) an die Geriatrischen Gesundheitszentren (Bild 1.20). Die integrierte Versorgung ist ein Stiefkind in der höchst fragmentierten Versorgungslandschaft in Österreich.

Anhand der erkannten Fehlversorgungen in Österreich (Siebenhofer-Kroitzsch 2017), wie z. B. die überflüssigen Transporte in Notfalleinrichtungen, fehlende Patientencompliance und -Empowerment, zu lange Krankenhausaufenthalte, Mangel an definierten Behandlungspfaden für Chroniker, zu häufige Doppeluntersuchungen, zu viele pflegeabhängige Lebensjahre und eine zu geringe Ausprägung der Altersmedizin, entstanden neue Versorgungsprodukte, um diese Probleme zu lindern. So wurde beispielsweise im Jahr 2011 ein Geriatrischer Konsiliardienst (GEKO) in Pflegeeinrichtungen eingerichtet, der die Krankenhaustransporte und -einweisungen seither um rund 50 % senkt. Die Kompetenz zur altersmedizinischen Behandlung wurde gebündelt (Zentrum für Altersmedizin) und verbessert die Rekonvaleszenzrate. Auch wurden Tageskliniken und gerontopsychiatrische Dienste eingerichtet, um vulnerable Patientengruppen bestmöglich zu versorgen und so lange wie möglich zu Hause leben zu lassen. Die Zusammenarbeit mit den niedergelassenen Ärzten und Fortbildungen wurden intensiviert, um u. a. Doppeluntersuchungen zu vermeiden. Darüber hinaus wurde das erste Case-und-Care-Management in der Steiermark implementiert, ehrenamtliche Besuchsdienste wurden ins Leben gerufen, neue Dienstleistungen, wie eine Intermediate-Care-Einheit (für instabile hoch fragile Patienten) eingerichtet, die Hospizdienste ausgebaut, Betreutes Wohnen und Betreubares Wohnen geschaffen, um stationäre Einweisungen zu vermeiden oder zumindest zu verzögern. Ergänzend wurde ein Trainingszentrum für pflegende Angehörige geschaffen, um diese sehr beanspruchte Gesellschaftsgruppe zu entlasten.

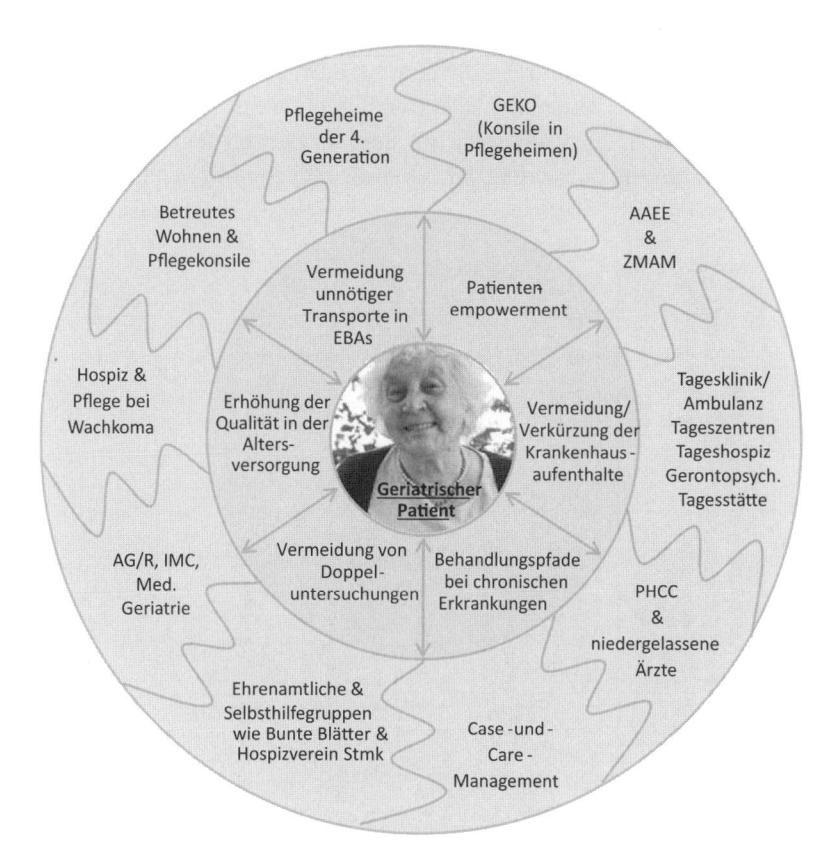

1.8 Der Erfolg der organischen Methodik: bedarfsgerechte Dienstleistungen und Produkte

Bild 1.20 Integriertes Versorgungsmodell der Geriatrischen Gesundheitszentren

Die Total-Quality-Management-System-Fragen des EFQM-Modells 2018 eignen sich dazu, die Bedeutung der Wirkung der jeweiligen Organisation in einem größeren Kontext zu verstehen.

Anhand der acht anspruchsvollen Themen „Grundkonzepte der Exzellenz",

- Nutzen für den Kunden schaffen,
- die Zukunft nachhaltig gestalten,
- die Fähigkeit der Organisation entwickeln,
- Kreativität und Innovation fördern,
- mit Vision, Inspiration und Integrität führen,
- Veränderungen aktiv managen,
- durch Mitarbeiter erfolgreich sein,
- dauerhaft herausragende Ergebnisse erzielen,

soll eine qualitätsorientierte Organisation auf die wesentlichen Bestandteile des Managements fokussiert und dahingehend beurteilt werden. Im Folgenden haben die Geriatrischen Gesundheitszentren den Entwicklungstand 2018 anhand der Fragen beantwortet. Durch derart anspruchsvolle Fragen kommt eine Organisation zweifellos ins Reflektieren und gegebenenfalls Kurshalten oder Korrigieren in Bezug auf die wesentlichen Sinnfragen der Unternehmensexistenz in einer modernen Betriebsführung. Bild 1.21 zeigt im Überblick die Umsetzung der EFQM-Grundkonzepte in den Geriatrischen Gesundheitszentren.

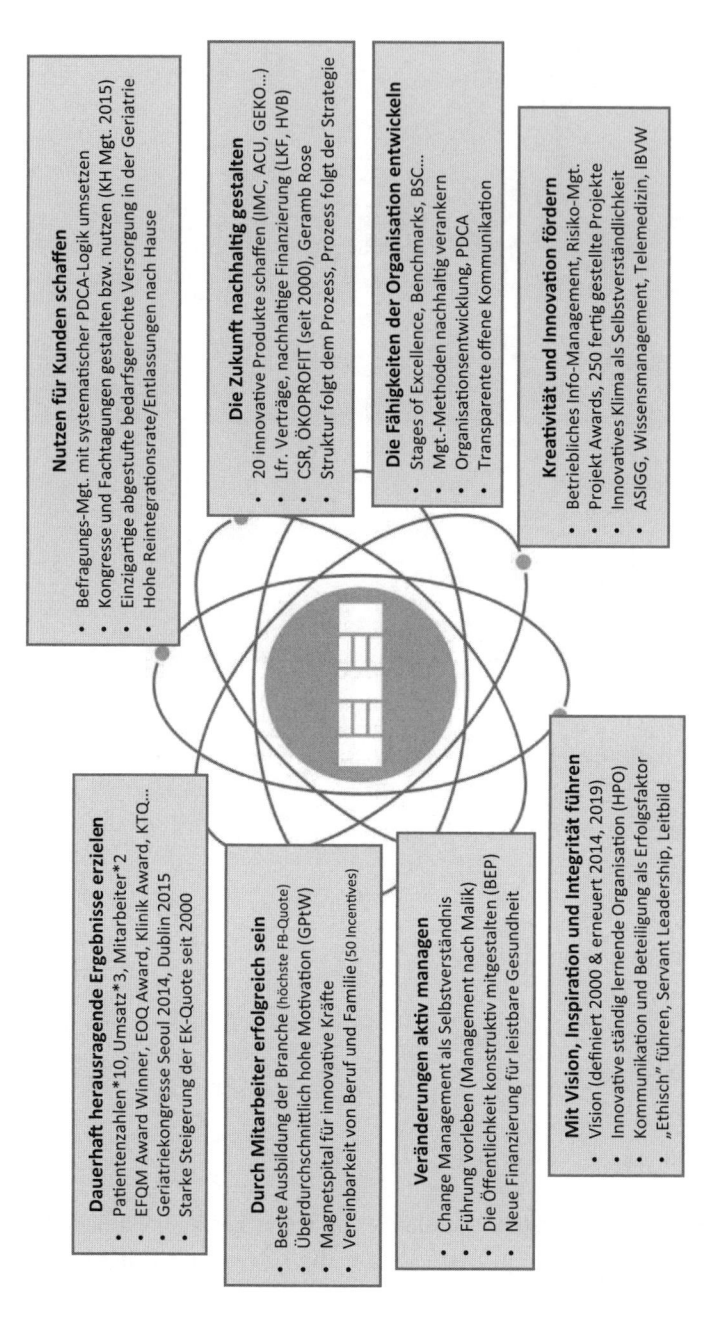

Nutzen für Kunden schaffen
- Befragungs-Mgt. mit systematischer PDCA-Logik umsetzen
- Kongresse und Fachtagungen gestalten bzw. nutzen (KH Mgt. 2015)
- Einzigartige abgestufte bedarfsgerechte Versorgung in der Geriatrie
- Hohe Reintegrationsrate/Entlassungen nach Hause

Die Zukunft nachhaltig gestalten
- 20 innovative Produkte schaffen (IMC, ACU, GEKO...)
- Lfr. Verträge, nachhaltige Finanzierung (LKF, HVB)
- CSR, ÖKOPROFIT (seit 2000), Geramb Rose
- Struktur folgt dem Prozess, Prozess folgt der Strategie

Die Fähigkeiten der Organisation entwickeln
- Stages of Excellence, Benchmarks, BSC...
- Mgt.-Methoden nachhaltig verankern
- Organisationsentwicklung, PDCA
- Transparente offene Kommunikation

Kreativität und Innovation fördern
- Betriebliches Info-Management, Risiko-Mgt.
- Projekt Awards, 250 fertig gestellte Projekte
- Innovatives Klima als Selbstverständlichkeit
- ASIGG, Wissensmanagement, Telemedizin, IBVW

Dauerhaft herausragende Ergebnisse erzielen
- Patientenzahlen*10, Umsatz*3, Mitarbeiter*2
- EFQM Award Winner, EOQ Award, Klinik Award, KTQ...
- Geriatriekongresse Seoul 2014, Dublin 2015
- Starke Steigerung der EK-Quote seit 2000

Durch Mitarbeiter erfolgreich sein
- Beste Ausbildung der Branche (höchste FB-Quote)
- Überdurchschnittlich hohe Motivation (GPtW)
- Magnetspital für innovative Kräfte
- Vereinbarkeit von Beruf und Familie (50 incentives)

Veränderungen aktiv managen
- Change Management als Selbstverständnis
- Führung vorleben (Management nach Malik)
- Die Öffentlichkeit konstruktiv mitgestalten (BEP)
- Neue Finanzierung für leistbare Gesundheit

Mit Vision, Inspiration und Integrität führen
- Vision (definiert 2000 & erneuert 2014, 2019)
- Innovative ständig lernende Organisation (HPO)
- Kommunikation und Beteiligung als Erfolgsfaktor
- „Ethisch" führen, Servant Leadership, Leitbild

Bild 1.21 Die EFQM-Grundkonzepte der Exzellenz am Beispiel der Geriatrischen Gesundheitszentren

Hat diese Entwicklung nun dazu geführt, die im Gesundheitswesen angestrebte Best-Point-of-Care-Position zu erreichen?

> ⓘ Aufgrund begrenzter Ressourcen im Gesundheits- und Sozialsystem stehen Gesundheitseinrichtungen vor der Herausforderung, ökonomisch und qualitativ hochwertig zu arbeiten. Wenn Leistungen im Gesundheitswesen möglichst ressourcenschonend, aber gleichzeitig qualitätsvoll erbracht werden, so wird dies als Leistungserbringung am **„Best Point of Care"** oder auch **„Best Point of Service"** bezeichnet (Czypionka/Sigl 2014; Gfrerer u. a. 2016).

Nimmt man die Fremdbewertung der unabhängigen und geprüften Visitoren, Auditoren und Assessoren der verschiedenen Qualitätsmanagement-Modelle wie KTQ® oder EFQM zum Maßstab, dann ja. Die Geriatrischen Gesundheitszentren waren nicht nur Staatspreisträger für Unternehmensqualität in Österreich, sondern auch mehrfacher Preisgewinner in Europa.

> ➡ Die konsequente Umsetzung der zweitbesten Strategie bringt mehr, als die endlose Suche nach der besten Strategie. Wenn immer möglich, sollte mit dem **Pareto-Prinzip** vorgegangen werden. Mit rund 20 Prozent des Aufwands 80 Prozent des nötigen Wissens zu erlangen, ist ausreichend, um i. d. R. folgerichtig vorzugehen. 100 Prozent der notwendigen Information liegt in der Praxis ohnedies nie rechtzeitig vor. In der Praxis kommt es nicht darauf an, sich in Details zu verlieren und Instrumente extensiv auszuführen, vielmehr ist ein pragmatischer Methodeneinsatz von höchstem Nutzen für Organisationen und Gesellschaften.

■ 1.9 Das Erfolgsfaktoren-Modell der Organisation

> *„Viele erkennen zu spät, dass man auf der Leiter*
> *des Erfolgs einige Stufen überspringen kann.*
> *Aber immer nur beim Heruntersteigen."*
> William Somerset Maugham

Auf neuen Umfragen basierende Kompetenzmodelle für Management und Führung beruhen auf dem Zusammenhang mit dem wirtschaftlichen Erfolg des untersuchten Unternehmens. Pelz (2017) beschreibt 34 Einzelkompetenzen, die man in sieben Schlüsselkompetenzen zusammenfassen kann, die Kompetenzen mit wirtschaftlichem Erfolg kombinieren:

- persönlichkeitsbezogene und intellektuelle Kompetenzen: Vorbild sein und Vertrauen aufbauen (als Notwendigkeit der Führung für die Wahrnehmung und Orientierung),
- Ziele entwickeln und Perspektiven bieten: den Menschen und der Arbeit Sinn verleihen,
- Lernfähigkeit und Veränderungsbereitschaft fördern: die langfristige – zukunftssichere und wirtschaftliche – Überlebensfähigkeit sichern,
- Kommunikation und Fairness: die Zusammenarbeit reibungslos und produktiv gestalten,
- Ergebnisorientierung: für überzeugende Ergebnisse sorgen und Erfolgserlebnisse bieten, die Freude bei der Arbeit vermitteln und die Existenzberechtigung absichern,
- unternehmerische Haltung: die Zukunft gestalten und die Verantwortlichen einbinden,
- Umsetzungskompetenz: Entscheidungen nachvollziehbar und evident gestalten, für die Realisierung sorgen.

Der Wandel zu einer „organischen Organisation" muss von den Top-Führungskräften ausgehen bzw. von diesen zugelassen werden. Auch muss sich der Führungsstil an der Entwicklungsstufe einer Organisation ausrichten (Suter u. a. 2015).

Im Folgenden wird beschrieben, welche Erkenntnisse aus den rund 20 Jahren der Transformation der Organisation gezogen werden können und wie diese mit den klassischen Ansätzen des Changemanagements und der klassischen Managementliteratur der letzten Jahrzehnte in Beziehung gebracht werden können. Es handelt sich um eine retrospektive Beschreibung anhand von Thesen, welche Erfolgsfaktoren den Weg der Veränderung begleitet haben. Zahlreiche Parallelen lassen sich dabei beim Vergleich mit den Lehren von Kotter, insbesondere aus dem Werk „Das Unternehmen erfolgreich führen" (Harvard Business Manager 2008) und den umfangreichen Werken von Drucker, dem bedeutenden Managementvordenker, ableiten.

> **Erfolgsfaktoren** sind Schlüsselgrößen, die für die Erreichung der Gesamtziele eines Unternehmens von zentraler Bedeutung sind. (Gabler Wirtschaftslexikon 2017) „Als strategische Erfolgsfaktoren werden die Elemente, Determinanten oder Bedingungen bezeichnet, die den Erfolg oder Misserfolg unternehmerischen Handelns entscheidend beeinflussen" (Kreilkamp 1987).

Die abgeleiteten Erfolgsfaktoren lauten wie folgt:

1) Strategische Klarheit in Veränderungsprozessen schaffen (Veränderungsvision):

- Freiheitsgrade erlangen, organisieren und Regeln aufstellen: Ordnung schaffen, Spielregeln erstellen, Hindernisse beseitigen (Schließlich beruht Innovation auf einem soliden Fundament.),
- Analysieren und den Ausgangspunkt der Transformation bestimmen, die Veränderung herbeisehnen,

- Vision, Mission, Leitbild und Strategie zur Gestaltung der Zukunft erschaffen,
- Stakeholder verstehen und in die Strategie einbinden.

2) Ein exzellentes Führungsteam und ein ethisches Führungsverständnis implementieren:
- Führungskräfte-Commitment und -Engagement, Führungskräfte als Vorbild, Verantwortung übernehmen und (Strategie-)Kurs halten,
- Auswahlsystem der Führungskräfte muss geeignet sein, diese als Vorbilder zu etablieren;
- Führungskräfte und Mitarbeiter an den richtigen Stellen einsetzen (Job Design),
- Führungskräfte und Mitarbeiter fördern und fordern und zu ihrem Besten zu befähigen (Servant Leadership).

3) Gesunde Unternehmenskultur als Nährboden für Wandel, Wertschätzung und Qualität etablieren:
- Kulturwandel einleiten, die Sehnsucht zu einem besseren Zustand erlebbar machen,
- Kultur des Vertrauens etablieren, Qualitätsmanagement betreiben, niederschwelliges Vorschlagswesen einrichten, anonymes Fehlermeldesystem etablieren,
- ständiges Arbeiten an der Kulturentwicklung, dauerhafte Kultur der Erneuerung implementieren,
- Teamarbeit der Gesundheitsberufe und Verwaltung fördern, Überwindung von Abteilungsegoismen herbeiführen, mit dem Ziel, dass alle zum Wohle des Ganzen über ihren Tellerrand blicken.

4) Die Stakeholder verstehen, einbeziehen und mobilisieren:
- Stakeholder identifizieren und professionell bearbeiten,
- Stakeholderinteressen erkennen, berücksichtigen und zum Wohle der Strategieerreichung beeinflussen,
- Mehrwert für Stakeholder, wie Patienten, Mitarbeiter und Eigentümer, schaffen,
- kontinuierlichen Austausch mit den Stakeholdern pflegen.

5) Lernen von den Besten, Austausch und Vernetzung als Normalität ansehen:
- Veränderungen konsequent vorantreiben, Portfoliomanagement, BCG-Matrix, Benchmarking einsetzen, wissenschaftliche Tätigkeiten und Lehre vorantreiben,
- strategische Kooperationen herbeiführen, Netzwerke bilden, Zusammenarbeiten und Synergien fördern,
- internationale Best-Practice-Beispiele analysieren, von den Besten lernen (z. B. Strategieausflüge, Zukunftsreisen, Benchmark, Masterarbeiten),
- Adaptierungen für die Organisation und für die lokalen Verhältnisse herbeiführen, im eigenen Geschäftsfeld konsequent umsetzen (Haupthilfe: Projektmanagement).

6) Proaktives Handeln führt zu einem blühenden Produktportfolio:
- Handlungspotenzial erkennen und ausweiten (Marktentwicklungen im Überblick behalten),
- Arbeit zur Erfüllung des Daseinszweckes hartnäckig vorantreiben, die Patientenbedürfnisse erfüllen,
- Rahmenbedingungen der Gesellschaft proaktiv mitgestalten (Gesetzesänderungen bewirken),
- Mut haben, voranzugehen und gegen den Strom zu schwimmen (Rule Breaker), in Vorleistung gehen, sinnvolle Projekte im Voraus finanzieren, Evidenzen schaffen,
- agile Methoden zur Entwicklung und Etablierung von Produkten und Dienstleistungen etablieren, nützliche Managementmethoden einsetzen, in Projektarbeit umsetzen, die Summe der Projekte erneuert die Organisation.

7) Ausrichtung von Organisation und Prozessen an hilfreichen Managementmethoden:
- konsequentes Umsetzen von Qualitätsmanagement, der RADAR-Logik/des PDCA-Zyklus, Balanced Scorecard etc. gewährleisten,
- relevante Verbesserungspotenziale erkennen und konsequent umsetzen (Kaizen), Nachhaltigkeit absichern,
- professionelle Informations- und Kommunikationsstruktur einrichten,
- aus Forschung und Lehre lernen und Wissen in die Organisation implementieren,
- TQM-Systeme zur Organisationsentwicklung und als Feedbackgeber nutzen.

8) Wirtschaftliches Denken und Handeln auf allen Ebenen sicherstellen:
- mithilfe von Prozessmanagement und Ergebnisqualität zu Kostenbewusstsein kommen,
- Transparenz über Unternehmenszahlen und Reports bieten, niederschwellig in den Bereichen die Zusammenhänge verständlich machen, Data-Ingenieure etablieren,
- Kostenbewusstsein belohnen, Erfolge zelebrieren.

Die konsequente Anwendung der Erfolgsfaktoren führte zur Schaffung eines einzigartigen Versorgungssystems, dem Alleinstellungsmerkmal oder Unique Selling Proposition (USP) der Organisation: ein abgestuftes bedarfsgerechtes Versorgungssystem für ältere Menschen über alle Versorgungszuständigkeiten und alle Finanzierungs- und Gesetzesbarrieren hinweg. Dies gelang trotz eines hoch fragmentierten Umfeldes, welches einer integrierten Versorgung diametral gegenübersteht.

Ein von konstruktiver Arbeit besetztes Lernklima führt demnach zu disruptiven Innovationen und den beschriebenen Produktneuheiten – in der Nische der Geriatrie – und bildet schließlich den USP. Das von Christensen, Raynor und McDonald (2015) beschriebene organisatorische Dilemma kann durch die „kreative Zerstörung" (Schumpeter) diese disruptiven Innovationen auslösen. Die vorgestellten Erfolgsfaktoren beschreiben einen möglichen Weg dazu.

1.10 Ausblick

> „Man muss das Unmögliche versuchen, um das Mögliche zu erreichen."
> Hermann Hesse

In der vorherrschenden VUCA-Welt (Bild 1.22), einer komplex-dynamischen Zeit mit raschen Wirtschaftszyklen und schwer vorhersehbaren Entwicklungen, geht es darum, Umwelten, Märkte, globale und lokale Zusammenhänge und deren Entwicklungen in Beziehung zur eigenen Organisation zu verstehen und danach agil und systemisch zu handeln.

> Die **VUCA-Welt**, das Akronym bezeichnet eine Welt, die geprägt ist von Volatilität (Unbeständigkeit), Unsicherheit, Komplexität und Ambiguität (Mehrdeutigkeit). Eine Strategie zum Überleben in der VUCA-Welt leitet sich ebenfalls von deren Abkürzung ab, nämlich Vision (Vision), Understanding (Verstehen), Clarity (Klarheit), Agility (Agilität) (Horvath u. a. 2018).

V (Volatilität): Der Unbeständigkeit der Welt mit einer überzeugenden Vision der Organisation gegenübertreten, dazu helfen strategische Konferenzen, Best-Practice-Reisen und die vielen Analyseinstrumente.

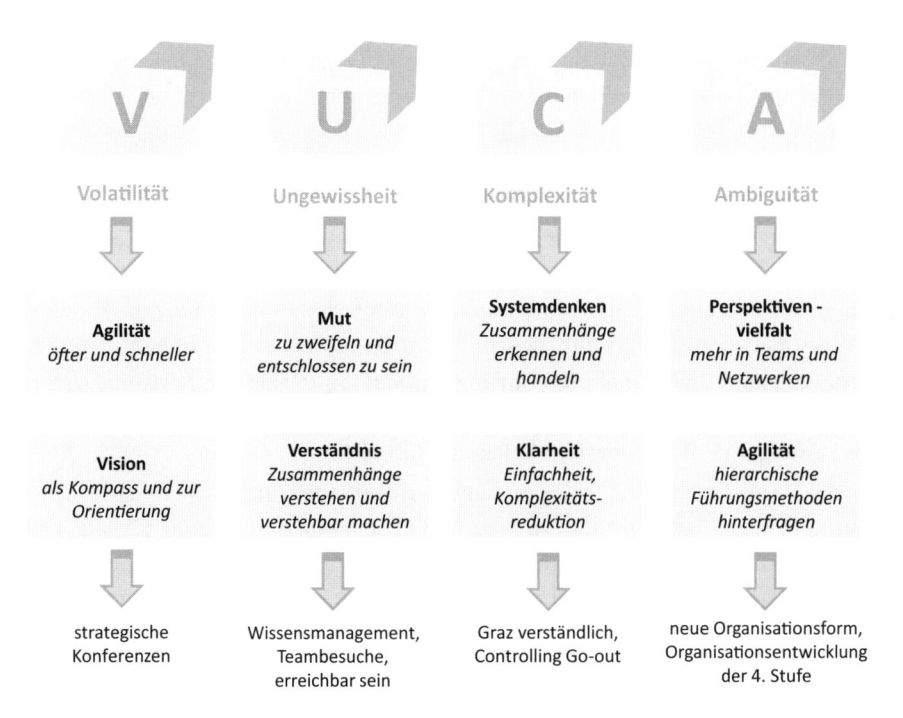

V	U	C	A
Volatilität	Ungewissheit	Komplexität	Ambiguität
Agilität öfter und schneller	**Mut** zu zweifeln und entschlossen zu sein	**Systemdenken** Zusammenhänge erkennen und handeln	**Perspektivenvielfalt** mehr in Teams und Netzwerken
Vision als Kompass und zur Orientierung	**Verständnis** Zusammenhänge verstehen und verstehbar machen	**Klarheit** Einfachheit, Komplexitätsreduktion	**Agilität** hierarchische Führungsmethoden hinterfragen
strategische Konferenzen	Wissensmanagement, Teambesuche, erreichbar sein	Graz verständlich, Controlling Go-out	neue Organisationsform, Organisationsentwicklung der 4. Stufe

Bild 1.22 VUCA-Welt am Beispiel der Geriatrischen Gesundheitszentren (in Anlehnung an Gläser/Rabeder/Weidenfelder 2019)

U (Ungewissheit): Es geht darum, der Ungewissheit der Märkte und Entwicklungen mit Verstehbarkeit und Wissensmanagement zu begegnen sowie den Mut aufzubringen, der Multidimensionalität der Ereignisse gelassen gegenüberzustehen und eine Art Schutz-Kohärenzsinn (Sense of Coherence) der Organisation zu entwickeln. Der Komplexität der Zeit durch Komplexitätsreduktion und Klarheit – z. B. in der Sprache – zu entsprechen und systemische Zusammenhänge offenzulegen. Eine systemisch/organische Organisation ist dazu imstande.

C (Komplexität): Es bedarf der Mehrdeutigkeit mit Perspektivenvielfalt zu begegnen und auf verschiedenen Organisationsebenen handlungsfähig zu sein, in Kooperationen und Netzwerken, die Vielfalt der Herausforderungen proaktiv zu bearbeiten. Das bedeutet auch, die sich automatisch breitmachende Komplexität innerhalb der Organisation wiederkehrend zu reduzieren, also ständig Ballast abzuwerfen, alles was an Abläufen zu vereinfachen ist, zu vereinfachen, um wieder Zeit für die Beziehung zu den Patienten und für die interne und externe Zusammenarbeit zu gewinnen. Die Managementinstrumente sollen dabei unterstützen, sie sollen nicht beherrschen.

A (Ambiguität): Wie kann sich nun eine Organisation auf diese VUCA-Welt einstellen bzw. sich auf diese vorbereiten? Dazu gibt es Erkenntnisse und Literaturquellen, die mit den in den Geriatrischen Gesundheitszentren gewonnen Erfahrungen übereinstimmen (Hasebrook/Kirmße/Fürst 2019). Bild 1.23 zeigt eine mögliche Ausgestaltung der Organisation als agilen Diamanten:

- Im Zentrum steht die Sinnstiftung, im Idealfall ist diese im Unternehmensziel verankert. Dazu gehört im Wesentlichen eine ethische Grundhaltung und ein agiles Mindset der Unternehmenskultur.
- Das erste Segment besteht aus den Kunden, in unserem Fall den Patienten. Ihr Gesundheitsgewinn, Lebensqualität und die möglichst optimale Versorgung ist zentrales Anliegen der gesamten Organisation. Die achtsame und herzliche Zuwendung zu den Patienten kommt zum Ausdruck.
- Das zweite Segment betrachtet die Mitarbeiter, deren Befähigungs- und Kompetenzerwerb ausschlaggebend für die Organisation ist. Dazu gehört Transparenz im Informations- und Kommunikationslauf und in den Entscheidungsfindungen, mit dem Ziel, selbstorganisierte Teams mit eigenständiger Handlungsvollmacht auszustatten.
- Das dritte Segment betrachtet die Führung als Mentor, Coach und Servant Leader, welcher den möglichst selbstbefähigten Teams maximales Vertrauen entgegenbringt und als ständiger Förderer deren Entwicklung tätig ist.
- Das vierte Segment beschreibt die Managementmethoden und -instrumente. Hier kommen alle bewährten und innovativen Managementmethoden zum Einsatz, die eine Nützlichkeit beweisen. Dazu gehört beispielsweise der Deming-Kreis aber auch alle anderen Instrumente und Methoden, die in diesem Kapitel beschrieben werden.
- Das fünfte Segment betrifft die Organisation und die kreative Arbeitsumgebung, die Gestaltung von Netzwerken und neuen Zusammenarbeitsmodellen, die Methoden, um von den Besten zu lernen, und die Fähigkeit der Organisation, kreative Inseln

(Coworking Spaces) zu schaffen. Das Gefühl von „Ich bin nicht zuständig." wandelt sich zu einem teamorientierten Verantwortungsgefühl.
- Das sechste Segment fokussiert auf die digitale Entwicklung und die Nachhaltigkeit. Die IT wird vom Programmierer zum Enabler und Partner der Organisationsentwicklung. Telemedizin und Telecare ermöglichen neue Formen der Betreuung. Die Nachhaltigkeit des gesamten organisatorischen Handelns – vom Einkauf bis zur Entsorgung und Energienutzung – ist gestaltet. Achtsamkeit gegenüber der Umwelt und der Umwelten wird zur Selbstverständlichkeit.

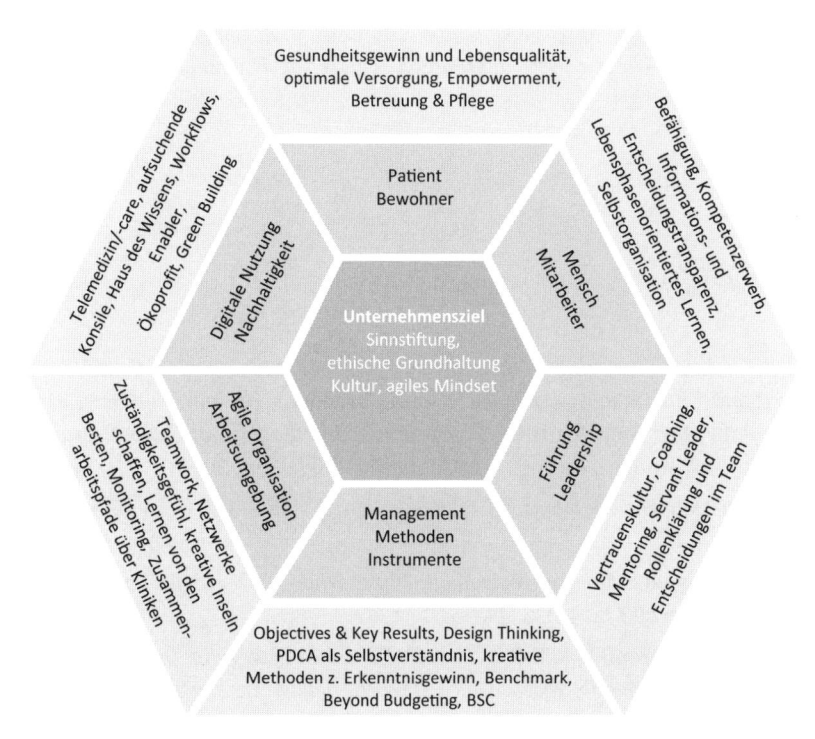

Bild 1.23 Agile Gesundheitsorganisation am Beispiel der Geriatrischen Gesundheitszentren (in Anlehnung an Hasebrook 2019)

Bislang hat sich dafür noch keine generell gültige und ideale Organisationsform ableiten lassen. Viele Organigramme im Gesundheitswesen sind nach wie vor Gesetzen geschuldet, die in der Substanz beinahe 100 Jahre alt sind (z.B. Linienorganisation mit kollegialer Führung). Im Gegensatz dazu beschreiben fluide Netzwerkstrukturen die flexiblen Organisationseinheiten in geeigneter Form. Diese sind veränderten Bedingungen besser gewachsen.

Ein Beispiel dazu: Als in Österreich eine neue Demenzstrategie entstand, wurden die Geriatrischen Gesundheitszentren zu einer Stellungnahme aufgerufen. Die Organisation war in wenigen Tagen dazu fähig, eine neue, netzwerkartige Struktur zu bilden, um eine Antwort auf die neuen Fragen zu bieten. Aus einem bewährten Organigramm, mit vertrauensvoller Betriebskultur, lies sich kurzfristig eine weitere Organisation herausbilden, um neuen Herausforderungen agil zu begegnen. Diese fluide Struktur kann dann immer wieder wirksam werden, wenn derartige Fragestellungen entstehen. In der Folge hat diese vorübergehende Organisationseinheit auch innovative Dienstleistungen in der Demenzbehandlung entwickelt.

Wohin die weitere Reise führt, ist noch unbekannt, aber eine gute Ausgestaltung der Organisation zu einer hochseetüchtigen Fregatte, um in der Metapher zu bleiben, ist eine gute Grundlage für die weitere Entwicklung.

> *„Optimismus ist Pflicht. Man muss sich auf die Dinge konzentrieren, die gemacht werden sollen und für die man verantwortlich ist. Wir sind jetzt verantwortlich für das, was in der Zukunft geschieht."*
> Karl Popper

■ 1.11 Literatur

Badura, Bernhard; Greiner, Wolfgang; Rixgens, Petra: *Business & Economics. Grundlagen von Gesundheit und Unternehmenserfolg.* In: Badura, Bernhard; Greiner Wolfgang; Rixgens Petra; Ueberle Max; Behr Martina: *Sozialkapital: Grundlagen von Gesundheit und Unternehmenserfolg.* 2. Auflage. Springer-Verlag, Berlin/Heidelberg 2013

Burns, Tom; Stalker, G.M.: *The Management of Innovation.* 3. Edition. Oxford University Press, Oxford 2001

Christensen, Clayton; Raynor, Michael, McDonald, Rory: *What Is Disruptive Innovation?* Harvard Business Review 93 (2015), S. 44–53

Czypionka, Thomas; Riedel, Monika; Röhrling, Gerald: *Europa in Bewegung: Qualität im niedergelassenen Bereich.* In: Health System Watch HSW III, Beilage zur Fachzeitschrift Soziale Sicherheit, Volume 4 (2006), S. 1–16

Czypionka, Thomas; Sigl, Clemens: *Qualität im ambulanten Bereich – Teil 1, Health System Watch I A/2014.* Institut für höhere Studien, Wien 2014

Deming, Edwards: *Quality, Productivity, and Competitive Position.* Massachusetts Institute of Technology, Boston Massachussetts 1982

Drucker, Peter: *Die fünf entscheidenden Fragen des Managements.* Wiley-VCH Verlag, Weinheim 2009

Ewinger, Berndt: *Grundlagen des New Public Management im Zuge der Verwaltungsreform Kärnten.* 2007. URL: *https://slideplayer.org/slide/871490*. Abgerufen am: 19.08.2019

Fisher Roger; Ury, William; Patton, Bruce: *Das Harvard-Konzept. Sachgerecht verhandeln-erfolgreich verhandeln.* Campus Verlag, Frankfurt/New York 2000

Gabler Wirtschaftslexikon: *Kritische Erfolgsfaktoren.* URL: *https://wirtschaftslexikon.gabler.de/definition/kritische-erfolgsfaktoren-38219/version-261645*. Abgerufen am 07.09.2019

Gfrerer, Christopher; Lohr, Claudia; Reitter-Pfoertner; Sylvia; Ruda, Romana; Trischak, Christine: *Rundum versorgt – Multimorbidität im Alter.* Competence Center Integrierte Versorgung (CCIV), Wien 2016

Gläser, Waltraud; Rabeder, Martin; Weidenfelder, Frank: *VUCA, Leadership Skills für digitale Zeiten.* KEBA AG Headquarters. URL: *https://www.vuca-welt.de/*. Abgerufen am 12.08.2019

Glasl, Friedrich; Lievegoed, Bernhard: *Dynamische Unternehmensentwicklung, Grundlagen für nachhaltiges Change Management.* Verlag Freies Geistesleben, Bern/Stuttgart 2016

Hammer, Michael; Champy, James: *Business Reengineering. Die Radikalkur für das Unternehmen.* 5. Auflage. Campus Verlag, Frankfurt/New York 1995

Hartinger, Gerd: *Change Management in Gesundheitseinrichtungen. Entwicklungsstufen, Erfolgsfaktoren, Investitionen und die Rolle des Qualitätsmanagements am Beispiel der Geriatrischen Gesundheitszentren der Stadt Graz.* Facultas Verlag, Wien 2019

Hasebrook, Joachim; Kirmße, Stefan; Fürst, Martin: *Wie Organisationen erfolgreich agil werden. Hinweise zur erfolgreichen Umsetzung in Zusammenarbeit und Strategie.* Springer-Verlag, Wiesbaden 2019

Haubrock, Manfred (Hrsg.): *Betriebswirtschaft und Management in der Gesundheitswirtschaft.* Hogrefe Verlag, Bern 2018

Horvath, Peter; Reichmann, Thomas; Baumöl, Ulrike; Hoffjan, Andreas; Möller, Klaus; Pedeli, Burkhard (Hrsg.): *Transformation im Controlling: Umbrüche durch VUCA-Umfeld und Digitalisierung, Spezialausgabe der Zeitschrift Controlling.* Vahlen Verlag, München 2018

Kaplan, Robert; Norton, David P.: *Balanced Scorecard, Strategien erfolgreich umsetzen.* Schäffer-Poeschel Verlag, Stuttgart 1997

Koontz, Harold; O'Donnell, Cyril; Weihrich, Heinz: *Essentials of Management.* McGraw-Hill Education, New York, 1990

Kreilkamp, Edgar: *Strategisches Management und Marketing: Markt- und Wettbewerbsanalyse, Strategische Frühaufklärung, Portfolio-Management.* Band 11. Verlag De Gruyter, Berlin 1987

Lewin, Kurt: *Feldtheorie in den Sozialwissenschaften. Ausgewählte theoretische Schriften.* Hans Huber Verlag, Bern/Stuttgart 1963

Pelz, Waldemar: *Umsetzungskompetenz als Schlüsselkompetenz für Unternehmenspersönlichkeiten: Eine theoretische und empirische Analyse.* In: von Au, Corinna (Hrsg.): *Führung im Zeitalter von Veränderung und Diversity.* Springer-Verlag, Wiesbaden, 2017, S. 103–125

Schippinger Walter, Pilgram Erwin Horst, Hartinger, Gerd: *Geriatrischer Konsiliardienst – GEKO.* In: Pinter, Georg; Likar, Rudolf; Schippinger, Walter; Janig, Herbert; Kada, Olivia; Cernic, Karl (Hrsg.): *Geriatrische Notfallversorgung, Strategien und Konzepte.* Springer-Verlag, Wien 2013, S. 195–226

Siebenhofer-Kroitzsch, Andrea: *OÖGKK Forum Gesundheit 2017. Zuviel Medizin und Überdiagnose: Was nicht hilft, das schadet allen!* URL: *https://www.ooegkk.at/cdscontent/?contentid=10007.779896*. Abgerufen am: 20.08.2019

Suter, Andreas; Vorbach, Stefan; Weitlaner, Doris: *Die Wertschöpfungsmaschine – Strategie operativ verankern – Prozessmanagement umsetzen – Operational-Excellence erreichen.* Hanser Verlag, München 2015

Unkel, Katja: *Sozialkompetenz – ein Manager-Märchen? Wahrheiten über wirksames Management und den Umgang mit Menschen in Organisationen.* Edition Malik. Campus Verlag, Frankfurt/New York 2011

Vietze, Johannes: *Kontinuierliche Qualitätsverbesserung durch Standardisierung, 2013.* URL: *http://de.wikipedia.org/wiki/Demingkreis cite_ref-Deming_Circle_1-0.* Abgerufen am: 16.10.2019

Virginia Mason Institut: *Transforming Health Care – Virginia Mason's Pursuit of the Perfect Patient Experience.* URL: *https://docplayer.net/14629471_Transforming-health-care-virginia-mason-s-pursuit-of-the-perfect-patient-experience.html.* Abgerufen am: 17.08.2019

Zelesniack, Elena; Grolman, Florian: *Die besten Change Management-Modelle im Vergleich.* In: *Change-Management effektiv gestalten.* Ebook Initio, 2017

2 Ein Blick ins Innere einer lernenden Organisation

Gerd Hartinger, Lisa Weidinger, Martina Bohnstingl

Seit einigen Jahren gelten die Geriatrischen Gesundheitszentren als österreichisches Kompetenzzentrum für Altersmedizin und Pflege und haben durch ihren zweifachen Sieg beim Global Excellence Award der European Foundation for Quality Management 2017 auch europaweit als renommierter Referenzbetrieb im Gesundheitswesen Bedeutsamkeit erlangt.

Der Weg vom Armen- und Siechenhaus über das städtische Altersheim der Stadt Graz zum Kompetenzzentrum für Altersmedizin und Pflege ist nicht nur von vielen historischen Ereignissen geprägt, sondern auch von vielen Höhe- und Tiefpunkten. Um sich weiterzuentwickeln, haben die Geriatrischen Gesundheitszentren seit Jahrzehnten einen enormen Veränderungsprozess durchlaufen, der nicht linear verlaufen ist, sondern von Widerständen und Konflikten geformt wurde.

Unternehmensinterne Konflikte, die es zu überwinden galt, waren die Sanierung, Revitalisierung und Neuerrichtung von Gebäuden des Krankenhauses oder das Erzielen der Leistungsorientierten Krankenanstaltenfinanzierung durch die öffentliche Hand für Bereiche des Krankenhauses, welche vormals zur Gänze vom Patienten selbst zu tragen waren. Derartige Widerstände wurden als Lerneffekte angesehen und ließen die Organisation heranreifen.

Aus Anlass des mehrfachen Gewinns des Global Excellence Award der European Foundation for Quality Management, ermöglichen die Autoren damit erstmalig der Öffentlichkeit einen tieferen Einblick in eine exzellente Organisation des Gesundheitswesens. Die Kriterien aus dem EFQM-Modell (Führung, Mitarbeiter, Strategie, Partnerschaften und Ressourcen, Prozesse, Produkte und Dienstleistungen) und die damit verbundenen Outcomes (Schlüsselergebnisse; Kunden-, Mitarbeiter- und gesellschaftsbezogene Ergebnisse) wurden im folgenden Beitrag logisch miteinander verwoben, um Ihnen die Organisation und deren Weg zur Exzellenz näher zu bringen.

Wie die Geriatrischen Gesundheitszentren gegenwärtig aufgebaut sind, welche Strategien sie verfolgen und was sie auszeichnet, erfahren Sie auf den folgenden Seiten, wenn wir gemeinsam einen Blick hinter die Kulissen werfen und *ins Innere dieser lernenden Organisation* eintauchen.

Die Gliederung der Geriatrischen Gesundheitszentren in drei Geschäftsbereiche – *Krankenhaus, Pflegewohnheime* sowie *alternative Wohnformen und Tageszentren* für ältere Menschen – liegt im abgestuften Versorgungskonzept, von stationärer über teilstationärer bis hin zur ambulanten Versorgung, begründet.

Auch wenn der Name der Geriatrischen Gesundheitszentren bereits verrät, dass geriatrische Patienten, genauer gesagt multimorbide und betagte Menschen im Alter von durchschnittlich 85 Jahren, und altersmedizinische klinische Leistungen der Inneren Medizin und Neurologie im Fokus des Behandlungsauftrags stehen, wurden weitere Spezialisierungen vorgenommen, um die Patientenbedarfe abzudecken. Spezialisierungen gibt es deshalb in der Demenz- und Wachkoma-Behandlung, aber auch im Bereich Palliativ- und Hospiz-Care. Um die Wende zum 21. Jahrhundert wurde konsequent damit begonnen, das Leistungsportfolio bedarfsgerecht auszubauen, sodass heute ein abgestuftes geriatrisches Versorgungssystem besteht, das kontinuierlich an sich verändernde Bedürfnisse von älteren Menschen und gesellschaftliche Bedarfe angepasst wird. Durch dieses 20-stufige, umfangreiche Versorgungsportfolio wird eine bedarfsgerechte und leistbare Behandlung und Betreuung vorwiegend geriatrischer Kunden am Best Point of Care gesichert. *Das abgestufte geriatrische Versorgungssystem stellt eines der wesentlichen Alleinstellungsmerkmale der Geriatrischen Gesundheitszentren dar.*

Bild 2.1 stellt deren Produktportfolio entsprechend der Versorgungsstufen der Geriatrie dar. Seit dem Jahr 2000 wurde das Produktportfolio von zwei Produkten, der Langzeitpflege und der Akutgeriatrie/Remobilisation, auf mittlerweile 20 Produkte ausgeweitet. Beinahe 60 Prozent davon sind öffentlich finanziert und bieten der Organisation den Vorzug einer hohen Planungssicherheit. Gleichzeitig achten die Geriatrischen Gesundheitszentren als Eigenbetrieb der Stadt Graz auf Kosteneffizienz. Entsprechend dieses Grundsatzes erreichen sie bei 90 Prozent ihrer Produkte die Preisführerschaft.

Die Geriatrischen Gesundheitszentren sind wirtschaftlich eigenständig, aber rechtlich zu 100 Prozent im öffentlichen Eigentum der Stadt Graz. Als Non-Profit-Organisation erwirtschaften sie jährlich einen Gesamtumsatz von rund 50 Millionen Euro (2018) und weisen ein Anlagevermögen von etwa 150 Millionen Euro auf. Der Anteil des Eigenkapitals am Gesamtkapital liegt inzwischen bei über 45 Prozent. Durch die erfolgreiche Entwicklung in den letzten Jahren werden die erzielten Überschüsse reinvestiert und tragen zur Entwicklung neuer Versorgungsleistungen sowie zur nachhaltigen Infrastrukturentwicklung bei.

Derzeit werden die in Bild 2.1 abgebildeten Versorgungsprodukte an fünf Standorten der Geriatrischen Gesundheitszentren angeboten.

Am Hauptstandort, im Zentrum von Graz, befinden sich die Albert Schweitzer Klinik, das Albert Schweitzer Hospiz und das Betreute Wohnen (mit rund 400 Betten und Betreuungsplätzen an diesem Standort) sowie der zentrale Service-, IT- und Verwaltungsbereich. Im Jahre 2014 wurde hier auch das Albert Schweitzer Institut für Geriatrie und Gerontologie gegründet, um das interne Wissensmanagement zu verstärken und um die Ressourcen in den Bereichen Forschung, Bildung und Beratung zu bündeln und zunehmend der Öffentlichkeit zugängig zu machen.

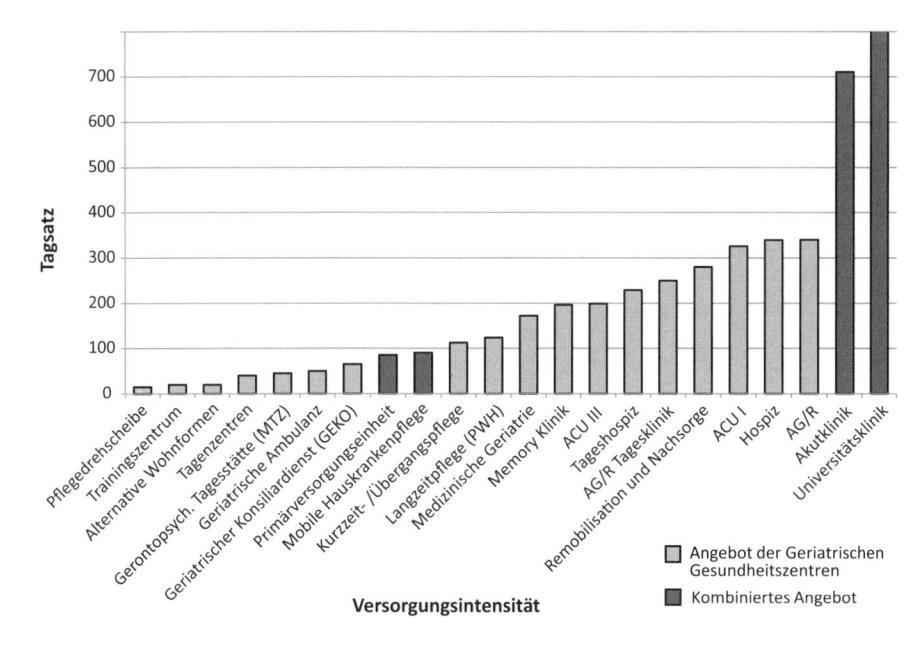

Bild 2.1 Versorgungsstufen der Geriatrie in den Geriatrischen Gesundheitszentren

An den vier weiteren Standorten, die ebenfalls im Grazer Stadtgebiet liegen, befinden sich die Pflegewohnheime (Robert Stolz, Aigner-Rollett, Peter Rosegger, Erika Horn) und die Tageszentren (Robert Stolz, Memory Tageszentrum) mit einer Gesamtkapazität von rund 400 Plätzen und Betten. Hinzu kommen rund 150 Betreuungsplätze für betreute Wohnformen.

Der Namenspatron einiger Produktbereiche der Geriatrischen Gesundheitszentren – der Klinik, des Hospizes, des Forschungsinstituts und des Trainingszentrums – ist DDDr. Albert Schweitzer. Er promovierte in Philosophie, Theologie und Medizin. Neben seinen zahlreichen Auszeichnungen (u. a. Friedensnobelpreis 1952) galt er als hervorragender Verfasser von philosophischen, theologischen und musikalischen Werken. Die Produktbereiche tragen seinen Namen mit Stolz und versuchen sein Gedankengut weiterzuführen. Vor allem sein Wirken als Ethiker beeinflusst nach wie vor das Leitbild und Handeln der Mitarbeiter in den Geriatrischen Gesundheitszentren und setzt sich sowohl im Claim, als auch der Mission und Vision fort.

> **Mission, Vision und Claim**
>
> **Mission**
>
> *Wir leisten unter Anwendung von wissenschaftlichen Erkenntnissen, Erfahrungen und Innovationen eine optimierte medizinische, pflegerische, psychosoziale und spirituelle Behandlung/Betreuung der uns vertrauenden Menschen.*
>
> **Vision**
>
> *Die Geriatrischen Gesundheitszentren sind ein führendes Kompetenzzentrum für Altersmedizin und Pflege in Europa.*
>
> **Claim**
>
> *Bei uns sind Menschen in den besten Händen!*

Der Claim und die rund 300 000 Pflegetage, die per anno geleistet werden, beziehen sich nicht nur auf 4 000 Patienten und Bewohner, die jährlich betreut werden, sondern auch auf rund 800 Mitarbeiter.

Das Managementteam besteht aus Geschäftsführung, Ärztlicher Leitung, Medizinischer Leitung, Pflegedienstleitung, Leitung Human Resources Management sowie Leitung Technik- und Facility-Management.

Unterstützt werden diese Stellen, wie in Bild 2.2 dargestellt, durch das Finanzmanagement, IT- und Prozessmanagement und das Albert Schweitzer Institut sowie die Stabstellen für den Strategischen Einkauf, PR/Marketing, Strategische und operative Planung, das strategische Gesundheitsmanagement, das Risikomanagement sowie das Qualitäts- und Projektmanagement.

Für die einzelnen Gesundheitsdienstleistungen wurden Produktverantwortliche nominiert, denen hohe Verantwortung im laufenden Betrieb und in der Qualitätssicherung sowie in der strategischen Produktentwicklung zukommt. In diesem Sinne entsteht zur Linien- eine Matrixorganisation.

Hinzu kommt, dass zu ausgewählten Themen interne **berufsgruppenübergreifende Arbeitskreise** geschaffen werden (z. B. zu Sturz, Demenz, Schmerz, Hospiz- und Palliativversorgung), um den Wissensaustausch und Innovationen voranzutreiben und ebendiese in der Versorgung zu kreieren.

2 Ein Blick ins Innere einer lernenden Organisation

Geschäftsführer

Stabsstellen
- Assistenz der Geschäftsführung
- Strategische/operative Planung
- QM/PM
- RiskManagement
- Telemedizin und Telecare
- PR/Marketing
- Strat Einkauf
- Strat Gesundheitsmanagement

Management Team
GF, ÄL/ML, PDL, HRL, TFL

- Albert Schweitzer Institut
- Human Resources
- Finanzmanagement
- Technik und Facility Management
- IT- und Prozessmanagement

Albert Schweitzer Klinik

Verwaltungsleitung	Ärztliche Leitung		Pflegedienstleitung
	Innere Medizin -AG/R -AG/R TK -GEKO	Medizinische Geriatrie -AG/R -IMC -MG	Hospiz Tageshospiz
Neurologie -ACU -AG/R -MK			

Pflegewohnheime

Produktverantwortung	Medizinische Leitung			Pflegedienstleitung	
Aigner Rollett	SR Robert Stolz	Peter Rosegger		Erika Horn Menschen mit Behinderung	

Alternative Wohnformen

Produktverantwortung	Medizinische Leitung			Pflegedienstleitung
Betreutes Wohnen Oeverseepark	Wohnoase Robert Stolz	Wohnoase Rosenhain		Tageszentrum Robert Stolz Memory Tageszentrum

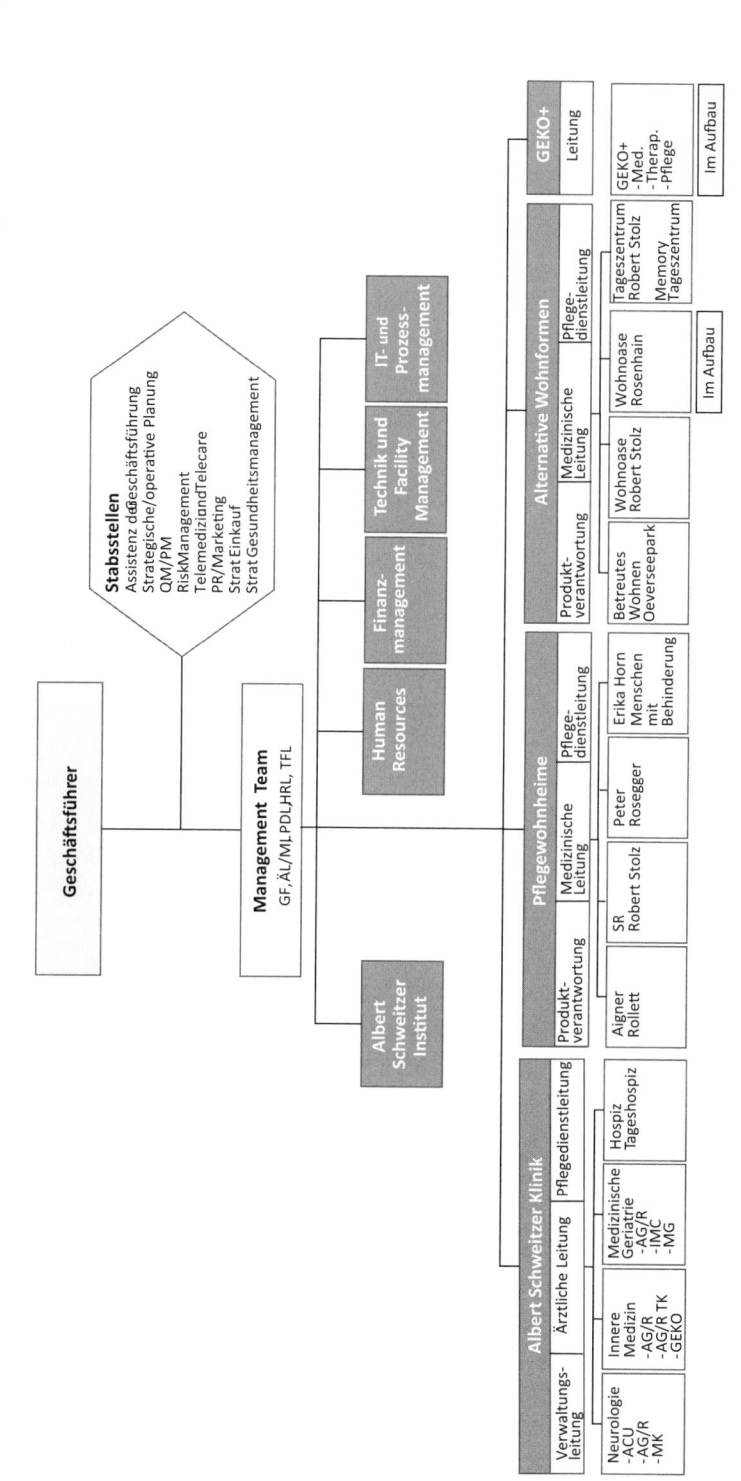

Im Aufbau

GEKO+

Leitung

GEKO+ -Med. -Therap. -Pflege

Im Aufbau

Bild 2.2 Organigramm der Geriatrischen Gesundheitszentren

■ 2.1 Vision und Unternehmensprofil schaffen Klarheit und Orientierung

Der Strategieprozess, das heißt die Strategieentwicklung, deren Umsetzung und die Messung des Fortschritts, stellt ein logisches Vorgehen dar, bei dem ein Schritt dem anderen folgt. Der Strategieprozess sollte daher konsistent und nachvollziehbar sein, um den Unternehmensfortschritt zu gewährleisten und, wie in diesem Fall, die gewünschten Produktinnovationen zu generieren.

Verstehen des strategischen Umfelds und der Erwartungen der Stakeholder

Im Gesundheits- und Sozialwesen ist es von überragender Bedeutung, die politischen und gesetzlichen Rahmenbedingungen zu verstehen und möglichst mitzugestalten sowie daraus Implikationen für die eigene Organisation abzuleiten.

Daher wirken die Geriatrischen Gesundheitszentren gezielt in politischen Gremien und Fachverbänden mit und binden die Erkenntnisse daraus in ihre Strategie ein. Darüber hinaus gewinnen sie wichtige Informationen über die Erwartungen ihrer Stakeholder durch Befragungen (z. B. Patienten/Bewohner, Zuweiser, Eigentümer, Mitarbeiter) und durch persönliche Kontakte, z. B. mit den wesentlichen Hauptlieferanten.

Das interne Management-Informationssystem (MIS) als Controlling-System gibt den Führungskräften der Geriatrischen Gesundheitszentren zeitnah und transparent Einblick in die eigene Leistungsfähigkeit. Ein Beispiel dafür ist die Möglichkeit, Budget- und Monatsberichte automatisch durch das MIS zu generieren und Trends abzuleiten. So können Entscheidungen auf Grundlage objektiver Daten und wissensgestützt gefällt werden.

Wie die Geriatrischen Gesundheitszentren ihre Strategie entwickeln

Aufbauend auf der strategischen Analyse bezüglich der Bedarfe und Marktveränderungen wird eine SWOT-Analyse durchgeführt und daraus die Strategie abgeleitet. Diese Strategie basiert auf der Vision und der Mission und beinhaltet strategische Schwerpunkte und deren Konkretisierung durch strategische Ziele. Die Ergebnisse werden konkret definiert und gemessen. Basierend auf diesen Ansätzen werden Leistungsfähigkeit und Ergebnisse kontinuierlich weiterentwickelt. Ab dem Jahr 2000 werden rund 50 Hauptziele und 400 Einzelziele per anno definiert und größtenteils umgesetzt. Dadurch kam es zur Realisierung von rund 8 000 Zielen, die Innovationen freisetzten.

Eine Besonderheit im Strategieprozess ist die konsequente Anwendung des Portfoliomanagements sowie die Produktlebenszyklusbetrachtung. Die unterschiedlichen Versorgungsprodukte werden auf einer BCG-Matrix dargestellt, um Wachstumschancen zu erkennen und die Marktanteile an den Bedarf anzupassen. Dadurch wird das Leistungsportfolio kontinuierlich weiterentwickelt und Marktchancen durch das Schließen von identifizierten Versorgungslücken genutzt. Darüber hinaus werden die Produkte jährlich in ihrem Lebenszyklus analysiert und gegebenenfalls adaptiert.

Konsequente Umsetzung der Strategie

Die Geriatrischen Gesundheitszentren nutzen den Balanced-Scorecard-Ansatz (BSC) als zentrales Element, um ihre Strategie in die Umsetzung zu bringen. Die Balanced Scorecard stellt ein strategisches Planungs- und Managementinstrument dar, das in vielen Branchen weltweit verwendet wird. Der BSC-Ansatz ist darauf ausgerichtet, die Geschäftsaktivitäten auf die Vision und Strategie von Organisationen anzupassen und so zur Kontrolle und Überwachung der Leistung und der strategischen Ziele beizutragen (Esslinger/Rager/Rieg 2013). Entwickelt wurde die BSC in den 1990er Jahren von den beiden Professoren Kaplan und Norton in Harvard.

Der klassische BSC-Ansatz beleuchtet vier Perspektiven, die für den Erfolg eines Unternehmens entscheidend sind, da die einzelnen Ziele der Perspektiven nicht nur miteinander in Verbindung stehen, sondern sich auch gegenseitig beeinflussen: Kundenperspektive, Mitarbeiterperspektive, Prozessperspektive und Finanzperspektive. Eine Erweiterung der BSC um eine weitere Perspektive ist grundsätzlich möglich, jedoch ist das nach Kaplan und Norton nur dann sinnvoll, wenn die Kennzahlen der neuen Perspektive einen Wettbewerbsvorteil für das Unternehmen schaffen. Die zusätzliche Perspektive, die Umwelt- und Gesellschaftsaspekte umfasst, findet oft in Branchen und Unternehmen Anwendung, die in hoher Interaktion mit ihrer Umwelt stehen. Solche Unternehmen unterliegen meist starken Reglementierungen durch den Gesetzgeber und stehen unter hohem Druck durch ihre Stakeholder (Siebert 2011).

> ➡ Die Geriatrischen Gesundheitszentren stellen ein solches Unternehmen dar und haben daher die Perspektive **„Gesellschaft/Innovation"** im Jahr 2015 neben den vier anderen Perspektiven ihrer BSC **„Finanzen/Wirtschaftlichkeit"**, **„Kunden"** (Patienten, Bewohner, Mieter, Gäste, Mitarbeiter, Zuweiser, Angehörige, interne Kunden, Stakeholder), **„Mitarbeiter/Lernen"** und **„Prozesse/Organisation"** eingeführt.

Die Balanced Scorecard wird jährlich zunächst auf Gesamtebene der Geriatrischen Gesundheitszentren erarbeitet und anschließend werden daraus Produkt-BSCs für die einzelnen Produktbereiche, etwa die Memory Klinik, die Apallic Care Unit oder das Albert Schweitzer Hospiz, abgeleitet.

Aus den übergeordneten strategischen Vorgaben wird auch der Wirtschaftsplan erstellt. Aus den BSC-Zielen leiten die Führungskräfte dann Jahreszielvereinbarungen ab. Neben der Festlegung von Jahreszielen erfolgt die Umsetzung der Strategie durch strategische Projekte. Diese werden vor allem für langfristige, umfangreiche Themen, wie die Pilotierung neuer Versorgungsangebote oder Bauprojekte, genutzt. Es gelingt dadurch, kontinuierlich den nächsthöheren Reifegrad einer Organisation zu erreichen.

Die Kommunikation der Strategie zu wesentlichen Stakeholdern erfolgt in systematischer Form und zwar sowohl intern an die Mitarbeiter als auch an externe Stakeholder. Beispielhaft hierfür können die zweitägige Führungskräfteklausur mit über 70 Führungskräften sowie die organisationsweit durchgeführten Marktplätze zur Strategiekommunikation an alle Mitarbeiter genannt werden. Mit den externen Stakeholdern finden regelmäßige Treffen statt, in denen die Strategie vorgestellt wird, externes Feedback und bei Bedarf auch deren Zustimmung eingeholt wird.

Durch das interne Berichtswesen sowie durch regelmäßige Treffen im definierten Führungskreis wird die Zielverfolgung der Strategie gemonitort beziehungsweise werden die Fortschritte überwacht.

S1	**Ebene der Kunden**
	Patienten, Bewohner, Gäste, Zuweiser, Angehörige, interne Kunden, Stakeholder
	Wir geben Sicherheit durch eine bedarfsgerechte, qualitative und individuelle Behandlung und Betreuung der uns vertrauenden Menschen nach dem biopsychosozialen Modell.
S2	**Ebene der Mitarbeiter**
	Wir sind ein attraktiver, fairer Arbeitgeber für unsere Mitarbeiter.
S3	**Gesellschaft/Innovation**
	Wir nutzen unsere Innovationskraft und Kompetenz, um europaweit beispielgebend in der Altersmedizin und Pflege zu sein und Rahmenbedingungen mitzugestalten.
S4	**Gesellschaft/Innovation**
	Wir handeln nachhaltig durch einen effizienten und verantwortungsvollen Umgang mit Ressourcen.
S5	**Prozesse/Organisation**
	Wir verbessern kontinuierlich unsere Qualität durch Selbstreflexion sowie Austausch und Vernetzung mit den Besten.
S6	**Finanzen/Wirtschaftlichkeit**
	Wir sichern finanzielle Stabilität in einem dynamischen und komplexen Umfeld.

Bild 2.3 Strategiesätze der Geriatrischen Gesundheitszentren

Die folgenden Kapitel sind entsprechend der sechs *Strategiesätze* der Geriatrischen Gesundheitszentren (Bild 2.3) aufgebaut und ermöglichen Ihnen als Leser einen noch tieferen Einblick in die Kernelemente und Struktur dieser Organisation.

■ 2.2 Qualitätsführerschaft durch bedarfsgerechte, hochwertige und individuelle Behandlung sichern

Das Marktsegment, in dem die Geriatrischen Gesundheitszentren tätig sind, ist die Betreuung und Behandlung von älteren Menschen. Das Einzugsgebiet umfasst den Großraum Graz mit rund 400 000 Einwohnern. In ausgewählten Bereichen mit hoher Spezialisierung, wie etwa dem Hospiz oder der Apallic Care Unit (Wachkoma), werden Patienten aus der gesamten Steiermark versorgt.

Deren größte Kundengruppe stellen *geriatrische Patienten* dar. Diese zeichnen sich dadurch aus, dass sie meist älter als 65 Jahre alt, multimorbide, chronisch krank und vermehrt instabil beziehungsweise frail (gebrechlich) sind. Die Bandbreite der zu betreuenden Menschen erstreckt sich von älteren Menschen mit nur geringfügigem Unterstützungsbedarf über Menschen mit multiplem Behandlungs- und Betreuungsbedarf bis hin zu Schwerstkranken in ihrer terminalen Lebensphase.

Aus dieser Bandbreite resultiert in der Vergangenheit wie auch in der Zukunft die Notwendigkeit zur Ausgestaltung eines *bedarfsgerechten, abgestuften Versorgungskonzepts*, das es ermöglicht, Patienten und Bewohner bestmöglich zu versorgen. Dieses abgestufte Versorgungskonzept zählt zu den **Alleinstellungsmerkmalen der Geriatrischen Gesundheitszentren**, durch welches sie auch die Qualitätsführerschaft gegenüber anderen Organisationen im Gesundheits- und Sozialwesen erreichen.

So stellen die Geriatrischen Gesundheitszentren sicher, dass ihre Patienten bedarfsgerecht und optimal versorgt werden

Das Case-und-Care-Management der Geriatrischen Gesundheitszentren ist essenziell für eine gute und nachhaltige geriatrische Versorgung. Jenes beginnt bereits vor der Aufnahme in Form von Beratungen über das passende Versorgungsangebot.

Das Geheimnis einer bedarfsgerechten und optimalen Versorgung liegt darin, dass interdisziplinäre Expertenteams, bestehend aus Ärzten, Pflegepersonen und Therapeuten, bereits bei der Aufnahme den **Best Point of Care** für den Patienten in Erfahrung bringen. Das bedeutet, dass sie bemüht sind, das optimale Versorgungssegment für ihre Patienten zu finden und bei Veränderungen des Gesundheitszustands auch während des Aufenthalts zwischen den Versorgungsangeboten einen Wechsel vornehmen können, zum Beispiel von der Medizinischen Geriatrie ins Pflegewohnheim oder vom Tageszentrum in die Tagesklinik. Die individuelle Beratung durch das interdisziplinäre Team setzt sich auch während des Aufenthalts fort. Unterstützung in behördlichen und finanzrechtlichen Fragen, Hilfestellung bei der Suche nach Hilfsdiensten und Hilfsmitteln sowie Handlungsanleitungen im Rahmen des Entlassungsmanagements durch Sozialarbeiter werden den Patienten angeboten.

Seit 2000 wurde das Prinzip der Suche nach dem Best Point of Care konsequent verfolgt und das abgestufte Versorgungskonzept wurde stetig ausgeweitet. So werden aktuell die Geschäftsfelder in Richtung *Alternative Wohnformen, Mobile Dienste und Telemedizin/Telecare* ausgebaut, da andere Bereiche, wie zum Beispiel die Pflegewohnheime, an der Sättigungsgrenze angelangt sind. Dieser Trend, weg von stationären Versorgungsformen hin zu mobilen Diensten wird mit Nachdruck von der Politik gefordert, um Ressourcen des Gesundheits- und Pflegesystems zu schonen.

In der Albert Schweitzer Klinik, einer der stationären Einrichtungen der Geriatrischen Gesundheitszentren mit 325 Betten, werden jährlich rund 3 500 Patienten versorgt. In den vier Pflegewohnheimen mit 406 Betten werden etwa 700 Bewohner jährlich beherbergt.

Im neuesten Geschäftsfeld, den Alternativen Wohnformen, werden derzeit rund 90 ältere Menschen unterstützt. Ein weiteres Betreubares Wohnen befindet sich gerade im Aufbau, wo weitere 60 Personen innerhalb einer barrierefreien Wohnung selbstständig leben und individuelle Unterstützung und Begleitung in ihrem Alltag erfahren.

Die beiden Tageszentren bieten insgesamt 55 Plätze an und betreuen jährlich rund 200 Tagesgäste. Insgesamt entstehen dabei rund **300 000 Pflegetage pro Jahr.**

Die derzeitigen und zukünftig angebotenen Produktsegmente werden im Rahmen der BCG-Matrix und in der Übersicht zum Produktlebenszyklus analysiert und grafisch dargestellt. In der BCG-Matrix werden die Produkte anhand der Kriterien Marktwachstum und -anteil eingeordnet. Sie dient den Geriatrischen Gesundheitszentren als Grundlage für ihre strategischen Unternehmensentscheidungen.

Mittlerweile gibt es 20 unterschiedliche Produkte im Portfolio der Geriatrischen Gesundheitszentren. Im Durchschnitt ist jährlich ein neues Produkt hinzugekommen, was im Sozialwesen ein Novum darstellt. Der Unterschied zwischen den einzelnen Produkten liegt sowohl im Umfang der Behandlungsintensität als auch im Ziel des Behandlungserfolgs von Patienten. Die Behandlungsintensität wird durch drei Kriterien bestimmt:

- *Pflegeabhängigkeit, also der Frage, inwieweit der Patient auf Unterstützung von anderen Personen bei der Verrichtung der Aktivitäten des täglichen Lebens, wie etwa der Körperpflege, angewiesen ist,*
- *medizinische Behandlungsnotwendigkeit, das heißt, wenn der personelle Einsatz von Ärzten und Pflegepersonal kombiniert mit sachlichen Ressourcen (unter anderem Arzneimittel oder technische Apparaturen) vonnöten ist, die im Rahmen einer ambulanten Versorgung entweder überhaupt nicht oder nicht in dieser Weise, insbesondere dieser Kombination und Konzentration ergriffen werden könnten und*
- *Betreuungsform (stationär, teilstationär, ambulant), das heißt, in welchem Setting kann eine bedarfsgerechte Betreuung oder Behandlung erzielt werden.*

Das Behandlungsziel von geriatrischen Patienten reicht von der Remobilisation über den Erhalt der Selbstständigkeit bis hin zu einer würdevollen Sterbebegleitung.

Im Produktportfolio in Bild 2.4 sind die unterschiedlichen Produkte abgebildet. Es handelt sich um einen ausgewogenen Mix aus Produkten, die nur geringes Marktwachstum haben („Poor Dogs"), wie etwa die Medizinische Geriatrie und Produkten, welche die Zukunftspotenziale nutzen und sichern sollen („Question Marks"), wie z. B. der Geriatrische Konsiliardienst, aber auch Produkten im „Stars"- und „Cash Cow"-Bereich, mit denen der Großteil der Umsätze erwirtschaftet wird. Die Akutgeriatrie/Remobilisation und die Pflegewohnheime können hier als Beispiele angeführt werden.

Die Geriatrischen Gesundheitszentren haben sich zum Ziel gesetzt, für möglichst jede Bedarfslage eines geriatrischen Patienten ein passendes Betreuungsangebot anzubieten.

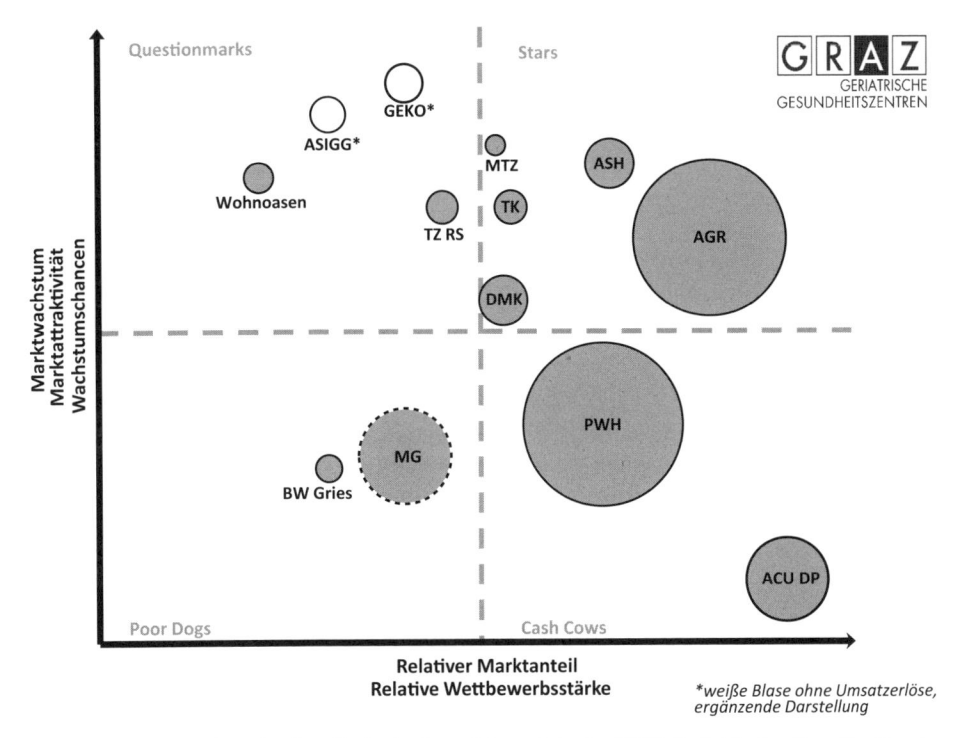

Bild 2.4 Produktportfolio der Geriatrischen Gesundheitszentren (Blasengröße entspricht Plan-Umsatzerlösen)

Achsen: Marktwachstum / Marktattraktivität / Wachstumschancen (y) — Relativer Marktanteil / Relative Wettbewerbsstärke (x)

Quadranten: Questionmarks, Stars, Poor Dogs, Cash Cows

Blasen: GEKO*, ASIGG*, Wohnoasen, MTZ, TK, TZ RS, ASH, AGR, DMK, MG, BW Gries, PWH, ACU DP

GRAZ GERIATRISCHE GESUNDHEITSZENTREN

*weiße Blase ohne Umsatzerlöse, ergänzende Darstellung

ASIGG Albert Schweitzer Institut für Geriatrie und Gerontologie, GEKO Geriatrischer Konsiliardienst, TZ RS Tageszentrum Robert Stolz, MTZ Memory Tageszentrum, TK Tagesklinik, ASH Albert Schweitzer Hospiz, DMK Demenz- und Memory Klinik, AGR Akutgeriatrie/Remobilisation, BW Betreutes Wohnen, MG Medizinische Geriatrie, PWH Pflegewohnheim, ACU DP Apallic Care Unit Department

Wenn eine Versorgungslücke im Rahmen der Markt- und Portfolioanalyse identifiziert wird, werden umfassende Konzepte für entsprechende Produkte unter gezielter Nutzung von Studienergebnissen, Expertenmeinungen und Erfahrungen aus Best-Practice-Modellen erarbeitet. Die Entscheidung über die Umsetzung des Konzepts im Rahmen eines Probebetriebs wird gemeinsam im Führungskreis getroffen, um eine interdisziplinäre Sicht auf das Konzept zu gewährleisten. Der Probebetrieb wird systematisch und unter Einbindung der Organisationseinheit für Forschung und Entwicklung – dem Albert Schweitzer Institut – und teilweise externer Forschungseinrichtungen evaluiert. Bei positiven Evaluierungsergebnissen wird das Produkt *vom Probe- in den Regelbetrieb überführt* und in das Produktportfolio aufgenommen. Nicht selten gehen die Geriatrischen Gesundheitszentren mit derartigen Produktinnovationen in unternehmerische Vorleistung, da Budgetverhandlungen mit Finanziers kaum zu einem schnellen Ergebnis führen. Dies ist mit Risiken und möglichen Verlusten verbunden, aber es bietet auch die Chance, Gesundheitsgewinne für die Patienten und Wettbewerbsvorteile gegenüber anderen Gesundheitsdienstleistern zu erzielen.

So verbessern die Geriatrischen Gesundheitszentren systematisch die Zufriedenheit ihrer Kunden

Neben Patienten, Bewohnern, Tagesgästen und Mietern gibt es weitere wichtige Personengruppen, welche zum Kundenkreis der Geriatrischen Gesundheitszentren zählen und nur indirekt in die Behandlungs- und Betreuungsprozesse involviert sind. Es handelt sich dabei um Besucher beziehungsweise Vertrauenspersonen von Patienten sowie diverse Stakeholder, wie etwa Zuweiser oder Lieferanten.

Um die Zufriedenheit der Kundengruppen systematisch zu verbessern, werden seit 20 Jahren **zielgerichtete Befragungen** der Kunden durchgeführt. Dazu wird eine Segmentierung nach den unterschiedlichen Zielgruppen (wie etwa Bewohner oder Angehörige) sowie nach den Geschäfts- und Produktbereichen (wie etwa Klinik oder Pflegewohnheim) vorgenommen. Der Befragungsansatz variiert entsprechend der Zielgruppen. In den verschiedenen Bereichen der Klinik werden laufend sowohl mit interner als auch externer Unterstützung Befragungen durchgeführt, um eine fundierte Basis für die Bereiche mit eher kurzer Verweildauer, wie zum Beispiel in der Tagesklinik, zu erhalten. In anderen Bereichen, in denen die Verweildauer der Patienten länger ist, teilweise bis zu mehreren Jahren, wie es in den Pflegewohnheimen der Fall ist, wurden größere Befragungszyklen (Zwei- oder Drei-Jahres-Zyklen) festgelegt.

Die Patientenbefragungen in der Klinik werden nach jeder Entlassung durchgeführt und umfassen acht Fragestellungen zu wesentlichen Anforderungen der Patienten an den Aufenthalt, wie etwa, ob ihre Wünsche und Bedürfnisse während des Aufenthalts erfüllt wurden oder ob die Behandlung hilfreich war, um besser mit ihrer gesundheitlichen Situation umzugehen.

In einigen Bereichen, wo eine Befragung der Patienten aufgrund des Krankheitsbilds, wie etwa bei Demenz oder Wachkoma, nicht möglich ist, werden die Angehörigen stellvertretend für die Patienten befragt und um ihre Meinung zur Behandlung und Betreuung gebeten. Auch für das Hospiz wurde ein angemessenes Vorgehen zur Nach-Befragung der Angehörigen entwickelt und seit rund zehn Jahren umgesetzt, um auch in diesem besonders sensiblen Bereich eine fundierte Rückmeldung zu erhalten.

Die Befragungen von Bewohnern, Angehörigen und Zuweisern werden standardisiert von einem externen Befragungsinstitut durchgeführt. Diese Befragungen sind weitaus umfangreicher als die Patientenbefragungen und umfassen über 30 verschiedene Fragestellungen in mehreren Kategorien. Die Mieterbefragung (alternative Wohnformen) wird kontinuierlich durchgeführt und umfasst 16 Fragestellungen in vier Kategorien.

Neben den subjektiven Befragungen, die der Qualitätssicherung dienen, bauen die Geriatrischen Gesundheitszentren auf ein weiteres Instrument, um ihr strategisches Ziel einer hochwertigen, individuellen, mehrdimensionalen Behandlung und Betreuung zu verfolgen. Sie ermitteln objektive **Leistungsindikatoren (Outcomes)**, welche die zentrale Behandlungs- und Betreuungsqualität abbilden und ihnen laufend Rückmeldung geben. Beispiele für Kennzahlen, die standardmäßig erhoben werden und

Rückschlüsse auf die Pflegequalität zulassen, sind die Sturz- und Dekubitusinzidenzrate von Patienten und Bewohnern oder der Index der Pflegeabhängigkeitsskala. Verantwortlich für die Steuerung der Bereiche mit diesen Kennzahlen sind die Produktverantwortlichen.

Wie es den Geriatrischen Gesundheitszentren gelingt, ihren Behandlungsprozess systematisch zu optimieren

Leistungsindikatoren geben Auskunft über die Leistungen im Rahmen der Versorgung und dienen der Optimierung der Betreuungs- und Behandlungsqualität, das heißt der Ergebnisqualität. Doch wie gelingt es, Optimierungen im Behandlungsprozess zu erzielen und zur *Steigerung der Prozessqualität* beizutragen?

Empfehlungen aus der KTQ-Zertifizierung 2010 und 2013 und dem European Excellence Award 2015 und 2017 hinsichtlich der weiteren Verstärkung des proaktiven Prozessmanagements wurden im Rahmen des Qualitätsmanagements konsequent aufgegriffen und der Kernprozess der Patientenbetreuung, von der Aufnahme bis hin zur Entlassung, kontinuierlich analysiert und weiterentwickelt.

Mitarbeiter aller Berufsgruppen wurden in die Adaptierung des Kernprozesses eingebunden. Die Partizipation von Mitarbeitern bei der Entwicklung und Optimierung von Produkten und Prozessen hat sich sowohl in Bezug auf das Ergebnis der Optimierung als auch auf die Zufriedenheit der Mitarbeiter sehr bewährt und sich als Erfolgsgarant für Veränderungsprozesse herausgestellt. Im Rahmen der Prozessanalyse und -optimierung wurden systematisch vor- und nachgelagerte Bereiche, wie etwa die Aufnahme und Entlassung, berücksichtigt. Um den Aufnahmeprozess zu verbessern, wurden Kooperationen mit Partnerkrankenhäusern getroffen und der Geriatrische Konsiliardienst (GEKO) eingesetzt. Darüber hinaus wurden übergreifende Behandlungspfade definiert und feste Bettenkontingente für rasche und patientengerechte Transferierungen eingerichtet. Auch der Entlassungsprozess wurde aufgrund von Rückmeldungen von Patienten und Angehörigen ausgeweitet und optimiert. Patienten erhalten seitdem das Angebot, im Anschluss an ihren stationären Aufenthalt eine nachstationäre Betreuung in der Tagesklinik oder im Tageszentrum in Anspruch zu nehmen.

2.3 Attraktiver und fairer Arbeitgeber für Mitarbeiter sein

Als großer Gesundheitsdienstleister beschäftigen die Geriatrischen Gesundheitszentren im Jahr 2019 rund 800 Mitarbeiter (Bild 2.5), die vier großen Berufsgruppen – Pflege, Medizin, Therapie und Verwaltung/Technik – zugeordnet werden können. Die Mitarbeiter der Pflege repräsentieren mit *70 Prozent* aller Bediensteten die größte Berufsgruppe, die im Kernprozess der Pflege und Betreuung von Patienten und Bewohnern im Einsatz sind und täglich Herausragendes leisten. Ebenfalls zentral in den Betreuungsprozess involviert sind Therapeuten (10 % aller Bediensteten) und Ärzte (5 %). Die zweitgrößte Berufsgruppe der Organisation, die maßgeblich zum Erhalt des laufenden Betriebs beiträgt, stellt mit 15 Prozent die Verwaltung/Technik dar, welche sich für die Management- und unterstützenden Prozesse, hauptverantwortlich zeigt.

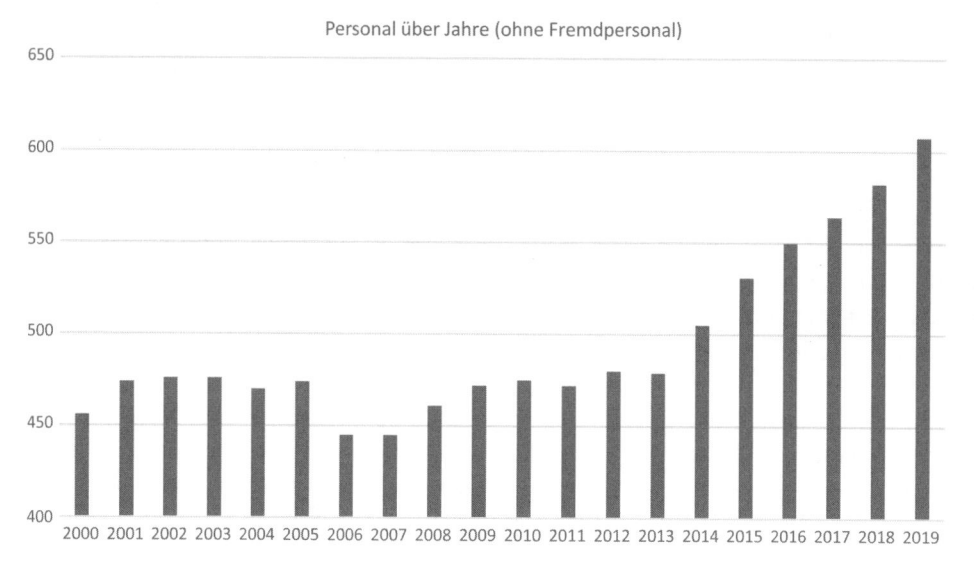

Bild 2.5 Entwicklung des Personals der Geriatrischen Gesundheitszentren

Die konsequente Orientierung an den Bedürfnissen der Mitarbeiter durch Führungskräfte ist ein wesentlicher Baustein zur Erreichung der folgenden vereinbarten **strategischen Ziele des Human-Resources-Managements:**

- langfristige Bindung engagierter Mitarbeiter,
- Erhalt der Arbeitsfähigkeit von Mitarbeitern,
- systematische Verbesserung von Mitarbeiterzufriedenheit,
- vorrausschauender Aufbau von Mitarbeiterqualifikationen im Hinblick auf Markt- und Produktentwicklungen.

Wie es gelingt, diese Ziele zu erreichen und beim internationalen Benchmark „*Great Place to Work*" so gute Erfolge aufzuweisen, zeigt die folgende Beschreibung anhand einiger Erfolgsfaktoren des Human-Resources-Managements.

Personalplanung basierend auf der Unternehmensstrategie

Zur Umsetzung der Unternehmensstrategie und der stetigen Produkt(weiter-)entwicklung ist eine **vorausschauende Personalplanung** unerlässlich und kann als weiterer wesentlicher Erfolgsfaktor der Geriatrischen Gesundheitszentren bezeichnet werden.

Das Hauptaugenmerk wird dabei auf den weiteren **Aufbau der Mitarbeiterqualifikationen** gelegt. Aufgrund der relativen Unzufriedenheit der Mitarbeiter mit den Aus-, Fort- und Weiterbildungsangeboten in den Mitarbeiterbefragungen 2007 und 2010 wurde diesem Thema organisationsweit Vorrang gegeben und im Zuge dessen ein interdisziplinärer Fortbildungskalender erarbeitet, der sich an den Strukturqualitätskriterien des Österreichischen Strukturplans Gesundheit orientiert und die in der Strategie verankerten Ziele unterstützt. Fort- und Weiterbildungsbeauftragte aus unterschiedlichen Bereichen der Organisation gehen zudem systematisch auf die Wünsche und Bedürfnisse der Mitarbeiter ein, sodass jährlich Schwerpunkte im Hinblick auf das Fortbildungsangebot gesetzt werden. Beispielhaft wurde im Fortbildungskalender 2019 für Mitarbeiter der Pflege der Fokus auf Demenz, Delir sowie Gewalt und Aggression gerichtet, da diese Krankheitsbilder die Praxis täglich begleiten und ein adäquater Umgang zur Prävention psychischer Belastungen am Arbeitsplatz beiträgt.

Der Erfolg dieser Maßnahmen spiegelt sich in der Mitarbeiterbefragung 2013 wider und wurde 2016 in der *Great-Place-to-Work*-Befragung bestätigt, wo die Geriatrischen Gesundheitszentren im Vergleich zu europäischen und österreichischen Gesundheitszentren positiv hervorgehoben wurden.

Personalentwicklungskonzept im Einklang mit der Life-Domain-Balance

Als attraktiver Arbeitgeber im Gesundheits- und Sozialbereich stellen sich die Geriatrischen Gesundheitszentren der Herausforderung, die Erhöhung der Lebensaltersstruktur der Mitarbeiter mit den betriebswirtschaftlichen Erfordernissen zu verbinden. Dies gelingt mit der Entwicklung und dem Einsatz des **lebensphasenorientierten Personalentwicklungsmodells**. Als Dienstleister im Gesundheitswesen wissen die Geriatrischen Gesundheitszentren, dass sich die Zufriedenheit ihrer Mitarbeiter direkt und positiv auf Patienten, Bewohner und Angehörigen auswirkt. Die Motivation der Mitarbeiter im Gesundheitswesen ist wohl vor allem auf der Leidenschaft am Helfen begründet.

Unter Berücksichtigung der Vereinbarkeit von Beruf und Privatleben (Life-Domain-Balance) sowie der Altersstruktur der Mitarbeiter werden deshalb alter(n)sgerechte Arbeitsplätze (wie etwa Seniorenbetreuung oder Portierdienst) angeboten, neue Dienstzeitmodelle eingeführt sowie der Erhalt der Arbeitsfähigkeit von älteren Mitarbeitern mit einer zeitnahen Anpassung der Personalpläne erzielt. Letzteres wird zudem vor allem durch das Angebot eines betrieblichen Gesundheitsmanagements ermöglicht. Diese Erfolgsfaktoren führen gleichzeitig zur Stärkung der Unternehmenskultur, der Arbeits- und Lebenszufriedenheit und zur langfristigen Bindung von engagierten Mitarbeitern entsprechend des Claims *„Bei uns sind Menschen in den besten Händen".*

Partizipation der Mitarbeiter

Mitarbeiter aktiv in die Unternehmensstrategie und Projekte einzubinden, zählt für die Geriatrischen Gesundheitszentren als wesentliche Voraussetzung für die kontinuierliche Weiterentwicklung der Organisation und die Aufrechterhaltung der Mitarbeiterzufriedenheit.

Insbesondere **jährliche Mitarbeitergespräche** und regelmäßige **Besprechungen** im Rahmen der standardisierten Kommunikationsstrukturen gewährleisten die so bedeutende Beteiligung der Mitarbeiter.

In der täglichen Arbeit haben die Mitarbeiter umfangreiche Möglichkeiten, ihre Ideen und Anregungen einzubringen und umzusetzen. Dazu ist eine Unternehmenskultur vonnöten, in welcher Führungskräfte Mitarbeiter ermutigen, sich aktiv einzubringen, und Ideen und Anregungen ebenfalls aktiv aufgegriffen und strukturiert bearbeitet werden. Diese Offenheit für Veränderungen und Verbesserungen spiegeln sich auch in den Ergebnissen der Mitarbeiterbefragungen *(Great Place to Work)*, die systematisch alle drei Jahre durchgeführt werden, wider. In den Jahreszielvereinbarungen wird die Zufriedenheit jährlich erhoben.

Neben den laufenden Verbesserungen von Abläufen und Arbeitsweisen im Stationsbetrieb werden durch Engagement der Mitarbeiter auch neue Pflegekonzepte oder Therapieformen eingeführt (z. B. Aromatherapie, Kinästhetik) oder Hilfsmittel für geriatrische Patienten (z. B. der Albert-Schweitzer-Schuh) entwickelt.

Auch im Claim des betrieblichen Gesundheitsmanagements *„Gemeinsam gesund in die Zukunft"* spiegelt sich der **Partizipationsgedanke** wider. Die Mitarbeiter werden hier ermuntert, eigene Ideen und Vorschläge zu kreieren und in weiterer Folge umzusetzen. Damit soll zugleich eine Anerkennung der Expertise und Leistungen der Mitarbeiter sichergestellt werden.

Führungskräfte setzen Impulse

Führungskräfte im Gesundheitswesen müssen große Anforderungen erfüllen und über viele Kompetenzen verfügen. Für die Entwicklung von Mitarbeitern und Teams ist Führung der kritischste Erfolgsfaktor jeder Organisation.

Eine hoch relevante Führungsqualität, welche die Geriatrischen Gesundheitszentren bei Nachwuchsführungskräften voraussetzen, ist die **(vor)gelebte Offenheit gegenüber Veränderungen und die Förderung von innovativem Denken.** Nur so ist es in den vergangenen Jahrzehnten gelungen, die Organisation zu einem wirtschaftlich gesunden Unternehmen mit einer klaren Strategie und modernster Infrastruktur zu entwickeln und damit ein führendes Zentrum für Altersmedizin und Pflege in Europa zu schaffen. Die Führungskräfte werden dabei in die Erarbeitung der Vision, Mission und Strategie im Sinne der im Leitbild verankerten Werte und Grundhaltungen eingebunden und entwickeln diese kontinuierlich weiter. Die aktive Teilnahme aller Führungskräfte im Rahmen des Strategieprozesses, wie etwa im Rahmen von Strategieworkshops oder Führungskräfteklausuren, ermöglicht ein gemeinsames Verständnis und ein hohes Commitment zur Umsetzung gemeinsam mit allen Mitarbeitern.

Neben der Bereitschaft zu Veränderung ist auch eine **ethikbewusste Führung** für die Geriatrischen Gesundheitszentren von fundamentaler Bedeutung bei ständigen Entscheidungen am Rande des Lebens. Im partizipativen Prozess werden Ethikstrukturen und das ethische Verständnis von Führungskräften und Mitarbeitern kontinuierlich weiterentwickelt. Besonderen Wert legen die Führungskräfte auf Vorbildfunktion, Respekt und Wertschätzung, Vertrauen und Loyalität, Interdisziplinarität, einen professionellen Umgang mit Ressourcen, Offenheit und Entwicklungsfähigkeit.

Neben den Führungsgrundsätzen, welche die Führungskräfte in ihrem täglichen Handeln leiten, kommt auch der **Netzwerkarbeit mit Stakeholdern** durch Führungskräfte eine besondere Bedeutung zu. Die Zusammenarbeit mit Stakeholdern, die eine Mitgestaltung gesundheitspolitischer Rahmenbedingungen ermöglichen, ist von höchster Priorität und erfordert einen professionellen Umgang und intensive Betreuung. Beispielsweise veranstalten die Geriatrischen Gesundheitszentren jährlich einen „politischen Sommergipfel", an dem Vertreter aller politischen Parteien der Stadt und des Landes teilnehmen.

2.4 Innovationskraft nutzen, um beispielgebend in der Altersmedizin und Pflege zu sein

Veränderungen im Altersaufbau der Gesellschaft wirken sich besonders auf Gesundheit und Pflege aus. Als Bestandteil der Gesellschaft in der Steiermark und der Region Graz sehen sich die Geriatrischen Gesundheitszentren mitverantwortlich für die Entwicklung der Gesellschaft und die Schaffung eines altersgerechten Lebensumfelds für Senioren. Dabei erfüllen sie weit über ihren Unternehmensauftrag – die Behandlung und Betreuung älterer Menschen in leistbarer Form – einen wesentlichen Mehrwert für die steirische Bevölkerung. Darüber hinaus haben sie Schwerpunkte gesetzt, die über die Grenzen ihrer **gesellschaftlichen Verantwortung** hinausreichen. Dementsprechend haben sie ihren Handlungsspielraum erweitert und die Ebene Gesellschaft/Innovation in ihrer BSC verankert.

Einige Themen, denen sich das Unternehmen widmet, sind:

- die Stärkung der Gesundheitskompetenz durch Informationsweitergabe an die Bevölkerung,
- die Wissensgenerierung und der Wissensaustausch über Behandlungs- und Betreuungsbedarfe älterer Menschen in der Gesellschaft,
- der aktive Wissenstransfer durch Lehre und Kooperationen mit Bildungseinrichtungen und externen Experten.

Neben der Wahrnehmung der gesellschaftlichen Verantwortung tragen diese Schwerpunkte auch zur Erreichung der strategischen Ziele bei. So ist es für die Geriatrischen Gesundheitszentren von Bedeutung, dass sie einen großen Bekanntheitsgrad und ein positives Image in der steirischen Region und in der Stadt Graz erreichen – sowohl zur Unterstützung ihrer Auslastung als auch für die Gewinnung neuer Mitarbeiter.

Die Stärkung der Gesundheitskompetenz durch Informationsweitergabe an die Bevölkerung

Rund jede zweite Person im Einzugsgebiet der Geriatrischen Gesundheitszentren, die älter als 50 Jahre alt ist, hat kein ausreichendes Wissen über Gesundheit und wie man diese aufrechterhalten kann. Oft ist nur wenig darüber bekannt, welche Unterstützungs- und Förderangebote es zu Gesundheit, Pflege und Betreuung gibt und wie man sie nutzen kann. Mit den Informationsnachmittagen wollen die Geriatrischen Gesundheitszentren pflegende Angehörige und Interessierte stärken, Gesundheits- und Pflegeinformationen besser *finden, verstehen, bewerten und anwenden* zu können.

Die Informationsnachmittage bieten kurze Vorträge von Experten zu aktuellen Gesundheits- und Pflegethemen in leicht verständlicher Sprache. Bei mehreren Informationsständen können sich Interessierte in familiärer Atmosphäre informieren.

Das Albert Schweitzer Trainingszentrum stellt ein weiteres innovatives Angebot im Leistungsportfolio der Geriatrischen Gesundheitszentren dar, das darauf abzielt, die **Gesundheits- aber auch Pflegekompetenz der Bevölkerung zu stärken**. Pflegende Angehörige, Senioren und Interessierte erwerben hier im Rahmen von Pflegekursen Wissen, Tipps und Tricks für die Pflege zuhause. Diese Initiative zielt darauf ab, deren Pflegekompetenzen zu stärken und mehr Selbstsicherheit in Pflege- und Betreuungssituationen zu gewinnen. Zudem werden Entlastungsangebote vorgestellt und die Betroffenen ermuntert, diese in Anspruch zu nehmen.

Neben der Bevölkerung gibt es aber auch Initiativen um die Gesundheitskompetenz der Patienten zu stärken. Hierbei hat derzeit die Förderung der *Partizipation der Patienten* bei therapeutischen Maßnahmen im stationären Setting oberste Priorität. Unterschiedliche Maßnahmen wurden entwickelt und umgesetzt: Zum einen wurden Gesundheitsmappen (Betreutes Wohnen) und Therapiemappen erstellt, Therapiewege am Gelände der Geriatrischen Gesundheitszentren konzipiert und der Albert-Schweitzer-Schuh entwickelt und zum anderen werden Patienten zu den oben vorgestellten Vortragsreihen eingeladen, um deren Gesundheitsbewusstsein zu fördern.

Alle diese Maßnahmen tragen zur Stärkung der Gesundheitskompetenz der Bevölkerung bei und unterstützen die Geriatrischen Gesundheitszentren auf ihrem Weg zu einer gesundheitskompetenten Organisation heranzureifen.

Wissensgenerierung und Wissensaustausch über Behandlungs- und Betreuungsbedarfe älterer Menschen in der Gesellschaft

Ausgewählte Behandlungs- und Betreuungsstandards im Bereich der Altersmedizin und Langzeitpflege mitzugestalten, ist ein ambitioniertes Ziel der Geriatrischen Gesundheitszentren, welches der Gesellschaft gleichermaßen wie den Patienten dient. Die Innovationen zu den Standards stammen aus den interdisziplinären Teams. Durch diese **neuen Behandlungsstandards** wollen die Geriatrischen Gesundheitszentren die Versorgungslandschaft mitgestalten und die Betreuung der Patienten auch auf der Gesellschaftsebene weiter optimieren.

An dieser Stelle sollte die bahnbrechende ÖNORM „Strukturen für die Langzeitbetreuung von Patienten im Wachkoma" erwähnt werden. ÖNORMEN sind vom Austrian Standards Institute veröffentlichte nationale Normen, welche mit freiwilligen Standards gleichzusetzen sind, die in Normungsgremien erarbeitet werden. Initiatoren und maßgeblich im Normungsgremium bei der Erstellung der oben angeführten ÖNORM beteiligt, waren Mitarbeiter der Apallic Care Unit (Wachkoma) der Geriatrischen Gesundheitszentren. Durch ihre Mitwirkung an der ÖNORM bieten sie anderen Einrichtungen und verschiedenen professionellen Berufsgruppen in ganz Österreich und zum Teil im deutschsprachigen Raum, die sich der Betreuung dieser herausfordernden Patientengruppe widmen, eine Hilfestellung.

In der speziellen Norm werden die Infrastruktur, personelle Voraussetzungen, Prozesse, Evaluierung und Validierung (Struktur- und Prozessqualitätsleitlinien) für die Betreuung von Patienten mit Apallischem Syndrom festgelegt, um den speziellen Bedürfnissen dieser Patientengruppe gerecht zu werden und individuelle Lebensqualität zu ermöglichen. Diese Norm setzt nun den Maßstab für stationäre Gesundheits- und Sozialeinrichtungen sowie private Betreuungseinrichtungen, die zumindest einen Patienten betreuen, die dem klinischen Bild eines „Wachkomas" entsprechen.

Die Kooperation im Wissensnetzwerk mit Fachgesellschaften der Geriatrie, wie etwa der Österreichischen Gesellschaft für Geriatrie und Gerontologie, Universitäten und Fachhochschulen, wie etwa der Medizinischen Universität Graz oder der Fachhochschule Burgenland, wird bewusst dazu genutzt, um gesellschaftsbezogene Fortschritte im Rahmen von **Forschungsprojekten oder Arbeitskreisen** zu erzielen. Dieses aktive Engagement wird seitens der Geriatrischen Gesundheitszentren bewusst forciert, um sich sowie das Albert Schweitzer Institut dauerhaft als Kompetenzzentrum für Altersmedizin und Pflege zu positionieren.

In Kooperation mit nationalen und internationalen wissenschaftlichen Partnern werden in der Forschungsabteilung der Geriatrischen Gesundheitszentren Studien und Projekte in den Bereichen geriatrische Versorgungsforschung, klinische Forschung, Pflegeforschung und Public Health betreiben. Ergebnisse aus den Projekten fließen in den Praxisalltag ein. Auch der Öffentlichkeit werden aktuelle Forschungsergebnisse auf namhaften **nationalen und internationalen fachspezifischen Kongressen**, wie etwa dem Forum für Geriatrie und Gerontologie oder dem europäischen Geriatrie-Kongress, durch Mitglieder des Wissenschaftsteams vorgestellt und dadurch zugänglich gemacht. Derzeit zählen die Geriatrischen Gesundheitszenten rund 25 Forschungs- und Studienprojekte zu ihren laufenden Forschungs- und Entwicklungsaktivitäten.

Aktiver Wissenstransfer durch Lehre und Kooperationen mit Bildungseinrichtungen und externen Experten

Für Studenten, Praktikanten und Schüler stellen die Geriatrischen Gesundheitszentren einen wichtigen Ausbildungspartner dar, da sie zahlreiche **Praktika und wissenschaftliche Arbeiten** ermöglichen. Studierende der Hochschulen erwerben im Praktikum wichtige Skills und Erfahrungen. Dieses Vorgehen unterstützt bei der Personalrekrutierung, neue innovative und engagierte Mitarbeiter zu finden. Als ergänzende Maßnahmen unterrichten zahlreiche Führungskräfte und Mitarbeiter an Universitäten, Fachhochschulen und weiteren Ausbildungsstätten, wodurch die Geriatrischen Gesundheitszentren als Arbeitgeber und für Referenzbesuche interessant erscheinen.

Neben einer aktiven Beteiligung am Wissensaustausch in Form von Referenzbesuchen mit anderen Best-Practice-Organisationen, wirken die Geriatrischen Gesundheitszentren aktiv als Speaker bei Vorträgen oder Posterpräsentationen bei Konferenzen und Veranstaltungen zu Themen rund um Geriatrie und Gerontologie in Europa und im asiatischen Raum mit.

> Im Jahr 2019 ist es gelungen, den **1. Kongress des Netzwerks Altersmedizin** gemeinsam mit der Medizinischen Universität Graz, dem Gesundheitsfonds Steiermark sowie der Human.technology Styria GmbH in Graz zu veranstalten. Der dritte Kongresstag wurde als Informationstag am Hauptstandort der Geriatrischen Gesundheitszentren veranstaltet, der neben Kongressteilnehmern, die überwiegend aus Health Professionals bestanden, vor allem interessierte Personen anlockte. In interaktiven Vorträgen und Workshops wurden komplexe Informationen rund um Active and Assisted Living aber auch Gesundheitsförderung und Prävention von Wissenschaftlern einfach und verständlich für Laien aufbereitet, ganz im Sinne eines gesundheitsfördernden Ansatzes.

2.5 Durch einen effizienten und verantwortungsvollen Umgang mit Sachgütern nachhaltig handeln

Die zusätzliche BSC-Dimension bezieht sich auf die Gesellschaftsperspektive und die damit verbundene gesellschaftliche Verantwortung, zu welcher sich die Organisation bekennt. Als Gesundheitsdienstleister, der seine Leistung 365 Tage im Jahr „rund um die Uhr" erbringt, sehen die Geriatrischen Gesundheitszentren die *umweltschonende Ausrichtung* als eine weitere, zentrale Verantwortung gegenüber der Gesellschaft. Deshalb achten sie besonders auf ihren Energieverbrauch, zum Beispiel den Heizwärmebedarf und den CO_2-Ausstoß. Dies ist sowohl ökologisch als auch ökonomisch von großer Bedeutung. Dazu werden neben baulichen Investitionen zur Nachhaltigkeit auch immer wieder Mitarbeiterbeteiligungsprojekte durchgeführt. Alle Aktivitäten zielen auf einen nachhaltigen Betrieb der Einrichtungen über den Gesamtlebenszyklus ab.

Folgende Aspekte sind zentral, um den **Nachhaltigkeitsgedanken** im Sinne der sozialen Verantwortung zu verfolgen:

- kontinuierliche Reduktion von Umweltbelastungen und des Energieverbrauchs,
- hohe ökologische und gesundheitsförderliche Anforderungen bei Bau- und Sanierungsaktivitäten unter Beachtung der Lebenszykluskosten,
- konsequente Umsetzung des Bestbieterprinzips beim Vergabemanagement unter Berücksichtigung von Preis, Qualität und Nachhaltigkeit.

Kontinuierliche Reduktion von Umweltbelastungen und des Energieverbrauchs

Als eine der ersten Einrichtungen im Gesundheits- und Sozialwesen sind die Geriatrischen Gesundheitszentren seit 1999 Mitglied des internationalen Projekts **ÖKOPROFIT**, wofür ein jährliches Abfallwirtschaftskonzept und ein Umweltbericht mit festgelegten Zielen erstellt wird. ÖKOPROFIT-Betriebe zeichnen sich durch ein Engagement für Umwelt und Innovation aus, das die gesetzlichen Verpflichtungen weit übersteigt. Damit nehmen ÖKOPROFIT-Unternehmen eine Vorreiterrolle ein und stehen für ein zukunftsfähiges Wirtschaften unter Rücksichtnahme auf Umwelt und Gesellschaft.

Mitarbeiter werden, wie bei allen Prozessen, auch in das Umweltmanagement eingebunden und sind aufgefordert, Potenziale in der Organisation zur Vermeidung von Emissionen und für Energieeinsparungen zu finden und umzusetzen. Als Anreiz, *Verbesserungsideen zum Energie- und Umweltmanagement* einzubringen, werden tatsächlich umgesetzte Ideen, die zur Reduktion des Strom- oder Wärmeverbrauchs beitragen, prämiert. Neue Mitarbeiter werden vom Umwelt- und Abfallwirtschaftsbeauftragten in die unternehmensspezifische Umwelt- und Energiepolitik (Bild 2.6) eingeführt und über ökologische Maßnahmen, wie etwa die richtige Abfalltrennung, aufgeklärt.

Umwelt- und Energiepolitik
Geriatrischen Gesundheitszentren Graz

Verpflichtung zur kontinuierlichen Verbesserung
Durch unser Energiemanagement werden ständig Verbesserungen des betrieblichen Umweltschutzes angestrebt und erreicht.

Einhaltung aller gesetzlichen Umweltvorschriften
Gesetze und Verordnungen werden in unserem Betrieb genauestens eingehalten.

Verantwortungsbewusstsein und Schulung der Mitarbeiter
MitarbeiterInnen aus allen Verantwortungsbereichen bilden unser Ökoteam, welches laufend die Einhaltung der vorgegebenen Umweltschutzmaßnahmen kontrolliert und verbessert. Alle MitarbeiterInnen werden über die Umweltleistungen informiert.

Spezielle betriebsbezogene Umweltauswirkung
Durch das ständige Auseinandersetzen mit dem Thema Umweltschutz im Rahmen von Ökoprofit, werden immer wieder neue Ideen und Maßnahmen gefunden und umgesetzt.

Stand der Technik
Bei Erneuerungen wird auf neueste Technologien wie Solarenergie, Niedertemperaturheizung, in der Planung und Ausführung geachtet.

Kommunikation und Information der Öffentlichkeit
Über alle wesentlichen Umweltaspekte, die sich aus unserer Arbeit ergeben, wird die interessierte Öffentlichkeit über unsere Zeitung „GERIATRIE HEUTE" informiert.

Ressourcenschonung
Eingekauft werden nur umweltfreundliche Produkte in wiederbefüllbaren Verpackungen.

Allgemeine strategische Ausrichtung des Betriebes
Wir fühlen uns unserem Leitbild und dem Leitbild der Stadt Graz verpflichtet und erfüllen unsere Aufgaben mit besonderem Augenmerk auf die Erhaltung einer intakten Umwelt.

Bild 2.6 Umwelt- und Energiepolitik der Geriatrischen Gesundheitszentren

Hohe ökologische und gesundheitsförderliche Anforderungen bei Bau- und Sanierungsaktivitäten unter Beachtung der Lebenszykluskosten

Die Schaffung einer nachhaltigen, zielgruppengerechten Infrastruktur nimmt für das Technik- und Facility-Management einen hohen Stellenwert ein. Bau- und Sanierungsaktivitäten werden von den Prinzipien der **Nachhaltigkeit und Energieeffizienz** stets begleitet. Bereits bei Ausschreibungen werden diese beiden Aspekte, neben anderen Kriterien, wie Preis und Qualität, gleichermaßen berücksichtigt und zwar in Form umfassender Berechnungen zu Lebenszykluskosten (Errichtungs- und Folgekosten) sowie durch Definition von Nachhaltigkeitszielen.

Die späteren Nutzer dieser Gebäude (Pflegepersonen, Ärzte, Verwaltung, Patienten etc.) werden konsequent und aktiv in allen Projektphasen eingebunden. Dadurch wird sichergestellt, dass die Infrastruktur die Bedürfnisse der jeweiligen Zielgruppe bestmöglich erfüllt. Durch das *Einbeziehen der Nutzerperspektive* werden optimale Raumstrukturen geschaffen, welche im laufenden Betrieb zu erheblichen Arbeitszeitersparnissen führen. Die Planung erfolgt gemäß dem Grundsatz **„Structure follows Process"**, sodass die Gebäudestrukturen auf die Betreuungskonzepte ausgerichtet sind. Als Beispiel kann hier die Farb- und Lichtgestaltung in den Pflegewohnheimen der 4. Generation genannt werden, welche einen nachweislichen positiven Einfluss auf das Wohlbefinden und die Stimmung der Bewohner hat. Dazu sind einige Publikationen entstanden.

In den vergangenen 20 Jahren wurde die Infrastruktur der Geriatrischen Gesundheitszentren erheblich modernisiert und ausgebaut. Mehr als 20 Infrastrukturprojekte wurden mit einem Investitionsvolumen von rund 150 Millionen Euro umgesetzt und durch die gesteigerte Wirtschaftlichkeit weitgehend aus Eigenmitteln finanziert.

Konsequente Umsetzung des Bestbieterprinzips bei Vergabemanagement unter Berücksichtigung von Preis, Qualität und Nachhaltigkeit

Die aus strategischer Sicht wichtigsten Leistungserbringer für die Geriatrischen Gesundheitszentren sind Speiseversorgung, Reinigung, Wäscheversorgung sowie Medikamentenversorgung. Eine optimale Wahl der Hauptlieferanten wird durch die konsequente Anwendung des **Bestbieterprinzips** auf Basis des EU-Vergaberechts, in dem Qualität, Kosten, soziale und ökologische Bedingungen, Prozessabstimmung und Mitarbeiterqualifikation Berücksichtigung finden, erzielt. Langfristige Partnerschaften schaffen die Basis für eine enge und verlässliche Zusammenarbeit und Qualität.

Gemeinsam mit allen Betroffenen (z. B. Ärzte, Pfleger, Therapeuten, Bewohner/Patienten, Techniker, Sicherheitsfachkräfte) erfolgt die Auswahl von Produkten durch den Einkauf. Die Produkte werden auf deren *Einsatztauglichkeit* (*Usability*), *Lebensdauer, Sicherheitsaspekte, Wartungs- und Instandhaltungsaspekte* geprüft.

So existiert beispielsweise für die Bettenauswahl von Patienten ein umfassender Anforderungskatalog, der die Grundausstattung definiert. Anschließend erfolgen Teststellungen in der Praxis, um auf Basis der geforderten Bedürfnisse das beste Produkt auszuwählen.

Eine umfassende Vergabe nach dem Bestbieterprinzip wird aufgrund des Erfolgs bei der Anwendung in den vergangenen Jahren sowie der Erreichung einer *Balance zwischen Kosten, Qualität, Usability und Lieferantenbeziehung* verfolgt.

■ 2.6 Leistungsfähigkeit durch Selbstreflexion sowie Austausch und Vernetzung mit den Besten verbessern

Ein führendes Kompetenzzentrum für Altersmedizin und Pflege in Europa zu sein, lautet die Vision der Geriatrischen Gesundheitszentren. Deren gesamtes Kennzahlensystem und die bisherigen Erfolge verdeutlichen, dass sie auf diesem Weg schon sehr weit fortgeschritten sind. Ihr Markterfolg und die Rückmeldungen von vielen Stakeholdern bestätigen dies.

> *„Die Geriatrischen Gesundheitszentren gelten als Referenz innerhalb der Branche."*
> Johann Harer, Human.technology Styria

Als wesentlichen Hebel für die Innovationsfähigkeit sehen die Geriatrischen Gesundheitszentren dabei ihre Fähigkeit zur Selbstreflexion und die Vernetzung mit Stakeholdern sowie brancheninternen und -externen Partnern.

Selbstreflexion sorgt für ein ständiges Qualitätsstreben und ermöglicht dabei, blinde Flecken zu verkleinern, eigene Haltungen kritisch zu hinterfragen und starke Orientierung zu geben. Dies mit dem Ziel, sich kontinuierlich zu verbessern. Die Fähigkeit zur Selbstreflexion wird bei allen Führungskräften der Geriatrischen Gesundheitszentren als Führungsqualität zum Maßstab.

Ähnlich verhält es sich auch beim Austausch und der Vernetzung mit anderen. Die **Bereitschaft von anderen zu lernen**, Erfahrungen auszutauschen und die Anpassungsfähigkeit sind relevante Einflussfaktoren auf die Verbesserung der Leistungsfähigkeit (Benchmarking).

Wie es den Geriatrischen Gesundheitszentren gelingt, diesen Anforderungen zu entsprechen, erfahren Sie in den Textpassagen zu folgenden Themen:

- mit Prozessmanagement effizienter und effektiver Leistungen erbringen,
- Unterstützung der Strategieumsetzung durch wesentliche Partner,
- Benchmarking als Instrument der Wettbewerbsanalyse zur kontinuierlichen Verbesserung,
- nachweislicher Erfolg durch Auszeichnungen und Preise,
- Auf- und Ausbau von Know-how und Wissen.

Mit Prozessmanagement effizienter und effektiver Leistungen erbringen

Die Erbringung der Leistungen für Patienten und Bewohner erfolgt bei den Geriatrischen Gesundheitszentren im Rahmen von klar definierten und organisationsweit gelebten Prozessen, um ein hohes Qualitätsniveau durch eine einheitliche Arbeitsweise zu ermöglichen. Der **Leistungserstellungsprozess „Behandlung und Betreuung"** (Abschnitt 2.2) mit den Teilprozessen Aufnahme, Anamnese/Diagnose, Behandlung bis zur Entlassung ist im Sinne des „Patient first"-Prinzips auf das Wohl der Kunden konzentriert. Dieser Prozess wird kontinuierlich weiterentwickelt und optimiert, um einerseits effizienter zu werden und Synergien zwischen den Bereichen zu nutzen und andererseits um neue Behandlungs- und Betreuungsansätze zu implementieren. In den vergangenen Jahren wurden mehrere neue Pflegekonzepte eingeführt, wie etwa ein Primary-Nursing-Konzept für den Langzeitpflegebereich oder das psychobiografische Pflegemodell nach Prof. Böhm für Menschen mit Demenz. Begleitend zu dem Leistungserstellungsprozess *„Behandlung und Betreuung"* wurde ein weiterer Leistungserstellungsprozess *„Lehre und Forschung"* definiert, da er einen wesentlichen Beitrag zur Erreichung der Vision eines führenden Kompetenzzentrums für Altersmedizin und Pflege leistet. Neben diesen beiden Kernprozessen gibt es **Management- und Supportprozesse**, die so ausgerichtet sind, dass die Kernprozesse bestmöglich unterstützt und befähigt werden.

Die Prozessgestaltung und -weiterentwicklung erfolgt entsprechend des Prinzips der Multiprofessionalität in Teams aus Medizin, Therapie, Pflege und Technik/Verwaltung. Alle wesentlichen Abläufe der Geriatrischen Gesundheitszentren sind in Prozessbeschreibungen und entsprechenden Richtlinien beschrieben. Die praktische Prozessumsetzung wird durch IT-Systeme, insbesondere durch das Krankenhausinformationssystem und elektronische Workflows, unterstützt.

Unterstützung der Strategieumsetzung durch wesentliche Partner

Die Geriatrischen Gesundheitszentren legen hohen Wert darauf, mit Stakeholdern, die einen direkten Einfluss auf ihre Strategie haben, aktiv zusammenzuarbeiten und die von ihnen vorgegebenen Rahmenbedingungen in die Strategie einzubinden. Dies ist unabdingbar für den Fortbestand einer tragfähigen und umsetzbaren Strategie. Die Geriatrischen Gesundheitszentren sind der Überzeugung, dass dieser systematische Umgang und die *konsequente Einbindung wesentlicher Stakeholder* bedeutend zu ihrem Erfolg beitragen, da sie ihre Leistung nur gemeinsam mit anderen in der von ihnen angestrebten Qualität erbringen können.

Mit ihrem Eigentümer sowie auch wichtigen politischen Gremien und Finanzierungsinstitutionen (Bund, Land, Gemeinde), die direkten Einfluss auf ihre Strategie nehmen, stehen die Geriatrischen Gesundheitszentren in regelmäßigem Kontakt. Sie erhalten dadurch nicht nur frühzeitige Informationen über Entwicklungen, sondern gestalten diese auch aktiv mit, um die Altenversorgung in der Steiermark und Österreich zu verbessern. Von besonderer Bedeutung sind in diesem Zusammenhang die Hauptlieferanten für Catering, Wäsche und Reinigung, da diese direkte Auswirkung auf die Patienten und Bewohner haben. In der operativen Zusammenarbeit werden diese Lieferanten aktiv in interne Strukturen eingebunden, sodass Vertreter der Hauptlieferanten an ausgewählten Besprechungen und der jährlichen Führungskräftekonferenz teilnehmen.

Benchmarking als Instrument der Wettbewerbsanalyse zur kontinuierlichen Verbesserung

In den Geriatrischen Gesundheitszentren wird die Benchmarking-Methode als ein unterstützendes Instrument des strategischen Controllings eingesetzt, um die eigenen Leistungen mit den Ergebnissen anderer Unternehmen aus derselben Branche oder mit Externen zu vergleichen. Mit dem Ziel *„von den Besten lernen zu wollen"*, verstehen sie Benchmarking als einen Prozess, um die eigene Leistungsfähigkeit und die ihrer Partner kontinuierlich zu verbessern. Neben dem Feststellen von Leistungslücken und deren Ursachen liegt der Hauptvorteil von Benchmarking darin begründet, dass Ziele gesetzt werden können, die in der Wettbewerbssituation auch erreichbar sind.

Der Erfahrungsaustausch und Know-how-Transfer zwischen den Benchmarking-Partnern basiert auf einem gegenseitigen „Geben" und „Nehmen" und erfordert einen vertrauensvollen Umgang. Jeder Benchmarking-Partner muss sicher sein, dass es zu keinem unerwünschten Know-how-Abfluss sowie zur Veröffentlichung sensibler Daten des Benchmarks kommt. Die Datenerfassung, -verarbeitung sowie -auswertung für den Benchmark erfolgt anonymisiert. Die Rechte an Forschungsergebnissen, die aus Partnerdaten oder aufgrund des Austauschs gewonnen werden, liegen bei dem Partner, der die Forschungsdaten auswertet. Kommt es im Zusammenhang mit der Forschung zu Publikationen und Auftritten, wird der Partner namentlich erwähnt. Der Partner erhält Zugang zu den Forschungsberichten und kann diese für Aus- und Weiterbildung nutzen.

> Seit Jahren nehmen die Geriatrischen Gesundheitszentren am österreichweiten AG/R-Benchmark, einer Qualitätssicherungsinitiative der Österreichischen Gesellschaft für Geriatrie und Gerontologie teil. Hierbei werden die Patienten im Hinblick auf Aufnahmeindikatoren, Dauer des Aufenthalts, Diagnosen sowie geriatrische Assessments miteinander verglichen. Es wird überprüft, ob die Organisation entsprechend des Standards, des Prozesshandbuchs AG/R, das von der Gesundheit Österreich GmbH (Pochobradsky/Neruda/Nemeth 2017) unter Mitwirkung der Geriatrischen Gesundheitszentren entwickelt wurde, seine Leistungen erbringt. Rund 20 Einrichtungen aus ganz Österreich nehmen teil.

Nachweislicher Erfolg durch Auszeichnungen und Preise

Im Laufe der Unternehmensgeschichte nahmen die Geriatrischen Gesundheitszentren an zahlreichen Wettbewerben teil, um einerseits qualifizierte Rückmeldungen zu Projekten und zur Organisation entsprechend einer Fremdbewertung zu bekommen und andererseits die Erfolge zur Vermarktung nutzen zu können. Der Erfolg ihrer Teilnahmen wird durch eine gezielte Auswahl der Wettbewerbe gefördert. Es wird darauf geachtet, dass die Wettbewerbe die Geriatrischen Gesundheitszentren in der Weiterentwicklung ihrer Projekte oder Maßnahmen unterstützen, ihnen aber auch eine Möglichkeit zur Außendarstellung bieten.

Die Geriatrischen Gesundheitszentren sind der Überzeugung, dass dieser kontinuierliche Nachweis ihrer Leistungsfähigkeit durch Auszeichnungen und Preise ihnen einen Wettbewerbsvorteil im Hinblick auf Diskussionen mit Stakeholdern verschafft und zur Weiterentwicklung der geriatrischen Versorgung, dem Bekanntheitsgrad und dem Image in der Region beiträgt, entsprechend dem Credo „Tue zuerst Gutes und rede dann darüber".

2017 haben die Geriatrischen Gesundheitszentren beim bedeutendsten europäischen Wettbewerb für Unternehmensqualität, dem EFQM Global Excellence Award, zwei der begehrten Preise gewonnen. Sie wurden für exzellente Leistungen in den Bereichen „Mit Vision, Inspiration und Integrität führen" und „Durch Mitarbeiterinnen und Mitarbeiter erfolgreich sein" ausgezeichnet. Die Jury begründet ihre Entscheidung im Rahmen der Preisverleihung wie folgt: „Die Geriatrischen Gesundheitszentren haben eine einzigartige Kultur der Exzellenz geschaffen. Dies ist besonders den Mitarbeitern durch ihren empathischen und respektvollen Umgang mit den Patienten und Bewohnern gelungen." Bild 2.7 gibt einen Überblick der im Laufe der Jahre erhaltenen Preise.

Auf- und Ausbau von Know-how und Wissen

Wissenschaftliche Forschungsergebnisse werden in enger Kooperation mit Hochschulen und Institutionen der öffentlichen Gesundheitsplanung genutzt. Diese Vernetzung von Behandlung und Betreuung mit Forschung und Lehre garantiert Versorgung auf hohem Qualitätsniveau und eine kontinuierliche Weiterentwicklung von Medizin, Pflege und geriatrischen Betreuungsmodellen.

Aufgrund der intensiven Vernetzung im Gesundheits- und Sozialwesen sowie der konsequenten Umsetzung wissenschaftlich fundierter Konzepte werden die Geriatrischen Gesundheitszentren häufig als **Pilotbetrieb für innovative Projekte Österreichs** wie etwa die Implementierung der elektronischen Gesundheitsakte (ELGA) angefragt.

Von 2015 bis 2019 wurden einige Mitarbeiter der Geriatrischen Gesundheitszentren zu EFQM-Assessoren ausgebildet. Einerseits dient dies dazu, das Modell in der eigenen Organisation besser umzusetzen, andererseits dazu, von anderen zu lernen und Wissen im Qualitätsmanagement auszubauen.

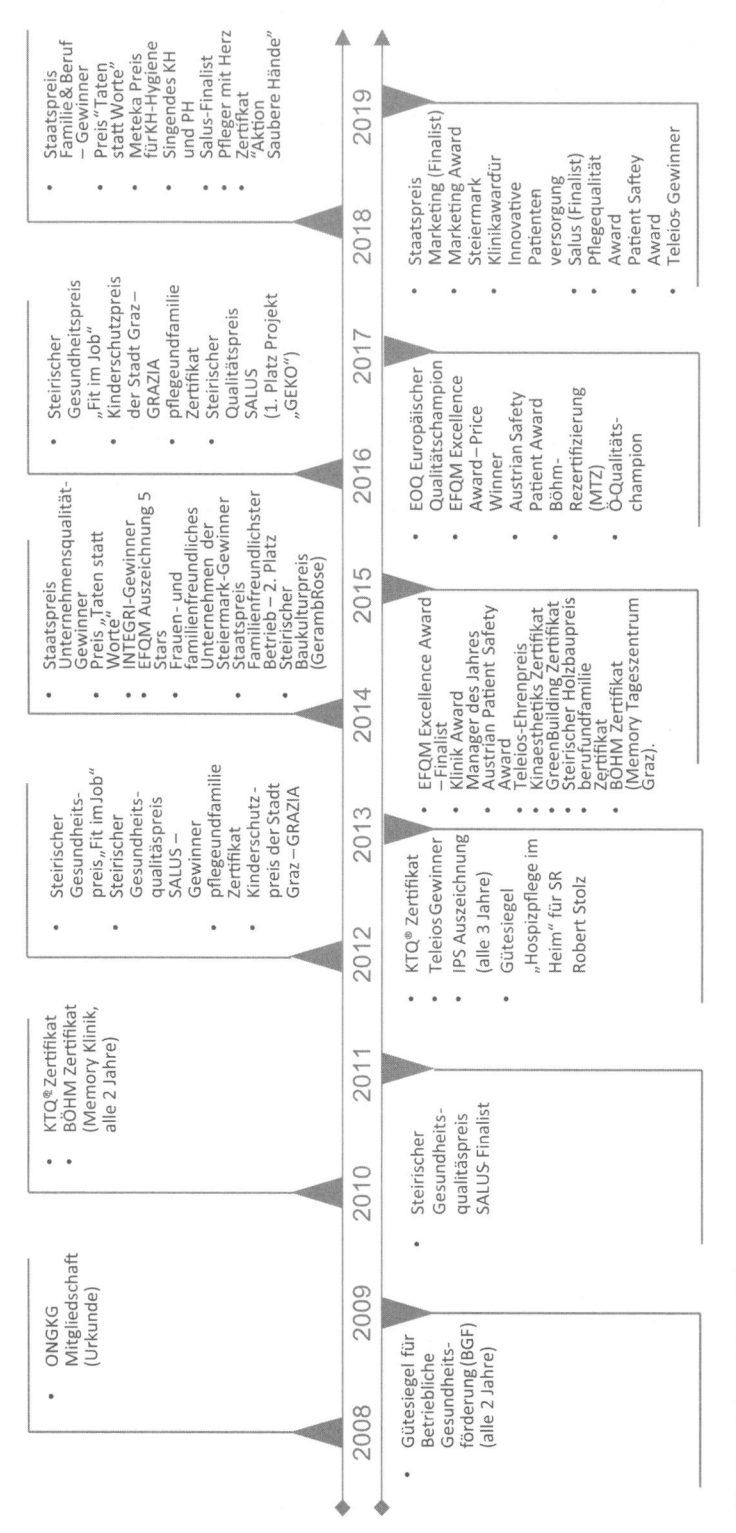

2 Ein Blick ins Innere einer lernenden Organisation

2008
- Gütesiegel für Betriebliche Gesundheitsförderung (BGF) (alle 2 Jahre)

2009
- ONGKG Mitgliedschaft (Urkunde)

2010
- Steirischer Gesundheitsqualitätspreis SALUS-Finalist

2011
- KTQ® Zertifikat
- BÖHM Zertifikat (Memory Klinik, alle 2 Jahre)

2012
- Steirischer Gesundheitspreis „Fit im Job"
- Steirischer Gesundheitsqualitätspreis SALUS – Gewinner
- pflegeundfamilie Zertifikat
- Kinderschutzpreis der Stadt Graz – GRAZIA

2013
- KTQ® Zertifikat
- Teleios Gewinner
- IPS Auszeichnung (alle 3 Jahre)
- Gütesiegel „Hospizpflege im Heim" für SR Robert Stolz

2014
- EFQM Excellence Award – Finalist
- Klinik Award Manager des Jahres
- Austrian Patient Safety Award
- Teleios-Ehrenpreis
- Kinaesthetiks Zertifikat
- GreenBuilding Zertifikat
- Steirischer Holzbaupreis berufundfamilie Zertifikat
- BÖHM Zertifikat (Memory Tageszentrum Graz)

2015
- Staatspreis Unternehmensqualität-Gewinner
- Preis „Taten statt Worte"
- INTEGRI-Gewinner
- EFQM Auszeichnung 5 Stars
- Frauen- und familienfreundliches Unternehmen der Steiermark-Gewinner
- Staatspreis Familienfreundlichster Betrieb – 2. Platz
- Steirischer Baukulturpreis (GerambRose)

2016
- EOQ Europäischer Qualitätschampion
- EFQM Excellence Award – Price Winner
- Austrian Safety Patient Award
- Böhm-Rezertifizierung (MTZ)
- Ö-Qualitätschampion

2017
- Steirischer Gesundheitspreis „Fit im Job"
- Kinderschutzpreis der Stadt Graz – GRAZIA
- pflegeundfamilie Zertifikat
- Steirischer Qualitätspreis SALUS (1. Platz Projekt „GEKO")

2018
- Staatspreis Marketing (Finalist)
- Marketing Award Steiermark
- Klinikawardfür Innovative Patientenversorgung
- Salus (Finalist)
- Pflegequalität Award
- Patient Saftey Award
- Teleios Gewinner

2019
- Staatspreis Familie & Beruf – Gewinner
- Preis „Taten statt Worte"
- Meteka Preis für KH-Hygiene
- Singendes KH und PH
- Salus-Finalist
- Pfleger mit Herz
- Zertifikat „Aktion Saubere Hände"

Bild 2.7 Zeitstrahl der Erfolge

Zusätzlich stehen sie in enger *Kooperation mit Ausbildungseinrichtungen* und stellen sich als Partnereinrichtung für wissenschaftliche Arbeiten zur Verfügung. Das daraus generierte Wissen wird intern für die Weiterentwicklung der Organisation und der Behandlungs- und Betreuungsleistungen genutzt. Am Albert Schweitzer Institut werden wissenschaftliche Arbeiten betreut, das daraus generierte Wissen wird aufbereitet und in nutzerfreundlicher Form den Mitarbeitern bereitgestellt. Rund 400 Praktikanten und Studenten nutzen jährlich die Einrichtungen der Geriatrischen Gesundheitszentren als Ausbildungsstätte.

2.7 Finanzielle Stabilität in einem dynamischen und komplexen Umfeld sichern

Als wirtschaftlich selbstständige Organisation, in 100-prozentigem Besitz der Stadt Graz, sind die Geriatrischen Gesundheitszentren eine Organisation marktbestimmender Tätigkeiten, wirtschaftlich selbstständig ohne eigene Rechtspersönlichkeit. Mit der Gründung des Eigenbetriebs 2000 stark verschuldet, spielten finanzielle Ergebnisse für den Erfolg und die Zukunftsfähigkeit der Organisation eine wesentliche Rolle. Dies spiegelt sich insbesondere in der Strategie wider, in welcher die Sicherung der finanziellen Stabilität in einem dynamischen und komplexen Umfeld verankert ist.

Um dieses strategische Ziel zu erreichen, legen die Geriatrischen Gesundheitszentren großen Wert auf drei wesentliche Aspekte: eine *ausgewogene und langfristig abgesicherte Finanzierungsstruktur*, die *Sicherung einer leistbaren Versorgung* für ihr Klientel *durch konsequentes Kostenmanagement* und die *Verteidigung der Preisführerschaft*.

Ausgefeilte Finanzierungsstruktur als Differenzierungsmerkmal

Im Gesundheits- und Sozialwesen existieren klare rechtliche und finanzierungsbezogene Systemgrenzen, an denen sich Leistungserbringer orientieren. Den Versorgungsbedarf von Kunden in den Mittelpunkt zu stellen und das Angebot daran auszurichten, lautet die Devise der Geriatrischen Gesundheitszentren. Dazu haben sie eine **einzigartige Finanzierungsstruktur** für ihr abgestuftes Versorgungsangebot entwickelt, das sie durch möglichst langfristige Verträge sichern. Die Finanzierung erfolgt durch einen *Mix von individuell angepassten Finanzierungsverträgen und die Festlegung kostendeckender Tagessätze.* Die Geriatrischen Gesundheitszentren beschreiben diesen Finanzierungsmix als ein weiteres Alleinstellungsmerkmal ihrer Organisation, welches vor allem der kontinuierlichen Versorgung und Behandlung der älteren Bevölkerung zugutekommt.

Ihre Bemühungen verfolgen das Ziel, die Preise so zu gestalten, dass sie einerseits für den Kunden leistbar und andererseits für die eigene Organisation wettbewerbsfähig sind. Somit wird die größtmögliche finanzielle Entlastung des einzelnen Kunden bei gleichzeitig gesicherter Versorgung ermöglicht; (finanzielle) Versorgungslücken werden geschlossen.

Auslastung als Schlüsselergebnis

Dauerhaft werden finanzielle Ressourcen in die Gestaltung der eigenen Organisation reinvestiert, stets unter der Prämisse, ein langfristig ausgeglichenes Geschäftsergebnis zu erzielen und für Kunden leistbar zu bleiben. Für all diese strategischen Ziele wurden Kennzahlen definiert, die konsequent verfolgt werden und zur Steuerung dienlich sind. In der operativen Steuerung stellt die Auslastung das wichtigste Schlüsselergebnis dar, da sie aufgrund der Fixkosten einen wesentlichen **Einfluss auf das Ergebnis und die Umsatzerlöse** hat.

Die Auslastung wird im Verhältnis der belegten Betten zu den belegbaren Betten gemessen. Die Auslastung trägt unmittelbar zu einem ausgeglichenen Geschäftsergebnis und zur finanziellen Stabilität bei. Als Ergebniskennzahl steht die Auslastung in Zusammenhang mit allen Unternehmensstrategien und ist Frühindikator für zukünftige Strategieanpassungen. Deshalb wird die Kennzahl vom Managementteam und den Produktverantwortlichen engmaschig analysiert und bei Bedarf zur Festlegung von Maßnahmen zur Auslastungssteigerung genutzt, wie etwa durch PR-Aktivitäten.

Seit rund 15 Jahren haben die Geriatrischen Gesundheitszentren eine gleichbleibend hohe Auslastung von durchschnittlich 90 Prozent. Der österreichische Krankenanstaltenplan sieht eine angestrebte Auslastung von durchschnittlich 85 Prozent vor. Trotz der Einführungsphase neuer Produkte und der Neueröffnung weiterer Pflegewohnheime konnte die Auslastung insgesamt auf einem hohen Niveau stabil gehalten werden (Bild 2.8).

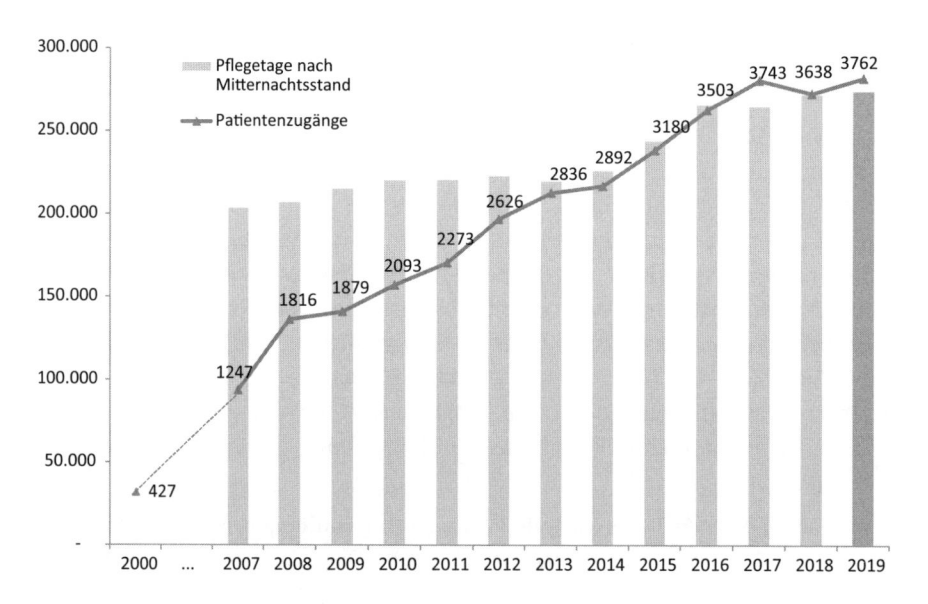

Bild 2.8 Pflegetage und Patientenzugänge der Geriatrischen Gesundheitszentren

Insgesamt haben die Geriatrischen Gesundheitszentren die bürokratischen Regularien stark vereinfacht und reduziert, um mehr Wirkungen für die Gesellschaft erzielen zu können. Erst dadurch blieb Zeit für das Engagement für neue Gesundheitsdienstleistungen (Produkte) und Initiativen.

2.8 Literatur

Esslinger, Adelheid-Susanne; Rager, Edeltraud; Rieg, Robert: *Die Balanced Scorecard in der stationären Altenpflege: Ein Fallbeispiel.* In: Gmür, Markus; Schauer, Reinbert; Theuvsen, Ludwig. (Hrsg.): *Performance Management in Nonprofit-Organisationen: Theoretische Grundlagen, empirische Ergebnisse und Anwendungsbeispiele.* 1. Auflage. Haupt Verlag, Stuttgart/Bern/Wien, 2013, S. 79 – 87

Pochobradsky, Elisabeth; Neruda, Thomas; Nemeth, Claudia: *Prozesshandbuch Akutgeriatrie/Remobilisation.* 2. Auflage. Gesundheit Österreich GmbH, Wien 2017

Siebert, David: *Die Balanced Scorecard: Entwicklungstendenzen im deutschsprachigen Raum.* Diplomica Verlag, Hamburg 2011

3 Wie bedarfsorientierte Patientenversorgung in der Altersmedizin gelingen kann

Brigitte Hermann, Lisa Adele Laubreiter, Walter Schippinger

> Ausgehend von den Wurzeln unserer Einrichtung, dem Armen- und Siechenhaus der Stadt Graz, zeigte sich in den letzten Jahrhunderten ein wechselhaftes Schicksal unseres Hauses mit einer bemerkenswerten Wendung zu immer größerer Professionalität im Umgang mit alten und chronisch Kranken. Insbesondere in den letzten 20 Jahren hat sich diesbezüglich sehr viel getan.
>
> Im folgenden Kapitel werden einige Aspekte umrissen, die für die Entwicklung der Albert Schweitzer Klinik zu einem führenden Kompetenzzentrum für Altersmedizin und Pflege wichtig und entscheidend waren. Diese Aspekte beinhalten nicht nur unsere Bemühungen das Betreuungsangebot der Geriatrischen Gesundheitszentren am Bedarf der alternden Bevölkerung und an den Bedürfnissen unserer Patienten auszurichten, sondern umfassen auch den Aufbau definierter Betreuungsstrukturen, um eine abgestufte Betreuung anbieten zu können. Durch die Ausgestaltung von bedarfsorientierten Behandlungsprozessen konnten wir die Qualität der Versorgung messbar und somit vergleichbar mit anderen geriatrischen Einrichtungen machen. Dabei wurde stets darauf geachtet, unsere ethische Grundhaltung, an die unser Namenspatron erinnert, im Blick zu behalten. Die Vernetzung unserer Einrichtung mit anderen Partnern im Gesundheitswesen stellt ebenfalls ein wichtiges Kriterium für eine bereichsübergreifende bedarfsgerechte Versorgung unserer Patienten dar.

Nach dieser kurzen Einführung in die Entwicklung der Geriatrischen Gesundheitszentren folgen nun detaillierte Einblicke in die Veränderung der Albert Schweitzer Klinik hin zu einem Exzellenzstadium der medizinischen Behandlung im Feld der Geriatrie, wie in Bild 3.1 abgebildet. Von den Anfängen rund um das Jahr 2000 mit der Entscheidung für die Marktnische Altersgeriatrie über die Entwicklung eines abgestuften geriatrischen Versorgungsmodells bis hin zur Vernetzung und Messung geriatrischer Versorgung in der Gegenwart wird dargestellt, wie bedarfsorientierte Patientenversorgung in der Altersmedizin gelingen kann.

3 Wie bedarfsorientierte Patientenversorgung in der Altersmedizin gelingen kann

Pionierphase	Aufbauphase	Durchdringungsphase	Exzellenzphase
Standortbestimmung	Aufbau geeigneter Strukturen	Ethische Grundhaltung und Optimierung der Behandlung	Vernetzung und Nachhaltigkeit
• Entscheidung für Marktnische Altersmedi. anhand der demogra. Entwicklung • Erkennen des Versorgungsbedarfs und der individuellen Bedürfnislage • Etablierung der 1. Station für Akutgeriatrie und Remobilisation	• Primariatstruktur • Aufbau eines abgestuften geriatrischen Versorgungsmodells • Lehrkrankenhaus der Medizinischen Universität	• Ethik als Teil der Medizin • Integrativer Ansatz der Fächer nach Patientenbedürfnis • Geriatrischer Konsiliardienst • Intermediate Care • Forschung als Teil des Innovationskonzepts • Interdisziplinäre Teams und flache Hierarchien	• Kooperationen und Vernetzung für gem. Behandlungspfade • Palliativer Ansatz und Ethik als strategischer Schwerpunkt • Verbesserung der Gesundheitskompetenz • Messen geriatrischer Versorgung

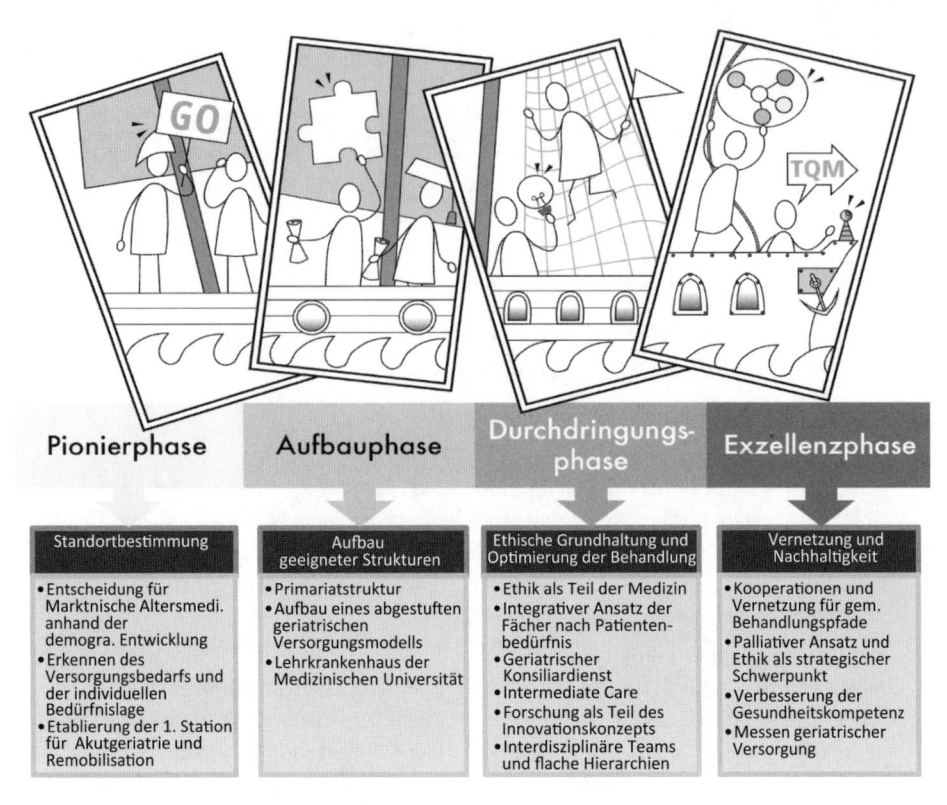

Bild 3.1 Entwicklungsphasen und Exzellenzbausteine der Medizin

■ 3.1 Standortbestimmung

Aufgrund der demografischen Entwicklung mit einer zunehmenden Anzahl alter und multimorbider Menschen in unserer Gesellschaft, wird die Entscheidung getroffen, unser Haus zu einem modernen geriatrischen Zentrum zu entwickeln. Das Ausrichten unserer Betreuung am Versorgungsbedarf der Bevölkerung sowie an der Bedürfnislage unserer Patienten zeichnet unsere Organisation von Anfang an aus.

Entscheidung für die Marktnische Altersmedizin anhand der demografischen Entwicklung

In dieser Phase erfolgt die *entscheidende Vorarbeit für die zukünftige Entwicklung* der Geriatrischen Gesundheitszentren – die ökonomische Stabilisierung sowie die Entwicklung der Vision eines Kompetenzzentrums für Geriatrie und Gerontologie. Der Pioniergeist ist für die Mitarbeiter zu spüren, ebenso motiviert die Perspektive, sich in die weitere Entwicklung einbringen und aktiv mitgestalten zu können.

Das ehemalige Alten- und Siechenhaus der Stadt Graz besteht zu Beginn dieser Pionierphase aus *lediglich einem Versorgungsbereich*, dem Modell „Pflegeheim".

Das neue Managementteam erkennt einerseits die nicht mehr zeitgemäßen alten Strukturen des Pflegeheims und andererseits die Chance, die Marktnische Geriatrie zu besetzen. Umgehend werden Kontakte zu Best-Practice-Modellen sowie Vor- und Mitdenkern aufgebaut, wie etwa über den gegründeten Verband Geriatrischer Krankenhäuser Österreichs. Die Angebotspalette wird aufgrund der Erfahrungen und der Beobachtung der *demografischen Entwicklung* aufgebaut und es wird über den Versorgungsbedarf neuer Patientengruppen nachgedacht.

> Die Lehre von Verlaufsformen der Bevölkerungsbewegungen wird anhand von Instrumenten und Methoden messbar gemacht und lässt sich als Demografie definieren. (Schmid 2018)
>
> Die aktuelle und zukünftige Entwicklung der Bevölkerung eines Landes wird durch folgende Faktoren und Phänomene geprägt und unter dem Begriff **demografische Entwicklung** zusammengefasst (Statistik Austria 2013, Kohli 2004, Schmid 2018):
>
> - Mortalitätsrate und Fertilitätsrate,
> - Wanderungsbewegungen – Immigration und Emigration.
>
> Bevölkerungsveränderungen beziehen sich auf die Differenz zwischen der Bevölkerungszahl am Ende und zu Beginn eines bestimmten Zeitraums. Bei einem positiven Bevölkerungswachstum handelt es sich um ein Bevölkerungswachstum im engeren Sinne. Ein negatives Bevölkerungswachstum wird auch als Bevölkerungsrückgang bezeichnet. (Palen/Maru 2011)
>
> Demografie- und Migrationsstatistiken werden häufig für die Planung von Maßnahmen sowie für die Überwachung und Evaluierung in sozialen und wirtschaftlichen Politikbereichen zur Analyse der Bevölkerungsalterung, ihrer Auswirkungen auf Nachhaltigkeit und Wohlstand und zur Bewertung der wirtschaftlichen Auswirkungen des demografischen Wandels eingesetzt. (Chassioti 2014)
>
> Aufgrund des demografischen Wandels in entwickelten Ländern durch Geburtenrückgänge und einer zunehmenden Lebenserwartung wird in der Öffentlichkeit die Bezeichnung „Altern der Gesellschaft" immer häufiger verwendet. (Max-Planck-Institut 2019)

Erkennen des Versorgungsbedarfs und der individuellen Bedürfnislage

Der Versorgungsbedarf unserer alternden Bevölkerung führt zu dem nahe liegenden Entschluss, ein Geriatriezentrum zu entwickeln. Nun sind aber die *Bedürfnisse der geriatrischen Patienten sehr unterschiedlich*, weswegen eine Einschätzung dieses individuellen Versorgungsbedarfs notwendig wird. Dazu wird ein **standardisiertes Verfahren der Prüfung von Aufnahmekriterien** eingeführt:

> Die Informationen in den Aufnahmeanträgen aller Patienten werden von einem interdisziplinären Team gemeinsam evaluiert, um den Patienten in die passendste Versorgungsstruktur der Geriatrischen Gesundheitszentren zuzuweisen. Nach Aufnahme des Patienten in einen geeigneten Bereich der Geriatrischen Gesundheitszentren wird eine Funktionsdiagnostik durchgeführt, um die Ressourcen und Defizite des Patienten zu erheben und eine zielgerichtete Behandlung möglich zu machen. Vor Entlassung des Patienten wird diese Funktionsdiagnostik wiederholt, um den Behandlungserfolg zu evaluieren.

Etablierung der ersten Station für Akutgeriatrie/Remobilisation

2001 wird die erste Station für Akutgeriatrie/Remobilisation (AG/R) in der heutigen Albert Schweitzer Klinik etabliert, auf die Patienten über ein *geriatrisches Assessment* – als interdisziplinäre Funktionsdiagnostik – stationär aufgenommen werden können. Im Behandlungskonzept der AG/R sind frührehabilitative Maßnahmen durch Therapeuten, aktivierende Pflege und die medizinische Versorgung durch Ärzte für Allgemeinmedizin enthalten.

> **Das geriatrische Assessment** ist ein multidisziplinärer diagnostischer Prozess, der die medizinische, psychologische, soziale und funktionelle Leistungsfähigkeit älterer Erwachsener bewertet. Anhand von Instrumenten und Skalen können Fähigkeiten, Ressourcen und altersbedingte Erkrankungen erfasst werden, um Maßnahmen zur Rehabilitation ableiten zu können. (Pils 2013)
>
> Durch ein qualifiziertes, interdisziplinäres Team und ein multidimensionales Betreuungs- und Behandlungsangebot ist eine fächerübergreifende primäre Versorgung und die Behandlungsweiterführung akutgeriatrischer Patienten aus anderen Fachabteilungen als Zielsetzung definiert. (ebd.)
>
> Eines der wichtigsten Ziele des Basisassessments ist es, das Rehabilitationspotenzial und die zur Verfügung stehenden Ressourcen der einzelnen Patienten zu erfassen – und im Sinne der Erhaltung einer selbstständigen Lebensführung so weit als möglich auszuschöpfen. (Putts u. a. 2012, Österreichische Gesellschaft für Geriatrie und Gerontologie 2011)
>
> Unter der Berücksichtigung von Reliabilität (formale Genauigkeit bzw. Verlässlichkeit), Sensitivität (Prozentsatz, zu dem eine Krankheit des Patienten durch den Test tatsächlich erkannt wird) und Relevanz werden ausgewählte Instrumente und Tools verwendet, welche der strukturierten Erfassung mentaler, sozialer, physischer und ökonomischer Daten dienen. (Pils 2013)

3.2 Aufbau geeigneter Strukturen

In diesem Kapitel widmen wir uns der weiteren Organisationsentwicklung sowie der Ausdifferenzierung des abgestuften Versorgungsmodells, um für jeden Patienten eine bedarfsorientierte Behandlung anbieten zu können. Durch die Ernennung zum Lehrkrankenhaus der Medizinischen Universität Graz ist ein weiterer Schritt in Richtung Professionalität und Wissenschaftlichkeit gelungen.

Primariatstruktur

Die Primariatstruktur ist für die *differenzierte Weiterentwicklung der Fachbereiche* sehr effektiv. So werden für drei Bereiche der Albert Schweitzer Klinik – Medizinische Geriatrie, Innere Medizin und Neurologie – je eigene Abteilungen aufgebaut, die eine weitere inhaltliche Ausgestaltung sehr erleichtern. Im Zuge dessen kann sukzessive das Versorgungsangebot der Geriatrischen Gesundheitszentren erweitert werden und es entstehen spezialisierte Strukturen wie AG/R-Neurologie, AG/R-Innere Medizin, Medizinisch-palliative Geriatrie und das Tageshospiz. Die Berufsbezeichnung „Primararzt" oder „Primarärztin" bzw. „Primarius" oder „Primaria" dürfen „Fachärzte oder Fachärztinnen, die dauernd mit der ärztlichen Leitung einer Abteilung betraut sind, und denen mindestens ein Arzt oder eine Ärztin unterstellt ist" führen (RIS 2019).

Aufbau eines abgestuften geriatrischen Versorgungsmodells

Zusätzlich zur Differenzierung der Teams in ihrer Fachkompetenz wird 2009 zur organisatorischen Differenzierung des Bereichs AG/R eine Abteilung für Innere Medizin, eine Abteilung für Neurologie mit Wachkoma- und Demenzversorgung, sowie eine Abteilung für Medizinische Geriatrie zur Langzeitbetreuung chronisch kranker Patienten eingeführt.

Wir beginnen *systematisch*, **zeit- und bedarfsgerechte Versorgungs- und Betreuungskonzepte** zu *entwickeln* und verfolgen diesen Weg konsequent weiter. So entstehen drei nachgefragte, in das Gesamtsystem gut integrierte, Versorgungsbereiche.

2008 eröffnet die AG/R-Tagesklinik, die eine frühere Entlassung von Patienten aus dem vollstationären akutmedizinischen Bereich ermöglicht.

Aufgrund der steigenden Lebenserwartung der Bevölkerung in Österreich nimmt die Bedeutung der Geriatrie zu und generiert einen zunehmenden Versorgungsbedarf. Die personelle wie auch fachliche Zusammensetzung der Teams in der Albert Schweitzer Klinik entspricht nicht mehr den Anforderungen einer modernen, differenzierten Altersmedizin. Zusätzlich zum Team der Allgemeinmediziner wird daher der medizinische Kompetenzbereich durch Fachärzte kontinuierlich aufgebaut. Der ärztliche Bereich wächst *von 5* Allgemeinmedizinern *auf 30* bis zum Jahr 2018 inklusive zehn Fachärzten.

Lehrkrankenhaus der Medizinischen Universität

2007 wird die Albert Schweitzer Klinik Lehrkrankenhaus der Medizinischen Universität Graz und ist damit in die *universitäre Ausbildung von Studierenden der Humanmedizin* in den Bereichen Innere Medizin und Neurologie einbezogen.

■ 3.3 Ethische Grundhaltung und Optimierung der Behandlung

Die weitere Entwicklung ist geprägt durch die optimierte Ausgestaltung der individuellen Patientenbetreuung unter Berücksichtigung einer ethischen Grundhaltung. Es wurde erkannt, dass eine integrative Versorgung dem Patientenwohl entgegenkommt, weswegen das Angebotsportfolio weiter ausgebaut wird. Um unsere Innovationen auch wissenschaftlich begleiten zu können, wird ein Forschungsnetzwerk aufgebaut.

Ethik als Teil der Medizin

Seit 2011 werden Ethik-Strukturen in der Albert Schweitzer Klinik konsequent aufgebaut. Ethik ist eine Geisteswissenschaft, die eine übergeordnete Betrachtung der Situation eines Menschen erfordert und so stark zum integrativen Ansatz in der Geriatrie beiträgt. So wird eine *ganzheitliche Sichtweise auf den Patienten und seine Werte* gefördert. Diese trägt zu einer umfassenden Betreuung im Sinne des biopsychosozialen Modells bei. Wir orientieren uns in der Patientenversorgung an den vier Prinzipien ethischen Handelns.

> Die Medizinethiker Tom I. Beauchamp und James F. Childress entwickelten **vier Prinzipien ethischen Handelns in der Medizin**, welche wie folgt konzipiert sind (Maio 2009, Rahbar 2010, Marckmann 2000,2013, Salomon 2009):
> - Prinzip der Autonomie – Selbstbestimmungsrecht des Patienten (Respect for Autonomy),
> - Prinzip des Nichtschadens, der Schadensvermeidung (Nonmaleficence),
> - Prinzip der Fürsorge – Patientenwohl (Beneficence),
> - Prinzip der sozialen Gerechtigkeit (Justice).
>
> Diese Prinzipien sollen in einer schwierigen und komplexen Entscheidungssituation medizinische Problemfelder klarer und deutlicher sichtbar machen und in Verbindung mit medizinischem Fach- und Erfahrungswissen einen ethisch sensibleren Umgang innerhalb eines Interessenskonflikts fördern. (Bauer 2014, Salomon 2009)

> Die Anwendung der vier Prinzipien auf ethische Konfliktfälle erfolgt in zwei Etappen. Als erster Schritt wird jedes Prinzip im Hinblick auf die spezifische Situation des Falles interpretiert. Anschließend wird überprüft, ob die aus den einzelnen Prinzipien resultierenden Verpflichtungen übereinstimmen oder in Konflikt zueinanderstehen. Die Prinzipien müssen im Konfliktfall gegeneinander abgewogen werden. (Marckmann 2000)

Ein weiterer Ausgangspunkt für den Aufbau von Ethikstrukturen war der Wunsch, die beiden wahrgenommenen Unternehmenswelten, die *Welt des Managements* und die *Welt des patientennahen Bereichs* miteinander *in Kontakt zu bringen*.

> In **Kamingesprächen** diskutiert zweimal jährlich eine Gruppe von etwa 15 Mitarbeitern mit den Managementmitgliedern über ihre Sichtweisen zu organisatorischen Themen mit dem Ziel, auch die Perspektive des jeweils anderen zu verstehen.

Mitarbeiter zu ethischem Handeln zu verpflichten, ohne gleichzeitig Schulungen und damit eine Sensibilisierung für diese Thematik zu schaffen, ist nicht erfolgversprechend. Wir bieten *regelmäßige Fortbildungen zum Thema Ethik und palliative Betreuung und Entscheidungsfindung* an und haben dies in unserem Fortbildungskalender für 2019 als **strategischen Schwerpunkt** verankert.

Eigens nominierte **Ethikberater** absolvieren eine erweiterte externe Ethikfortbildung und sind über unser Intranet für alle Mitarbeiter einfach und barrierefrei für ein Beratungsgespräch erreichbar. Darüber hinaus bearbeiten wir sehr komplexe ethische Fälle auch moderiert mit zwei externen Ethikexperten. Ergänzend bieten wir einmal monatlich **Ethik-Reflexionsgruppen** an, an denen Mitarbeiter teilnehmen können, die sich für das Thema Ethik näher interessieren oder über eine Reflexion oder Fallbesprechung ihr Wissen vertiefen wollen. Eine Steuerungsgruppe aus Führungskräften legt die Rahmenbedingungen für eine gute Ethikarbeit fest. Es braucht Zeiträume für Entscheidungen und soziale Räume, in welchen Ethikarbeit stattfinden kann und darf. Gute Ethikarbeit ist auch Grundlage für angemessene Entscheidungen in der Palliativmedizin. In der Altersmedizin ist es wesentlich, eng vernetzt zu arbeiten und sich kontinuierlich im multiprofessionellen Team auszutauschen. Neue Besprechungsstrukturen wie *interdisziplinäre Teambesprechungen*, aber auch Controlling- oder Strategiebesprechungen unterstützen die Arbeit an und für die Patienten.

Unsere dynamische Entwicklung wurzelt darin, dass wir als öffentliches, nicht gewinnorientiertes Unternehmen der Stadt Graz bewusst Bereiche wählen, in denen eine Nachfrage besteht, die von anderen Trägern jedoch nicht erfüllt wird. Dazu gehört das Engagement für Hochaltrige, demenziell erkrankte Menschen oder Menschen mit unheilbaren Erkrankungen und hohem Leidensdruck. Diese marktorientierte wie auch ethisch basierte Entscheidung für eine medizinische Nische ist ein Schlüsselfaktor für den Unternehmenserfolg. Das sich so entwickelnde breitere Angebotsportfolio entsteht durch Beobachten und Hinschauen, wo es Leid und Bedürfnisse gibt. Als eines der Zentren, die sich mit Altersmedizin beschäftigen, sehen wir es als unseren gesellschaftlichen Auftrag, das *Bild des alten Menschen positiv zu belegen*. Wir bieten Interessierten, auch Entscheidungsträgern im Gesundheitswesen, Fortbildungs- und Diskussionsveranstaltungen an, um dieses Altersbild neu zu gestalten.

In geriatrischen und palliativen Langzeitstrukturen arbeiten wir an der Grenze zwischen dem Sozial- und Gesundheitsbereich, an der Finanzströme nicht immer geklärt oder nur unbefriedigend gelöst sind. Das ist strategisch und auch wirtschaftlich herausfordernd. Um eine ausreichende medizinische Versorgung in diesen Strukturen anbieten zu können, die leistbar ist, bedarf es der aktiven Mitbeeinflussung der Finanzierungskonzepte. Dies gelingt durch *kontinuierliches Stakeholdermanagement*.

Unser abgestuftes Versorgungskonzept ermöglicht eine individuelle Betreuung und stellt ein Alleinstellungsmerkmal dar. Je nach Bedarf des Patienten können wir Betreuung am Best Point of Care im jeweiligen Versorgungssegment gewährleisten, was auch ökonomisch zweckmäßig ist.

Um eine effektive Patientenzuordnung zu den speziellen Versorgungsbereichen sicherstellen zu können, adaptieren wir das Aufnahme- und Entlassungsmanagement:

> Der Patient wird bereits vor der stationären Aufnahme über ein Antragsformular auf seine Unterstützungsbedürftigkeit eingeschätzt und im standardisierten **Aufnahme-Assessment** dem passenden Versorgungsbereich zugewiesen. Ein geriatrisches Assessment erfolgt bei der stationären Aufnahme des Patienten durch Ärzte, Pflege und Therapeuten, die aus ihrer fachlichen Sicht die Bedürfnislage des Patienten genauer einstufen. Es bedarf regelmäßiger Visiten, Beobachtung und Kommunikation mit dem Patienten während der gesamten Behandlungszeit, um den ganzheitlichen Blick auf den Patienten zu gewährleisten. Wichtig ist ein frühzeitiger Beginn des Entlassungsmanagements, das idealerweise bereits am Aufnahmetag beginnt. Die *Angehörigen sollen dabei eng eingebunden werden*.

Integrativer Ansatz der Fächer nach Patientenbedürfnis

Eine zu starke Spezialisierung entspricht nicht dem Bedarf älterer, multimorbider Patienten, da sie zur gleichen Zeit an gesundheitlichen Beschwerden und psychosozialen Problemen leiden, die in viele verschiedene medizinische Fachgebiete fallen, wie z.B. Innere Medizin, Neurologie, Orthopädie, Psychiatrie, Urologie, Onkologie, Rheumatologie, Augenheilkunde, Dermatologie, Zahnmedizin und andere.

Aus diesem Grund ist für geriatrisch tätige Ärzte eine *breit gefächerte allgemeinmedizinische Ausbildung* von großem Vorteil, weil dadurch die Integration der verschiedenen Fachbereiche in einer Person möglich ist.

Als geriatrisches Krankenhaus muss dieser integrative Ansatz angestrebt werden, um zu einem guten Behandlungserfolg zu kommen.

Geriatrischer Konsiliardienst

Der Geriatrische Konsiliardienst (GEKO) ist ein anschauliches Beispiel für die Integration eines mobilen Versorgungselements in unserer Organisation, welche bis dahin auf stationäre geriatrische Betreuungsstrukturen beschränkt war.

> Der **Geriatrische Konsiliardienst** – kurz **GEKO** – bezeichnet einen mobilen Dienst zur kollegialen Unterstützung der hausärztlichen Betreuung durch Beratungsleistungen bei spezifisch geriatrischen Fragestellungen.
>
> GEKO unterstützt durch konsiliarische Beratung das Verbleiben geriatrischer Patienten im akuten Erkrankungsfall in ihrer gewohnten Umgebung und kann die Frequenz von Krankenhauseinweisungen aus Pflegeheimen und dem häuslichen Bereich reduzieren. (Schippinger u. a. 2010, 2011)
>
> Folgende Leistungen werden durch das GEKO-Team erbracht (ebd.):
> - telefonische konsiliarische Beratung und Unterstützung von Ärzten und Pflegepersonal,
> - Visite und Untersuchung geriatrischer Patienten zur Beratung von Hausarzt und Pflegeteam bei der Versorgungsplanung und Betreuung,
> - Beratung bei Fragestellungen der medikamentösen Therapie im Rahmen von Polypharmazie,
> - Beratung bei Fragestellungen der palliativ-geriatrischen Symptomtherapie,
> - Hilfestellung bei ethischen Entscheidungsfindungsprozessen,
> - Beratung des Pflegepersonals in Fragen der medizinisch-geriatrischen und palliativmedizinischen Versorgung,
> - Angehörigengespräche gemeinsam mit Hausarzt und Krankenpflegepersonal.

Durch die Visiten von Ärzten der Albert Schweitzer Klinik in den Pflegeheimen der Geriatrischen Gesundheitszentren wird im Rahmen des GEKO-Diensts die Zusammenarbeit zwischen diesen Bereichen gefördert.

Intermediate Care

Neue Versorgungsprodukte werden durch ein bewusstes Hinschauen und Aufnehmen von Bedürfnissen, die an der Grenze zwischen Pflege, Medizin und Langzeitpflege entstehen, entwickelt. So wird der Versorgungsbereich der Intermediate Care (IMC) aufgebaut, da der Bedarf an einer geriatrischen Beobachtungsstation erkannt wird.

Die Bereiche Intermediate Care bzw. später Remobilisation und Nachsorge (RNS) sind Beispiele für neue Strukturen der geriatrischen Versorgung, die in das bestehende Angebotsportfolio der Geriatrischen Gesundheitszentren erfolgreich integriert werden:

In unseren Aufnahme-Assessments beobachten wir häufig fehlende Klarheit darüber, ob wir Patienten in die Akutgeriatrie oder in den Palliativbereich aufnehmen sollen, da dies ad hoc auch oft nicht entschieden werden kann.

So entsteht die Idee, ein Zwischenglied zwischen Akutgeriatrie und Palliativgeriatrie zu schaffen, einen *Intermediate-Care-Bereich*, in dem wir Patienten bis zu vier Wochen beobachten und den weiteren Versorgungsbedarf einschätzen können. Dieses Angebot stellt eine zweckmäßige Überleitungsbetreuung zwischen der Entlassung aus einem Akut-Krankenhaus und der weiteren Versorgung zu Hause oder in einer stationären Pflegeeinrichtung dar. Das Konzept der Intermediate Care wurde von der EFQM auch als Role Model (Vorbild) für Angebotsentwicklung im Gesundheitswesen erkannt.

2019 gelingt es, die politischen Entscheidungsträger vom Sinn eines Intermediate-Care-Bereichs zu überzeugen, sodass eine Regelfinanzierung von öffentlicher Hand für sechs Betten in der *neuen Struktur Remobilisation und Nachsorge* (RNS) bewilligt wird.

Eric Stoiser ist Medizinischer Leiter der Pflegebereiche der Geriatrischen Gesundheitszentren und des Hospizes, Allgemeinmediziner und Additivfacharzt für Geriatrie, mitwirkend bei der Etablierung des Geriatrischen Konsiliardiensts sowie Mitglied im Team der Betrieblichen Gesundheitsförderung. Durch seine langjährige Mitarbeit in den Geriatrischen Gesundheitszentren und seinen vielseitigen Einsatz im patientennahen Bereich weiß er um die Bedeutung und Notwendigkeit einer unternehmensweiten Vernetzung der Leistungsangebote Bescheid. Denn nur so kann eine bedarfs- und vor allem bedürfnissorientierte Behandlung und Betreuung der Patienten sichergestellt werden. Er erzählt:

„Als ich 1990 meinen Dienst im Geriatrischen Krankenhaus der Stadt Graz antrat, bestand meine Aufgabe als Arzt darin, eine optimale medizinische Versorgung für die Patienten des Geriatrischen Krankenhauses sowie die Bewohner der Pensionistenheime am dortigen Standort zu gewährleisten. Die Klientel des Geriatrischen Krankenhauses setzte sich vorwiegend aus hochbetagten Menschen mit komplexen krankheitsbedingten, aber auch psychosozialen Unterstützungsbedürfnissen zusammen. Meist wurden diese Menschen über eine lange Zeit umfassend betreut, da sie in den damaligen herkömmlichen Pensionistenheimen keine ausreichende Betreuung erfuhren. Neben der Optimierung der medizinischen Angebote (Sonografie, Spirometrie, Blutabnahme- sowie Laborsysteme, Assessmenttools etc.) kristallisierten sich schon bald unterschiedliche Patientengruppen heraus. Ausgehend von einem hausinternen Konzept für die Etablierung einer bedarfs- und bedürfnisgerechten Betreuung dieser unterschiedlichen Gruppen wurde eine übergeordnete Arbeitsgruppe gebildet. Diese Arbeitsgruppe sollte Leistungsangebote für eine anschließende Umsetzung im Rahmen des neuen Produktportfolios des Geriatrischen Krankenhauses definieren. Daraus entstanden die umschriebenen und qualitätsoptimierten Angebote der Akutgeriatrie und Remobilisation, der Medizinischen Geriatrie (Langzeitbehandlung und -betreuung, Palliative Geriatrie), Memory Klinik, Hospiz und Apallic Care Unit. Die medizinischen, pflegerischen, therapeutischen und psychosozialen Interventionskompetenzen wurden auf die Produkterfordernisse abgestimmt und das dafür notwendige Mitarbeiterempowerment wurde gezielt unterstützt. Natürlich musste auch die Leistbarkeit sowohl für die Patienten als auch für den Träger der Organisation gewährleistet werden. Einerseits konnte die qualitätsvolle Arbeit durch die Dokumentation der Erfolge nachvollziehbar gemacht werden und andererseits wurden durch die Darstellung der Sinnhaftigkeit dieser ergänzenden Angebote Umsetzungspartner im Gesundheits- und Sozialbereich gewonnen. Verbunden mit der Umbenennung des Geriatrischen Krankenhauses in Albert Schweitzer Klinik wurde die Vision einer den Bedürfnissen der Patienten und dem Bedarf der Gesellschaft angemessenen, modernen Geriatrie Wirklichkeit. Mittlerweile konnten dadurch beispielsweise viele tausend Patienten aus dem Bereich der Akutgeriatrie und Remobilisation nach Akutgeschehen wieder nach Hause entlassen werden. Unzählige Menschen wurden seither im Albert Schweitzer Hospiz nach den Prinzipien der Palliative Care begleitet. Vom Schicksal schwer getroffene Patienten werden im Bereich der Apallic Care Unit (Wachkomastation) nach ihren Bedürfnissen gezielt gefördert. Im Bereich der Medizinischen Geriatrie erhalten Betroffene genügend Zeit, um gesundheitlich stabilisiert wieder entlassen zu werden oder nach den Prinzipien der Palliativen Geriatrie würdevoll begleitet werden zu können. Nicht zu vergessen ist die Memory Klinik, in der demenzerkrankten Menschen nach den neuesten Erkenntnissen der Demenzbetreuung begegnet wird.

Die vernetzten Angebote der Geriatrischen Gesundheitszentren (Albert Schweitzer Klinik, Pflegewohnheime, Tagesklinik und Tageszentren, Betreutes Wohnen) ermöglichen es außerdem, zeitnah die richtige Behandlungs- und Betreuungsform in Anspruch nehmen zu können. Dies bedingt oftmals auch eine große Entlastung für betroffene Angehörige der Patienten bzw. Bewohner.

Durch die unternehmensweite Vernetzung der Leistungsangebote wurde es auch möglich, unsere Pflegewohnheime mittels geriatrischem Konsiliardienst zu unterstützen. Beispielsweise musste Herr K., 93 Jahre alt, nicht in ein Akutkrankenhaus transferiert werden, da durch medizinische Vorsorgegespräche mit Herrn K. dessen Wünsche und Vorstellungen einer optimalen Betreuung rechtzeitig formuliert wurden. Durch die Einbindung des Geriatrischen Konsiliardienstes (GEKO) konnte gemeinsam mit der zuständigen Hausärztin und dem betreuenden Pflegeteam das Verbleiben im Pflegewohnheim gesichert werden. Die Symptome der vorliegenden chronischen Krankheiten konnten ebenso gut beherrscht werden wie zwischenzeitlich auftretende Infektionen und Akutverschlechterungen der fortgeschrittenen Herzinsuffizienz und COPD. Wichtig war das sehr zeitnahe Erkennen des Gesundheitsstatus von Herrn K. durch das Pflegeteam und das gleichermaßen rasche Reagieren der Hausärztin und des GEKO. Damit wurde die Lebensqualität des Bewohners nachhaltig stabilisiert und sowohl dem Bewohner als auch dem Pflegeteam Sicherheit gegeben. Im Rahmen der ausführlichen medizinischen Vorsorgegespräche vermittelte Herr K. außerdem den unbedingten Wunsch, im Falle eines Herz-Kreislauf-Stillstands nicht mehr wiederbelebt zu werden (DNR-Vereinbarung).

> Dies wurde dem Betreuungsteam entsprechend kommuniziert und schriftlich im Dokumentationssystem vermerkt. Trotz der krankheitsbedingten Einschränkungen fühlte sich Herr K. in den nächsten Jahren meist sehr wohl. Nach knapp drei Jahren wurde seine Herzfunktion deutlich schlechter. Auch in dieser Zeit wurde er, wie oben beschrieben, umfassend begleitet, wobei überdies eine psychosoziale sowie spirituelle Begleitung durch ehrenamtlich Tätige des Hospizvereins und der hauseigene Seelsorger eingebunden wurden. Ein Transfer in ein Akutkrankenhaus war deshalb nicht erforderlich, wodurch Herr K. in seiner gewohnten Umgebung, in der er sich über Jahre sehr wohlfühlte, in Ruhe und Geborgenheit seinen irdischen Weg zu Ende gehen konnte."

Forschung als Teil des Innovationskonzepts

Die Altersmedizin verfügt über wenige wissenschaftliche Studiendaten, die sich explizit auf hochaltrige Menschen beziehen. Viele Studien zu Medikamenten und therapeutischen Interventionen werden an jüngeren Patienten durchgeführt. Dadurch wissen wir nicht exakt, ob ein z.B. 80-jähriger Mensch in gleicher Weise von einem Medikament profitiert wie ein 40-jähriger.

Gute Altersmedizin zeichnet sich dadurch aus, dass die Herangehensweisen der unterschiedlichen Berufsgruppen wie Medizin, Therapie und Pflege **evidenzbasiert** sind. Forschung ist nicht nur der konsequente Weg, den wir in enger Kooperation mit medizinischen Universitäten und mit anderen akademischen Einrichtungen gehen, sondern auch die Basis für Innovation. Alle diagnostischen und therapeutischen Maßnahmen, die eingeführt werden, sollen auf wissenschaftlicher Basis beruhen.

So wird ab 2010 auch ein Fokus auf wissenschaftliche Arbeiten von Ärzten der Albert Schweitzer Klinik, auf Mitwirkung an medizinischen Fachkongressen und auf das Knüpfen eines altersmedizinischen Forschungsnetzwerks gelegt. Bedeutende Partner sind die Medizinische Universität Graz und das Universitätsklinikum Graz.

In der Albert Schweitzer Klinik beschäftigen wir uns konsequent mit besonderen Bedarfslagen der älteren Menschen und entwickeln so ein geriatrisches Versorgungszentrum, in dem neben multiprofessioneller Patientenversorgung auch **akademische Lehre und Forschung** mit Partnerorganisationen betrieben werden. So entstehen auch selbstständig entwickelte Versorgungsmodelle, wie z.B. die Intermediate-Care-Station (IMC) und der Geriatrische Konsiliardienst (GEKO).

Um eine Separierung von unabhängigen Versorgungsbereichen zu verhindern, bauen wir ein reges Konsiliarwesen innerhalb der Geriatrischen Gesundheitszentren auf. Dadurch wird das Gemeinsame gefördert und die Expertise von Spezialisten zu spezifischen Fragestellungen in alle Bereiche gebracht. Diesbezüglich sind auch Patientenbesprechungen und Fortbildungen hilfreich. Die Integration schafft eine fachlich-inhaltliche Gesamtheit des ärztlichen Bereichs, in welcher Fachärzte, Allgemeinmediziner, Psychologen, Psychotherapeuten, Musiktherapeuten, Diätologen, Physiotherapeuten,

Ergotherapeuten, Logopäden, Masseure und Tiertherapeuten eng vernetzt im klinischen Alltag zusammenarbeiten. Die Differenzierung widerspricht also nicht der gleichzeitigen Integration der spezialisierten Berufsgruppen zu einer Gesamtheit zum Wohle der Patienten.

Interdisziplinäre Teams und flache Hierarchien

Die Zusammenführung von einzelnen Fachdisziplinen zu einem interdisziplinären Team ist ein gezielt geförderter und herausfordernder Prozess. Man gehört als Geriater nicht mehr nur einer bestimmten Abteilung oder einer Fachgruppe an, sondern arbeitet mit allen Disziplinen zusammen, die der Patient braucht. Das kann auch dazu führen, dass einzelne Mitarbeiter das Team verlassen, weil sie in ihrem unmittelbaren Fachbereich verbleiben wollen, ohne sich in diesem Ausmaß mit anderen Fachdisziplinen auseinandersetzen zu müssen. Daraus resultiert, dass wir eine *Auswahl von teamorientierten Mitarbeitern in den geriatrischen Teams* haben.

2013 werden über das Projekt „Albert Schweitzer Klinik 2020" *neue Dienstzeitregelungen* für den patientennahen Mitarbeiterbereich eingeführt und die bis dahin gültige Gleitzeitregelung verlassen. Die neuen Dienstpläne stellen die Bedürfnisse der Patienten nach umfassender medizinischer, therapeutischer und pflegerischer Betreuung in den Mittelpunkt und garantieren gleichzeitig ein optimales Maß an eigenständiger Dienstzeitflexibilität für die Mitarbeiter.

3.4 Vernetzung und Nachhaltigkeit

Um die Patientenversorgung trotz schwieriger Rahmenbedingungen (Personalknappheit) auch in komplexen Situationen möglichst optimal leisten zu können, werden Kooperationsverträge mit Partnerorganisationen abgeschlossen sowie neue Konzepte erstellt und Schwerpunkte gesetzt. Besonders in der Palliativbetreuung wird die Teamarbeit, unterstützt durch Ethikkonsile, forciert. Im Bereich der Akutgeriatrie und Remobilisation (AG/R) wird die *Steigerung der Selbstverantwortung des Patienten* als strategisch wichtig erkannt. Um unsere Versorgungsqualität sichtbar zu machen, wird an ausgesuchten Wettbewerben teilgenommen und ein kontinuierlicher Zertifizierungsprozess eingeleitet.

Kooperationen und Vernetzung für gemeinsame Behandlungspfade

Ab 2018 trifft uns eine Pensionierungswelle im ärztlichen Bereich. Obwohl mit ähnlichen Problemen wie in anderen Krankenhäusern zu rechnen war, tritt dies nicht ein. Zu unserer Überraschung erreichen uns mehr Bewerbungen als wir Stellen zur Verfügung haben. Es bewerben sich hochqualifizierte und erfahrene Fachärzte und Allgemeinmediziner aus anderen Krankenhäusern, die bewusst einen Weg der zuwendenden Medizin wählen wollen, in der die Beziehung zwischen Arzt und Patient gefördert wird. Die Zukunft erfordert Vernetzung, ein Hinausgehen aus dem eigenen Bereich, ein Denken in Netzwerken, wie aus dem Projektbeispiel Geriatrischer Konsiliardienst abzuleiten ist. Der Fokus liegt nicht allein auf unserem Unternehmen oder einzelnen Abteilungen. Der Blick richtet sich auf die Gesundheitsversorgung und insbesondere die geriatrische Versorgung der Bevölkerung im Gesamten. So werden seit einigen Jahren *trägerübergreifende Behandlungspfade für geriatrische Patienten* unter Federführung von Ärzten unserer Klinik etabliert.

Palliativer Ansatz und Ethik als strategischer Schwerpunkt

In der Geriatrie und in der Palliativmedizin ist das Arbeiten in interdisziplinären Teams eine unabdingbare Voraussetzung, um den Bedürfnissen des Patienten zu entsprechen. Interdisziplinäre Besprechungen sind in der Patientenbetreuung essentiell und finden regelmäßig statt. Ehrenamtliche leisten im Langzeitbereich über den Hospizverein Steiermark wertvolle Unterstützung und werden zu interdisziplinären Besprechungen eingeladen.

Damit sich eine Haltung zu einer gelebten Unternehmenskultur auf allen Ebenen entwickeln kann, braucht es Menschen mit Vorbildwirkung und entsprechende Führungskräfte. Ein erfolgreiches Team zeichnet sich dadurch aus, dass es an einem Strang zieht und ein gemeinsames Ziel verfolgt. Das ist bedingt über die Auswahl der geeigneten Mitarbeiter beeinflussbar, hängt jedoch auch entscheidend von der **Modellwirkung der Vorgesetzten** ab.

> In der **Palliativmedizin** steht nicht die Lebensverlängerung oder die Heilung der Krankheit im Vordergrund – der Fokus liegt auf der Linderung von belastenden Symptomen und Beschwerden. (Pott 2013, Baumgartner 2004)
>
> Die Palliativmedizinische Versorgung von schwererkrankten Menschen mit einer stark eingeschränkten Lebenserwartung bezieht das soziale Unterstützungssystem mit ein. Durch die Integration von psychologischen, psychosozialen und spirituellen Aspekten in der Versorgung von Patienten wird versucht, auf die Bedürfnisse der Patienten als auch der Angehörigen einzugehen. (Mathis/Husebø 2017, Österreichische Palliativgesellschaft o. J.)
>
> Alle betreuenden Berufsgruppen der Medizin, Therapie und Pflege haben die Aufgabe, die Patienten und Angehörigen zu begleiten, was auch die Betreuung der Angehörigen in der Trauerphase mit beinhaltet. Die Palliativmedizin akzeptiert das Sterben als normalen Prozess, sie will den Tod weder beschleunigen noch hinauszögern. Ziel ist es, die bestmögliche Lebensqualität bis zum Tod zu bewahren. (WHO o. J., Baumgartner 2004)

Verbesserung der Gesundheitskompetenz

Als weitere Innovation für geriatrische Patienten in der AG/R wird ein **Programm zur Steigerung der Gesundheitskompetenz** eingeführt: Das Programm vermittelt Wissen über altersrelevante Gesundheitsthemen, befähigt betagte Menschen und deren Angehörige zum Gesundheits-Selbstmanagement und weckt die Motivation zur Mitverantwortung bei der Erhaltung und Verbesserung von Gesundheit und Mobilität. In dieses Programm sind alle Berufsgruppen des ärztlichen Bereichs und der Pflege involviert.

Für eine gute Patientenbetreuung ist neben dem fachlichen Wissen besonders eine Haltung der Mitmenschlichkeit und Empathie jedes einzelnen Mitarbeiters wesentlich.

Wissen und Expertise allein sind keine Garanten für gute Versorgung. Die *menschliche Zuwendung*, das *Helfen-Wollen*, das *Aufeinander-Zugehen* und der *Wunsch, Menschen in ihrer Multimorbidität und in ihrer Fragilität zu unterstützen*, sind wesentliche Faktoren für gelingende Betreuung.

Alles, was wir an Strukturen und Prozessen modellieren und schaffen, kann nur ein Rahmenwerk sein, innerhalb dessen sich Beziehung abspielt und entwickeln kann. Prozesse allein schaffen noch keine Menschlichkeit, sondern müssen mit dieser erst beseelt werden. Dies ist auch strategischer Schwerpunkt bei der Weiterentwicklung aller Versorgungsbereiche. Besonders wichtig ist dies in Bezug auf die palliative Betreuung und die Ethikarbeit.

Messen von geriatrischer Versorgung

Ergebnisse zu messen und zu vergleichen ist Teil von **evidenzbasierter Medizin (EbM)**. Wir machen messbar, wie nachhaltig unsere Interventionen geriatrischer Versorgung wirken und wie wir verhindern können, dass Patienten durch unsere Maßnahmen Schaden erleiden. So werden Indikatoren definiert, welche die Betreuungsqualität abbilden sollen, die kontinuierlich gemessen und mit denen anderer Einrichtungen verglichen werden können. Beispiele solcher Indikatoren sind: Selbstständigkeit in der Verrichtung von Alltagsaktivitäten, Verbesserung der Mobilität, Ernährungsstatus, Wiederaufnahmerate in Akutkrankenhäuser, Häufigkeit nosokomialer Infektionen, Stürze, Behandlungskomplikationen.

Ein entscheidender Schritt für mehr Qualitätsbewusstsein im gesamten Unternehmen wird durch die Teilnahme an Qualitätszertifizierungen bewirkt.

> **Evidenzbasierte Medizin (EbM)** ist der sorgfältige und beschreibbare Gebrauch aktueller, wissenschaftlicher Forschung, um Entscheidungen über Behandlung, Therapie und Versorgung individuell auf den Menschen anwenden zu können. (Masic/Miokovic/Muhamedagic 2008, Weber/Haverich 2016, Schäfer 2012)
>
> Durch den Einsatz qualitativ hochwertiger klinischer Forschung wird die klinische Entscheidungsfindung erhöht. Evidenzbasierte Medizin versucht durch das Zusammenspiel von drei ausschlaggebenden Faktoren (Säulen), empirische Belege für die Medizin zu schaffen (Bauwens/Stengel/Ekkernkamp 2011):
>
> - individuelle, klinische Praxiserfahrungen des Praktizierenden,
> - Wunsch- und Wertvorstellungen des Patienten und
> - aktuelle medizinische Forschung durch kritische und systematische Überprüfungen oder evidenzbasierte Leitlinien des jeweiligen Fachgebiets.
>
> Wenn die Bewertung der aufgefundenen Studien abgeschlossen wurde, sollten daraus Handlungsempfehlungen für das aktuelle klinische Problem abgeleitet und umgesetzt werden. Der Aufwand für evidenzbasierte Medizin muss sich dadurch rechtfertigen, dass sie zu einer nachweislichen Verbesserung in der Versorgung des Patienten führt. Auch Leitlinien sind Handlungsempfehlungen, deren methodische Qualität stark von der Evidenzbasierung abhängt. (Schäfer 2012, Weber/Haverich 2016)

3.5 Ausblick

Das Gesundheits- und Pflegewesen ist europaweit einem starken **strukturellen Wandel mit hohem Innovationsdruck und Verdrängungswettbewerb** unterworfen. Wir werden im Gesundheitssystem nur dann Erfolg haben, wenn wir betriebswirtschaftliches Denken mit systemischem Denken auf Public-Health-Ebene in allen strategischen Überlegungen vereinen.

Das bedeutet, dass bei allen Innovationen und Veränderungen unseres Angebots immer die Einbeziehung anderer Gesundheitsversorgungs-Anbieter notwendig ist.

Das *systemische Denken* über die eigenen Unternehmensgrenzen hinaus ist die Grundlage für den Erfolg im Gesundheitswesen der Zukunft.

Die kommenden Jahre sind Schicksalsjahre für die Geriatrie aber auch für Krankenhäuser im Allgemeinen. Der Umbruch in der Gesundheitslandschaft führt zu einer steigenden Konkurrenz, für den Akutbereich als auch für die Langzeitgeriatrie. Der Bettenabbau im Akutbereich und die beabsichtigte Stärkung des ambulanten Primärversorgungsbereichs führen zu einem notwendigen Ausbau mobiler Dienste und einer

Qualifizierung dieser Dienst zur Betreuung chronisch kranker und geriatrischer Patienten im häuslichen Bereich. Vor diesem Hintergrund werden sich auch die stationären geriatrischen Versorgungsstrukturen anpassen müssen.

■ 3.6 Literatur

Baumgartner, Johann: *Palliativmedizin – Definition, abgestufte Versorgung und Organisationsformen.* In: Bernatzky, Günther; Sittl, Reinhard; Likar, Rudolf (Hrsg.): *Schmerzbehandlung in der Palliativmedizin.* Springer-Verlag, Wien 2004, S. 2 – 4

Bauer, Robert: *Sucht zwischen Krankheit und Willensschwäche. Ethisches Forschungsarbeit.* Francke Verlag, Tübingen 2014

Bauwens, Kai; Stengel, Dirk; Ekkernkamp, Axel: *Evidenzbasierte Medizin (EBM) in der Unfallchirurgie.* In: Trauma und Berufskrankheit. Trauma Berufskrankheit (2008) Nr. 10, Supplement 2, S. 208 – 211

Chassioti, Wassiliki: *Verständnis und Definition von Pflegebedürftigkeit aus länderübergreifender Sicht: Problem und Kritik zum Pflegebedürftigkeitsbegriff sowie Lösungsvorschläge.* Diplomica Verlag, Hamburg 2014, S. 27 – 30

Kohli, Martin: *Die alternde Gesellschaft.* In: fundiert. 01/2004. Freie Universität Berlin. URL: https://www.fu-berlin.de/presse/publikationen/fundiert/archiv/2004_01/kohli/index.html. Abgerufen am 20.02.2019

Maio, Giovanni: *Ethik in der Medizin – eine praxisbezogene Einführung.* In: Salomon, Fred (Hrsg.): *Praxisbuch Ethik in der Intensivmedizin.* MWV Medizinisch Wissenschaftliche Verlagsgesellschaft, Berlin 2009, S. 4 – 15

Marckmann, Georg: *Was ist eigentlich prinzipienorientierte Medizinethik?* In: Ärzteblatt Baden-Württemberg Volume 56, 12 (2000), S. 499 – 502. URL: https://www.egt.med.uni-muenchen.de/personen/leitung/marckmann/materialien/publikationen/prinzipienethik-2013.pdf. Abgerufen am 18.02.2019

Marckmann, Georg; Ralf, J. Jox: *Ethische Grundlagen medizinischer Behandlungsentscheidungen: Auftaktartikel zur Serie Ethik in der Medizin.* In: Bayerisches Ärzteblatt Volume 9 (2013), S. 442 – 445. URL: https://www.egt.med.uni-muenchen.de/personen/leitung/marckmann/materialien/publikationen/ethische-grundlagen-2013.pdf. Abgerufen am 15.02.2019

Mathis, Gebhard; Husebø, Stein: *Was ist Palliativmedizin? Was ist Palliative Care?* In: Mathis, Gebhard; Husebø, Stein (Hrsg.): *Palliativmedizin.* 6. Auflage, Springer-Verlag, Berlin 2017, S. 3 – 6

Masic, Izet; Miokovic, Milan; Muhamedagic, Belma: *Evidence Based Medicine – New Approaches and Challenges.* In: Acta Informatica Medica Volume 16, 4 (2008), S. 219 – 225

Max-Planck-Institut für demografische Forschung: *Was ist Demografie?* URL: https://www.demogr.mpg.de/de/ueber_uns_6113/was_ist_demografie_6674. Abgerufen am 20.02.2019

Palen, Renata; Maru, Monica. Eurostat-Pressestelle (Hrsg.): *Erste Bevölkerungsschätzungen 115/2018 – 10. Juli 2018.* URL: *https://ec.europa.eu/eurostat/documents/2995521/ 9063743/3-10072018-BP-DE.pdf/95b21d9e-d8ed-47ad-881d-318fe9bdb147.* Abgerufen am 19.02.2019

Pils, Katharina: *Rehabilitation in der Geriatrie.* In: Fialka-Moser, Veronika (Hrsg.): *Kompendium physikalische Medizin und Rehabilitation.* 3. Auflage, Springer-Verlag, Wien 2013, S. 81–95

Pott, Gerhard: *Definition, Ziele und Geschichte der Palliativmedizin.* In: Pott, Gerhard; Domagk, Dirk (Hrsg.): *Integrierte Palliativmedizin. Leidensminderung – Patientenverfügungen – Sterbebegleitung – intuitive Ethik.* Schattauer Verlag, Stuttgart 2013, S. 5–16

Putts, MT.; Hardt, J.; Monette, J., Girre, V.; Springall, E., Alibhai, S.M.H.: *Use of Geriatric Assessment for Older Adults in the Oncology Setting: A Systematic Review.* In: Journal of the National Cancer Institute, Volume 104, 15 (2012), S. 1134–1164 URL: *https://www. ncbi.nlm.nih.gov/pmc/articles/PMC3413614/.* Abgerufen am 20.02.2019

Österreichische Gesellschaft für Geriatrie und Gerontologie: *Basisassessment: An einem Strang ziehen.* In: Österreichische Gesellschaft für Geriatrie und Gerontologie. Österreichisches Basisassessment. Broschüre, Stand 12/2011, Friedrich Druck, Linz 2011. URL: *https://www.geriatrie-online.at/publikationen/basisassessment-an-einem-strang-ziehen/.* Abgerufen am 20.02.2019

Österreichische Palliativgesellschaft: *Palliativmedizin.* URL: *https://www.palliativ.at/palliativecare/palliativmedizin.html* Abgerufen am 19.02.2019.

Rahbar, Kambiz: *Die vier Prinzipien ethischen Handelns in der Medizin.* URL: *https://ethicarationalis.org/medizinethik/die-vier-prinzipien-ethischen-handelns-in-der-medizin/.* Abgerufen am 19.02.2019

RIS (Rechtinformationssystem des Bundes): *Landesrecht konsolidiert Vorarlberg: Gesamte Rechtsvorschrift für Berufsbezeichnungsverordnung der Ärzte und Ärztinnen, Fassung vom 11.12.2019.* URL: *https://www.ris.bka.gv.at/GeltendeFassung.wxe?Abfrage=LrVbg&Gesetzesnummer=20000800.* Abgerufen am 10.12.2019

Salomon, Fred: *Praxisbuch Ethik in der Intensivmedizin.* MWV Medizinisch Wissenschaftliche Verlagsgesellschaft, Berlin 2009

Schäfer, Torsten: *EbM: Was ist das und wer braucht das eigentlich?* In: MMW – Fortschritte der Medizin, Volume 21 (2012), S. 71–73

Schippinger, Walter: *GEKO. Der Geriatrische Konsiliardienst. Geriatrischer Konsiliardienst zur medizinischen Versorgung von Bewohnerinnen und Bewohnern in Pflegeheimen.* Studie der Geriatrischen Gesundheitszentren der Stadt Graz, 2010

Schippinger, Walter; Hartinger, Gerd; Horn, Eva; Pilgram, Horst Erwin; Stoiser, Eric; Hermann, Brigitte; Bohnstingl, Martina; Hierzer Andrea; Samonigg, Helmut; Baumgartner, Johann: *Abgestuftes Versorgungsmodell Geriatrie und Palliative Care. Das Grazer Modell zur Integration palliativer und geriatrischer Versorgungseinrichtungen.* Poster. Präsentiert beim Kongress der Österreichischen Palliativ Gesellschaft im Dezember 2012 in Klagenfurt, 2011

Schmid, Josef: *Bevölkerungswissenschaft.* URL: *https://wirtschaftslexikon.gabler.de/definition/ bevoelkerungswissenschaft-28556/version-252184.* Abgerufen am 20.2.2019

Statistik Austria: *Bevölkerungsstand 1.1.2013.* URL: *https://www.statistik.at/web_de/services/ publikationen/2/index.html?includePage=detailedView&sectionName=Bev%C3%B6lkerung& publd=598.* Abgerufen am 19.02.2019

Weber, Stefan; Haverich, Axel: *Bahnbrechende chirurgische Innovationen in Deutschland.* In: Der Chirurg. Zeitschrift für alle Gebiete der operativen Medizin, Volume 87, 5 (2016), S. 433 – 437

WHO: *Definition of Palliative Care.* URL: *https://www.who.int/cancer/palliative/definition/ en/.* Abgerufen am 19.02.2019

4 Wie die Professionalisierung der Pflege und Betreuung gelingen kann

Waltraud Haas-Wippel, Lisa Weidinger

> Der demografische Wandel stellt die Pflege vor zahlreiche Herausforderungen und macht es erforderlich, sich dieser Berufsgruppe intensiv zuzuwenden. Gleichzeitig bedarf es eines gestärkten Selbstbewusstseins des Pflegepersonals, das sich als größte Berufsgruppe mit Profession und Expertise intensiv einbringt und neue Tätigkeitsfelder, insbesondere in der Gesundheitsförderung und Prävention bei alten Menschen, übernimmt.
>
> Die Pflegesituation in Österreich kann ebenso wie in anderen westeuropäischen Ländern nur durch ausreichend qualifiziertes Pflegepersonal und die laufende Weiterentwicklung und Evaluierung der Methoden und Arbeitsweisen gesichert werden. Wie uns das gelungen ist, erfahren Sie in diesem Beitrag.

Bild 4.1 zeigt unsere Entwicklungsphasen und die einzelnen Bausteine der Pflege im Überblick. Welche Bausteine in der jeweiligen Phase eine bedeutende Rolle eingenommen haben, erfahren Sie auf den nächsten Seiten. Am Ende des Buchbeitrags erwartet Sie ein kurzer Ausblick über die künftige Entwicklung der Gesundheits- und Krankenpflege.

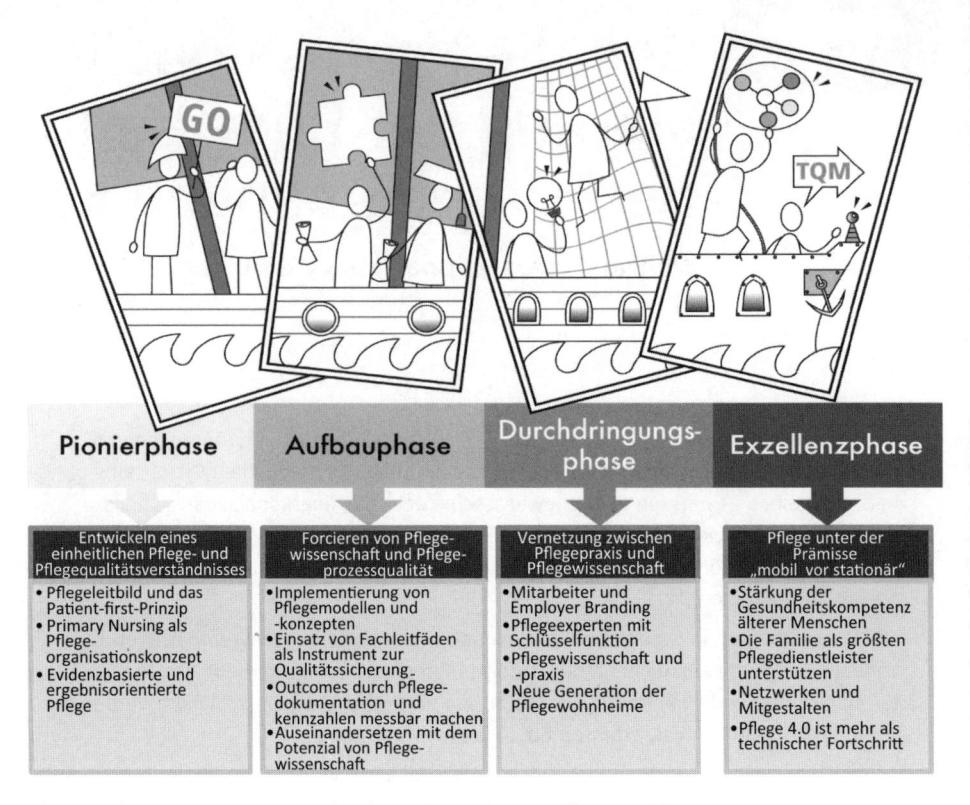

Pionierphase	Aufbauphase	Durchdringungsphase	Exzellenzphase
Entwickeln eines einheitlichen Pflege- und Pflegequalitätsverständnisses	Forcieren von Pflegewissenschaft und Pflegeprozessqualität	Vernetzung zwischen Pflegepraxis und Pflegewissenschaft	Pflege unter der Prämisse „mobil vor stationär"
• Pflegeleitbild und das Patient-first-Prinzip • Primary Nursing als Pflegeorganisationskonzept • Evidenzbasierte und ergebnisorientierte Pflege	• Implementierung von Pflegemodellen und -konzepten • Einsatz von Fachleitfäden als Instrument zur Qualitätssicherung • Outcomes durch Pflegedokumentation und kennzahlen messbar machen • Auseinandersetzen mit dem Potenzial von Pflegewissenschaft	• Mitarbeiter und Employer Branding • Pflegeexperten mit Schlüsselfunktion • Pflegewissenschaft und -praxis • Neue Generation der Pflegewohnheime	• Stärkung der Gesundheitskompetenz älterer Menschen • Die Familie als größten Pflegedienstleister unterstützen • Netzwerken und Mitgestalten • Pflege 4.0 ist mehr als technischer Fortschritt

Bild 4.1 Entwicklungsphasen und Exzellenzbausteine der Pflege und Betreuung

■ 4.1 Entwickeln eines einheitlichen Pflege- und Pflegequalitätsverständnisses

Einer der Exzellenzbausteine der Pionierphase war das *Entwickeln eines einheitlichen Verständnisses von Pflege*. Dazu wurde vom Pflegemanagement ein **Pflegeleitbild** erarbeitet, das in weiterer Folge auch für die gesamte Organisation die Werte, Haltungen, Ziele und Qualitätsansprüche definierte. Ein weiterer Schritt war die Implementierung von ausgewählten Pflegemodellen und -konzepten, die sich immer an den Bedarfen unserer Patienten und Bewohner orientierten und unter Einbindung unserer Mitarbeiter erfolgte. Zudem galt es, Pflegerichtlinien zu definieren und Pflegestandards einzuführen, die einerseits fachliche Unterstützung und Sicherheit und andererseits die größtmögliche Individualität sicherstellten. Dies erforderte auch eine Verschränkung von Fachexpertise und Versorgungsforschung sowie die verstärkte Fokussierung auf ein zielgerichtetes Prozessdenken. Die Pflege ist schließlich verantwortlich für einen unserer wichtigsten Prozesse – den Kernprozess der Patienten- und Bewohnerbetreuung.

In diesem Kapitel widmen wir uns daher folgenden Themen:
- Pflegeleitbild und das „Patient first"-Prinzip,
- Primary Nursing als Pflegeorganisationskonzept,
- evidenzbasierte und ergebnisorientierte Pflege.

Pflegeleitbild und das „Patient first"-Prinzip

Das Pflegeleitbild aus dem Jahr 2000 stellte die Basis für das heutige Unternehmensleitbild dar, welches dem Prinzip „Patient first" folgt.

Hier ein Auszug aus dem Pflegeleitbild zu unserem Verständnis von Pflege:

> *„Pflege ist ein* **Beitrag zur Lebensförderung** *in unserer Gesellschaft.* **Ganzheitlich orientierte Pflege** *vollzieht sich nach den Schritten des Pflegeprozesses und bezieht das soziale Umfeld und die Lebensbiografie des Patienten mit ein. In der Zusammenarbeit im* **interdisziplinären therapeutischen Team** *nimmt sie ihre spezifischen, pflegerelevanten Aufgaben und Kompetenzen wahr. Professionelle Pflege stellt* **hohe fachliche und menschliche Ansprüche.** *Ihnen zu entsprechen, erfordert ständiges Weiterlernen im Anschluss an eine qualifizierte Ausbildung."*

> „Patient first" stellt in der Gesundheitsversorgung einen Ansatz dar, bei welchem der Patient im Mittelpunkt aller Bemühungen steht. Der Begriff wird oft auch mit „Patientenzentrierung" oder „Patientenbeteiligung" in Verbindung gebracht (Yeoman u. a. 2017).
>
> Der Patient wird als elementarer Bestandteil der Gesundheitsversorgung gesehen. Die Wünsche und Bedürfnisse von Patienten nehmen bei dem „Patient first"-Prinzip eine hohe Bedeutung ein (Bethge/ Danner 2017).
>
> Oberste Priorität soll die offene Zusammenarbeit mit dem Patienten haben, um mit Respekt und Mitgefühl das beste Behandlungs- oder Betreuungsergebnis für den Patienten zu erreichen. Zu den wesentlichsten Faktoren, um Patientenbedürfnissen im Gesundheitswesen zu entsprechen, zählen: Partizipation, das Verfolgen gleicher Ziele, die Begegnung auf Augenhöhe sowie ein partnerschaftliches Zusammenarbeiten zwischen Gesundheitsprofessionen und Patienten (Yeoman u. a. 2017, Amelung u. a. 2018).

Die bedürfnis- und bedarfsgerechte Pflege und Betreuung von Menschen hat sich in der gerontologischen Pflege erst im Laufe des 20. Jahrhunderts mit dem Verabschieden der defizitären Sichtweise von Patienten als kranke und unselbstständige Personen entwickelt. Das Hauptaugenmerk der täglichen Pflegepraxis ist nun darauf ausgerichtet, vorhandene Fähigkeiten der Patienten zur Selbstversorgung zu erhalten und solche, die verloren gegangen sind, zu reaktivieren. (Steidl/Nigg 2014, Matolyz 2016) Dieser *Paradigmenwechsel von der Defizitorientierung hin zur Ressourcenorientierung* musste auch in unserer Organisation im gesamten Pflegeprozess Berücksichtigung finden.

Primary Nursing als Pflegeorganisationskonzept

Dieser Paradigmenwechsel, der auch Strukturveränderungen mit sich brachte, erforderte auch eine *Anpassung der Rahmenbedingungen*. Das Pflegemanagement hat die Organisation und das Zusammenwirken verschiedener Qualifikationen und Kompetenzen auf die Patienten und Bewohner je nach Pflegebedarf, Ressourcen und Komplexität und je nach Betreuungssetting abgestimmt. Es wurden aber auch neue Aufgaben in der Pflege übernommen. Dies erforderte entsprechende Zusatzqualifikationen und Weiterbildungen unserer Mitarbeiter. Pflegepersonen mit Expertenfunktion und unterschiedlichen Kompetenzbereichen brachten nun spezifisches Wissen ein und standen nicht nur Patienten als fachkundiger Ansprechpartner, sondern auch Kollegen bei komplexen Situationen beratend und unterstützend zur Seite.

Primary Nursing stellte dabei eine geeignete Methode dar, welche die Pflegebeziehung und Betreuungskontinuität in den Mittelpunkt rückt und die Patienten-, Mitarbeiter- und Angehörigenzufriedenheit durch Eigenverantwortung fördert.

> **Primary Nursing** ist ein Pflegeorganisationskonzept, das in den 1960er-Jahren von der US-Amerikanerin Marie Manthey (2011) entwickelt wurde.
>
> Bei diesem Konzept übernimmt eine Pflegeperson die Verantwortung für den gesamten Pflegeprozess von der Aufnahme bis zur Entlassung. Von Bedeutung ist dabei, dass die Pflege nicht nur umfassend und kontinuierlich organisiert ist, sondern es auch möglich ist, individuell zu pflegen, sodass die zu betreuende Person stets im Zentrum aller organisatorischen Überlegungen steht.
>
> Die Bezugspflegeperson (Primary Nurse) hat die Möglichkeit, den Prozess der pflegerischen Versorgung aktiv zu gestalten. (Dal Molin u. a. 2018, Dobrin Schippers u. a. 2010)
>
> Die Einführung von Primary Nursing zielt auf eine individualisierte pflegerische Versorgung, die Verbesserung der Arbeitsabläufe und die Steigerung der Patienten- und Mitarbeiterzufriedenheit ab. (Manthey 2011)
>
> Die Verbreitung von Primary Nursing im europäischen Raum kann noch als sehr rudimentär bezeichnet werden. Viele Pflege- und Gesundheitsexperten bezeichnen Primary Nursing jedoch als das Pflegeorganisationskonzept der Zukunft, denn aus dem demografischen, ökonomischen, medizinischen und technischen Fortschritt ergibt sich die Notwendigkeit, Arbeitsprozesse am Versorgungsbedarf der Patienten auszurichten. (Sallegger u. a. 2016)

➡️ Das Pflegeorganisationskonzept wurde gemeinsam mit den Mitarbeitern der Medizinischen Universität Graz auf die Besonderheiten unserer Organisation adaptiert und in einem Probelauf auf einer Station getestet und evaluiert. Anschließend wurde **Primary Nursing auf allen Stationen der Klinik implementiert** und einer neuerlichen Evaluierung mittels des Instruments zur Erfassung von Pflegesystemen (IzEP©) unterzogen. Aufgrund des sehr guten Ergebnisses der Evaluierung erhielten wir mit unserem Projekt den ersten Preis beim Pflegemanagement-AWARD „*CURA 2016*" in Wien, welcher vom Bundesminister für Gesundheit verliehen wurde. Beim Steirischen Qualitätspreis Gesundheit „*SALUS*" wurden wir mit dem zweiten Platz belohnt.

Evidenzbasierte und ergebnisorientierte Pflege

In der Pionierphase nahmen die Änderungen der gesetzlichen Rahmenbedingungen in Österreich auch auf unsere Pflege einen wesentlichen Einfluss. Das Gesundheits- und Krankenpflegegesetz von 1997 bildete die *Grundlage für die Qualitätsentwicklung und Professionalisierung des Pflegeberufs*, da das Berufsbild des gehobenen Diensts für Gesundheits- und Krankenpflege unter anderem den eigenverantwortlichen Tätigkeitsbereich klar definierte. Somit konnte die Pflege ihren Kompetenzbereich eigenständig managen und verantworten. Mit dem veränderten Berufsbild entstanden neue Tätigkeitsprofile und Aufgabenbereiche für die Pflege.

Unseren Mitarbeitern der Pflege eröffneten sich durch die geänderten gesetzlichen Rahmenbedingungen eine Vielzahl von Möglichkeiten, ihre Pflegeexpertise und Kompetenzen bedarfsorientiert einzusetzen und neue Aufgaben im intraprofessionellen Team durchzuführen.

Da wir der Überzeugung sind, dass eine optimale Versorgung von Patienten und Bewohnern nur mit einer evidenzbasierten und ergebnisorientierten Pflege möglich ist, haben wir seitens der Pflege im Laufe der Jahre die rund 20 Produkte unseres abgestuften Versorgungssystems auf wissenschaftlicher Basis mitentwickelt und sie individuell und bedarfsorientiert angewandt.

Unterschiedliche Instrumente und Formate halfen uns dabei, die Pflegequalität sukzessive zu verbessern. Wir folgten dem oben beschriebenen Leitgedanken einer ressourcen- und kompetenzorientierten Pflege: etwa Vernetzungstreffen von Pflegepersonen mit Expertenfunktion (im Rahmen von *Qualitätszirkeln*), *Journal Clubs* zur Integration von evidenzbasierten Erkenntnissen in die Pflegepraxis, der *Lernphasenkatalog* für neue Mitarbeiter mit Pflegerichtlinien sowie die *Pflegevisite* und das Pflegeaudit, aber auch die *Teilnahme an Referenzbesuchen* und Exkursionen. Der Claim „Bei uns sind Menschen in den besten Händen" manifestiert unser Qualitätsversprechen. Dieses spiegelt gemeinsam mit dem „Patient first"-Prinzip unsere Pflegephilosophie und die Grundhaltung jedes Tuns in der Pflege wider.

> **Pflegequalität** laut Fiechter und Meier (1981) wird in vier Qualitätsstufen abgebildet:
> - Stufe 0: gefährliche Pflege,
> - Stufe 1: sichere Pflege,
> - Stufe 2: angemessene Pflege,
> - Stufe 3: optimale Pflege.
>
> Dazu wurden entsprechende Merkmale entwickelt.
>
> Pflegequalität umfasst unter anderem die Prinzipien der Ergebnis- und Evidenzbasierung, die Personenzentriertheit, Kontinuität, Fachlichkeit, ganzheitliche Betreuung und vor allem die Achtung der Menschenwürde. (Hasseler/Stemmer 2018)
>
> Die regelmäßige Überprüfung der Pflegequalität ist Teil des Qualitätsmanagements, etwa durch interne Audits oder die Messung von Pflegeoutcomes (Luderer/Meyer 2018).
>
> Hasseler und Fünfstück nähern sich mit ihrer konkreten Definition von Pflegequalität einem Begriff, der den Anforderungen eines theoretisch-konzeptionellen Qualitätsverständnisses entspricht: „Qualität in der Pflege bzw. Pflegequalität entsteht dann, wenn Kennzeichen/Merkmale der pflegerischen Versorgung ein im Vorfeld definiertes Niveau erreichen, welches sich an den Bedürfnissen und Bedarfen der relevanten beteiligten Gruppen (Klienten, Bewohner, Berufsgruppen, Träger u. a.) messen lässt. Die Qualität in der Pflege wird messbar, wenn zu den Merkmalen der pflegerischen Versorgung Kriterien definiert worden sind, die anhand von evidenzbasierten Indikatoren Rückschlüsse auf das Erreichen von Soll-Werten zulassen." (Hasseler/Fünfstück 2015, S. 369)

4.2 Forcieren von Pflegewissenschaft und Pflegeprozessqualität

Nachdem Einigkeit über das Pflegeverständnis und Pflegequalitätsverständnis in unserer Organisation erzielt wurde, konnte der Fokus in der Aufbauphase auf andere Themen gerichtet werden. Nun beschäftigte uns die Weiterentwicklung der Pflegequalität. Auch die Pflegewissenschaft bildete sich allmählich heraus. Folgenden Themen widmen wir uns daher verstärkt in den Jahren 2006 bis 2010:

- Implementierung von Pflegemodellen und -konzepten,
- Einsatz von Fachleitfäden als Instrument zur Qualitätssicherung,
- Outcomes durch Pflegedokumentation und -kennzahlen messbar machen,
- Auseinandersetzen mit dem Potenzial von Pflegewissenschaft.

Implementierung von Pflegemodellen und -konzepten

In der Aufbauphase ging es vor allem um die Auswahl und die Implementierung von entsprechenden Pflegemodellen und -konzepten, die sich am jeweiligen Krankheitsbild und an den Bedürfnissen der Patienten und Bewohner orientieren. Unser **differenziertes Produktangebot** in der abgestuften Versorgungsstruktur erfordert unterschiedliche Modelle und Konzepte. Das „eine" Pflegemodell gibt es nicht, denn je nach Versorgungsschwerpunkt und individuellen Bedürfnissen unserer Patienten und Bewohner arbeitet das Pflegepersonal mit dem dafür passenden Pflegemodell bzw. -konzept. Ressourcenorientierung und eine ganzheitliche Sichtweise stellen dabei die wesentlichsten Elemente für diese Entscheidung dar. Wichtig war die Befähigung und Spezialisierung der Mitarbeiter für neue Modelle und Konzepte, die wir durch Fort- und Weiterbildungen im Kontext der Personalentwicklung und Mitarbeiterorientierung durch innovatives Pflegemanagement sicherstellten. Die Kernkompetenz der Gesundheits- und Krankenpflege ist seit jeher die Unterstützung von Menschen in komplexen Pflegesituationen, insbesondere bei chronischen Erkrankungen, aber auch die Beratung und Anleitung.

Das geeignete Pflegekonzept in der Geriatrie ergibt sich unter anderem auch aus der **Einstufung der Pflegeabhängigkeit** bzw. Selbstständigkeit der Patienten **mittels Assessmentinstrumenten.** Beispiele für Assessmentinstrumente sind die Pflegeabhängigkeitsskala (Eichhorn-Kissel u. a. 2011), die in Kooperation mit dem Institut für Pflegewissenschaft der Medizinischen Universität Graz entwickelt wurde oder der Barthel-Index. Verschiedene Settings erfordern verschiedene Kompetenzen, die einander ergänzend die bestmögliche Betreuung für den Patienten ergeben, wie etwa Palliative Care mit komplementären Pflegekonzepten wie Basale Stimulation oder Aromapflege. (Kränzle u. a. 2018)

Für geriatrische Institutionen sind die Pflege und Betreuung von Menschen am Lebensende zentral. Daher findet das Pflegekonzept *Palliative Care* häufig Anwendung (Bausewein u. a. 2018). Die Weltgesundheitsorganisation (WHO) beschreibt Palliative Care als Konzept zur Erhaltung der Lebensqualität von Patienten und ihren Familien, die mit Problemen konfrontiert sind, welche mit einer unheilbaren Erkrankung einhergehen und zwar durch Vorbeugen und Lindern von Leiden, durch frühzeitiges Erkennen, Einschätzen und Behandeln von Schmerzen sowie anderer belastender Beschwerden körperlicher, psychosozialer und spiritueller Art. Bei der Palliativpflege geht es darum, für die Patienten im fortgeschrittenen Stadium einer inkurablen Erkrankung durch eine fachlich fundierte, umfassende, individuelle Pflege eine möglichst hohe Lebensqualität unter größtmöglicher Selbstbestimmung zu gewährleisten. (Österreichische Palliativgesellschaft 2018) In der Frage, wie die Bewohner unserer Pflegewohnheime in der letzten Phase ihres Lebens gut begleitet werden können, entschied sich das Management daher für die Zusammenarbeit mit dem Hospizverein für Österreich und für das Erlangen des dafür erforderlichen Gütesiegels, das bis dato nur in der Steiermark verliehen wird. Dieses sieht vor, dass mindestens 80 Prozent aller Mitarbeiter in den Pflegewohnheimen in Hospiz- und Palliative Care geschult sind. Ziel ist es, die Lebensqualität der Menschen durch Selbstbestimmung bis zuletzt sowie durch Vorbeugen, Lindern und Behandeln von Leiden und Schmerzen zu verbessern.

Neben den *altbewährten Pflegemodellen nach Orem oder Betty Neumann*, bei welchen die Selbstpflegefähigkeiten und die Stärkung der Ressourcen im Vordergrund stehen (Neumann-Ponesch 2014), wird an dieser Stelle das Psychobiografische Pflegemodell nach Erwin Böhm für den Bereich der Langzeitpflege vorgestellt, da es aufgrund der alternden Gesellschaft und der hohen Demenzprävalenzrate auch für andere Organisationen relevant erscheint.

> **Psychobiografisches Pflegemodell nach Böhm in den Geriatrischen Gesundheitszentren**
>
> Das Psychobiografische Pflegemodell wurde vom österreichischen Pflegewissenschaftler Erwin Böhm begründet und als Betreuungskonzept für Menschen mit Demenz oder psychiatrischen Verhaltenseigenarten entwickelt. Im Fokus des Pflegeprozesses steht bei diesem Pflegemodell die Biografie des Betroffenen. Biografische Elemente ermöglichen es, Menschen mit Demenz, die in ihre eigene Realität abtauchen, zu erreichen und einen Zugang zu ihnen zu finden. Ziele sind das Reaktivieren bzw. ein Verhindern von Regression, das Erhöhen des Selbstwertgefühls und ein besseres Verstehen bestimmter Verhaltensweisen (Böhm 2009a).
>
> An einem Beispiel aus der Praxis soll dies näher dargestellt werden: Stellen Sie sich vor, ein Bewohner mit Demenz eines Pflegewohnheims findet aufgrund seiner örtlichen Desorientiertheit die Toilette nicht mehr. Er reagiert daraufhin aggressiv und ist unruhig. Pflegepersonen können dem Bewohner hier mittels Impulsen einen Anstoß geben, die ihm dabei helfen, sich besser zu orientieren. Ein Impuls könnte sein, an der Toilettentüre ein „Häusl"-Symbol, so wie es früher üblich war, anzubringen und dem Bewohner das Symbol immer wieder zu zeigen. (Böhm 2009b)

Ob das Pflegemodell auch tatsächlich gelebt wird und einem hohen Qualitätsniveau entspricht, können Organisationen durch die Teilnahme an einem *international anerkannten Zertifizierungsverfahren der ENPP-Böhm Bildungs- und Forschungsgesellschaft mbH* herausfinden (ENPP-Böhm o.J.). Unsere Memory Klinik und das Memory Tageszentrum haben sich dieser Herausforderung gestellt und das Zertifikat als sichtbare Auszeichnung für ihre qualitätsvolle Arbeit erhalten.

Einsatz von Fachleitfäden als Instrument zur Qualitätssicherung

Durch die neu entstehenden Versorgungsprodukte wurden weitere spezialisierte Qualifikationen des Pflegepersonals notwendig, um eine individuelle Pflege zu gewährleisten. Dies erforderte auch *neue Personalentwicklungskonzepte,* welche einen individuellen Freiraum ermöglichen. Dadurch werden Kreativität, Empathie und Intuition – genau das, was Pflege einzigartig und besonders macht – gefördert.

4.2 Forcieren von Pflegewissenschaft und Pflegeprozessqualität

Dieser Haltung folgend wurden die Pflegestandards, die den Charakter einer Dienstanweisung hatten, in *Fachleitfäden als unterstützende Instrumente und Nachschlagewerke der Pflege* umgewandelt. Diese werden von Pflegewissenschaftlern, Qualitätsbeauftragen und Pflegepraktikern gemeinsam erarbeitet, so etwa zu den Pflegephänomenen *Schmerz, Sturz, Mangelernährung, Aromapflege oder Kontrakturenprophylaxe* (Bild 4.2).

Evidenzbasierte Maßnahmen
(Diese Maßnahme sollte in der jeweiligen Pflegepraxis Anwendung finden.)
Maßnahmen, die auf Erfahrungswissen basieren
(Diese Maßnahme stützt sich auf Erfahrungswissen von Pflegenden.)

Vorbereitung
- Beobachtung der Bewegungen und Haltung zur frühzeitigen Erkennung von Kontrakturrisiken
- Patient über Notwendigkeit präventiver Maßnahmen informieren, beraten und aktiv miteinbeziehen
- Auswahl aktueller Hilfsmittel zur Kontrakturenprophylaxe

Durchführung
- Auf regelmäßigen Positionswechsel/Mobilisation achten
- Bewegungen verbal begleiten und auf Schmerzzeichen achten
- Positionierung so gestalten, dass es zu keiner Einschränkung der Gelenksbeweglichkeit kommen kann
- Anwendung unterschiedlicher Pflegekonzepte
- Positionierung der Extremitäten in einer physiologischen/schmerzlindernden Stellung der Gelenke

Nachbereitung
- Beobachtung der Bewegungen
- Dokumentation der Maßnahmen zur Kontrakturenprophylaxe

ERGEBNISSE
- Vorliegen eines individuellen Maßnahmenplans zur Kontrakturprophylaxe
- Frühzeitiges Erkennen der Gefahr einer Kontraktur
- Erhaltung der physiologischen Beweglichkeit der Gelenke (aktiv und passiv)
- Schmerzlinderung
- Verzögerung bzw. Verhinderung der Entstehung einer Kontraktur

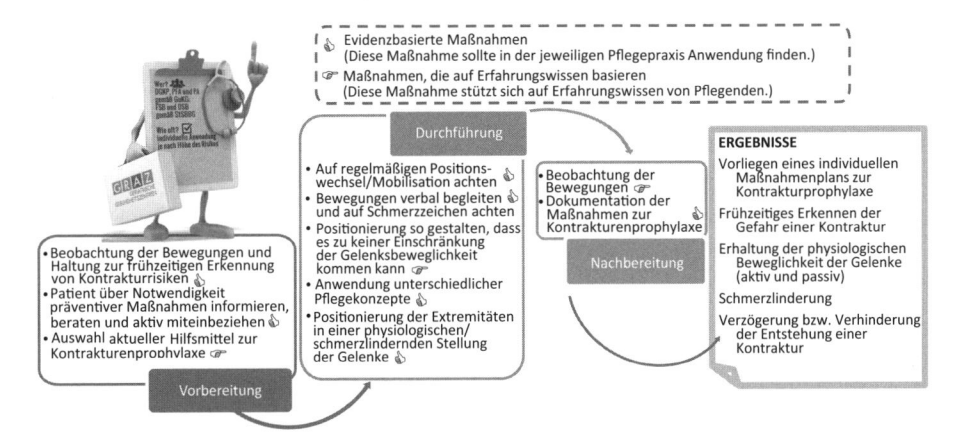

Bild 4.2 Kurzversion eines Fachleitfadens der Pflege am Beispiel „Kontrakturenprophylaxe" der Geriatrischen Gesundheitszentren

> **Fachleitfäden**, auch lokale Pflegestandards genannt, werden in der Pflege als Instrumente der Qualitätssicherung eingesetzt. Sie basieren auf aktuellen pflegewissenschaftlichen und medizinischen Erkenntnissen und zeichnen sich durch ihre Praxisorientierung aus. Fachleitfäden stellen allgemeine Handlungsempfehlungen für Mitarbeiter einer Einrichtung zu spezifischen Pflegephänomenen oder -methoden dar. Sie können als Entscheidungs- und Handlungsempfehlungen herangezogen werden und gewährleisten eine patientenorientierte Pflege und Betreuung. (Bölicke u. a. 2006)
>
> Ziel von Fachleitfäden ist es, ein einheitliches Qualitätsniveau sicherzustellen und einen Beitrag zur Professionalisierung der Pflege zu leisten. (Schmidt 2016, Korečić 2012)

Unsere Fachleitfäden folgen einer *einheitlichen Struktur*, damit sich die Mitarbeiter schnell zurechtfinden. Sie sind in **Struktur-, Prozess- und Ergebnisqualität** untergliedert und beinhalten alle wichtigen Komponenten des Pflegeprozesses: die Analyse und Planung, Durchführung und Überprüfung der Effektivität der gesetzten pflegerischen Maßnahmen und deren Anpassung. (Rappold/Aistleithner 2017) Mitarbeiter können und sollen, unterstützt durch Leitlinien, die sowohl als **Kurz**- als auch als **Langversion** verfügbar sind, eigenverantwortlich individuelle, patientenorientierte Entscheidungen treffen. Die Professionalisierung der Pflege und die Mitarbeiterzufriedenheit werden dadurch gefördert.

Outcomes durch Pflegedokumentation und -kennzahlen messbar machen

Ein wesentlicher Meilenstein, der zur Qualitätsentwicklung der Pflege beitrug, war die Entwicklungsarbeit und das **Ausrollen des elektronischen Krankenhausinformationssystems** (KIS) seit 2011. Das elektronische Programm dokumentiert den Pflegeprozess von der Aufnahme bis zur Entlassung des Patienten oder Bewohners. Integriert werden *geriatrische Assessmentinstrumente* z. B. Barthel Index, Mini Nutritional Assessment (Österreichische Gesellschaft für Geriatrie und Gerontologie 2011) und das international einheitliche *Pflegeklassifikationssystem der North American Nursing Diagnosis Association.* (Herdman/Kamitsuru 2017)

Durch die Teilnahme an Studien gelingt es, Wissenschaft und Praxis besser miteinander zu vernetzen und dadurch die Qualität der Pflege zu verbessern und weiterzuentwickeln. So beteiligen wir uns bereits seit 2008 an der jährlichen nationalen **Pflegequalitätserhebung des Instituts für Pflegewissenschaft** der Medizinischen Universität Graz. Bei der Pflegequalitätserhebung werden Informationen zu den Pflegeproblemen *Dekubitus, Inkontinenz, Mangelernährung, Sturz, freiheitsein-/beschränkende Maßnahmen sowie Schmerz* erhoben und analysiert. (Eglseer/Hödl/Lohrmann 2018) Des Weiteren beteiligen wir uns beim jährlichen Nutrition Day und arbeiten an multizentrischen Studien mit. Die Organisation wendet sich gegen Mangelernährung in Krankenhäusern und ähnlichen Institutionen und verfolgt das Ziel, über deren Vermeidung und Folgen aufzuklären und für das Thema sensibel zu machen. Der „Aktionstag" Nutrition Day 2019 war am 7. November.

Der Einblick in die eigene Organisation bietet uns die Möglichkeit, Probleme, Bedarfe und Risiken rasch zu erkennen und im Rahmen des kontinuierlichen Verbesserungsprozesses die Pflegequalität stets weiterzuentwickeln. Durch die Teilnahme an der Pflegequalitätserhebung bilden wir den *langfristigen Verlauf unserer Pflegequalität* ab und haben die Möglichkeit zu erfahren, welches Pflegequalitätsniveau wir im Vergleich mit branchengleichen Organisationen innerhalb Österreichs und Europas haben. Bezogen auf die erhobenen Pflegeprobleme erfolgten die Erstellung und Modifizierung unserer Pflegefachleitfäden, Mitarbeiterschulungen und auch interdisziplinäre Arbeitsgruppen zu den Themen Sturzprophylaxe, Schmerz-, Ernährungs- und Trachealkanülenmanagement etc. sowie die Erstellung von Informationsbroschüren für unsere Klienten.

Auseinandersetzen mit dem Potenzial von Pflegewissenschaft

Früh wurde erkannt, dass Pflegewissenschaft die Qualität der Pflege verbessert und Forschung die Grundlage zur kontinuierlichen Weiterentwicklung schafft. Seit 1996 haben wir Qualitätszirkel und seit 2009 Journal Clubs eingerichtet, um Fragen aus der Pflegepraxis mit pflegewissenschaftlicher Expertise gemeinsam zu bearbeiten. Durch den Einsatz evidenzbasierter Pflege ist es möglich, die **Pflege transparenter, professioneller und auch messbarer zu machen**. Neue *Forschungsergebnisse müssen* immer *in das praktische Handeln der Pflegemitarbeiter einfließen*, denn entscheidend ist letztlich, dass Patienten und Bewohner vom aktuellen Wissensstand der Mitarbeiter profitieren. Dadurch veränderte sich auch der Stellenwert der Pflege in der Gesellschaft. Die Verbindung von Erfahrungswissen aus der Praxis, aus Pflegemodellen und -konzepten sowie aus Forschungsergebnissen ebnete den Weg für eine kontinuierliche Verbesserung der geriatrischen Pflegeversorgung.

Daher entschieden sich einige Führungskräfte des Pflegemanagements das Studium der Pflegewissenschaft zu absolvieren und sind inzwischen auch als Referenten an der Medizinischen Universität Graz tätig. Der Mehrwert ist eine weitere Qualitätsentwicklung. Denn daraus entstehen gemeinsame innovative Projekte. Einen wesentlichen Beitrag und einen Innovationsschub trug auch die *Kooperation mit der Evidence-based-Nursing-Arbeitsgruppe* des Universitätsklinikums Graz bei, deren Mitglied wir seit dem Start der Arbeitsgruppe sind. Gemeinsam werden Pflegefragen aus der Praxis bearbeitet und den Mitgliedern zur Verfügung gestellt.

4.3 Vernetzung zwischen Pflegepraxis und Pflegewissenschaft

Bausteine der Durchdringungsphase bilden die Professionalisierung der Mitarbeiter sowie das allmähliche Verbinden von Pflegewissenschaft und Pflegepraxis. Auch die Langzeitpflege entwickelt sich weiter und die neue Generation der Pflegewohnheime findet mit der Eröffnung des ersten Pflegewohnheims der 4. Generation Einzug in die Geriatrischen Gesundheitszentren.

- Mitarbeiter und Employer Branding,
- Pflegeexperten mit Schlüsselfunktion,
- Pflegewissenschaft und -praxis,
- neue Generation der Pflegewohnheime.

Mitarbeiter und Employer Branding

Das Pflegepersonal ist als größte Berufsgruppe die **tragende Säule** für das österreichische Gesundheits- und Sozialsystem und gewährleistet die Rund-um-die-Uhr-Versorgung von Patienten. Im Gegensatz zu vielen anderen europäischen Ländern wurden Pflegepersonen in Österreich bisher in hohem Maße nicht akademisch ausgebildet. Erklären lässt sich dies durch die traditionelle Entwicklung des Pflegeberufs. Bis heute erfolgt die grundpflegerische Ausbildung sowohl an Fachhochschulen als auch an Krankenpflegeschulen. Das Bundesgesetz für Gesundheits- und Krankenpflegeberufe wurde 2016 novelliert und die Grundausbildung der Pflegenden mit dem Abschluss Bachelor (bis 2014) in den tertiären Bereich verlagert. (Dieplinger u. a. 2018)

Praktikanten erwerben wichtige Skills und Erfahrungen. Durch eine qualifizierte Begleitung durch Praxisanleiter und Mentoren bieten die Geriatrischen Gesundheitszentren den Studierenden eine hervorragende und praxisnahe Ausbildung. Das konsequente Verfolgen der Strategie, *neue Mitarbeiter bereits während eines Praktikums für die Geriatrie zu begeistern,* ist von großer Bedeutung, vor allem wenn es darum geht, qualifiziertes Fachpersonal zu gewinnen. Durch die Vielzahl an Möglichkeiten zur Spezialisierung in der Pflege, wurde das **Image der Pflege** in unserer Organisation **aufgewertet**. Die eigenverantwortlichen Tätigkeitsbereiche und die dadurch gegebene höhere Verantwortung haben zu einem neuen und starken Selbstbewusstsein der Pflegepersonen geführt. Die Mitarbeiter sehen sich als wertvolle Mitglieder der Organisation, die Berufsgruppen arbeiten auf Augenhöhe und sind stolz auf ihre Leistung.

Ausreichend Fachkräfte zu gewinnen und zu halten, ist für das Pflegemanagement unseres Hauses vorrangiges Zukunftsthema. Pflegepersonal in entsprechender Quantität ist die Voraussetzung und der Garant dafür, dass ein Patient aufgenommen und eine qualitätsvolle Pflege gewährleistet werden kann. Daher liegt unser Fokus auf der Mitarbeiterzufriedenheit und der Förderung unserer Mitarbeiter in ihrer Gesundheitskompetenz und in ihrer Qualifikation.

Die Vorzüge im Wettbewerb um qualifiziertes Pflegepersonal sind Eigenverantwortung und Partizipation, Personalentwicklung und Karrierechancen in der Pflege und Unterstützung bei der beruflichen Weiterbildung, des Weiteren die Möglichkeit der Änderung des Beschäftigungsausmaßes und Flexibilität in der Dienstplangestaltung entsprechend des lebensphasenorientierten Personalkonzepts, altersgerechte Arbeitsplätze sowie vielfältige Tätigkeitsfelder durch unser abgestuftes Versorgungssystem. Zusätzlich können die eigenverantwortlichen Pflegekräfte ihr Wissen in Entscheidungsprozesse einbringen und tragen zur Etablierung einer lernenden, innovativen Organisation bei. Schätzen Mitarbeiter diesen Freiheitsgrad, wirkt sich das positiv auf das Empfinden und die Motivation der Pflegekräfte aus. (Loffing u. a. 2010)

Unsere Mitarbeiter in der Pflege haben eine hohe Eigenverantwortung, erleben eine Sinnfindung in ihrer Arbeit und spüren dadurch ihre Selbstwirksamkeit – das sind Faktoren, die für die Motivation enorm wichtig sind.

Pflegeexperten mit Schlüsselfunktion

Die dynamische Veränderung von Pflegesituationen erfordert, dass Strukturen im Betreuungssystem angepasst werden. Komplexe Versorgungsleistungen werden in unserem Haus von Spezialisten aus verschiedenen beruflichen Disziplinen erbracht und über standardisierte Behandlungspfade in höchster Qualität angeboten. **Pflegeexperten und Advanced Practice Nurses** nehmen hier eine Schlüsselrolle ein. Sie stehen als erste Ansprechpartner in enger Beziehung zu den Pflegenden und ihren Angehörigen. Pflegeexperten und Advanced Practice Nurses leisten unter Anwendung wissenschaftlicher Erkenntnisse, Erfahrungen und Innovationen eine optimale pflegerische Behandlung und Betreuung. Unsere Pflegeexperten unterscheiden sich von Advanced Practice Nurses vor allem dadurch, dass sie keine spezifische akademische Zusatzausbildung, sondern ihre Zusatz- bzw. Spezialqualifikationen im Rahmen einer Sonderausbildung entsprechend des Gesundheits- und Krankenpflegegesetzes absolviert haben.

> Eine **Advanced Practice Nurse** (APN), ist eine Pflegefachkraft, die sich Expertenwissen, Fähigkeiten zur Entscheidungsfindung bei komplexen Situationen sowie klinische Kompetenzen für eine erweiterte pflegerische Praxis angeeignet hat. (Hamric u. a. 2014, Fougère u. a. 2016)
>
> Die Kompetenzen werden vom Kontext und den Bedingungen des jeweiligen Landes geprägt, in dem die Advanced Practice Nurse für die Ausübung ihrer Tätigkeit zugelassen ist. Ein Masterabschluss in Pflegewissenschaft wird vorausgesetzt (DBfK u. a. 2013).
>
> Advanced Practice Nurses sind durch ihre akademische Zusatzausbildung berechtigt, in spezifischen sektoralen Versorgungsbereichen autonom zu arbeiten. (International Council of Nursing 2018)
>
> Pflegeexperten sind auf Grund ihrer Zusatzqualifikationen und des großen Erfahrungswissens in der Lage, jede Situation intuitiv zu erfassen, zu interpretieren und Handlungen abzuleiten. Ihre Handlungen basieren auf einem umfassenden Verständnis der Gesamtsituation und sie verfügen über eine große Sicherheit in der Wahrnehmung von Veränderungen im pflegerischen Kontext. Pflegeexperten tauschen sich mit Kollegen in ihren vertieften Kompetenzbereichen über Beobachtungen aus und halten kritische, bedeutsame Ereignisse schriftlich fest. Sie übernehmen Einschulungen und das Mentoring von neuen Kollegen. (Benner 2017)

Pflegeexperten und Advanced Practice Nurses stellen ihr Pflegewissen im Praxisalltag zur Verfügung, indem sie ihre Kenntnisse aus der Wissenschaft und Praxis zusammenführen. Sie sind wertvolle Ansprechpartner für das Pflegepersonal in einem bestimmten Gebiet. Um den richtigen Ansprechpartner bei komplexen Pflegesituationen rasch und unbürokratisch zu finden und seine Unterstützung anzufordern, entwickelten wir ein *umfassendes Wissensmanagement-System* mit Expertenlandkarten, sogenannten Yellow Pages. Hier sind alle Wissensträger der Organisation im Intranet abgebildet (z. B. im Bereich Pflege etwa Wissensträger zu Aromapflege, Kinaesthetics oder Schmerzmanagement).

Die Advanced Practice Nurse kristallisiert sich in der Durchdringungsphase zunehmend als *Schlüsselperson in der Mitarbeit an Forschungsprojekten und Lehrtätigkeiten* heraus. Sie arbeitet autonom und eigenständig, ist hierarchisch flach in die Matrixorganisation integriert und repräsentiert einen Pflegeansatz, der den Langzeitbereich interessant und attraktiv macht.

Bild 4.3 zeigt die Bedeutung des Miteinanders und Ineinandergreifens der Bereiche **Fachkarriere, Management sowie Forschung, Wissenschaft und Lehre**, die in der Schlüsselrolle der Advanced Practice Nurse vereint sind. Für die optimale Versorgung der Patienten und Bewohner braucht es Generalisten wie Spezialisten. Bislang fehlte die Berufsgruppe der Advanced Practice Nurse spürbar in der Pflege, die als Schnittstelle zwischen Management, Wissenschaft und Praxis dient.

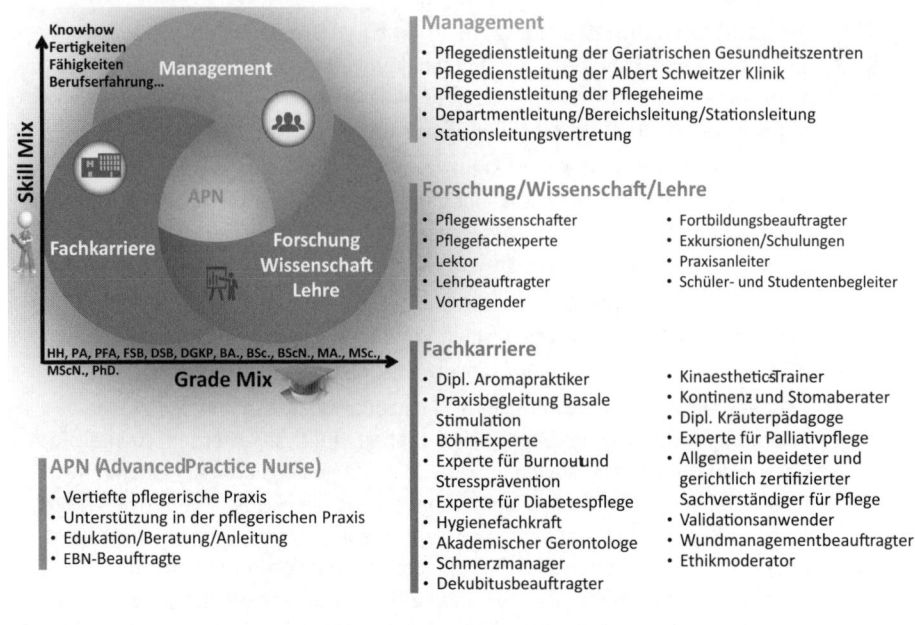

Bild 4.3 Kompetenzbereiche der Pflege in den Geriatrischen Gesundheitszentren

Management
- Pflegedienstleitung der Geriatrischen Gesundheitszentren
- Pflegedienstleitung der Albert Schweitzer Klinik
- Pflegedienstleitung der Pflegeheime
- Departmentleitung/Bereichsleitung/Stationsleitung
- Stationsleitungsvertretung

Forschung/Wissenschaft/Lehre
- Pflegewissenschafter
- Pflegefachexperte
- Lektor
- Lehrbeauftragter
- Vortragender
- Fortbildungsbeauftragter
- Exkursionen/Schulungen
- Praxisanleiter
- Schüler- und Studentenbegleiter

APN (AdvancedPractice Nurse)
- Vertiefte pflegerische Praxis
- Unterstützung in der pflegerischen Praxis
- Edukation/Beratung/Anleitung
- EBN-Beauftragte

Fachkarriere
- Dipl. Aromapraktiker
- Praxisbegleitung Basale Stimulation
- Böhm-Experte
- Experte für Burnout und Stressprävention
- Experte für Diabetespflege
- Hygienefachkraft
- Akademischer Gerontologe
- Schmerzmanager
- Dekubitusbeauftragter
- KinaestheticsTrainer
- Kontinenz und Stomaberater
- Dipl. Kräuterpädagoge
- Experte für Palliativpflege
- Allgemein beeideter und gerichtlich zertifizierter Sachverständiger für Pflege
- Validationsanwender
- Wundmanagementbeauftragter
- Ethikmoderator

Skill Mix: Know-how, Fertigkeiten, Fähigkeiten, Berufserfahrung...

Grade Mix: HH, PA, PFA, FSB, DSB, DGKP, BA., BSc., BScN., MA., MSc., MScN., PhD.

Pflegewissenschaft und -praxis

Pflegewissenschaft ist mittlerweile zu einem *essentiellen Element in unserem Qualitätsmanagement* herangewachsen. Pflege auf hohem Niveau muss nicht nur effektiv und effizient sein, sondern erfordert eine evidenzbasierte Orientierung. Diese nachhaltige und evidenzbasierte Pflege benötigt vermehrt pflegewissenschaftliches Wissen aller Pflegemitarbeiter. Die Implementierung von neuen pflegewissenschaftlichen Erkenntnissen in die Praxis kann aber nur gelingen, wenn die Verbindung und der Austausch zwischen **Pflegeforschung, Pflegewissenschaft und Pflegepraxis** tatsächlich gelebt werden.

In der Durchdringungsphase *vernetzen* wir uns zunehmend *mit wissenschaftlichen Institutionen,* gehen Kooperationen mit Universitäten und Fachhochschulen, wie der Medizinischen Universität Graz, der FH Joanneum und der FH Burgenland ein. Die wichtigsten Projekte waren das Pilotprojekt Primary Nursing, die Modifizierung des Assessmentinstruments Pflegeabhängigkeitsskala auf unsere verschiedenen Versorgungsangebote, Demenzforschungsprojekte in den Pflegeheimen und die Implementierung einer evidenzbasierten Sturzleitlinie. (Schoberer u.a. 2012) Durch diesen fortwährenden Theorie-Praxis-Transfer entstand ein Win-Win-Ergebnis für unsere Kooperationspartner und uns und wir näherten uns dem Ziel, eine evidenzbasierte Pflege zu gewährleisten.

> **Evidenzbasierte Pflege (Evidence-based Nursing; EBN)** meint die Integration der aktuell am besten belegten wissenschaftlichen Erkenntnisse in die tägliche Pflegepraxis unter Berücksichtigung von theoretischem Wissen und Erfahrungen von Pflegenden, Wünschen und Erwartungen von Patienten und vorhandenen Ressourcen. (Behrens/Langer 2016)
>
> Die EBN-Methode beinhaltet folgende Schritte:
> - Fragestellung präzisieren – vom Problem zur Frage,
> - Literaturrecherchen – Suche nach der Evidenz,
> - Studien kritisch würdigen – Bewerten der Evidenz,
> - wissenschaftliche Erkenntnisse für die pflegerische Praxis reflektieren.
>
> Sogenannte Journal Clubs stellen ein Instrument dar, um EBN in ein Unternehmen zu integrieren. Pflegepersonen aus der Praxis und Pflegewissenschaft treffen sich dabei, um aktuelle Forschungsthemen zu diskutieren, aufzubereiten und relevante Aspekte in die Praxis umzusetzen. (Meyer u. a. 2013, Johnson 2016)

Insbesondere die Planung und *Durchführung der ersten randomisierten kontrollierten klinischen Studie* in unserer AG/R in Kooperation mit der Medizinischen Universität Graz stellte einen Meilenstein in dieser Phase dar. Viele Mitarbeiter in der Praxis wurden erstmals mit studienspezifischen Aufgaben betraut und lernten die *Grundsätze von Good Clinical Practice* kennen. Vorbereitungen wurden getroffen, ehe es zur tatsächlichen Durchführung der Studie in der Exzellenzphase kommt. Im Rahmen der Studie wird die Wirksamkeit, Sicherheit und Benutzerfreundlichkeit eines mobilen elektronischen Entscheidungsunterstützungssystems (GlucoTab®) mit integriertem Basalinsulin-Algorithmus zum Blutzuckermanagement bei geriatrischen Patienten mit Typ 2-Diabetes in der AG/R überprüft. Das elektronische System wird im stationären Setting getestet, um in späterer Folge auch Diabetikern zuhause als Entscheidungsunterstützung beim Blutzuckermanagement zu dienen.

Neue Generation der Pflegewohnheime

Unsere Gesellschaft wird immer älter, die Geburtenzahlen sinken kontinuierlich, zugleich findet ein vermehrtes Streben nach Individualität bis ins hohe Alter statt. Dadurch verändern sich nicht nur die Ansprüche unserer Mitarbeiter, sondern auch die **Ansprüche der Bevölkerung an das Leben im Alter**.

Wir planen, eröffnen und führen Pflegewohnheime an insgesamt vier Standorten, ihre Wohnkonzepte und Architektur haben sich grundlegend verändert und modern entwickelt. Wurden Pflegewohnheime früher als Krankenhaus „light" gebaut, zeichnen sie sich heute durch Atmosphäre und *Wohlfühlcharakter* aus. (Planer 2010) Die Bewohner sollen sich zuhause fühlen und Alltagsnormalität verspüren. Die **Konzepte der 4. und 5. Generation** erfüllen diesen Anspruch als Wohngemeinschaft mit Dorfcharakter, in dem zwischen 13 und 15 Bewohner wie im Familienverbund in einer Balance von Privatsphäre und Gemeinschaft zusammenleben.

> ⓘ Für die Entwicklung der 4. Generation der Pflegewohnheime seit 1995 war das Normalitätsprinzip ein wesentlicher Ausgangspunkt, dem das Konzept der Hausgemeinschaft zugrunde liegt. (Michell-Auli/Sowinski 2012) Diese Pflegeheime zeichnen sich durch ihre kleine Struktur und die gute Balance zwischen Leben in Privatsphäre, welche durch Einzelzimmer gewährleistet ist, und einem Leben in Gemeinschaft, welches durch einen großen gemeinsamen Wohn- und Essbereich für alle Bewohner der Hausgemeinschaft gekennzeichnet ist, aus. (Kaiser 2008)
>
> Die Bezugsperson der **Pflegewohnheime der 4. Generation** wird Alltagsmanager oder Präsenzkraft genannt. Die Bewohner beteiligen sich – ihren Fähigkeiten und Vorlieben entsprechend – aktiv an den alltäglichen Aktivitäten oder auch nur passiv. (Planer 2010)

Ebenso wie im klinischen Bereich verstehen wir im Pflegewohnheim aktivierende Pflege als Hilfe zur Selbsthilfe. Ziel ist, dass der Pflegebedürftige langfristig eine größtmögliche Selbstständigkeit und Autonomie bei der Durchführung alltäglicher Bewegungsabläufe wiedererlangt. Dies erfolgt unter Berücksichtigung der individuellen Ressourcen des Betroffenen. Ziel der Aktivierungsmaßnahmen ist nicht, den Pflegebedürftigen körperlich oder geistig zu überfordern, sondern ihn zu ermutigen und im eigenen Agieren zu stärken. (Menche 2011)

> Ein Dankschreiben zweier Söhne eines verstorbenen Bewohners eines unserer Pflegewohnheime aus dem Jahr 2018 macht spürbar, wie familiär und einfühlsam die Betreuung und das Wohnen im Pflegewohnheim der 4. Generation sein können:
>
> „Liebes Schöckl-Team,
>
> wie einen Text beginnen, wie eine Leere ausfüllen? Wie jene Leere begreifen, die zurückbleibt, wenn ein Mensch geht – für immer. Unser Vater ist gegangen – für immer. Dennoch bleibt nicht Leere zurück, sondern tröstende Erinnerung an ein Eingebettet-Sein, das unser Vater in ihrer Obhut erfahren durfte.
>
> Ein Gebäude am Stadtrand, vage im Grünen, ein Fernblick über den Uhrturm zum Schöckl hinweg, holzumranktes Interieur, lichtdurchflutete Räume – ein Ambiente, dazu bestimmt, Menschen auf einem Lebensweg, dessen Ende bereits sichtbar wird, zu begleiten. Ein Team, engagiert und kompetent, das auf alte Menschen zugeht, ihnen betreuend und bestimmend zur Seite steht, ihnen noch Türen öffnet, die wir, die Angehörigen, bereits für verschlossen halten.
>
> Die Ihnen anvertrauten Menschen fanden meist nicht mehr den Weg zurück in unsere Welt. Sie, liebes Schöckl-Team, haben stets einen Weg gesucht, eine

Brücke, die auch das Hineinhorchen und Hineingehen in andere Welten, in deren Welt, möglich macht. Oft genug durften wir Zeuge werden, wie Sie diesen pflegebedürftigen, oft schicksalsergebenen, oft auch Widerspruch anmeldenden, alten, gebrechlichen, oft bereits zerbrechlichen, aber dennoch nicht gebrochenen Heimbewohnern Lebensfreude und Lebenssinn zurückgegeben haben, oft humorvoll, oft fördernd und fordernd, stets jedoch mit großer Hinwendung und Herzensbildung.

Immer mehr hat sich in uns der Eindruck verfestigt, dass die Ihnen anvertrauten Menschen für Sie keine austauschbaren Nummern waren, sondern von Ihnen in ihrer ganzen, oft komplexen Persönlichkeit, in ihrem Menschsein wahr- und angenommen wurden. Dass jedes Menschsein etwas Einzigartiges ist, das nicht erlischt, wenn unsere Werte und Kausalitäten nicht mehr gelten, war für Sie, liebes Schöckl-Team, keine Worthülse, sondern war mit Leben, mit Ihrem Berufsleben er- und gefüllt, war gelebtes Leben, das Menschen am Ende ihres Lebensweges Trost und Zuspruch, vielleicht auch Zuneigung und Liebe hat spüren lassen.

Worte können vieles ausdrücken, aber nicht alles. Keine Worte finden wir für jene Dankbarkeit, die wir empfinden, dass Sie, liebes Schöckl-Team, unserem Vater in all seinem Eingeschränkt-Sein noch ein Leben ermöglicht haben, in dem er, für den keine Zeit und Zeitlichkeit mehr galt, jene aufmerksame und innige Zuwendung erfahren hat, die sich für ihn in seinem Bewusstsein wohl zu etwas Dauerhaftem, jenseits eines ephemeren Augenblicks, verfestigt hat. Es war ein Glück für ihn und auch für uns, unseren Vater an einem Ort zu wissen, an dem er trotz all seiner Pflegebedürftigkeit noch seine Menschenwürde bewahren konnte.

Über all die Dankbarkeit hinweg fühlen wir uns Ihnen besonders verpflichtet für jene Anteilnahme, Sensibilität und Diskretion, als es galt, ihn in seinen allerletzten Stunden zu begleiten und in den Stunden danach für immer Abschied zu nehmen. Seine entspannten Gesichtszüge ließen auf kein Ringen mit dem Tode mehr schließen, hatten etwas Trostspendendes an sich. Tröstliches empfanden wir einst, als wir unseren Vater vor nicht ganz zwei Jahren bei Ihnen umsorgt wussten, Tröstliches empfinden wir jetzt in der Gewissheit, dass diese zwei Jahre für unseren Vater noch zwei gute, zwei gelebte Jahre waren.

Ein Kreis, der sich schließt. Ein Kreis, der sich geschlossen hat.

Danke!"

4.4 Pflege unter der Prämisse „mobil vor stationär"

In der Exzellenzphase stellen wir uns jenen Anforderungen, die für angestrebte Qualitätszertifizierungen und Wettbewerbe Ansporn und Motivation geben. Wiederholt nehmen wir Preise entgegen, die den gemeinsam erzielten Erfolg eines hochmotivierten Teams auszeichnen, das sich quer über alle Berufsgruppen und Führungsebenen spannt.

Die Pflege stellt den Kernprozess der Patientenbetreuung, einen der wichtigsten Prozesse unseres Hauses dar und richtet sich konsequent – wie in der Pionierphase festgelegt – am „Patient first"-Prinzip aus. Zunehmend wichtig ist es, das Produktportfolio auf die künftigen Entwicklungen des Pflege- und Gesundheitssystems abzustimmen und zu erweitern. Hier wachsen wir sukzessive in den ambulanten Sektor hinein, um dem Postulat der Politik „mobil vor stationär" gerecht zu werden. Daher widmet sich die Pflege in der Exzellenzphase auch Anliegen der Bevölkerung, unter anderem der *Förderung der Gesundheitskompetenz älterer Menschen* und der *Schulung von pflegenden Angehörigen* als größter Pflegedienstleister. Daher widmet sich die Pflege in der Exzellenzphase (auch Anliegen der Bevölkerung) unter anderem der *Förderung der Gesundheitskompetenz älterer Menschen* und der *Schulung von pflegenden Angehörigen* als größter Pflegedienstleister. Im vorliegenden Kapitel erfahren Sie demnach mehr zu folgenden vier Schwerpunktthemen:

- Stärkung der Gesundheitskompetenz älterer Menschen,
- Die Familie als größten Pflegedienstleister unterstützen,
- Netzwerken und Mitgestalten,
- Pflege 4.0. ist mehr als technischer Fortschritt.

Stärkung der Gesundheitskompetenz älterer Menschen

Dem demografischen Wandel zufolge steht fest, dass der Pflegebedarf vor allem in den nächsten Jahren enorm ansteigen wird. Vor allem die geburtenstarke Generation der „Babyboomer", die zwischen 1955 und 1965 geboren ist, stellt das Pflegesystem vor eine Herausforderung, da sie in 10 bis 20 Jahren Pflege und Betreuung für sich beanspruchen wird. (Kuhlmey 2018)

Neben der Prämisse *„mobil vor stationär"*, hat auch das Thema Gesundheitskompetenz in den letzten Jahren zunehmend Beachtung gefunden. Forschungsergebnisse verdeutlichen das große Potenzial, dass höhere Gesundheitskompetenz nicht nur die Gesundheit und das Wohlbefinden, sondern auch die gesundheitliche Chancengleichheit verbessern kann. (Kickbusch u. a. 2016)

> **Gesundheitskompetenz** ist mit allgemeiner Bildung verknüpft und umfasst mehrere Dimensionen, welche das *Wissen*, die *Motivation und die Fähigkeiten in Bezug auf relevante Gesundheitsinformationen* betreffen. Dazu gehört in einem ersten Schritt, dass relevante Gesundheitsinformationen gefunden und verstanden werden. In einem nächsten Schritt ist es wichtig, Informationen zu beurteilen und schließlich diese im Alltag in den Bereichen der Gesundheitsförderung, Prävention und Krankheitsbewältigung anzuwenden, um Entscheidungen zu Gesundheit und Lebensqualität im gesamten Lebensverlauf zu treffen. (Sorensen u. a. 2012)

Ergebnisse des European Health Literacy Surveys (HLS-EU) 2011 haben gezeigt, dass die Gesundheitskompetenz der österreichischen Bevölkerung im internationalen Vergleich niedriger als der Durchschnitt ist. Begrenzte Gesundheitskompetenz betrifft mehr als die Hälfte der österreichischen Bevölkerung (56,4 %).

> **Auf dem Weg zu einer gesundheitskompetenten Organisation**
> Unsere Antwort auf diesen Trend ist es, *Vortragsreihen zu Themen rund um Gesundheit, Pflege und Betreuung für die Bevölkerung* anzubieten und *Informationsbroschüren der Pflege* entsprechend der 15 Qualitätskriterien des Bundesministeriums für Arbeit, Soziales, Gesundheit und Konsumentenschutz und der Österreichischen Plattform Gesundheitskompetenz (2018) für Patienten und deren Angehörige aufzubereiten. Bemühungen unsere Organisation gesundheitskompetent zu entwickeln, werden somit unternommen. Wir zielen darauf ab, über unsere Organisation hinaus einen Beitrag zum *Gesundheitskompetenzerwerb der Gesellschaft* zu leisten.

Die Familie als größten Pflegedienstleister unterstützen

In den letzten Jahrzehnten wurden alte Menschen primär im Familienverbund betreut. Aufgrund der steigenden Lebenserwartung und der damit einhergehenden Multimorbidität ist dieser Zustand heutzutage nicht mehr aufrecht zu erhalten. Dennoch ist die *Familie* neben mobilen Diensten und Nachbarschaft *der wichtigste Pflegedienstanbieter*. Auch bei rückläufigen Tendenzen werden 80 Prozent der Pflege und Betreuung zu Hause durchgeführt. (Nagl-Cupal u. a. 2018) **Laut Nagl-Cupal u. a. (2018) kann die familiäre Pflege im häuslichen Umfeld langfristig nur aufrechterhalten werden, wenn pflegende Angehörige in ihrer Rolle gestärkt** werden. Fühlen sich Angehörige unsicher oder überfordert, ist die Entscheidung für ein Pflegeheim oft die nahe liegende Lösungsvariante, auch wenn es selten der Weg ist, den sich die Betroffenen wünschen. Um Angehörigen bei der Pflege zuhause Unterstützung zu bieten und dadurch die informelle Pflege in der Steiermark aufrecht zu erhalten, wurde 2018 das Albert Schweitzer Trainingszentrum eröffnet.

> **Altenpflege von Profis lernen im Albert Schweitzer Trainingszentrum**
> Wir bieten hier pflegenden Angehörigen praxisorientierte Kurse zu Themen rund um Pflege und Betreuung, wie etwa Demenz, Körperpflege oder Mobilisieren in einer kleinen Gruppe. Ziel ist es, durch Befähigung pflegenden Angehörigen Entlastung zu bieten und zu mehr Sicherheit in der Pflege zuhause zu verhelfen. Die Kurse werden von Pflegeexperten sowie Physio- und Ergotherapeuten gemeinsam mit Pflegewissenschaftlern entwickelt und gehalten.
> Zudem werden den Kursteilnehmern Kursunterlagen und Coachings geboten, um die Nachhaltigkeit der vermittelten Kursinhalte sicherzustellen. Begleitend dazu evaluieren wir die Kurse wissenschaftlich und zwar dahingehend, ob die Teilnahme an den Kursen und die zusätzlichen Materialien einen Einfluss auf das Belastungsempfinden, die Selbstwirksamkeit und die Lebensqualität von pflegenden Angehörigen haben.

Netzwerken und Mitgestalten

Unsere Organisation ist in ein *umfangreiches Netzwerk von Partnerorganisationen* eingebunden. Das Pflegemanagement unseres Hauses sieht seine strategische Aufgabe auch darin, die Leistungen der Pflege in der Öffentlichkeit, in Gremien, Beiräten und bei Veranstaltungen zu präsentieren sowie die Pflege und den Langzeitbereich zu aktuellen Themen aus dem Gesundheits- und Sozialbereich Stellung beziehen zu lassen. Dies erfolgt auch durch *Mitarbeit und Engagement* in verschiedenen Arbeitskreisen und Arbeitsgruppen sowie durch berufspolitische Tätigkeiten. Bund, Länder und Sozialversicherungsträger müssen Rahmenbedingungen schaffen, damit die größte Berufsgruppe im Gesundheitsbereich diese Aufgaben gut und auch gerne ausüben kann. Der Fokus liegt hier auf der erforderlichen Schaffung von Ausbildungsplätzen und einer gerechten Personal- und Lohnpolitik. Hier liegen wichtige Schwerpunktthemen der Pflege. So bringt sich unser Pflegemanagement etwa beim „Bündnis für gute Pflege" ein, das sich als Interessensvertretung für eine Neuausrichtung der Personalausstattungsverordnung und eine ausreichende Anzahl an Ausbildungsplätzen für zukünftige Pflegepersonen einsetzt. Managementkompetenz umfasst für uns auch, der Pflege eine Stimme zu geben und diese *nach außen* zu *repräsentieren und* zu *vertreten.*

Neben der Vertretung der Pflege in Gremien, zählen Vortragstätigkeiten zu wichtigen Aufgaben des Pflegemanagements. Dies dient zum Erhalt des aktuellen Wissens und von Informationen, aber auch der sehr wichtige Austausch mit den jeweiligen Akteuren, Referenten und Teilnehmern wird gefördert und trägt maßgeblich dazu bei, Netzwerke zu bilden und so auch unseren Bekanntheitsgrad zu steigern.

Unser Pflegemanagement umfasst neben der Vertretung und Repräsentation der Organisation nach außen folgende weitere Schwerpunkte: *Personalmanagement, Qualitätsmanagement, Risikomanagement, Gesundheitsmanagement, Wissensmanagement und Health-Care-Management.* Wir versuchen diese Faktoren im Kontext der Gesamtsicht unserer Organisation und entsprechend unserer Strategie und Zielvorgaben umzusetzen. Dabei legt das Pflegemanagement den Fokus **auf das biopsychosoziale Modell** (Deter 2018).

Das Pflegemanagement ist nach innen für die **strategische Weiterentwicklung der Pflege und Organisation** verantwortlich und gestaltet als Teil der kollegialen Führung Rahmenbedingungen und Strukturen mit. Es steht impulsgebend und initialzündend für neue Konzepte und Projekte ein (Kämmer 2015). Schwerpunkte unseres Pflegemanagements liegen in der Organisation des Pflegedienstes im Sinne einer qualitativen und prozessorientierten Organisationsentwicklung. Für die unterschiedlichen Versorgungsprodukte wurden entsprechende Rahmenbedingungen (etwa personelle Ressourcen) gemeinsam mit den Betroffenen geschaffen.

Die Mitarbeiterführung ist eine weitere zentrale Aufgabe unseres Pflegemanagements. So werden jährlich Mitarbeitergespräche mit Jahreszielvereinbarungen geführt, um die Ziele in Anlehnung der Gesamtstrategie (Balanced Scorecard) zu definieren. Auch der Fortbildungsbedarf der Mitarbeiter wird besprochen und die erforderlichen Maßnahmen je nach Erfordernis umgesetzt. Dies ermöglicht den Einsatz der Mitarbeiter nach ihren Stärken und Fähigkeiten.

Pflegemanagement muss sich auch mit den komplexen Versorgungsfragen in einer alternden Gesellschaft auseinandersetzen, denn die Zunahme von chronischen Erkrankungen und Mehrfacherkrankungen führt zu einer Verdichtung und Verbreiterung der Aufgabenstellungen in der Pflege. Hier ist das Pflegemanagement gefordert, *neue Strukturen und Organisationseinheiten* umzusetzen. Neue Pflegeangebote erfordern neue Kompetenzen der Mitarbeiter, neue Tätigkeitsprofile und innovative Lösungsansätze. So wurden auch neue Arbeitsteilungen im intraprofessionellen Pflegeteam durchgeführt, um das Zusammenwirken verschiedener Qualifikationen im Pflegeteam bestmöglich auf die Patienten und Bewohner je nach Pflegebedarf und Komplexität sowie je nach Betreuungssetting abgestimmt (Best Point of Care) zu verbessern.

> ⓘ Aufgrund begrenzter Ressourcen im Gesundheits- und Sozialsystem stehen Gesundheitseinrichtungen vor der Herausforderung, ökonomisch und qualitativ hochwertig zu arbeiten. Wenn Leistungen im Gesundheitswesen möglichst ressourcenschonend, aber gleichzeitig qualitätsvoll erbracht werden, so wird dies als Leistungserbringung am **„Best Point of Care"** oder auch „Best Point of Service" bezeichnet (Czypionka 2014, Gfrerer u. a. 2016).

Auch das Qualitätsmanagement gehört selbstverständlich zu den Kernaufgaben des Pflegemanagements. Qualitätsmanagement ist nicht nur effizient und dient der Klientensicherheit, sondern ist auch wirtschaftlich. Präventive Klientensicherheit (z. B. Sturzprophylaxe, Infektionsprävention) ist immer kostengünstiger – vom Schmerz und Leid der Betroffenen gar nicht zu reden.

Pflege 4.0. ist mehr als technischer Fortschritt

Pflege 4.0. steht für ein modernes Verständnis von Motivation, Leistung und Innovation, ein *Zusammenspiel moderner Technologien und Digitalisierung*. Dabei handelt es sich um technische Assistenzsysteme, Informations- und Telekommunikationstechnologien oder auch komplexe Automatisierungskonzepte, die den Pflegealltag erleichtern und Pflegekräfte, aber auch Betroffene und Angehörige entlasten sollen. Vorrangige Ziele sind eine *konsequente Patientenorientierung* und *Sicherheit* sowie eine *Steigerung der Versorgungsqualität*.

Die Erwartungen an innovative technische Systeme sind groß: Einerseits sollen sie **funktionale Aspekte der Pflegearbeit erleichtern**, wie etwa in Bezug auf Mobilität, Sicherheit, Kommunikation etc. Andererseits sollen sie die **Koordination einer bedarfsgerechten Pflege** in komplexen Systemen sicherstellen. Ein mögliches Szenario wäre, die Vernetzung von Pflegebedürftigen, informellen und professionellen Helfern dadurch zu verbessern (Hülsken-Giesler/Daxberger 2018).

So könnte sich eine integrierte Verwendung von Telekommunikationstechnologien und Informatik in der Pflege als effiziente Lösung erweisen – besonders *Telepflege* als Ansatzpunkt für innovative Versorgungsmodelle. Vor allem in strukturschwachen Regionen gewinnt Telepflege an Bedeutung. Durch die Entwicklung der Kommunikations- und Videotechnologien ist es möglich, pflegebedürftige Menschen auch aus der Ferne, durch Übermittlung von Vitaldaten, welche ortsunabhängig ausgewertet werden, zu betreuen. Ebenso können Personen mit Pflegebedarf und Angehörige mittels *Telefon- und Videoübertragung* durch Pflegefachkräfte angeleitet und beraten werden. Die Anwendung moderner Technologien könnte somit dazu beitragen, die Autonomie und Selbstständigkeit von älteren Menschen zu erhalten, die Lebensqualität zu steigern und so ein längeres Verweilen zu Hause in der gewohnten Umgebung ermöglichen. Mit den neuen Technologien sind jedoch auch *Risiken, Vorbehalte und zahlreiche Fragen* verbunden, die von Anfang an mitzudenken und zu beantworten sind. Es bedarf immer der Wahlfreiheit, die Unterstützung durch Telekommunikationstechnologien in der Pflege anzunehmen oder abzulehnen.

> Neben der demografischen Entwicklung stellen vor allem die Digitalisierung und Akademisierung der Pflege eine **Herausforderung der Zukunft für die Pflege** dar.
>
> Aufgrund der Alterung der Gesellschaft wird die Entwicklung von Strategien zwingend notwendig sein, um künftig genügend junge Menschen für den Pflegeberuf zu begeistern und in diesem zu halten.
>
> Die Diversifizierung pflegerischer Kompetenzniveaus und Aufgabenfelder wird als probates Mittel beschrieben, um dem Fachkräftemangel entgegenzuwirken. Fraglich ist jedoch, ob dies tatsächlich der Fall ist oder eher unnötig die Komplexität von Versorgungsprozessen und -strukturen erhöht.

> Pflegewissenschaft und Pflegeforschung müssen vom Pflegemanagement gemeinsam mit den Pflegexperten forciert werden. Nur so kann eine Durchdringung und Aufnahme pflegewissenschaftlicher Erkenntnisse in die Pflegepraxis gewährleistet werden.
>
> Die Digitalisierung und der Einsatz intelligenter Technik in der Pflege werden kontrovers gesehen. Wichtig ist, gemeinsam mit Pflegepraktikern herauszufinden, wo Technik als Unterstützung im Pflegealltag hilfreich sein und wo sie die Rahmenbedingungen der Beschäftigten verbessern kann (Balzer/Schrems 2018).

Im vergangenen Jahrzehnt hat sich die Forschung vornehmlich auf die die Entwicklung und Verbreitung von assistiven Technologien und IKT-Systemen gerichtet. Seit kurzem gewinnt allerdings die Diskussion um Pflegeroboter, das heißt **autonome Systeme in der Pflege**, zunehmend an Bedeutung. Fest steht, dass der Kenntnisstand in Bezug auf die Rahmenbedingungen und die Effekte des Einsatzes von Pflegerobotik noch als rudimentär zu bezeichnen ist und spezifische Charakteristika professioneller Pflege als personenbezogene Dienstleistung unzureichend adressiert werden. Pflegepersonen kommt hier eine gesellschaftsrelevante Aufgabe zu, nämlich immer wieder auf die spezifischen Problemlagen und Besonderheiten in der Pflege zu verweisen und entsprechende Entwicklungen und Bewertungen einzufordern, zu unterstützen und zur Diskussion zu stellen (Hülsken-Giesler/ Daxberger 2018).

■ 4.5 Ausblick

Die künftigen Herausforderungen sehen wir in der *Verbesserung der Rahmenbedingungen* und *Steigerung der Attraktivität des Pflegeberufs*, sowie in der *Gewinnung und Weiterentwicklung akademisch qualifizierter Pflegepersonen* in der direkten Patientenbetreuung.

Die Pflege wird sich in den nächsten Jahren weiter professionalisieren – das **21. Jahrhundert ist das Jahrhundert der Pflege.** In Österreich werden die Möglichkeiten, die eine professionelle Pflege für das gesamte Gesundheitssystem leisten könnten, bis dato noch nicht voll ausgeschöpft. Innovationen und Veränderungswünsche tragen nur dann Früchte, wenn überholte Paradigmen verlassen werden und etwas Neues geschaffen wird. Die Profession Pflege wird sich weiterentwickeln und durch differenzierte Berufsrollen und Tätigkeitsfelder *neue Handlungs- und Entscheidungsspielräume* übernehmen. Die Pflegewissenschaft wird auch in Zukunft ein wichtiger Teil dieser Entwicklungen sein. Aber auch Prozesse und Strukturen sind neu zu denken und erfordern neue Antworten – auch und gerade im Pflegebereich und Gesundheitswesen.

Es wird Aufgabe der Pflege sein, *neue Betreuungs- und Pflegekonzepte* zu entwickeln und wichtige Impulse für eine personenzentrierte und bedarfsorientierte Betreuung zu setzen.

Pflege 4.0 eröffnet uns die Chance, das traditionelle Bild der Pflegeorganisationen und der Pflegeprozesse durch *neue Technologien* zu modernisieren und Routinearbeiten an intelligente Systeme und Algorithmen abzugeben. *Advanced Nurse Practitioners und Clinic Nurse Specialists* werden wichtige Stützen des Gesundheitssystems im ambulanten (etwa in Primärversorgungseinheiten) wie auch im stationären Setting sein. Sie werden eine zentrale Rolle sowohl bei der Sicherung evidenzbasierter Pflege, als auch bei der Edukation und Beratung und somit bei der Unterstützung von chronisch kranken Menschen einnehmen. Durch professionelle Pflege können Aspekte der Gesundheitsförderung, der Gestaltung und Begleitung von Übergängen zwischen Akutversorgung und dem eigenen Zuhause oder der Langzeitpflege mit fachlicher Expertise miteinbezogen werden. So ermöglicht das Konzept der „Family Nurse" ein *längeres Verweilen zu Hause*, auch im hohen Alter oder mit chronischen Erkrankungen.

Es braucht dazu selbstbewusste, engagierte und mutige Pflegende, die sich als Teil eines Innovationsystems verstehen, die notwendige Veränderungen vorantreiben und mitgestalten. Wenn es der Pflege gelingt, diese Entwicklung mit ihrer Expertise zu unterstützen und sich die Pflege ihrer gesellschaftspolitischen Bedeutung bewusst wird, wird sie auch eine stärkere Verankerung und mehr politischen Einfluss erhalten.

Diese Chance, die Zukunft der Pflege aktiv mitzugestalten, müssen die Pflegenden für die Pflege und die ihnen vertrauenden Patienten und Bewohner ergreifen.

■ 4.6 Literatur

Amelung, Volker; Gerlach, Ferdinand; Gruhl, Matthias; Ozegowski, Susanne; Prüfer-Storcks, Cornelia; Schaeffer, Doris; Straub, Christoph: *Positionspapier PATIENT FIRST! Für eine patientengerechte sektorenübergreifende Versorgung im deutschen Gesundheitswesen.* Positionspapier der Friedrich-Ebert-Stiftung 2017 URL: *http://library.fes.de/pdf-files/wiso/13280.pdf.* Abgerufen am 08.07.2019

Balzer, Katrin; Schrems, Berta: *30 Jahre Pflege – Sichtweisen zur Zukunft der Pflege.* In: Pflege Volume 31 (2018), S. 5–7

Bausewein, Claudia; Roller, Susanne; Voltz, Raymond: *Leitfaden Palliative Care. Palliativmedizin und Hospizbegleitung.* 6. Auflage. Elsevier Verlag, München 2018

Behrens, Johann; Langer, Gero: *Evidence based Nursing and Caring. Methoden und Ethik der Pflegepraxis und Versorgungsforschung – Vertrauensbildende Entzauberung der „Wissenschaft".* Hogrefe Verlag, Bern 2016

Benner, Patricia: *Stufen zur Pflegekompetenz.* Hogrefe Verlag, Bern 2017

Bethge, Susanne; Danner, Martin: *Kick-off article: Patients first in health care: Status quo.* In: Zeitschrift für Evidenz, Fortbildung und Qualität im Gesundheitswesen, Volume 121 (2017), S. 54–57

Böhm, Erwin: *Psychobiographisches Pflegemodell nach Böhm. Band I: Grundlagen.* 4. Auflage. Wilhelm Maudrich Verlag, Wien 2009a

Böhm, Erwin: *Psychobiographisches Pflegemodell nach Böhm. Band II: Arbeitsbuch.* 4. Auflage. Wilhelm Maudrich Verlag, Wien 2009b

Bölicke, Claus (Hrsg.): *Standards in der Pflege entwickeln – einführen – überprüfen.* Urban & Fischer Verlag, München 2006

Bundesministerium für Arbeit, Soziales, Gesundheit und Konsumentenschutz; Österreichische Plattform Gesundheitskompetenz: *Gute Gesundheitsinformation Österreich. Die 15 Qualitätskriterien. Der Weg zum Methodenpapier – Anleitung für Organisationen.* 3. Auflage. Wien 2018. URL: https://oepgk.at/wp-content/uploads/2018/11/gute-gesundheitsinformation-oesterreich.pdf. Abgerufen am 08.07.2019

Czypionka, Thomas: *Gesundheitsreform: Der menschliche Faktor.* 2014 URL: https://www.ihs.ac.at/fileadmin/public/user_upload/Standpunkt_24_Gesundheitsreform_0714.pdf. Abgerufen am 08.07.2019

Dal Molin, Alberto; Gatta, Claudia; Gilot, Chiara Boggio; Ferrua, Rachele; Cena, Tiziana; Manthey, Marie; Croso, Antonella: *The impact of primary nursing care pattern: Results from a before–after study.* In: Journal of Clinical Nursing Volume 27, Issue 5-6 (2018), S. 1094–1102

DBfK; ÖGKV; SBK: *Advanced Nursing Practice in Deutschland, Österreich und der Schweiz. Eine Positionierung von DBfK, ÖGKV und SB.* URL: https://www.oegkv.at/fileadmin/user_upload/International/Positionspapier-ANP-DBfK-OEGKV-SBK-01-2013-final.pdf. Abgerufen am 08.07.2019

Deter, Hans-Christian: *Biopsychosoziale oder psychotherapeutische Medizin – zur aktuellen Entwicklung der Psychosomatik in der klinischen Praxis.* In: Wiener Medizinische Wochenschrift Volume 168, Issue 3-4 (2018), S. 52–56

Dieplinger, Anna Maria; Nestler, Nadja; Osterbrink, Jürgen: *Was auf Österreich zukommt: Die Pflege im internationalen Vergleich.* In: ProCare, Volume 23, Issue 5 (2018), S. 32–35

Dobrin Schippers, Andrea; Abderhalden, Christoph; Feuchtinger, Johanna; Schaepe, Christiane; Schori, Elisabeth; Welscher, Rosemarie: *Instrument zur Erfassung von Pflegesystemen „IzEP©" Pflegerische Organisation für Praxis, Management und Wissenschaft sichtbar machen.* In: Pflegezeitschrift, Volume 63, Issue 1 (2010), S. 40–44

Donabedian, Avedis: *Evaluating the Quality of Medical Care.* In: The Milbank Quarterly, Volume 83, Issue 4 (2005), S. 691–729

Eglseer, Doris; Hödl, Manuela; Lohrmann, Christa: *Pflegequalitätserhebung 2.0.* 2017 URL: https://pflegewissenschaft.medunigraz.at/forschung/pflegequalitaetserhebung/. Abgerufen am 08.07.2019

Eichhorn-Kissel, Juliane; Dassen, Theo; Lohrmann, Christa: *Comparison of the responsiveness of the Care Dependency Scale for Rehabilitation and the Barthel Index.* In: Clinical Rehabilitation, Volume 25, Issue 8 (2011), S. 760–767

ENPP-Böhm (Europäisches Netzwerk für psychobiographische Pflegeforschung): *Zertifizierung.* o.J. URL: *http://www.enpp-boehm.com/zertifizierung.htm.* Abgerufen am 22.11.2018

Fiechter, Verena; Meier, Martha: *Pflegeplanung. Eine Anleitung für die Praxis.* 10. Auflage. Recom Verlag, Kassel 1998

Fougère, Bertrand u.a.: *Development and Implementation of the Advanced Practice Nurse Worldwide With an Interest in Geriatric Care.* In: Journal of Post-Acute and Long-Term Care Medicine (JAMDA), Volume 17, Issue 9 (2016), S. 782 – 88

Gfrerer, Christopher; Lohr, Claudia; Reitter-Pfoertner, Sylvia; Ruda, Romana; Trischak, Christine: *„Rundum versorgt – Multimorbidität im Alter" Integrierte Versorgung multimorbider geriatrischer Patientinnen und Patienten – Analyse der Versorgungssituation und Ausarbeitung eines umsetzungstauglichen Versorgungsmodells für Österreich.* Competence Center Integrierte Versorgung (2016). URL: *http://www.cciv.at/cdscontent/load?contentid=10008.639561&version=1490792591.* Abgerufen am 08.07.2019

Hamric, Ann B.; Hanson, Charlene M.; Tracy, Mary Fran: *Advanced Practice Nursing: An integrative Approach.* Fifth Edition. Elsevier Saunders, St. Louis 2014

Hasseler, Martina; Fünfstück, Mathias: *Informiert entscheiden. Qualitätsentwicklung und Qualitätsberichterstattung in der stationären Langzeitpflege – Eine Debatte über Anforderungen und Herausforderungen (Teil II).* In: Pflegezeitschrift, Volume 68, Issue 9 (2015), S. 554 – 59

Hasseler, Martina; Stemmer Renate: *Entwicklung eines wissenschaftlich basierten Qualitätsverständnisses für die Pflegequalität.* In: Jacobs, Klaus; Kuhlmey, Adelheid; Greß, Stefan; Klauber, Jürgen; Schwinger, Antje: *Pflege-Report 2018: Qualität in der Pflege.* Springer, Berlin/Heidelberg 2018, S. 23 – 36

Herdman, T. Heather; Kamitsuru, Shigemi: *NANDA International Nursing Diagnoses. Definitions and Classification 2018 – 2020.* 11. Edition, Thieme, New York 2017

Hülsken-Giesler, Manfred; Daxberger, Sabine: *Robotik in der Pflege aus pflegewissenschaftlicher Perspektive.* In: Bendel, Oliver: *Pflegeroboter.* Springer Gabler, Wiesbaden 2018, S. 125 – 139

International Council of Nursing: *Advanced Practice Nurse.* URL: *http://icn-apnetwork.org/Home/FAQ.* Abgerufen am 08.07.2019

JOANNEUM RESEARCH: *Bedarfs- und Entwicklungsplan für pflegebedürftige Personen: Steiermark 2025, 2015,* URL: *http://www.gesundheit.steiermark.at/cms/dokumente/11645224_72563015/a3fff4fa/BEP2025.pdf.* Abgerufen am 08.07.2019

Johnson, Joyce A.: *Reviving the Journal Club as a Nursing Professional Development Strategy.* In: Journal For Nurses in Professional Development, Volume 32, Issue 2 (2016), S. 104 – 106

Kämmer, Karla: *Pflegemanagement in Altenpflegeeinrichtungen: zukunftsorientiert führen, konzeptionell steuern, wirtschaftlich lenken.* 6. vollständig überarbeitete Auflage. Schlütersche Verlagsgesellschaft, Hannover 2015

Kaiser, Gudrun: *Vom Pflegeheim zur Hausgemeinschaft. Empfehlungen zur Planung von Pflegeeinrichtungen.* Reihe: Architektur + Gerontologie, Band 5, Kuratorium Deutsche Altershilfe, Köln 2008

Kickbusch, Ilona; Pelikan, Jürgen; Haslbeck, Jörg; Apfel, Franklin; Tsouros, Agis D.: *Gesundheitskompetenz. Die Fakten.* URL: *https://aok-bv.de/imperia/md/aokbv/gesundheitskompetenz/who_health_literacy_fakten_deutsch.pdf.* Abgerufen am 08.07.2019

Korečić, Jasenka: *Pflegestandards Altenpflege.* Springer-Verlag, Berlin/Heidelberg 2012

Kränzle, Susanne; Schmid, Ulrike; Seeger, Christa: *Palliative Care. Praxis, Weiterbildung, Studium.* 6. aktualisierte und erweiterte Auflage. Springer-Verlag, Berlin 2018

Kuhlmey, Adelheid: *Altern gestalten – Herausforderungen für die Gesundheitsversorgung der Zukunft. ÖPIA Vorlesung zur Alternden Gesellschaft 2018.* URL: *http://www.oepia.at/sites/default/files/3%20ÖPIA%20Vorlesung%20-%20Kuhlmey%202018.pdf.* Abgerufen am 08.07.2019

Loffing, Dina; Loffing, Christian: *Mitarbeiterbindung ist lernbar. Praxiswissen für Führungskräfte in Gesundheitsfachberufen.* Springer-Verlag, Berlin/Heidelberg 2010

Luderer, Christiane; Meyer, Gabriele: *Qualität und Qualitätsmessung in der Pflege aus ethischer Perspektive.* In: Jacobs, Klaus; Kuhlmey, Adelheid; Greß, Stefan; Klauber, Jürgen; Schwinger, Antje: *Pflege-Report 2018: Qualität in der Pflege.* Springer-Verlag, Berlin/Heidelberg 2018, S. 15–21

Manthey, Marie: *Primary Nursing – Ein personenbezogenes Pflegesystem.* 3.Auflage. Verlag Hans Huber, Bern 2011

Matolycz, Eva: *Der alte Mensch in der Gesellschaft: Alternstheorien und -modelle im Wandel und deren Bedeutung für die Pflege.* In: Matolycz, Esther: *Pflege von alten Menschen.* Springer-Verlag, Berlin/Heidelberg 2016, S. 13–23

Menche, Nicole: *Pflege Heute.* Urban und Fischer Verlag, München 2011

Meyer, Gabriele; Balzer, Katrin; Köpke, Sascha: *Evidenzbasierte Pflegepraxis – Diskussionsbeitrag zum Status quo.* In: Zeitschrift für Evidenz, Fortbildung und Qualität im Gesundheitswesen, Volume 107, Issue 1 (2013), S. 30–35

Michell-Auli, Peter; Sowinski, Christine: *Die 5. Generation: KDA-Quartiershäuser. Ansätze zur Neuausrichtung von Alten- und Pflegeheimen.* Kuratorium Deutsche Altershilfe, Köln 2012

Nagl-Cupal, Martin; Kolland, Franz; Zartler, Ulrike; Bittner, Marc; Koller, Martina; Parisot, Viktoria; Stöhr, Doreen: *Angehörigenpflege in Österreich. Einsicht in die Situation pflegender Angehöriger und in die Entwicklung informeller Pflegenetzwerke.* Bundesministerium für Arbeit, Soziales, Gesundheit und Konsumentenschutz, Wien 2018

Neumann-Ponesch, Silvia: *Modelle und Theorien in der Pflege.* 3. überarbeitete Auflage. Facultas Verlag, Wien 2014

Österreichische Gesellschaft für Geriatrie und Gerontologie: *Österreichisches Geriatrisches Basisassessment.* Friedrich VDV, Wien 2011

Österreichische Palliativgesellschaft: *Fokusthema Palliative Pflege.* URL: *https://www.palliativ.at/palliative-care/palliativpflege/fokusthema-palliative-pflege/.* Abgerufen am 28.11.2018

Planer, Katarina: *Haus- und Wohngemeinschaften. Neue Pflegekonzepte für innovative Versorgungsformen.* Verlag Hans Huber, Bern 2010

Rappold, Elisabeth; Aistleithner, Regina: *Arbeitshilfe Pflegedokumentation 2017*. 3. überarbeitete Auflage. Gesundheit Österreich GmbH, Wien 2017

Sallegger, Andrea; Ertl, Regina; Rittenschober, Irene; Lechner, Sabine; Gebeshuber, Monika; Seidel, Barbara: *Cura 2016. 1. Platz Akutpflege. Implementierung von Primary Nursing in der Akutgeriatrie.* In: ProCare Volume 21, Issue 5 (2016), S. 40 – 46

Schmidt, Simone: *Expertenstandards in der Pflege – eine Gebrauchsanleitung.* Springer-Verlag, Berlin/ Heidelberg 2016

Schoberer, Daniela, Findling, E.T., Uhl, C., Schaffer, S., Semlitsch, B., Haas, W., Schrempf, S., Walder, M., Hierzer, A. & Lami, C.: *Sturzprophylaxe für ältere und alte Menschen in Krankenhäusern und Langzeitpflegeeinrichtungen. Evidence-based Leitlinie.* 2. aktualisierte Auflage. Landeskrankenhaus Universitätsklinikum Graz, Graz 2012

Sørensen, Kristine; Van den Broucke, Stephan; Fullam, James; Doyle, Gerardine; Pelikan, Jürgen; Sloska, Zofia; Brand, Helmut; (HLS-EU) Consortium: *Health literacy and public health: A systematic review and integration of definitions and models.* In: BMC Public Health, Volume 12, Issue 80 (2012), S. 1 – 13

Steidl, Siegfried; Nigg, Bernhard: *Gerontologie, Geriatrie und Gerontopsychiatrie. Ein Lehrbuch für Gesundheits- und Pflegeberufe.* 4. Auflage. Facultas Verlag, Wien 2014

Yeoman, Guy; Furlong, Patricia; Seres, Michael; Binder, Helena; Chung, Helena; Garzya, Vincenzo; Jones, Rachel RM.: *Defining patient centricity with patients for patients and caregivers: a collaborative endeavor.* In: BMJ Innovations (2017), S. 1 – 8

5 Wie Leadership im Veränderungsprozess erfolgt

Gerd Hartinger

„Du hast ein System nicht verstanden, solange Du es nicht verändern kannst."
Kurt Lewin

> Eine Führungskraft sollte wissensgestützt und werteorientiert vorausgehen. Regeln erschaffen, Menschen in ihrer Einzigartigkeit entwickeln, Leistung belohnen, Fehler dosiert zulassen und möglichst niemanden an den Pranger stellen. Die in diesem Kapitel dargestellten Führungstheorien sind dabei sehr hilfreich. Fehler passieren, sind nicht gänzlich vermeidbar, denn ohne sie gäbe es keine Entwicklung – weder in der Evolution noch in Organisationen. Man muss aber auch den Mut haben, sich von hinderlichen Mitarbeitern zu verabschieden

In diesem Abschnitt erfahren Sie Näheres über mein Führungsverständnis als Geschäftsführer der Geriatrischen Gesundheitszentren und die Entwicklung des Leaderships in den Jahren 2000 bis 2020. Was hat sich bewährt?

> **Führung (Leadership)** im Sinne der Sozial- und Wirtschaftswissenschaften bedeutet vereinfacht, die Richtung des Handelns der Mitglieder einer Organisation zu bestimmen. Führung ist daher eine planende, koordinierende, steuernde und kontrollierende Tätigkeit (Staehle 1994). Der Zweck der Führung besteht in der Beeinflussung der Einstellungen und des Verhaltens der Mitarbeiter einer Organisation zur Zielerreichung.

Wesentlich dabei ist, ein gemeinsames Verständnis des Managements für die Zielausrichtung zu gewinnen, was in komplexen Systemen wie Gesundheitsorganisationen schwer (genug) zu gelingen scheint (Badura u.a. 2013). Zu unterschiedlich sind die Interessen der Health Professionals (z. B. Ärzte, Pflegekräfte, Medizinisch-technische Dienste, Psychologen, Laboranten) hinsichtlich ihrer Bildungsherkunft und ihrer Sozialgenese. Dieses gemeinsame Verständnis (der Zielkorridor) ist aber die Grundlage für jegliche weitere Entwicklung der Organisation.

Die Führung selbst kann innerhalb der Grundlagen des Managements als *kontinuierlicher Kreislauf* verstanden werden (Bild 5.1). Die Ziele der Führung des Gesundheitsbetriebs müssen sich in den Zielen der Basis wiederfinden und vice versa. Die folgenden sechs Stufen veranschaulichen die Führung als systemische Leistung.

```
1. Visionen und Gesamtziele entwickeln und
   in Strategien übersetzen
2. Ziele mit Mitarbeitenden und Teams vereinbaren
3. Verantwortung delegieren – organisieren
4. Realisierung der Ziele begleiten – Mitarbeitende und Teams coachen und fördern
5. Leistung kontrollieren – Soll und Ist abgleichen
6. Feedback geben – Konsequenzen ziehen entscheiden

Führung als Arbeit im System
```

Bild 5.1 Führungskreislauf (in Anlehnung an Maier/Bartscher/Nissen 2019)

Die Geriatrischen Gesundheitszentren wandten ab Beginn der Aufbauphase den Führungskreislauf mit zunehmender Intensität an. In der Pionierphase gab es ein eher sprunghaftes und auf das Wesentlichste reduziertes theoriegeleitetes Führungsverhalten, es war auf Grund der Umstände und teils chaotischen Bedingungen gar nicht anders möglich. In der Organisation aufräumen und Ordnung machen, war das Motto der ersten Entwicklungsstufe. In den weiteren Phasen war der Führungskreislauf durchgehend dienlich, nur Nuancen – wie die Delegationstiefe – änderten sich.

■ 5.1 Das traditionelle Führungswerkzeug

Zur Führung braucht es – wie für das manuelle Handwerk auch – einige Instrumente und Werkzeuge, um professionell arbeiten zu können. Maßgeblich für den Erfolg der Instrumente ist deren Wirksamkeit bei der (richtigen) Anwendung. Die folgenden Ausführungen halfen den Geriatrischen Gesundheitszentren bei der Organisationsentwicklung über alle Phasen und können im 21. Jahrhundert als grundlegend bezeichnet werden.

5.1 Das traditionelle Führungswerkzeug

> Als Grundlage **wirksamer Führung** beschreibt Malik (2003) im Werk „Führen Leisten Leben" die Grundsätze wie auch die Aufgaben und Werkzeuge wirksamer Führung – kurz die zentralen handwerklichen Elemente des Managements.

Der Performer und resultatorientierte Manager steht im zentralen Interesse der Werke von Malik (2003) wie auch von Drucker (1998). Als entscheidender Transmitter zur Vermittlung dieser Grundsätze der Führung (Bild 5.2) dient die Kommunikation zwischen dem Vorgesetzten und dem Mitarbeiter beziehungsweise der Gruppe. Für eine wirksame Kommunikation ist emotionale Intelligenz (d.h. Gefühle in menschlichen Beziehungen richtig einzuschätzen und entsprechend zu handeln) unabdingbar. Die Geriatrischen Gesundheitszentren haben über die Jahre rund *100 Kommunikationsstrukturen* definiert und systematisch angewandt, um die Organisation mit ausreichenden Informationen zu versorgen. In diesen Kommunikationsstrukturen sind jene in Bild 5.2 dargestellten Aufgaben und Werkzeuge der Führung von grundlegender Bedeutung.

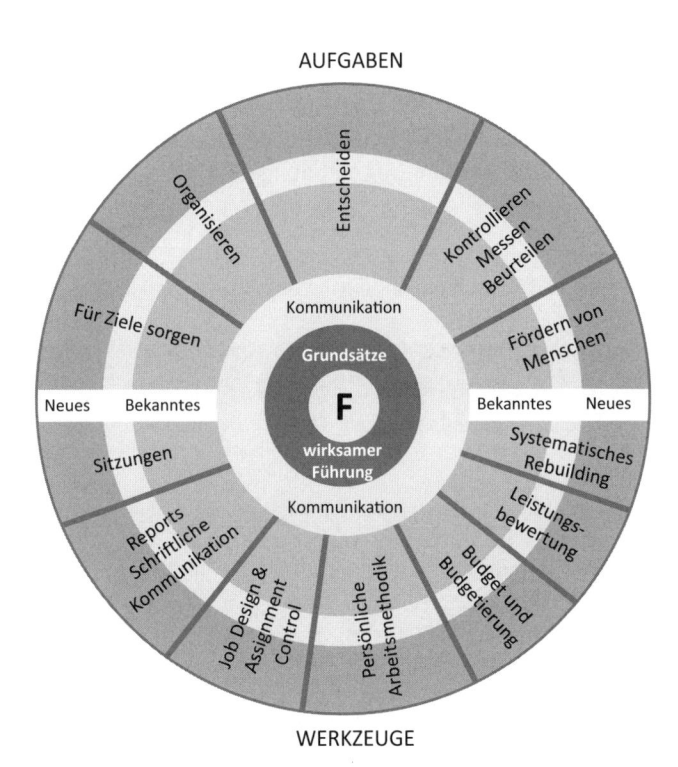

Bild 5.2 Grundsätze wirksamer Führung – Das Führungsrad (in Anlehnung an Malik 2003)

In Anlehnung an Malik (2003) können die Aufgaben wirksamer Führung anhand von Beispielfragen unserer Organisation wie in Tabelle 5.1 zusammengefasst werden.

Tabelle 5.1 Übersicht über die Aufgaben wirksamer Führung am Beispiel der Geriatrischen Gesundheitszentren

Aufgaben	Grundsatz	Leitfrage
Für Ziele sorgen	Ziele sind unverzichtbar, sie geben Richtung und Sinn.	Welche Ziele benötigen wir, um unsere Vision zu erreichen?
Organisieren	Mit möglichst wenig Ebenen und kurzen Wegen, also einer flachen Hierarchie (Lean Management).	Wie müssen wir uns organisieren, damit der Patient im Zentrum der Aufmerksamkeit steht und effektiv behandelt werden kann?
Entscheiden	Mit Problemverständnis und adäquater Entscheidungstechnik (z. B. Nutzwertanalyse) unter Einbeziehung des multiprofessionellen Team-Wissens (Know-how).	Wie können wir die richtigen Versorgungsdienstleistungen entwickeln, wie die richtigen Behandlungsentscheidungen effizient treffen?
Kontrollieren, Messen und Beurteilen	Regeln und Kennzahlen erstellen, die richtigen Messgrößen identifizieren, Stichproben nehmen und vor Ort (in Beziehung) sein.	Wie können wir motivierend aber auch zielgerichtet und effizient steuern?
Menschen entwickeln und fördern	Von den Mitarbeitern geht alles aus, sie haben sehr viel Potenzial. Vorrangig die Performer identifizieren und entwickeln.	Wie kann ich die richtigen Personen für die Organisation akquirieren, an den passenden Stellen einsetzen/integrieren und zur optimalen Wirkung für den Gesundheitsbetrieb bringen?

Weiterhin können die Werkzeuge wirksamer Führung anhand von Beispielen aus den Geriatrischen Gesundheitszentren und, wiederum in Anlehnung an Malik (2003), wie in Tabelle 5.2 zusammengefasst werden.

Tabelle 5.2 Übersicht über die Werkzeuge wirksamer Führung am Beispiel der Geriatrischen Gesundheitszentren

Werkzeuge wirksamer Führung	Erläuterung der Werkzeuge
Sitzungen	Besonders wichtig sind die Vorbereitung der Tagesordnungspunkte, die Moderation, der Erkenntnisgewinn und die Umsetzung, also die To-dos (Was? Wer? Bis Wann?).
Reports	Reports sparen Zeit, sind verbindlicher als das gesprochene Wort und zwingen zum Nachdenken. Effektive Reports sind essentiell. Autoren schreiben absenderorientiert, Manager empfängerorientiert.
Stellengestaltung und Einsatzsteuerung (Job Design und Assignment)	Gestaltung von Rollen und Stellenprofilen; die meisten Menschen haben zu kleine Aufgaben, sind unterfordert und können daher ihre Potenziale nicht entwickeln. Organisationen stehen sich oft selbst im Weg, da die Aufbauorganisation den Prozessen widerspricht.
Persönliche Arbeitsmethodik	Um große Dinge zu vollbringen, braucht es System und Disziplin. Platz für individuelle Freiheiten ist extrem förderlich.
Budget und Budgetierung	Keine Fortschreibung oder Hochrechnung der Vergangenheit, sondern eine in Zahlen gegossene Willensbekundung der Zukunft.

Werkzeuge wirksamer Führung	Erläuterung der Werkzeuge
Leistungssteuerung	Leistungsanreize entwickeln und dauerhaft implementieren. Ein vollständiger Verzicht auf Leistungen und deren Beurteilung ist das Gegenteil von Humanität und Solidarität, nämlich ungerecht. Ein konstruktives Feedback ist unerlässlich.
Systematisches Rebuilding	Mit der Zeit sammelt sich zu viel an und muss wieder entfernt werden. Für ein neues Stück muss ein altes aus dem Repertoire genommen werden.

In Anlehnung an Drucker (1998) und Malik (2003) können die Professionalitätsmerkmale der Führung wie in Tabelle 5.3 vereinfacht zusammengefasst werden.

Tabelle 5.3 Übersicht über die Professionalitätsmerkmale der Führung am Beispiel der Geriatrischen Gesundheitszentren

Professionalitätsmerkmale	Erläuterung der Merkmale
Resultatorientierung	Die Führung benötigt Resultate, dadurch erlangt sie Legitimation.
Beitrag des Einzelnen zum Ganzen	Geht es nur um das Geldverdienen oder um die gemeinsame und konsequente Entwicklung zu einem möglichst optimalen Gesundheitsunternehmen (Ziegelschlichten vs. Kathedralbau)?
Konzentration aufs Wesentliche	Verliert man sich in Einzelheiten, besteht die Gefahr der Verzettelung. Das Pareto-Prinzip (20 % Aufwand zu 80 % Wirkung) ist immer zu verfolgen. Komplexitätsverdichtung und Abstraktion ist gefragt.
Stärken nutzen	Sich auf die Stärken zu konzentrieren, bringt kein Motivationsproblem.
Erfolge bei den Mitarbeitern lassen	„Wir-Gefühl stärken" und Mitarbeiter stolz auf das Erreichte sein lassen.
Positives Denken	„Frustrationstoleranz stärken und an den positiven Dingen aufrichten."

In der modernen Managementliteratur existieren dazu unzählige Konzepte, die ausgeführten Merkmale jedoch kommen beinahe durchgängig vor. Die folgenden Abschnitte beschreiben unsere Erfahrung und setzen diese in Diskussion mit der vorherrschenden Führungslehre.

5.2 Entwicklungsphasen der Organisation unter dem Blickpunkt der Führung

Eine Unternehmensentwicklung bedingt immer auch eine Führungsentwicklung. Die Führung muss in ihren Fähigkeiten den Mitarbeitern vorausgehen, nur dann kann sich auch die Organisation entwickeln. Mit anderen Worten hemmen ungeeignete Führungspersönlichkeiten ganze Betriebe und vernichten die Wertschöpfung. Die Führungskraft muss vor allem in den Übergangstadien einer Entwicklung vorausgehen, aber *„only one step ahead"*. Eilt man einem Unternehmen, also den Mitgliedern einer Organisation, zu weit (gedanklich und konzeptionell) voraus – ohne dafür die Fähigkeiten rechtzeitig weitergebildet zu haben – verlieren diese den Anschluss und die Führungskraft wird wirkungslos.

Bild 5.3 beschreibt die Entwicklungsphasen der beschriebenen Organisation in vier Phasen.

In der ersten Stufe, der Pionierphase, wurde vorwiegend nur auf Umstände reagiert *(Reacting)*. In der zweiten Stufe, der Aufbauphase, wurde viel neugestaltet *(Redesigning)*. In der dritten Stufe, die wir als Durchdringungsphase bezeichneten, dehnten wir unseren Handlungsspielraum aus *(Reframing)*, das Gestaltungsobjekt „Organisation" wurde neu gedacht. In der vierten Stufe, der Exzellenzphase, wurde die Organisation geweitet *(Redimension)*, Netzwerke wurden neu gebildet, innere und äußere Systeme beeinflusst.

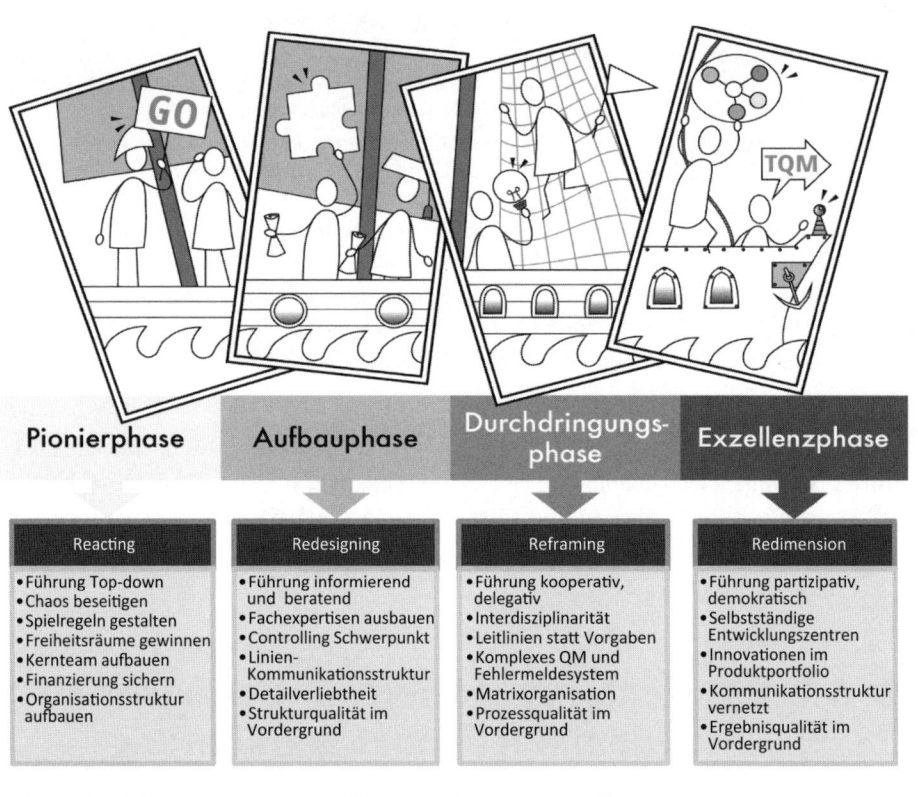

Pionierphase	Aufbauphase	Durchdringungsphase	Exzellenzphase
Reacting	Redesigning	Reframing	Redimension
• Führung Top-down • Chaos beseitigen • Spielregeln gestalten • Freiheitsräume gewinnen • Kernteam aufbauen • Finanzierung sichern • Organisationsstruktur aufbauen	• Führung informierend und beratend • Fachexpertisen ausbauen • Controlling Schwerpunkt • Linien-Kommunikationsstruktur • Detailverliebtheit • Strukturqualität im Vordergrund	• Führung kooperativ, delegativ • Interdisziplinarität • Leitlinien statt Vorgaben • Komplexes QM und Fehlermeldesystem • Matrixorganisation • Prozessqualität im Vordergrund	• Führung partizipativ, demokratisch • Selbstständige Entwicklungszentren • Innovationen im Produktportfolio • Kommunikationsstruktur vernetzt • Ergebnisqualität im Vordergrund

Bild 5.3 Entwicklungsphasen und Exzellenzbausteine des Leaderships

Pionierphase: Reacting

In der Pionierphase erfolgte die Führung in den Geriatrischen Gesundheitszentren großteils Top-down. Ein Kern-Entwicklungsteam wurde aufgebaut, Spielregeln unter den Führungskräften wurden gestaltet, um Vertrauen zu schaffen. „Aufräumen und Chaos in der Organisation beseitigen" wurde zur Hauptaufgabe.

> Eine einheitliche Telefonnummer, eine gemeinsame Firmenbezeichnung und die Beschilderung in den Straßenzügen – für sämtliche Standorte – musste zunächst erarbeitet und durchgesetzt werden

Viele Kritiker meldeten sich zu Wort, vor allem die Gewerkschaft. Vom Eigentümer musste eine taugliche Geschäftsordnung errungen werden, um Freiheitsgrade und Gestaltungsraum für eine neue Strategie und Aufbaustruktur zu erlangen. Erst danach war ein Redesign der Organisation möglich. Ein Risikomanagement oder gar eine Fehlerkultur waren nicht gegeben. Angst etwas falsch zu machen, herrschte vor. Gegen Ende der Pionierphase gelang der Finanzierungsdurchbruch, die Geriatrischen Gesundheitszentren wurden als erste österreichische Krankenanstalt im Nachhinein in die Leistungsorientierte Krankenhausfinanzierung (LKF) aufgenommen.

Aufbauphase: Redesigning

In der Aufbauphase beschäftigte sich die Führung mit dem rationellen und fachlichen Aufbau des Betriebs. Das Controlling und alle Linienorganisationen (wie der ärztliche und pflegerische Bereich oder die IT) entwickelten ein fachliches Selbstbewusstsein und eine gewisse Unabhängigkeit von den anderen Abteilungen. Eine einfache technokratische Organisationslehre mit Wenn-Dann-Beziehungen half beim Aufbau. Die offizielle Kommunikation erfolgte beinahe ausschließlich über die Linie: Ärzteschaft getrennt von der Pflegehierarchie, getrennt von der Betriebsorganisation und Verwaltung; zumindest war es in den oberen Organisationsebenen so. Auch auf der Krankenhausstation durfte nur mit Rücksprache der jeweilig eigenen Linienhierarchie die Zusammenarbeit adaptiert werden. Es entstand ein gewisses „Sich-Verlieren-in-Details". Die Strukturqualität stand im Vordergrund, ein Objekt nach dem anderen wurde errichtet.

Durchdringungsphase: Reframing

In der Durchdringungsphase entstand die Notwendigkeit zur interdisziplinären Zusammenarbeit. Es kam zur Umstellung von Vorgaben auf Leitlinien; dies erhöhte den Handlungsspielraum der Beteiligten. Die Arbeitsabläufe und Prozesse standen nun vermehrt im Mittelpunkt, die Linie rückte in den Hintergrund. Das Organigramm wurde zur Matrix, die nur wegen der guten Unternehmenskultur funktionierte. Ein komplexes und EDV-gestütztes Qualitäts- und Risikomanagementsystem (CIRS) wurde implementiert.

Exzellenzphase: Redimension

In der Exzellenzphase herrschten Innovationen vor. Die Organisation dachte vorwiegend in „Produkt"-Portfolios, also in neuen Kategorien der Versorgung und Behandlung. Es entstanden zunehmend selbstständige Organisationseinheiten, die netzwerkartig untereinander und nach außen kommunizierten. Die Implementierung von Forschung und Lehre in die Betriebsorganisation wurde zum Selbstverständnis. Die Behandlungspfade wurden nun zunehmend trägerübergreifend eingeführt, dadurch wurden die Grenzen der eigenen Organisation überschritten. Zunehmend mussten auch Maßnahmen getroffen werden, um der steigenden Komplexität Herr zu werden (Komplexitätsreduktion).

Unternehmen können im Laufe ihrer Entwicklung immer wieder in frühere Phasen zurückfallen. Zum Beispiel in die Pionierstufe, etwa durch eine Veränderung in der Eigentümerstruktur oder durch rasche Marktveränderungen, wodurch wiederum ein Führen über klare Anweisungen erforderlich wird. Man könnte diese fragilen Rückfallerscheinungen mit Wachstumsschmerzen eines Organismus vergleichen.

Bestimmte Führungskräfte eignen und interessieren sich nur für bestimmte Entwicklungsstufen des Unternehmens. Manche bewerben sich erst, wenn das Unternehmen einen gewissen Reifegrad oder Attraktivitätsstatus erreicht hat. Andere wiederum verlassen den Betrieb, wenn die Struktur und die Abläufe der Organisation zu komplex und anspruchsvoll werden. Wenige Führungspersonen eignen sich für alle Phasen. Die Geriatrischen Gesundheitszentren verfügen über ein kleines Kernteam, das für beinahe 20 Jahre unverändert blieb. Viele tüchtige Führungskräfte kamen auch erst in der für sie attraktiven Stufe dazu, waren aber wahrscheinlich auch erst dann notwendig.

Die Übergänge zwischen den Phasen erfolgten teils evolutionär, aber im Wesentlichen durch willentliche Akte der Führung. Es machte sich bemerkbar, wann die Organisation reif für die nächste Stufe der Entwicklung war. Von Stufe zu Stufe wird eine neue Dimension aufgemacht bzw. ersichtlich. Beispielsweise wurde auch eine neue Perspektive (Gesellschaft) in die Balanced Scorecard aufgenommen, da es die Entwicklung der Organisation verlangte und die Beschäftigung mit der neuen Perspektive es anzeigte.

Interessant ist, dass man die Phaseninhalte und -folgen erst weitgehend versteht, nachdem man sie durchschritten hat (a posteriori) oder gerade dabei ist, sie zu durchschreiten. Die evolutionäre Organisationstheorie zu kennen, hilft a priori für das Durchhaltevermögen und die Motivation der Beteiligten.

5.3 Kompetenzen und Führungsstil in den Entwicklungsphasen

Die Geschäftsführung der Geriatrischen Gesundheitszentren orientiert sich am Kompetenzmodell von Cay von Fournier (Bild 5.4), der die fachliche und methodische Kompetenz als grundlegende Managementbasis ansieht und die soziale und ethische Kompetenz wiederum der Führung zuschreibt, obwohl die Unterscheidung eher eine theoretische Bedeutung besitzt. Als Fundament dient demnach die fachliche Fundiertheit und Sicherheit, wie z.B. das Branchenwissen oder das Spezialwissen in der relevanten Disziplin, wie Public Health. Darauf basiert die methodische Kompetenz, die unter dem Einsatz der jeweils passenden Methode (Projektmanagement, Portfoliomanagement, Qualitätsmanagement etc.) dem Betrieb mehr Professionalität und Effektivität verleiht. Darauf folgt die soziale oder emotionale Kompetenz, wie zum Beispiel das Kommunikations- und Konfliktverhalten oder die Vermittlung von Begeisterungsfähigkeit für die gemeinsamen Ziele. Als oberste Stufe gilt die ethische Kompetenz verbunden mit der Werteorientierung der Führung. Die Vermittlung von sinnstiftenden Aufgaben und Orientierung an Vorbildern sind hier wesentlich.

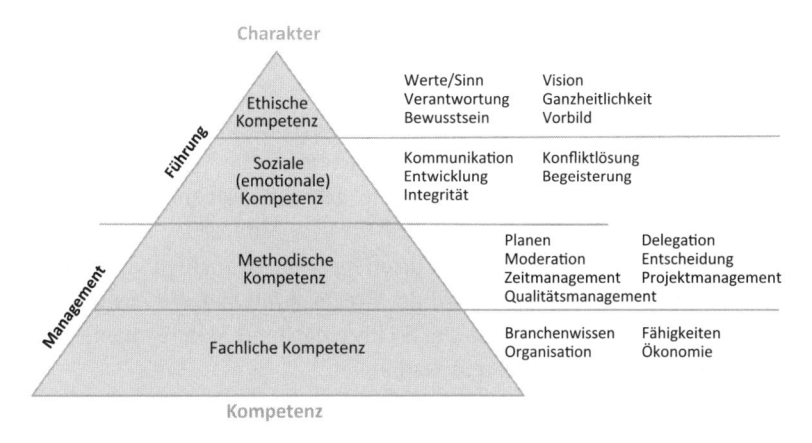

Bild 5.4 Kompetenz als Grundlage für Management und Führung (in Anlehnung an Fournier 2010)

Die Kompetenzen von Management und Führung sind nach unseren Erfahrungen in allen Entwicklungsstufen des Unternehmens von Bedeutung, deren Einsatz variiert jedoch in der Phasenfolge. Vereinfacht könnte man zusammenfassen, dass die fachliche Kompetenz der Führung und die Strukturqualität für die Aufbauphase besonders relevant sind. Die methodische Kompetenz der Führung und die Prozessqualität waren mehr der Durchdringungsphase zuzuschreiben. Die soziale und ethische Kompetenz wurde in der Exzellenzphase besonders bedeutsam.

In der Pionierphase der Geriatrischen Gesundheitszentren waren vor allem Branchenkenntnisse von Bedeutung, um sich den herausfordernden Fragen zu stellen:

> Wie erlangt man die richtige Geschäftsordnung, um die notwendigen Freiheitsgrade für eine Veränderung zu begründen? Welches Geschäftsfeld (z. B. Nischenstrategie) strebt man an? Wie erlangt man eine ausreichende Finanzierung? Welche Disziplinen sind entscheidend? Mit welchem Personal kann ich rechnen und wie kann ich dieses motivieren?

Die Arbeitsteilung war oft noch unklar und chaotisch. Die Orientierung gebende oft autoritäre Pionierkompetenz ist in dieser Phase sehr gefragt, die Führung ist beinahe militärisch klar, dabei hilft eine eindeutige Weisungsstruktur. Die Mitarbeiter der Pionierphase wollten – so die Erfahrung – gar nicht einbezogen werden, bei Diskussionen herrschte oft beunruhigende Stille, als herrsche Angst oder Ehrfurcht vor. Das Organigramm war auf den Pionier-Manager ausgerichtet.

In der Aufbauphase wurde die Fachlichkeit gestärkt und die methodische Professionalisierung eingeleitet. Die Pflege emanzipierte und professionalisierte sich und war vorbildgebend. Sehr viele Projekte wurden vorangetrieben, umfangreiche Investitionen vorgenommen, alle Objekte erneuert. Auf Grund der Vielfalt der Themen und fachlichen Differenzierung begann sich die Organisation vorrangig mit sich selbst zu beschäftigen. In dieser Phase wird die Führung durch fachliche Dominanz geprägt, oft wird der beste Chirurg zum Klinikleiter gewählt, was naturgemäß häufig fehlschlägt. Es besteht die Gefahr des Übersteuerns in der Professionalisierung. Im Organigramm herrschte die Linienorganisation vor.

In der Durchdringungsphase der Geriatrischen Gesundheitszentren erlangte die Methodenkompetenz und insbesondere das Qualitätsmanagement die Vorreiterposition. Die Führungskräfte und Mitarbeiter beginnen das Unternehmen vermehrt selbst in die Hand zu nehmen, sind überaus motiviert. Es wird für alle Mitarbeiter zunehmend sichtbar, dass der Qualitätsweg Nutzen stiftet. Betroffene werden mehr und mehr zu Beteiligten. Die erwünschte Führungskraft wird der Prozessprofi, der die Zusammenhänge am besten erklären und managen kann. Es herrscht eine Matrixorganisation vor, der Prozess steht vor der Fach-Linienorganisation.

In der Exzellenzphase der Geriatrischen Gesundheitszentren waren die Organisation und die Mitarbeiter (vor allem der oberen Ebenen) sehr weit entwickelt. Die Führungskompetenz beruhte nun auf Sinnstiftung und Werteorientierung. Das ganzheitliche Bewusstsein und die netzwerkartige Organisation gewannen an Bedeutung, die Zusammenhänge wurden verständlicher. Die Geriatrischen Gesundheitszentren konzipierten nun zunehmend trägerübergreifende Versorgungspfade nach Qualitätsmaßstäben und definierten Outcomes mit ergebnisrelevanten Kennzahlen. Die Strukturen erstreckten sich zunehmend über mehrere Organisationen (wie Krankenhäuser) und mehrere Unternehmen (unterschiedliche Träger). Die Führung in dieser Phase war keineswegs mit einem Laissez-faire-Stil zu vergleichen, sie war komplex und netzwerkartig, gab viele Freiräume, gab aber auch Halt und Orientierung.

Auf neuen Umfragen basierende Kompetenzmodelle des Managements und der Führung beruhen auf dem Zusammenhang mit dem wirtschaftlichen Erfolg. Pelz (2017) beschreibt 34 Einzelkompetenzen in sieben Schlüsselkompetenzen zusammengefasst:

1. persönlichkeitsbezogene und intellektuelle Kompetenzen: Vorbild sein und Vertrauen aufbauen (als Notwendigkeit der Führung für die Wahrnehmung und Orientierung),
2. Ziele entwickeln und Perspektiven bieten (den Menschen und deren Arbeit Sinn vermitteln),
3. Lernfähigkeit und Veränderungsbereitschaft fördern (die langfristige – zukunftssichere und wirtschaftliche – Überlebensfähigkeit sichern),
4. Kommunikation und Fairness (die Zusammenarbeit reibungslos und produktiv gestalten),
5. Ergebnisorientierung, für überzeugende Ergebnisse sorgen und Erfolgserlebnisse bieten (die Freude bei der Arbeit vermitteln und die Existenzberechtigung absichern),
6. unternehmerische Haltung (die Zukunft gestalten und die Verantwortlichen einbinden),
7. Umsetzungskompetenz (letztlich zählt die von Drucker postulierte Grundsatzkompetenz: Dinge vollenden, konsequent auf den Boden bringen; Philosophieren allein hilft nicht).

Diese Beschreibung deckt sich gut mit den beschriebenen Erfahrungen der Organisation und vermittelt einen Zugang zu hilfreichen Führungskompetenzen aus einer anderen Perspektive. Sie bildet auch eine gute Grundlage für Assessment-Profile zur Auswahl von Führungskräften.

Die Evolutionsphasen der Geriatrischen Gesundheitszentren schlugen sich auch beim Führungsverhalten nieder. Dieses Verhalten adaptierte sich im Zuge der angestrebten Unternehmensentwicklung. Je weiter die Organisation in den Phasen voranschritt, desto mehr ging die Führung auch vom mittleren Management und den Stabstellen aus.

> ⓘ Der **Führungsstil** ist eine kontinuierlich angewandte, grundsätzliche Verhaltensweise einer Führungskraft gegenüber den Geführten (Weibler 2001).

Der Wandel zu einer „organischen Organisation" muss von den Top-Führungskräften ausgehen bzw. zugelassen werden. Auch muss sich der Führungsstil an der Entwicklungsstufe einer Organisation ausrichten (Suter/Vorbach/Weitlaner 2015).

Der Führungsstil beeinflusst maßgeblich die Unternehmensentwicklung bzw. prägt auch die Entwicklungsstufe der Organisation und die dazu adäquaten Elemente der Führung. Tannenbaum und Schmidt (1958) stellen die Herkunft der Willensbildung –

Vorgesetzter versus Mitarbeiter – mit dem Führungsstil in sieben Stufen in Verbindung. Es entsteht das in Bild 5.5 dargestellte Führungskontinuum.

Willensbildung beim Vorgesetzten						Willensbildung beim Mitarbeiter	
1	2	3	4	5	6	7	
Vorgesetzter entscheidet ohne Konsultation der Mitarbeiter	Vorgesetzter entscheidet, er versucht aber die Mitarbeiter von seiner Entscheidung zu überzeugen, bevor er sie anordnet	Vorgesetzter entscheidet, er gestattet jedoch Fragen zu seinen Entscheidungen, um dadurch Akzeptanz zu erreichen	Vorgesetzter informiert Mitarbeiter über beabsichtigte Entscheidungen; Mitarbeiter können ihre Meinung äußern, bevor der Vorgesetzte die endgültige Entscheidung trifft	Mitarbeiter/ Gruppe entwickelt Vorschläge; Vorgesetzter entscheidet sich für die von ihm favorisierte Alternative	Mitarbeiter/ Gruppe entscheidet nachdem der Vorgesetzte die Probleme aufgezeigt und die Grenzen des Entscheidungsspielraums festgelegt hat	Mitarbeiter/ Gruppe entscheidet, Vorgesetzter fungiert als Koordinator nach innen und außen	
„Autoritär"	„Patriarchalisch"	„Informierend"	„Beratend"	„Kooperativ"	„Delegativ"	„Autonom"	

Bild 5.5 Führungsstil im siebenstufigen Führungsmodell (in Anlehnung an Tannenbaum/Schmidt 1958)

Die von Tannenbaum und Schmidt (1958) zusammengefassten Führungsstile korrespondieren auch mit den Entwicklungsstufen von Organisationen, wie sich anhand des Beispiels der Geriatrischen Gesundheitszentren zeigen lässt. In den frühen Phasen der Unternehmensentwicklung ist ein eher autoritärer bis informierender Führungsstil vorherrschend. In den späteren Phasen der Unternehmensentwicklung ist ein zunehmend kooperativer, partizipativer und demokratischer Führungsstil adäquater.

Die Führungsstile werden oft mit Führungspersönlichkeiten identifiziert, deren Verhalten vorwiegend einem Stil zugeordnet werden kann. In der Praxis sollten die Führungsstile aber kontextorientiert – also an die Person, die Gruppe und die Organisation wie auch deren Umwelt angepasst – adaptiert werden, erst dann entfalten sie ihre volle Wirkung.

> **Situatives Führen** (Begriff der Kontingenztheorie) bedeutet, dass der Führungserfolg auch von den Rahmenbedingungen abhängig ist, in denen sich der Vorgesetzte und sein Mitarbeiter jeweils befinden. Gemäß Hersey und Blanchard (1977) orientiert sich der Führungsstil am Reifegrad der Mitarbeiter und unterscheidet zwischen einer mehr aufgabenbezogenen und einer mehr personenbezogenen Methodik.

Eine Führungskraft sollte sich auf unterschiedliche Entwicklungsstände der Mitarbeiter, die es innerhalb einer Organisation gibt, situativ anpassen, um menschlich und gleichzeitig effektiv zu sein. Zweifelsfrei gehört aber auch der Entwicklungsstand der Organisation beim Führungsverhalten berücksichtigt. Während in der Aufbauphase noch die Fachlichkeit besticht, gehört in der Durchdringungsphase das Prozessdenken geschärft.

Von Relevanz für die Führung ist nach unserer Erfahrung das „schöpferische Zuhören". Dieses geht über das emphatische Zuhören hinaus und schafft gemeinsame Innovationen, Bilder der Zukunft, die zu Konzepten und Handlugen animieren und dazu in der Lage sind, Begeisterung zu erwecken, ähnliches wird in der „Theorie U" beschrieben (Scharmer 2009).

In der Pionierphase könnte man von „Reacting" – also einem bloßen Reagieren auf Umstände – als prägenden Führungsstil sprechen. In der Aufbauphase vom „Redesigning", also einen betonten, proaktiven gestaltenden Führungsansatz. In der Durchdringungsphase vom „Reframing", einen mehr die Rahmenbedingungen beeinflussenden Führungsstil. In der Exzellenzphase von „Redimension" und „Presencing", also dem Verlassen der alten Dimensionen einer Organisation, einem Überschreiten des Egos der Führungskraft und einer Hinwendung zur sozialen Entwicklung eines Organismus (ebd.). Unsere Erfahrung zeigt, dass diese Zuordnung schwerpunktmäßig zutreffend ist, die erwähnten Führungsstilelemente aber auch in anderen Phasen – in nicht so großer Intensität – von Bedeutung sind.

■ 5.4 Führungskräfte und Mitarbeiter fordern und fördern

Fähige Mitarbeiter brauchen Aufgaben, an denen sie wachsen und reifen können, sonst verkümmern deren Talente (Drucker 1998). Die Zuordnung der Führungskräfte an die für sie passenden Stellen der Organisation ist eine entscheidende Aufgabe des Top-Managements.

Dazu ist es notwendig, die Fähigkeiten der Mitarbeiter richtig einzuschätzen. Dabei helfen die Studien von Hersey und Blanchard (1988), die unter anderem nach Kompetenzen und Motivation von Mitarbeitern (Vier-Feld-Portfolio), eine hilfreiche Einordnung konzipiert haben (Bild 5.6).

Ziel ist es, dass der Führungsstil das Fähigkeitsprofil des Mitarbeiters bestens nutzen soll. Das bedeutet etwa, dass bei hoher Motivation aber geringer Kompetenz die Schulung und Begleitung förderlich ist, während sich die Führungskraft bei hoher Motivation und hoher Kompetenz zurücknehmen und ein weitgehend selbstständiges Arbeiten ermöglichen sollte (wie durch delegieren und partizipieren).

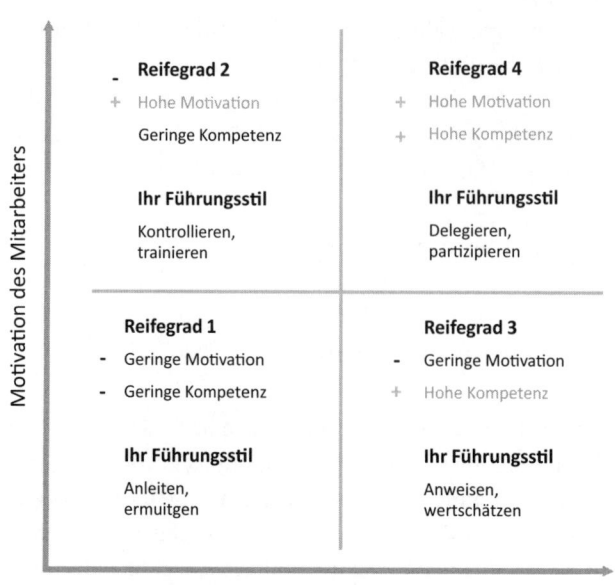

	Reifegrad 2	Reifegrad 4
	− Hohe Motivation + Geringe Kompetenz	+ Hohe Motivation + Hohe Kompetenz
	Ihr Führungsstil Kontrollieren, trainieren	**Ihr Führungsstil** Delegieren, partizipieren
	Reifegrad 1	Reifegrad 3
	− Geringe Motivation − Geringe Kompetenz	− Geringe Motivation + Hohe Kompetenz
	Ihr Führungsstil Anleiten, ermuitgen	**Ihr Führungsstil** Anweisen, wertschätzen

(Achsen: Motivation des Mitarbeiters / Kompetenz des Mitarbeiters)

Bild 5.6 Kompetenzen als Grundlage für Management und Führung (in Anlehnung an Hersey und Blanchard 1988)

Unser Führungskräfteauswahlverfahren fokussierte vornehmlich auf Mitarbeiter mit hoher Kompetenz und hoher Motivation, möglichst gepaart mit einem vorbildhaften und teamtauglichen Verhalten. Entsprechend begabtes Personal ist leichter zu entwickeln und zieht andere mit. Auf das bestehende Personal wurden alle vier Dimensionen angewandt.

Gerade neue Führungskräfte brauchen große Aufgaben, Motivation, eine einhergehende Qualifizierung, die notwendigen Informationen, eine klare Orientierung und jede Menge Rückhalt – man könnte insgesamt von Empowerment sprechen. Im Sinne von Mintzberg und Gloubermann (2001) fehlt es in Gesundheitsorganisationen häufig nicht an Motivation. Im Gegenteil, es muss der vorherrschenden Zerstörung der intrinsischen Motivation der Health Professionals entgegengewirkt werden.

Wenn Führungskräfte und Mitarbeiter sinnstiftende Aufgaben erhalten und sie ein wertvolles Ziel verfolgen können, sind sie, Frankl zufolge, hoch motiviert und die Resultate sind – bei richtiger Auswahl des Personals – bemerkenswert. Die Kunst liegt also darin, die Aufgaben des Unternehmens mit den Fähigkeiten und Neigungen des Einzelnen so gut wie möglich in Einklang zu bringen. Man könnte im übertragenen Sinne Frankl so verstehen und mit Nitzsche zum Ausdruck bringen: „Wer ein WARUM der Aufgabe erkennt, findet leicht ein WIE diese zu bewältigen." (Graf 2007, S. 233)

Um eine Organisation zum Positiven zu entwickeln und für die Zukunft die richtigen Entscheidungen zu treffen, müssen die Schlüsselstellen mit vorbildhaften, überaus fähigen Führungskräften besetzt werden, denn von hier geht alles aus (Drucker 2002).

Die Personen müssen aber i. d. R. erst an ihre große Aufgabe herangeführt werden und dazu braucht es Top-Manager mit pädagogischem Geschick, wie beispielsweise einen „Servant Leader".

> **Servant Leadership** (dienende Führung) ist eine von Robert Greenleaf 1970 begründete Philosophie der Führung und ein Ansatz der Führungsforschung. Es beschreibt das Wirken der Leitung als förderndes (stützendes) Mitglied der Organisation und ihrer Ziele im bewussten Gegensatz zum herrschenden Führen. Der Servant Leader möchte die Mitarbeiter eines Unternehmens zum eigenen Nutzen und zum Nutzen der Organisation entwickeln und unterstützen, ihnen somit zu den besten Leistungen verhelfen (Greenleaf 1991).

In den letzten beiden Entwicklungsstufen verfolgte die Geschäftsführung der Geriatrischen Gesundheitszentren vermehrt diese Führungsphilosophie. Der Servant Leader unterstützt nach besten Kräften seine Führungskräfte und seine Mitarbeiter. Er herrscht nicht aus eitler Begierde nach Macht und Einfluss, sondern ist an den Menschen und den gemeinsam erzielbaren Ergebnissen für die Organisation interessiert. Dieser unterstützende partizipative Manager trägt wesentlich zur Arbeitszufriedenheit bei und fördert die Fähigkeiten der einzelnen Mitglieder einer Organisation. In diesem Prozess reifen die Beteiligten und die solcherart befähigten Führungskräfte und Mitarbeiter entwickeln die Organisation zum Besseren. Vertrauen bei den Mitarbeitern zu erzielen und die ehrliche Absicht des Leaders sind dabei unabdingbar, anderes wird bald durchschaut.

> Dass die Führung der Geriatrischen Gesundheitszentren dem Prinzip des Servant Leaderships folgt, zeigt auch die Auszeichnung „KlinikAward", bei welcher der Geschäftsführer 2015 zum Manager des Jahres gewählt wurde. Eine Story von Stephan Rotthaus, Geschäftsführender Gesellschafter, rotthaus.com, Berlin, 05.03.2019:
>
> „Bereits 2015 wurde Gerd Hartinger von den Geriatrischen Gesundheitszentren in Graz im Rahmen des von uns vergebenen KlinikAward als Manager des Jahres ausgezeichnet. Die Jury überzeugte das hohe Maß an visionären und persönlichen Führungsqualitäten, mit denen die Schaffung des international anerkannten Exzellenz-Zentrums für geriatrische Versorgung in Graz vorangetrieben wurde.
>
> Dabei muss man fairerweise erwähnen, die Auszeichnung als „Manager" trifft es nicht ganz. Denn die Umsetzung einer von Kreativität und Innovation getragenen Unternehmenskultur auf sämtlichen Unternehmens- und Mitarbeiterebenen macht deutlich, dass Aufgaben und Zielsetzungen unter der Führung von Prof. Hartinger weit komplexer verstanden werden, als die klassische Definition des „Managers" üblicherweise beinhaltet.

> Während sich „Management" eher auf die Durchführung und Anwendung bewährter und gelernter Methoden bezieht und Spielräume innerhalb bekannter Rahmenbedingungen auslotet, zeigt das in den Geriatrischen Gesundheitszentren gelebte Führungsmodell deutlich zukunftsweisendere Ansätze und Mut zur Gestaltung gänzlich neuer Wege. Es findet ein kontinuierlicher Prozess statt, relevante Herausforderungen zu erkennen und gleichermaßen zielführende sowie innovative Lösungswege zu entwickeln und zu beschreiben.
>
> Damit nehmen die Geriatrischen Gesundheitszentren vielfach gerne eine Pionierfunktion ein, wie Prof. Hartinger, in einem Interview mit rotthaus.com 2019 erläuterte: „Wir haben immer den nächsten und übernächsten Schritt im Blick." Führung beschäftigt sich eben auch intensiv mit der Produktentwicklung, speziell in den Bereichen Public Health und Versorgungsforschung. Die Vernetzung mit Universitäten, Fachhochschulen und sonstigen wissenschaftlichen Einrichtungen gehört selbstverständlich dazu, um fundierte wissenschaftliche Erkenntnisse als Entscheidungshilfen zugrunde legen zu können.
>
> Unabhängig von den ausgezeichneten visionären Ansätzen durfte sich rotthaus.com 2017/18 als Agentur für Strategisches Klinikmarketing auch im Alltagsgeschäft von der Führungskultur der Geriatrischen Gesundheitszentren überzeugen. Im Rahmen der Einführung eines strukturierten Zuweisermanagements erlebten wir eine lösungsorientierte und konstruktive Arbeitsumgebung, die von Anfang an alle Prozessbeteiligten mit einbezog, sei es durch Vor-Ort-Termine oder Skypesitzungen in größerer Runde.
>
> Zuträglich war der erfolgreichen Zusammenarbeit auch die gemeinsame Philosophie der Geriatrischen Gesundheitszentren und von rotthaus.com. Dinge werden nicht um ihrer selbst willen getan, ihnen liegt eine klar definierte Aufgabenstellung zugrunde und sie werden messbar verortet, um Erfolge sichtbar abbilden zu können.
>
> In diesem Rahmen wurde eine strukturierte Zuweiserbefragungen entwickelt und durchgeführt, um auswertbare Erkenntnisse über die Außensicht und Anforderungen von Zuweisern zu erhalten. Diese wurden analysiert und in konkrete Maßnahmen abgeleitet, die dann von den Geriatrischen Gesundheitszentren umgesetzt werden konnten. Visionäre Führung und strategisches Marketing profitieren damit gleichermaßen von klar definierten Zielvorgaben."

Sinnvolle Arbeitsinhalte, Leistungserfolge, Wertschätzung/Anerkennung und die Übertragung von Verantwortung tragen wesentlich zur Arbeitszufriedenheit bei, wie die Zwei-Faktoren-Theorie von Frederick Herzberg (z. B. Harvard Review 2003) belegt. Dabei wurden die wesentlichen Items als Einflussgrößen für die Motivation schlechthin identifiziert (z. B. Leistungserfolg, Anerkennung, Arbeitsinhalt, Verantwortung). Während positiv gestaltete Hygienefaktoren (z. B. gute interne Organisation, wenig Überwachung, gute Arbeitsbedingungen und das konstruktive Verhältnis zum Vorgesetzen) Arbeitsunzufriedenheit vermeiden. Ziel des Managements der Geriatrischen Gesundheitszentren war es, dem Wissen Folge zu leisten und eine entsprechende Arbeitsumgebung systematisch und unbeirrt aufzubauen. Auf diesem Weg halfen Qualitätsmanagement (QM)-Systeme und in übergeordneter Sicht Total-Quality-Management (TQM)-Systeme durch deren holistischen Ansatz.

In den Geriatrischen Gesundheitszentren wurden seit dem Jahr 2000 systematisch fähige Führungskräfte im Rahmen von Unterrichtseinheiten an Universitäten, Fachhochschulen und Krankenpflegeschulen ausschließlich über objektivierte Verfahren akquiriert. Teamwirkung und Vernetzung wurden über erweiterte Managementmeetings und jährlich stattfindende Führungskräfteklausuren, an abgelegenen Orten mit besonderer Atmosphäre, gefördert. An diesen inspirierenden Orten stellte sich das Führungsteam den großen strategischen Fragen der Zukunft, die in Workshops höchst partizipativ bearbeitet wurden. Daraus entstanden Kohäsion und Bindewirkung, Innovation und Teamgeist, der die Zusammenarbeit beflügelte. Natürlich gehört es immanent dazu, die (positiven) Zwischenergebnisse des Wegs zu kommunizieren (vor allem Quick Wins) und alle daran teilhaben zu lassen. Es ist essentiell, für gute Rahmenbedingungen zu sorgen und die Erfolge bei den beteiligten Mitarbeitern zu lassen und nicht dem Top-Management zuzuschreiben.

In neueren Studien wird auch der Zusammenhang zwischen dem Kohärenzerleben der Mitarbeiter und der Führung hergestellt. Nach Aaron Antonovsky (vgl. z. B. Siegrist 2010) entsteht der Kohärenzsinn (Sense of Coherence, SoC) zwar in der Person, er kann aber durch die Umstände – in diesem Fall durch das Führungsverhalten – beeinflusst werden. Diese Erfahrung spiegelt sich auch in dem 20-jährigen Führungsfeedback der Geriatrischen Gesundheitszentren wieder. Kohärente Führung (Work-SoC) zielt darauf ab, die Verstehbarkeit, Handhabbarkeit und Sinnhaftigkeit in der Arbeitswelt und in der Führungsinteraktion zu vermitteln (Bauer 2015). Bei der Verstehbarkeit erweist sich beispielsweise Klarheit in der Kommunikation, bei den Aufgaben, Zielen, Strukturen und Prozessen als hilfreich. Bei der Handhabbarkeit waren dies die Möglichkeit zur Partizipation und der Gestaltungs- und Entscheidungsspielraum. Bei der Sinnhaftigkeit die Unternehmenskultur, die Wertekongruenz, die selektive Informationsweitergabe, sowie die Beziehung zum Vorgesetzten (Siegrist 2010). Erfahrungswerte der Geriatrischen Gesundheitszentren zeigen, dass der Work-SoC in allen Phasen wirksam ist, also von der Entwicklungsstufe einer Organisation weitgehend unabhängig und somit durchgehend bedeutsam ist. Wiewohl die Sinnhaftigkeit mit den höheren Stufen stärker korreliert.

5.5 Management-by-Techniken als hilfreiches Instrumentarium

Die Umsetzung der Führung erfolgt durch ein Instrumentarium, die Management-by-Techniken, von denen sich mehrere in der Vergangenheit herausgebildet haben. Zu den relevantesten Techniken zählen **Management by Objectives** (MbO, Führung über Ziele), Management by Decision Rules (MbDR, Führung durch Entscheidungsregeln), Management by Exception (MbE, Führung nach dem Ausnahmeprinzip), Management by Delegation (MbD, Führung durch Verantwortungsübertragung), Management by Results (MbR, Führung durch Ergebnisorientierung) und Management by Participation (MbP, Führung durch Beteiligung). Die Führungskraft wird mit einer Technik allein nicht auskommen, es kommt auf den Führungskontext an, darauf, auf welches Potenzial die Führungskraft beim Mitarbeiter trifft. In den Geriatrischen Gesundheitszentren erzielt die Management-by-Objectives-Technik die größte Wirkung.

> **Management by Objectives** (MbO) oder auch Führung über Ziele, ist eine ergebnisorientierte Führungstechnik aus der Betriebswirtschaftslehre, die ursprünglich 1954 von Peter F. Drucker entwickelt wurde. Ziel dieses Managementansatzes ist es, die strategischen Ziele des Gesamtunternehmens und die operativen Ziele der Mitarbeiter in Einklang zu bringen, indem Ziele für jede Organisationseinheit und auch für die Mitarbeiter – über mehrere Ebenen – gemeinsam (schriftlich) festgelegt werden. Mitarbeiter nehmen aktiv an der Zielabstimmung teil und können dann im Rahmen dieser vereinbarten Ziele die erforderlichen Maßnahmen selbst entscheiden (Drucker 1954/1998).

Drucker (1954/1998) entwickelte ein bemerkenswert erfolgreiches Managementinstrument. Mit Management by Objectives (MbO) gelingt es, die Aufgaben des Unternehmens mit dem Tun der Führungskräfte und Mitarbeiter zu vereinen. Geleitet durch die übergeordnete Strategie und beispielhaft vereinbart mit der Balanced Scorecard, werden Zielvereinbarungen zwischen den jeweils Vorgesetzten und Mitarbeitern (Hierarchieebenen) besprochen, beschlossen und häufig in Jahreszielvereinbarungen verschriftlicht. Die Ziele sollen dabei die SMART-Kriterien (spezifisch, messbar, anspruchsvoll, realistisch, terminiert) erfüllen. Die Summe dieser individuellen Ziele ergeben die Unternehmensziele.

Unsere Erfahrung zeigt, dass sich die gesamten Management-by-Techniken über die Entwicklungsphasen einer Organisation weitergestalten lassen. In den ersten Phasen herrscht die Zielvorgabe des oberen Managements vor, in den weiteren Phasen gelingt es immer mehr, die Mitarbeiter zu Beteiligten zu machen. Sie werden Zug um Zug mehr zur selbststeuernden Führungskraft. Ihr Blick weitet sich. Es verschiebt sich der Zielfindungsprozess in abgestufter Weise von oben nach unten, von der Anweisung zur Delegation (MbD), zur Partizipation (MbP) bis hin zur weitgehenden Selbststeuerung innerhalb der Entscheidungsbefugnis. Der Führungsstil wird immer demokratischer. Die Führungskraft muss zu dieser Veränderung in ihrer Haltung in der Lage sein, sonst behindert sie die Organisation in der weiteren Entwicklung maßgeblich. Passende Anreizsysteme (Incentive Systems) sollten diese Entwicklung stützen und begleiten.

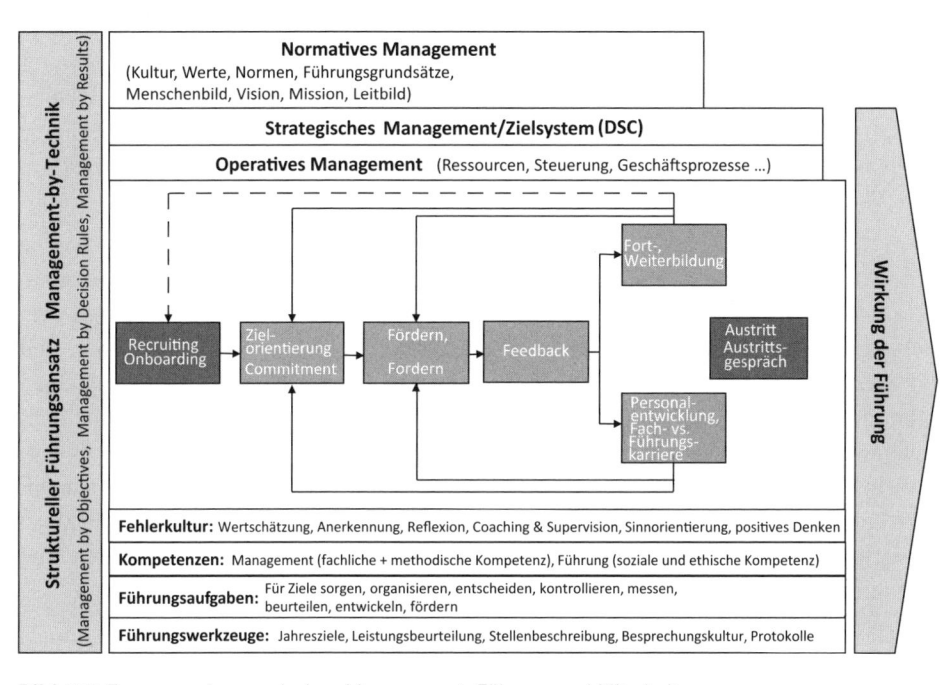

Bild 5.7 Zusammenhang zwischen Management, Führung und Mitarbeitern

Zusammenfassend ergibt sich ein Schaubild (Bild 5.7), das die einzelnen Elemente des Managements (normativ, strategisch, operativ), einzelner Instrumente und der Führung in seiner Wirkung bis hin zum Mitarbeiter erkennbar werden lässt. Die Grafik ist zwar vereinfacht dargestellt und nie vollständig, es kann damit aber gelingen, die Zusammenhänge und Abhängigkeiten verständlicher werden zu lassen. Der Ausfall von einzelnen Elementen – wie der zugrundeliegenden Kompetenz der Führung oder der fehlenden Methodik (Management-by-Techniken) – hat unmittelbare Auswirkungen auf das Ergebnis auf der Mitarbeiterebene. Schließlich handelt ein Unternehmen und im speziellen ein Dienstleistungsunternehmen ausschließlich durch seine Mitarbeiter. Fehler im System machen sich daher früher oder später bemerkbar. Eine schlechte Fehlerkultur steht etwa einer qualitätsvollen Entwicklung entgegen.

5.6 Ausblick

Führung bedeutet Organisationen handlungsfähig, entscheidungsfreudig und rasch steuerbar zu gestalten, Mitarbeiter zu befähigen, für die gemeinsame Aufgabe vorzubereiten und Begeisterung herbeizuführen. Komplexe Sachverhalte zu vereinfachen und Zusammenhänge rasch zu erkennen, ist ebenso ein wesentlicher Teil der Führungsaufgabe. Viele Führungskräfte halten noch an alten Dogmen fest oder sind nur Verwalter des Stillstands, dadurch gehen unglaubliche gesellschaftliche Potenziale (auch Arbeitsplätze) verloren und Entwicklungen werden verschlafen. Das übertriebene Sicherheitsstreben unserer Zeit und die schleichende Bürokratie begünstigen diese Entwicklungen. Verantwortung muss übernommen und gelebt werden.

Nach meiner Meinung als Geschäftsführer der Geriatrischen Gesundheitszentren existieren auch in zirkulären und multiplen Organisationsdynamiken einfache linear-kausale Beziehungen, die teleologisch gesteuert (z. B. mittels MbO) werden können. Anders gesagt, es existieren auch einfache kausale Beziehungen in Organisationen und komplexen Strukturen höherer Ordnung. Die Wirksamkeit von bewährten Managementmethoden ist in der VUCA-Welt nicht lahmgelegt, die Zusammenhänge sind aber dynamischer, die Zyklen kürzer. In einer Zeit der VUCA-Umwelten erreicht lineare Führung in einer hierarchischen Organisation ihre selbst gesetzten Ziele nicht mehr. Alle Rollen und nicht nur die der Führung, müssen mit Entscheidungsbefugnissen ausgestattet werden. Die Zuständigkeiten sollen auf der Teamebene und auf kurzem Weg zu klären sein, damit möglichst viele Entscheidungen getroffen werden können.

Die Geriatrischen Gesundheitszentren gehen den Weg, der auch als transformationale Führung bezeichnet wird. Transformationale Führung ist die Fähigkeit von Führungskräften, ihre Vorbildfunktion überzeugend wahrzunehmen und dadurch Vertrauen, Respekt, Wertschätzung und Loyalität zu erwerben. Die Mitarbeiter werden intrinsisch motiviert und zur Veränderung (Transformation) ihres Verhaltens und ihrer Lern- und Leistungsbereitschaft inspiriert.

Management ist harte Arbeit und häufig kein „Kuschelkurs". Erst bei sehr reifen Führungskräften und Mitarbeitern wird Management zum Genuss. Als eine sehr hohe Stufe erweist sich der Führungsstil des „schöpferischen Zuhörens", ein Zustand, welcher der Führungskraft große Reife, einen lateralen Zugang und eine Zurücknahme des Egos abverlangt.

5.7 Literatur

Badura, Bernhard; Greiner, Wolfgang; Rixgens, Petra: *Business & Economics. Grundlagen von Gesundheit und Unternehmenserfolg*. In: Badura, Bernhard; Greiner Wolfgang; Rixgens Petra; Ueberle Max; Behr Martina: Sozialkapital: Grundlagen von Gesundheit und Unternehmenserfolg. 2. Auflage. Springer-Verlag, Berlin/Heidelberg 2013

Bauer, Georg; Vogt, Katharina; Inauen, Alice; Jenny, Gregor: *Work-SoC – Entwicklungen und Validierung einer Skala zur Erfassung des arbeitsbezogenen Kohärenzgefühls.* In: Zeitschrift für Gesundheitspsychologie, Volume 23, Issue 1 (2015), S. 20 – 30

Drucker, Peter: *Die Praxis des Managements.* Econ Verlag, München 1998. Englischsprachige Originalausgabe: The Practice of Management. Harper & Row, New York 1954

Drucker, Peter: *Was ist Management: Das Beste aus 50 Jahren.* Econ Verlag, München 2002

Fournier, Cay von.: *Die 10 Gebote für ein gesundes Unternehmen.* Campus Verlag, Frankfurt 2010

Graf, Helmut: *Die kollektiven Neurosen im Management. Viktor Frankl – Wege aus der Sinnkrise in der Chefetage.* Linde, Wien 2007

Greenleaf, Robert: *The Servant as Leader.* The Robert K Greenleaf Center, New Jersey 1991

Hersey, Paul; Blanchard, Kenneth: *Management of Organizational Behavior, Leading Human Ressources.* Prentice Hall, New Jersey 1988

Malik, Fredmund: *Führen, Leisten, Leben. Wirksames Management für eine neue Zeit.* Deutsche Verlagsanstalt, Stuttgart/München 2003

Mintzberg, Henry; Glouberman, Sholom: *Managing the care of health and the cure of disease, Part II: Integration.* Health Care Manage Review, Volume 26, Issue 1 (2001), S. 56 – 92

Maier, Günter W.; Bartscher, Thomas; Nissen, Regina: *Führungstechniken.* URL: https://wirtschaftslexikon. gabler.de/definition/fuehrungstechniken-33551/version-257074. Abgerufen am 20.01.2019

Pelz, Waldemar: *Beispiele für Führungs- und Managementkompetenzen.* Institut für Management-Innovation, 2017. URL: http://www.managementkompetenzen.com/definition-fuehrungskompetenz-und-managementkompetenz-sowie-beispiele.html. Abgerufen am 27.01.2019

Scharmer, Claus Otto: *Theorie U: Von der Zukunft herführen. Presencing als soziale Technik.* Carl-Auer-Systeme Verlag, Heidelberg 2009. Original: Scharmer, Otto: Theory U: Leading from the Future as it Emerges. SoL Press, Cambridge MA 2007

Siegrist Ulrich: *Der Resilienzprozess. Ein Modell zur Bewältigung von Krankheitsfolgen im Arbeitsleben.* VS Verlag, Wiesbaden 2010

Staehle, Wolfgang: *Management. Leadership und Führung.* Verlag Franz Vahlen, München 1994

Suter, Andreas; Vorbach, Stefan; Weitlaner, Doris: *Die Wertschöpfungsmaschine – Strategie operativ verankern – Prozessmanagement umsetzen – Operational-Excellence erreichen.* Hanser Verlag, München 2015

Tannenbaum, Robert; Schmidt, Warren H.: *How to Choose a Leadership Pattern.* In: Harvard Business Review, Volume 36, Issue 2 (1958), S. 95 – 101

Weibler Jürgen: *Personalführung.* Verlag Franz Vahlen, München 2001

6 Wie es gelingt, Mitarbeiter und Digitalisierung für das Wohl der Menschen in Einklang zu bringen

Anita Tscherne, Irene Schwarz

> Die Mitarbeiter eines Unternehmens sind die Träger von Wissen und Erfahrung. Sie multiplizieren die Unternehmensstrategie und die Unternehmenskultur. Sie sind damit die größte und wertvollste Ressource einer Organisation.
>
> Dem neuen Verständnis von Human Resources muss ein Wandel im Unternehmen als nachhaltige Vision mit durchgängiger Strategie vorausgehen. Schritt für Schritt galt es, die ausgediente Rolle eines rein operativen Personaladministrators im Rahmen des strategischen Unternehmenswandels ab dem Jahr 2000 abzulegen und ein dienstleistungsorientiertes Verständnis von Human-Resources-Management (HRM) zu entwickeln, das die neue Unternehmensstrategie auf allen Ebenen konsequent mitträgt und in allen Prozessphasen unterstützend flankiert. Einen tragfähigen Denkrahmen für diese strategische Neuausrichtung gab gewissermaßen der Claim vor: „Bei uns sind Menschen in den besten Händen". Diesen Grundsatz haben wir in unserem Leitbild festgehalten.
>
> Wie der Weg von der Personaladministration zum integrierten Human-Resources-Management gelingt, wie effiziente Digitalisierungsmaßnahmen Mitarbeiter stützen und unterstützen und warum wir betriebliches Gesundheitsmanagement als Schlüsselfaktor erachten, erfahren Sie in diesem Kapitel.

Bild 6.1 zeigt unsere Entwicklungsphasen und die einzelnen Bausteine des Human-Resources-Managements von 2000 bis 2020 im Überblick. Es beschreibt, welchen Bausteinen wir uns in welcher Phase gewidmet haben und wie es uns gelungen ist, von der Personaladministration zum integrierten Human-Resources-Management heranzuwachsen.

6 Mitarbeiter und Digitalisierung in Einklang bringen

Pionierphase	Aufbauphase	Durchdringungsphase	Exzellenzphase
Aufbau von Human-Resources-Strukturen und einheitlichen Abläufen	**Einsatz wichtiger Human-Resources-Tools und Digitalisierung**	**Lebensphasenorientierte Personalentwicklung und Betriebliches Gesundheitsmanagement**	**Attraktiver Arbeitgeber**
• Personalverwaltung als Servicedienstleistung für Mitarbeiter • Digitalisierung von personalrelevanten Daten und Dokumenten	• Einführung eines strukturierten Mitarbeitereinführungsprozesses • Mitarbeitergespräch als wichtiges Instrument der Mitarbeiterführung • Nutzerfreundliche Digitalisierung als Instrument im Human-Resources-Bereich	• Einführung eines lebensphasenorientierten Personalentwicklungskonzeptes • Strategische Verankerung des Betrieblichen Gesundheitsmanagements • Pilotbetrieb „berufundfamilie"	• Gelebte Mitarbeiterpartizipation • Human-Resources-Marketing und Public Relations

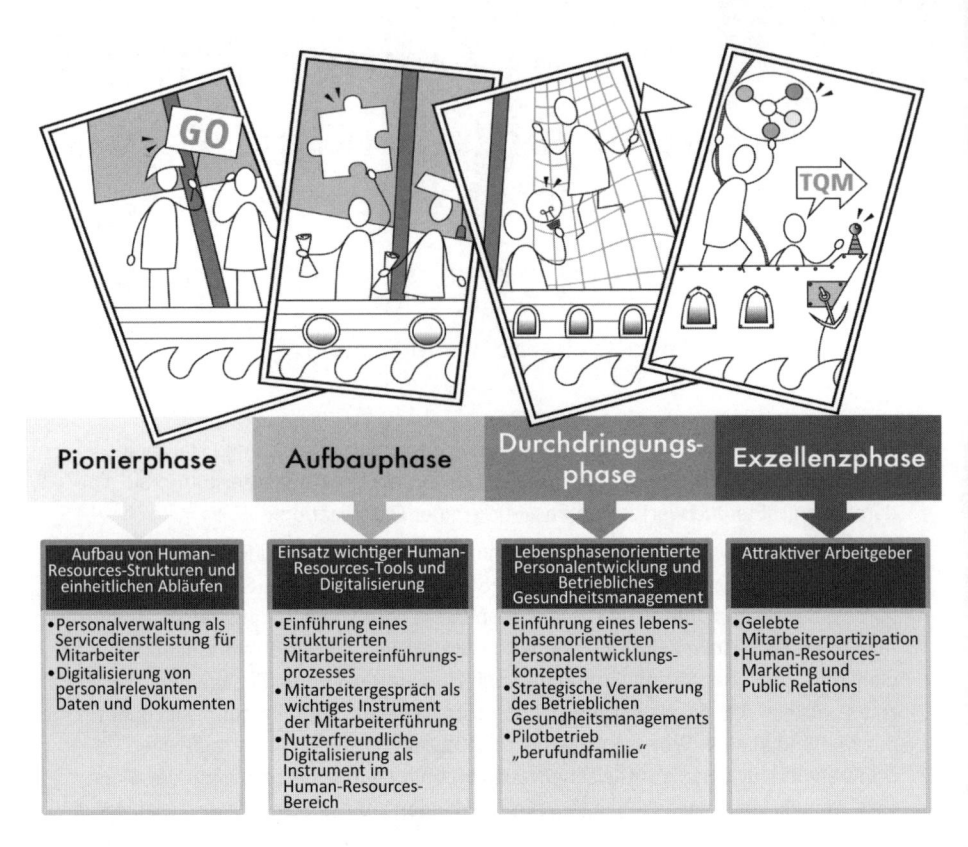

Bild 6.1 Entwicklungsphasen und Exzellenzbausteine des Human-Resources-Managements

Der Change-Prozess innerhalb des Human-Resources-Bereichs fußt auf drei Säulen:

- Das Human-Resources-Konzept modern und transparent entwickeln (Employee Journey).
- Prozesse anwenderfreundlich digitalisieren.
- Das betriebliche Gesundheitsmanagement konsequent etablieren.

Jene drei Säulen stellen die konsequente Ausrichtung des Human-Resources-Managements dar und spiegeln sich in den Entwicklungsphasen wider.

6.1 Aufbau von Human-Resources-Strukturen und einheitlichen Abläufen

„Humanität besteht darin, dass niemals ein Mensch einem Zweck geopfert wird."
Albert Schweitzer

Als humanistische Instanz unserer Organisation nimmt Albert Schweitzer mit seinem Satz die Grundhaltung vorweg. Sie bildet die Basis für den Change-Prozess innerhalb der Human-Resources-Sphäre: die Menschen in der Organisation, in ihrer Ganzheit, die Mitarbeiter in all ihren Lebenswelten wahrzunehmen. Eine neue Unternehmenskultur wurde auf den Weg gebracht, die der Human-Resources-Führung nicht weniger als eine 180-Grad-Wende abverlangte, um von einer starren Personalverwaltungseinheit zu einem **serviceorientierten Human-Resources-Management** heranzuwachsen. Exzellenzbausteine des Human-Resources-Managements in der Pionierphase bilden daher:

- das Heranreifen von der Personalverwaltung zum Servicedienstleister für Mitarbeiter,
- Digitalisierung von personalrelevanten Daten und Dokumenten.

Personalverwaltung als Servicedienstleistung für Mitarbeiter

Vor fast 20 Jahren erledigte das Personalamt der Stadt Graz alle personalrelevanten Aufgaben. Die Geriatrischen Gesundheitszentren hatten nur eine Vermittlerrolle. Die räumliche Trennung der Standorte unseres Unternehmens zum Rathaus – und somit zum Personalamt – erschwerte einen mitarbeiternahen Service. 2000 wurden die Geriatrischen Gesundheitszentren in einen Eigenbetrieb mit eigenem Organisationsstatut umgewandelt. Mit diesem Schritt wurden wir eigenständiger, flexibler, konnten schneller Entscheidungen treffen. Schritt für Schritt wurde nun überlegt und umgesetzt, wie man Prozesse im Human-Resources-Bereich optimieren, Mitarbeiter entlasten beziehungsweise unterstützen und das Wissen gut verankern kann. Der **Personalservice** war „geboren".

Digitalisierung von personalrelevanten Daten und Dokumenten

In den Jahren vor 2004 gab es zwei „Insellösungen". Im Personalamt des Magistrats Graz wurden Daten mithilfe der Datenverarbeitungssoftware (SAP) und Dokumente archiviert und ebenso in den Geriatrischen Gesundheitszentren. Es herrschte keine Kommunikation und kein Austausch. 2003 wurde der Datenbestand abgeglichen. Dazu wurde jeder Mitarbeiter zur Erhebung angeschrieben. 2004 wurde der grafische Dienstplan (GraphDi) der Geriatrischen Gesundheitszentren über eine Schnittstelle mit der SAP des Personalamts verbunden. Seither fließen Echtdaten.

2004 wurde des Weiteren die **elektronische Zeiterfassung** in der Verwaltung eingeführt. Der Nadeldrucker wurde durch moderne Zeiterfassungsgeräte abgelöst. Die Dienstzeiten der Mitarbeiter im ärztlichen, therapeutischen und pflegerischen Bereich werden über den grafischen Dienstplan verwaltet.

2005 erfolgte die Umstellung auf die autonome Urlaubsanspruchs- und Urlaubsrechnung. Urlaube werden seither mithilfe eines **elektronischen Workflows** genehmigt und zeitgleich im grafischen Dienstplan erfasst. 2010 ersetzte die Einführung von SAP. HR die SQL-Server-Lösung.

■ 6.2 Einsatz wichtiger Human-Resources-Tools und Digitalisierung

In der Aufbauphase widmen wir uns der Weiterentwicklung und der flächendeckenden Integration wichtiger Instrumente des Human-Resources-Managements in unseren Organisationseinheiten. Es bedarf Strukturen und Richtlinien, die den täglichen Arbeitsalltag erleichtern und die Zusammenarbeit der Mitarbeiter fördern.

Nur mit besten Rahmenbedingungen ist es möglich, die beruflichen An- und Herausforderungen mit den privaten so in Einklang zu bringen, dass der Mensch als Ganzes gesehen wird. Das Ergebnis sind gesunde Mitarbeiter, die leistungsfähig, motiviert und ausgeglichen sind. Passé ist damit die Unkultur des „Ins-kalte-Wasser-Stoßens". An deren Stelle tritt nun – beginnend bereits beim Recruiting – ein strukturierter Mitarbeitereinführungsprozess.

Folgende Themen bilden die Exzellenzbausteine der Aufbauphase im Human-Resources-Management:

- Einführung eines strukturierten Mitarbeitereinführungsprozesses,
- Mitarbeitergespräch als wichtiges Instrument der Mitarbeiterführung,
- nutzerfreundliche Digitalisierung als Instrument im Human-Resources-Bereich.

Einführung eines strukturierten Mitarbeitereinführungsprozesses

Der Mitarbeitereinführungsprozess gliedert sich in sieben zentral gesteuerte Module, die im Laufe des ersten Arbeitsjahres absolviert werden (Bild 6.2). Mentoren begleiten parallel dazu den Mitarbeiter anhand eines Lernphasenkatalogs. Fachexperten schulen spezifische, fachübergreifende Themen aus erster Hand, wie etwa Balanced Scorecard, Brandschutz oder Hygiene. Jeder Mitarbeiter erhält eine Willkommensmappe zur Begrüßung. Diese Mappe enthält die wichtigsten unternehmensrelevanten Informationen und stellt die Basis für ein persönliches Nachschlagewerk dar. Der Mitarbeiter kann jedoch auch alle Informationen aktuell und jederzeit im Mitarbeiterportal online nachlesen.

6.2 Einsatz wichtiger Human-Resources-Tools und Digitalisierung

> ⓘ Die Integration neuer Mitarbeiter ist ein bedeutsamer Teilbereich im Personalmanagement. Die Wahrscheinlichkeit einer Trennung in den ersten zwölf Monaten der Beschäftigung ist signifikant höher als später.
>
> Eine erfolgreiche Einarbeitung ist daran erkennbar, dass der neue Mitarbeiter am Ende des **Mitarbeitereinführungsprozesses** seine Aufgaben kennt, Loyalität sowie eine hohe Bindung an das Unternehmen entwickelt hat und mit der Unternehmenskultur vertraut ist (Kieser 2003).

Unbefristete Stellung

Weg in den Geriatrischen Gesundheitszentren

- **Modul 7** Bürgermeisterempfang, Einführung Haus Graz
- **Modul 5** Strategie und Unternehmensentwicklung
- **Mitarbeitergespräch, Dienstbeschreibung**
- **Modul 4** EDV-Programme, vertiefende Schulungen
- **Modul 1** Willkommen in den Geriatrischen Gesundheitszentren der Stadt Graz
- **Modul 6** Wissen in der Pflege
- **Modul 2** Basisschulung, EDV, Dienstrecht, Personalvertretung
- **Modul 3** Schulung aus erster Hand durch Experten

Mentor schult auf Basis des fachspezifischen Lernphasenkatalogs.

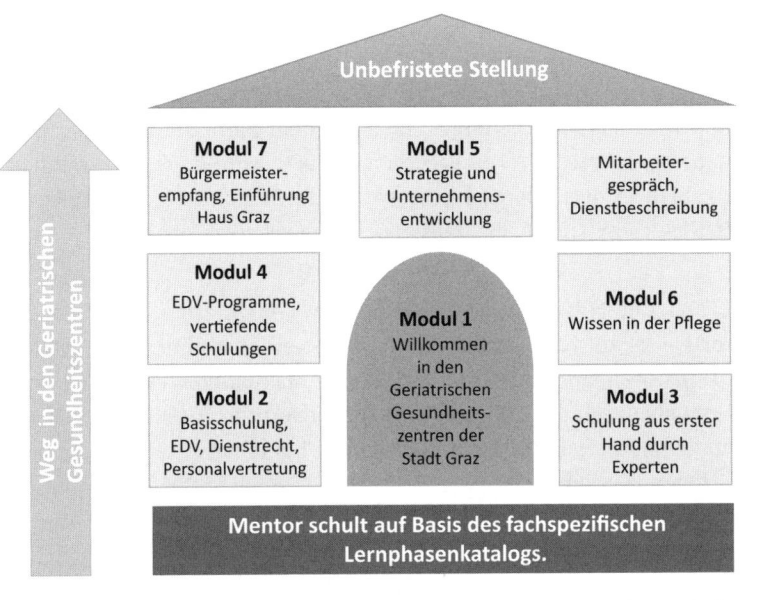

Bild 6.2 Einführungsprozess neuer Mitarbeiter in den Geriatrischen Gesundheitszentren

Das Mitarbeitergespräch als wichtiges Instrument der Mitarbeiterführung

Die aktive Einbindung ist eine wesentliche Voraussetzung für die kontinuierliche Weiterentwicklung und bestmögliche Berücksichtigung von Bedürfnissen der Mitarbeiter. Dazu gehören die tägliche persönliche und fachliche Auseinandersetzung (Besprechungsstruktur und Feedbackkultur) und das Mitarbeitergespräch.

> ⓘ **Mitarbeitergespräch:** Eine funktionierende Kommunikation und tragfähige Vereinbarungen zwischen Führungskraft und Mitarbeiter sind ausschlaggebend für Motivation und Leistungsfähigkeit. „Gesund führen" unterstützt auf der Basis neurowissenschaftlicher, systemischer und psychologischer Erkenntnisse ganz konkret in der Mitarbeiterführung. Das vorgestellte Modell des „Gesunden Gesprächs" kombiniert Gesundheitsförderung und passgenaue Leistungsanforderungen an die Mitarbeiter und zeigt Wege, mit Mitarbeitern wirkungsvoll zu kommunizieren sowie tragfähige und entwicklungsorientierte Vereinbarungen zu treffen (Gratz/Röthel/Sattler-Zisser 2014).

Das Mitarbeitergespräch findet jährlich zwischen Führungskraft und Mitarbeiter in ruhiger Atmosphäre und abseits der Alltagsroutine statt. Ein Vorbereitungsbogen ermöglicht ein erfolgreiches Gespräch. Die Schwerpunkte sind:

- Strategie, Balanced Scorecard,
- Klarheit im Aufgaben- und Verantwortungsbereich,
- Kommunikation, Führungsverhalten,
- Zusammenarbeiten, Teamarbeit,
- Weiterentwicklung im Unternehmen,
- Vereinbarkeit von Beruf und Familie,
- gesundheitliche Ziele, Arbeitsbelastung.

Bei Führungskräften wird das Mitarbeitergespräch mit dem Jahreszielvereinbarungsgespräch verbunden. Im Jahreszielvereinbarungsgespräch werden Ziele vereinbart, die auch als Kennzahlen in der Balanced Scorecard verankert sind. Die Ziele sollen dabei den SMART-Kriterien (spezifisch, messbar, anspruchsvoll, realistisch, terminiert) folgen.

Das Ermutigen zu Fach- und Führungskarrieren, das Abwägen interner Nachbesetzungen und ein starker Fokus auf Fort- und Weiterbildung werden von den Mitarbeitern als motivierende, sinnstiftende und vertrauensbildende Maßnahmen erlebt. Wichtige Parameter und Rahmenbedingungen, die auch von der Generation Y und jüngeren Mitarbeitern heute zunehmend als Entscheidungskriterien bei der Auswahl von Stellenangeboten herangezogen werden.

Nutzerfreundliche Digitalisierung als Instrument im Human-Resources-Bereich

Wertvolle personelle Ressourcen sichtbar und als unternehmerische Gestaltungsgröße nutzbar zu machen, wurde als ein Hauptziel der Digitalisierung im Zuge des Changemanagement-Prozesses identifiziert. Die Schlüsselfragen bei der Entwicklung jeder Digitalisierungsmaßnahme lauten:

- In welchen Bereichen ist Wissensaufbereitung und -bereitstellung zu einem bestimmten Zeitpunkt prioritär?
- Wer soll von einem digitalen Prozess profitieren?
- Welche Erleichterungen soll der Prozess mit sich bringen?

Häufig gilt es, Mitarbeiter und Führungskräfte von zeitintensiven, administrativen Tätigkeiten freizuspielen. Digitalisierung als erklärtes strategisches Ziel soll dazu dienen, Ressourcen einzusparen, Sicherheit und Transparenz durch optimierten Wissenstransfer zu schaffen und Workflows anwenderfreundlich zu gestalten. Wir haben drei Tipps für Sie aufbereitet, wie dies auch Ihnen gelingen kann:

➡️ **Wissen A bis Z für Mitarbeiter**

Die Wissensflut aufgrund von Gesetzen, Präsidialerlässen und hauseigenen Richtlinien stellt für Mitarbeiter oft eine Herausforderung dar. So haben wir die 70 wichtigsten Abläufe aus dem Dienstrecht, allgemeine personalrelevante Informationen und Mustertexte klar verständlich, leicht auffindbar und in Einzelthemen gegliedert aufbereitet und geschult, wie man mit „Wissen A bis Z" umgeht. Die Vorteile: Der Mitarbeiter findet sein Thema sowie alle Informationen dazu schnell und jederzeit.

Mitarbeiter und Führungskräfte sparen so wertvolle Kraft und Zeit für ihre Kernaufgaben. Dies steigert die Dienstleistungsorientierung um ein Vielfaches.

➡️ **Flexible Dienstplangestaltung durch Digitalisierung**

Die Ablöse des physischen Wunschdiensthefts durch eine elektronische Planung von Abwesenheiten (Absenzen) sorgt für flexiblere Dienstplangestaltung und ist damit ein wesentlicher Hebel für die Mitarbeiterzufriedenheit. Der Zusammenhalt und die Rücksichtnahme steigt in Teams, die sich sozusagen „den Dienstplan selbst schreiben".

➡️ **Yellow Pages**

Über das Personalinformationssystem (P.I.S.) können seit 2004 viele Berichte standardisiert abgerufen werden. 2013 wurden die „Yellow Pages" im P.I.S. eingeführt. So können Führungskräfte schnell nachlesen, wenn sie Informationen von Experten in den Geriatrischen Gesundheitszentren einholen möchten (Aromatherapie, Ernährung, Hygiene, Sprachen, Validation und vieles mehr).

■ 6.3 Lebensphasenorientierte Personalentwicklung und betriebliches Gesundheitsmanagement

Der mühevolle Aufbau von Strukturen und die Professionalisierung von einem starren Verwaltungsapparat zu einem integrierten Human-Resources-Management tragen dazu bei, dass die Organisation allmählich zu einem Organismus heranwächst. Von den starren Verwaltungsstrukturen losgelöst, setzen wir auch bei der Personalentwicklung auf Flexibilität, um höchstmögliche Mitarbeiterzufriedenheit sicherzustellen.

In der Durchdringungsphase widmen wir uns deshalb folgenden Themen:
- Einführung eines lebensphasenorientierten Personalentwicklungskonzepts,
- strategische Verankerung des betrieblichen Gesundheitsmanagements,
- Pilotbetrieb „berufundfamilie".

Einführung eines lebensphasenorientierten Personalentwicklungskonzepts

Die Herausforderung bestand insbesondere darin, die neue Unternehmenskultur durch eine authentisch gelebte Haltung als kollektives Bekenntnis zu verankern und als attraktive Employer-Branding-Strategie am Arbeitsmarkt zu präsentieren.

Diese klare Haltung manifestiert sich besonders deutlich in einem 2013 implementierten lebensphasenorientierten Personalentwicklungskonzept (Bild 6.3), dessen Kern eine *konsequente Begleitung des Mitarbeiters auf seiner Employee Journey* darstellt. Die Orientierung an den Bedürfnissen der Mitarbeiter ist ein wesentlicher Baustein zur Erreichung strategischer Ziele, wie etwa:

- Mitarbeiter langfristig im Unternehmen halten,
- Mitarbeiterzufriedenheit durch Einbindung und Beteiligung verbessern,
- Qualifikationen im Hinblick auf Markt- und Produktentwicklungen vorausschauend aufbauen,
- Erhalt der Arbeitsfähigkeit gewährleisten.

> ⓘ Um diese verschiedenen Lebensperspektiven mit dem Erwerbsleben zu meistern, gilt es, einen ganzheitlichen **lebensphasenbezogenen Personalentwicklungsansatz** mit bedarfsorientierten Lösungen zu etablieren, um die Gesamtheit der Belegschaft in ihren individuellen Lebensphasen zu fördern und zu unterstützen (Andre 2015, Eberherr/Fleischmann/Hoffmann o. J.).
>
> Dem Ansatz des lebensphasenorientierten Personalentwicklungskonzepts zufolge ist es die Aufgabe des Human-Resources-Managements, „den Menschen ganzheitlich zu betrachten (als Rollen- und Funktionsträger) im beruflichen und privaten Bereich (der Lebens- und Arbeitswelt) und ihm dadurch die Möglichkeit zu geben, lebensphasenspezifisch und individuell für beide Bereiche die anfallenden Verpflichtungen und Interessen erfüllen zu können, um so dauerhaft gesund, leistungsfähig, motiviert und ausgeglichen zu sein" (Michalk/Nieder 2007, S. 22).

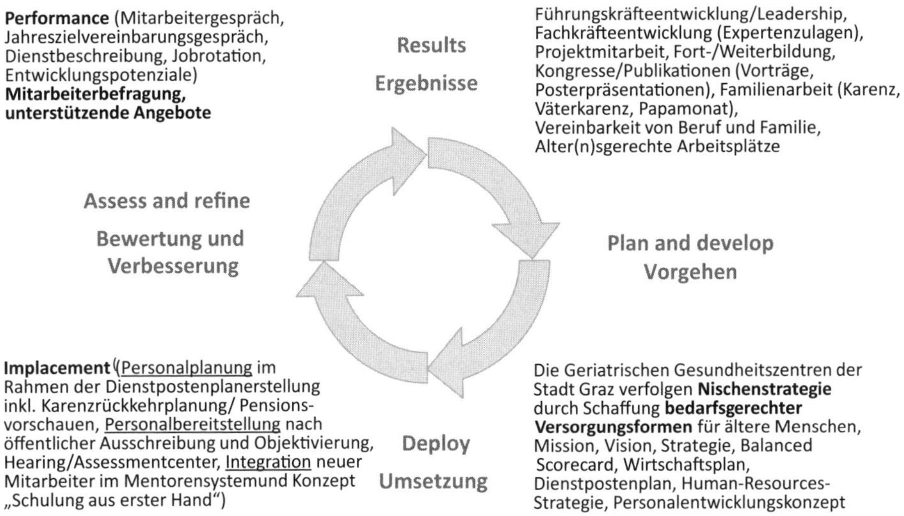

6.3 Personalentwicklung und Gesundheitsmanagement

Performance (Mitarbeitergespräch, Jahreszielvereinbarungsgespräch, Dienstbeschreibung, Jobrotation, Entwicklungspotenziale) **Mitarbeiterbefragung, unterstützende Angebote**

Results
Ergebnisse

Führungskräfteentwicklung/Leadership, Fachkräfteentwicklung (Expertenzulagen), Projektmitarbeit, Fort-/Weiterbildung, Kongresse/Publikationen (Vorträge, Posterpräsentationen), Familienarbeit (Karenz, Väterkarenz, Papamonat), Vereinbarkeit von Beruf und Familie, Alter(n)sgerechte Arbeitsplätze

Assess and refine
Bewertung und Verbesserung

Plan and develop
Vorgehen

Implacement (Personalplanung im Rahmen der Dienstpostenplanerstellung inkl. Karenzrückkehrplanung/ Pensionsvorschauen, Personalbereitstellung nach öffentlicher Ausschreibung und Objektivierung, Hearing/Assessmentcenter, Integration neuer Mitarbeiter im Mentorensystem und Konzept „Schulung aus erster Hand")

Deploy
Umsetzung

Die Geriatrischen Gesundheitszentren der Stadt Graz verfolgen **Nischenstrategie** durch Schaffung **bedarfsgerechter Versorgungsformen** für ältere Menschen, Mission, Vision, Strategie, Balanced Scorecard, Wirtschaftsplan, Dienstpostenplan, Human-Resources-Strategie, Personalentwicklungskonzept

Bild 6.3 Lebensphasenorientiertes Personalentwicklungskonzept der Geriatrischen Gesundheitszentren

> „Mitten im Leben", ein Bericht unserer Mitarbeiterin Helga Gafiuk (Diplomierte Gesundheits- und Krankenpflegerin, Stationsleiterin und Leiterin der Stabstelle „Betriebliches Gesundheitsmanagement", verheiratet, zwei Töchter) macht spürbar, wie wesentlich das lebensphasenorientierte Personalentwicklungskonzept ist:
>
> „Ursprünglich hatte ich mit der Geriatrie nicht wirklich „etwas am Hut". Als spannendes, sinnstiftendes und erfüllendes Berufsfeld entdeckte ich die Geriatrie erst später. Ich begann am 1. März 2002 in den Geriatrischen Gesundheitszentren zu arbeiten.
>
> Die Gesundheitsförderung hat mich in meiner Ausbildung stark geprägt und es war mir ein Anliegen, dies auch in der Praxis zu leben. Ich stellte jedoch fest, dass es dazu in den Geriatrischen Gesundheitszentren keine definierte Basis und nur vereinzelte Maßnahmen gab. Von Beginn an förderte mich meine Stationsleiterin. Sie hatte immer ein offenes Ohr für mich und meine Anregungen und Vorstellungen. So startete ich auf meiner Station den ersten Schritt. Ich erstellte einen Fragebogen, meine Kollegen füllten ihn aus. Das Ergebnis präsentierte ich in der Teambesprechung. Die ersten Angebote wurden geplant und umgesetzt: gesunde Jause (= Pause), „Wie lebt man Kollegialität?", Wiedereinführung der Stationsweihnachtsfeier, Arbeitsabläufe evaluieren usw.
>
> Schon bald gab es positive Rückmeldungen und die Auswirkungen wurden spürbar: das bereits bestehende gute Gesprächsklima wurde weiter verbessert, Transparenz war ein neues Thema, das Miteinander wurde noch intensiver gelebt.

Daraus entwickelte sich 2004 das Projekt „Strukturaufbau Betriebliche Gesundheitsförderung" unter meiner Leitung. Unser Ziel war es, den Ist-Stand zu erheben und Maßnahmen abzuleiten.

Von 2004 bis 2009 genoss ich es, vorwiegend für die Patienten da zu sein. Ich lernte viel und verstand, was Pflege im Schicht- und Wechseldienst für mich, für mein Team, für Patienten und für das Unternehmen bedeutet. Ich konnte sehr viele Fort- und Weiterbildungen besuchen und Gelerntes in die Praxis umsetzen. Unter anderem absolvierte ich einen Universitätslehrgang für Public Health im Pflegewesen.

2009 wurde meine Tochter Jana geboren, 2012 meine Tochter Nina. Beide besuchten die Kinderkrippe und den Kindergarten der betrieblichen Kinderbetreuungseinrichtung. Ich war nie in Elternzeit. Mit einer Teilzeitbeschäftigung von 12,5 Prozent führte ich meine Stabsstellen-Agenden „Betriebliches Gesundheitsmanagement" fort. Für mich war es eine Herzensangelegenheit. Unterstützt wurde ich von unserer Leiterin des Human-Resources-Managements. Nur so war es möglich, meinen Weg zu gehen. Im Zeitraum zwischen 2010 und 2012 absolvierte ich die Ausbildung zur Stationsleiterin. Die genauen Rahmenbedingungen wurden im Mitarbeitergespräch mit meiner Stationsleiterin festgelegt. Ich stockte mein Beschäftigungsausmaß nach und nach auf (von 12,5 % auf 25 %, auf 50 %, auf 65 %). So konnte ich nach jeder Mutterschaft mein berufliches Engagement mit meiner Leidenschaft zur Familie verbinden.

2014 hatte ich als erste Mitarbeiterin der Pflege die Chance, eine Führungsfunktion in Teilzeit zu übernehmen. Ich wurde Stationsleiterin. Ich hob mein Beschäftigungsausmaß auf 75 Prozent an und sagte zu.

Die Rahmenbedingungen meiner Arbeit galt es anzupassen. So wurde für mich aus dem Motto „Vereinbarkeit von Familie und Beruf" eine lebbare Wirklichkeit. Statt von 7.00 bis 13.00 Uhr arbeitete ich von 8.00 bis 14.00 Uhr. So startete ich in Ruhe mit meiner Familie den Tag. Dafür war ich nachmittags länger im Dienst und nahm an Besprechungen teil. Jeder gewinnt. Ein neues Modell für Stationsleitungen und deren Dienstzeiten wurde gefunden, um weiter die Flexibilität einer Führungskraft zu unterstützen, dafür bin ich persönlich sehr dankbar.

Heute – mitten im Leben:

Im Arbeiten und im Tun lag und liegt für mich eine tiefe Kraft. Ich wusste immer, was und wohin ich wollte. Das betriebliche Gesundheitsmanagement ist heute eine anerkannte Stabsstelle, fest verankert in der Unternehmensstrategie und fixer Bestandteil unserer Unternehmenskultur.

Dass ich meinen Führungsstil so leben kann, wie ich ihn mir vorstelle, das macht mich glücklich und zufrieden. Miteinander arbeiten bedeutet, miteinander in Beziehung gehen und in Beziehung bleiben. Dabei spielen Alter, Funktion oder Herkunft keine Rolle.

Für die Zukunft wünsche ich mir weiterhin „Patient first" – unabhängig davon, wie viel im Alltag gerade los ist."

Die Elternschaft – als einschneidendes Ereignis jeder Biografie – ist im Human-Resources-Management wichtig. Maßgeschneiderte *Karenzmodelle (Elternzeitmodelle) und Wiedereinstiegsszenarien*, wie etwa die Möglichkeit von Führungspositionen auf Teilzeitbasis, erleichtern weiblichen und männlichen Mitarbeitern gleichermaßen ein positiv besetztes Erleben dieser oft heiklen Karrierephase und ermutigen dabei, althergebrachte Rollenbilder aufzubrechen. Ebenso werden personelle Ausfälle durch Langzeiterkrankungen oder Schicksalsschläge durch ein lebensphasenorientiertes Personalentwicklungskonzept bestmöglich abgefedert.

Dem Älterwerden als letzte – wichtige – Etappe der Erwerbsbiografie tragen wir durch den Ansatz Alter(n)sgerechtes Arbeiten Rechnung. Langjährige Mitarbeiter werden im Personalentwicklungskonzept eingebunden, welches z. B. bei Bedarf hausinterne Positionen anbietet, die dem Alter und dem Gesundheitszustand des Mitarbeiters besser entsprechen als die bisherigen.

> **Altersgerechtes Arbeiten:** Viel hängt davon ab, welche Bedeutung ältere Mitarbeiter in der Organisation einnehmen und wie sie ihre Kenntnisse und Stärken einbringen können. Mitarbeiter über 50 Jahre bleiben im Schnitt mehr als zehn Jahre in einem Unternehmen und können mit ihrem Know-how einen erheblichen Beitrag zur Unternehmensentwicklung leisten. Dazu verhilft ihnen ihre große Berufs- und Lebenserfahrung, die sie zu wahren „Know-Bodies" in einem leistungs- und wissensgetriebenen Wirtschaftssystem macht. Diese Faktoren nehmen Einfluss auf die Leistungsfähigkeit der gesamten Organisation und damit auf den unternehmerischen Erfolg (Hasebrook/Zinn/Schletz 2018).
>
> Derzeit wird die Leistungsfähigkeit älterer Mitarbeiter in den Unternehmen vielfach vor dem Hintergrund eines Defizitmodells betrachtet – Altern wird mit einem generellen Abbau gleichgesetzt. Mittlerweile gibt es jedoch viele Studien, in denen die berufliche Leistungsfähigkeit von Beschäftigten unterschiedlichen Alters anhand von Arbeitsergebnissen miteinander verglichen wurde. Diese zeigen, dass ältere Arbeitnehmer nicht weniger leistungsfähig sind als die jüngeren, sondern dass sich die Fähigkeiten mit dem Alter verändern. Während die körperliche Leistungsfähigkeit zwischen dem 30. und 60. Lebensjahr abnimmt, bleibt die psychische Leistungsfähigkeit gleich und die geistig-soziale nimmt zu (Kriener u. a. 2004).

Strategische Verankerung des betrieblichen Gesundheitsmanagements

Das Verständnis und der Stellenwert von Gesundheit haben sich in den vergangenen Jahren stark gewandelt. Gesundheit bedeutet heute mehr als das bloße Fehlen von Krankheit.

> *„Gesundheitsförderung zielt auf einen Prozess, allen Menschen ein höheres Maß an Selbstbestimmung über ihre Gesundheit zu ermöglichen und sie damit zur Stärkung ihrer Gesundheit zu befähigen."*
> *Ottawa Charta 1986, S. 1*

Die Implementierung des betrieblichen Gesundheitsmanagements und die Schaffung der nötigen Ressourcen und Strukturen waren ein wesentlicher Schritt im Change-Prozess der Organisation. Das betriebliche Gesundheitsmanagement hat einen hohen Stellenwert in der Unternehmensstrategie. Es ist in der Balanced Scorecard verankert.

Wie können Unternehmen auf die Veränderungen in der Arbeitswelt adäquat reagieren? Welchen Einfluss hat die Unternehmensführung auf die Life-Domaine-Balance des Einzelnen und wie kann sie für ein „gesundes Unternehmen" sorgen?

Die Anforderungen an die modernen Arbeitnehmer haben sich in allen Branchen stark verändert. Die ständige Beschleunigung und Arbeitsverdichtung führen u. a. zu einer Zunahme von psychischen Erkrankungen. Lohner u. a. (2012) zeigen auf, wie durch ein betriebliches Gesundheitsmanagement, das die neuesten Erkenntnisse der psychosomatischen Medizin berücksichtigt, die Ressource „Gesundheit" der Mitarbeiter ganzheitlich und nachhaltig gefördert werden kann. Dabei werden konkrete Leitlinien für die Unternehmens- und Mitarbeiterführung sowie Zusammenarbeit und Kommunikation definiert. Weitere Themen sind Strategien des betriebsinternen Konfliktmanagements und Maßnahmen gegen Mobbing sowie die Entstehung von Burnout. Erfolg hängt von Menschen ab, deren **Life-Domaine-Balance im Einklang** ist.

> Die Human-Resources-Stabsstelle *„Betriebliches Gesundheitsmanagement"* plant und setzt Gesundheitsförderungs- und Präventionsmaßnahmen um. Die gesundheitsbezogenen Bedürfnisse und Wünsche werden in Mitarbeiterbefragungen erhoben. Die Ergebnisse fließen in die Maßnahmenplanung unseres betrieblichen Gesundheitsmanagements ein. So stehen den Mitarbeitern *zahlreiche Angebote* zur Verfügung, etwa Stressmanagement mittels Herzratenvariabilitätsmessung, Hautkrebsvorsorge, Ernährungscoaching, Fortbildungen zum Thema „Mentale Stärke und Resilienz", Coaching oder Yoga.

Pilotbetrieb „berufundfamilie"

Der Claim „Bei uns sind Menschen in den besten Händen" bedeutet aus Mitarbeiterperspektive eine konsequente Orientierung an deren individuellen Bedürfnissen. Als innovatives Unternehmen waren wir schon 2012 einer der österreichweiten Pilotbetriebe zur Entwicklung des Audits „pflegeundfamilie". 2015 unterzogen wir uns einem Re-Auditierungsprozess für das Audit „berufundfamilie" in Pflege- und Gesundheitseinrichtungen, 2018 folgte die 2. Re-Auditierung. 2018 erhielten die Geriatrischen Gesundheitszentren auch den „Staatspreis Familie und Beruf 2018".

Studien zeigen, dass für über 90 Prozent der Arbeitnehmer das Thema *Vereinbarkeit von Beruf und Familie* bei der Jobauswahl eine zentrale Rolle spielt (Hajek/Siegl 2014). Fakt ist, dass Männer und Frauen heute andere Prioritäten setzen. Die Familienzeit und die Freizeit zur Erholung haben in den letzten Jahren stark an Bedeutung gewonnen. Entsprechend sehen die Erwartungen an einen familienfreundlichen Arbeitgeber aus.

In unseren Gesundheitseinrichtungen werden an 365 Tagen im Jahr, 24 Stunden am Tag hervorragende Pflege- und Betreuungsleistungen erbracht. Umso wichtiger ist es, den Mitarbeitern sowie pflegenden Angehörigen Rahmenbedingungen zu ermöglichen, die die Vereinbarkeit von Familie und Beruf bestmöglich unterstützen. **Familienfreundlichkeit** wurde in der Unternehmensstrategie verankert und wird im Alltag gelebt.

Doch die Umsetzung ist in einem Gesundheitsbetrieb nicht einfach: Telearbeit im Pflegebereich? Leider nein. Flexible Arbeitszeiten in Medizin und Therapie? Sehr schwierig. Mit folgenden Maßnahmen ist es uns dennoch gelungen, sich der Vereinbarkeit von Beruf und Familie ein Stück weit anzunähern:

- Ein nach den Wünschen der Mitarbeiter gestalteter Dienstplan ist **DER** entscheidende Hebel zur Zufriedenheit.
- Ein/e Betriebskindergarten/-krippe mit erweiterten Öffnungszeiten und mit nur drei Wochen Urlaub pro Jahr unterstützen die Eltern bei der Vereinbarkeit von Beruf und Familie.
- Zusätzlich gibt es Korridorzeiten von einer Stunde morgens und abends, innerhalb derer Ärzte, Stationsleitungen und Therapeuten ihre Arbeit beginnen bzw. beenden können. Wer am Nachmittag früher weg muss, kommt früher, wer morgens die Kinder in die Schule bringt, kommt später und bleibt am Nachmittag länger. Das klingt einfach umzusetzen, ist es aber nicht. Dienstübergaben und -besprechungen müssen anders organisiert werden und es muss gegenseitiges Verständnis als Kulturfaktor entstehen, damit der eine für den anderen einspringt.
- Mitarbeiter profitieren unter anderem von einem strukturierten Einführungsprozess, flexiblen Dienstzeitmodellen – 180 an der Zahl – und Teilzeitvereinbarungen, alter(n)sgerechten Arbeitsplätzen, transparenten Gehaltsschemata, Supervisionen und Coachings sowie von einem breiten Fortbildungsangebot. Zusätzlich anrechenbare Karenzjahre, Papamonat, Väterkarenz, Sabbatical, Bildungskarenz und Familienhospizfreistellung sind weitere Angebote.
- Finanzielle Leistungen (bei Geburt eines Kindes, Haftpflichtversicherung, Pensionskasse, Jobticket für den öffentlichen Nahverkehr) sowie gesunde Mitarbeitermenüs runden das Angebot ab.

Und so gehört zur ausgewogenen Life-Domaine-Balance auch die parallele Führungskräfteentwicklung. Die Führungskräfte werden nicht nur für das Thema sensibilisiert, sondern bekommen auch eine entsprechende Werkzeugkiste zur Verfügung. So schließen wir den Kreis zur personalisierten Medizin, bei der die richtige Behandlung für den richtigen Patienten im Vordergrund steht. Bei den personalisierten Arbeitsbedingungen steht der Mitarbeiter im Fokus – ganz im Sinne unseres Leitbildes: „Wir begegnen einander mit Respekt und führen, fördern und fordern als Führungskräfte unsere Mitarbeiter nach gemeinsam getragenen Grundsätzen."

Im Sinne der europäischen Sozialcharta (von Österreich 2011 ratifiziert) haben die Geriatrischen Gesundheitszentren mit dem Audit „berufundfamilie" einen nachhaltigen Prozess initiiert, der nach dem Gleichbehandlungsgrundsatz Mitarbeitern mit Familienpflichten die gleichen Aufstiegschancen einräumt, wie Mitarbeitern ohne Familienpflichten.

6.4 Attraktiver Arbeitgeber

Der Wettbewerb um qualifiziertes Personal (War for Talents) beschäftigt in der Exzellenzphase auch unsere Organisation. Eines der wichtigsten Mittel, um sich gegenüber Konkurrenten im Gesundheitswesen als attraktiver Arbeitgeber für Fachkräfte im Gesundheitswesen zu positionieren, ist das Personalmarketing. Mitarbeiterbefragungen als Instrument des kontinuierlichen Verbesserungsprozesses unterstützen uns dabei, die Sichtweisen unserer Mitarbeiter zu erfassen und entgegenzusteuern, wenn Verbesserungspotenzial gegeben ist.

Daher widmen wir uns als attraktiver Arbeitgeber in der Exzellenzphase folgenden Themenschwerpunkten:

- gelebte Mitarbeiterpartizipation,
- Human Resources Marketing und Public Relations.

Mitarbeiter-Befragungen gehören heute zu den Standardinstrumenten von Organisationen, um Arbeitsklima, Zufriedenheit, Stärken und Schwächen durch Mitarbeiter zu messen.

> **Mitarbeiterbefragungen** gehören zu den am häufigsten eingesetzten Feedbackinstrumenten. Hauptsächlich werden dabei die Ziele verfolgt, laufende Veränderungsprozesse, die Implementierung von Unternehmensstrategien sowie aktuelle Mitarbeitermeinungen zu evaluieren. Neben verschiedenen Gestaltungsaspekten ist vor allem die effektive und nachhaltige Umsetzung von Veränderungsprozessen eine Voraussetzung für den Erfolg einer Mitarbeiterbefragung (Bungard/Jöns 2018).

Gelebte Mitarbeiterpartizipation

Wir verfolgen mit einer Mitarbeiterbefragung zudem Ziele, die über das herkömmliche Einsatzspektrum hinausgehen und für die Organisation damit großen Mehrwert liefern. In einer Vorphase vor der eigentlichen Befragung motivieren wir die Mitarbeiter zur Teilnahme. Das Thema „Anonymität" ist in diesem Kontext besonders wichtig. Nach der Befragung finden in den einzelnen Organisationseinheiten Follow-up-Workshops statt, in denen die Ergebnisse reflektiert und Maßnahmen entwickelt und umgesetzt werden.

Auf Basis vorhandener Daten zweier Mitarbeiterbefragungen gaben wir eine vertiefende Pfadanalyse in Auftrag, welche kausale Zusammenhänge im Sinne von Wenn-Dann-Beziehungen abbildet. Das Pfadmodell zeigt die drei elementaren Ausgangsvariablen – *Ruf der Geriatrischen Gesundheitszentren, klare und qualifizierte Tätigkeit, Organisationskultur* –, die über weitere Schritte die Zielvariablen Unternehmensbindung und Qualitätsmotivation beeinflussen. Gemeinsam mit **Great Place to Work**® wurde untersucht, in welchem Maße es dem Management gelingt, vertrauensvolle Beziehungen zu den Mitarbeitern aufzubauen, in welcher Weise sich die Mitarbeiter mit ihrer Tätigkeit und dem Unternehmen identifizieren und ob erfolgreich zusammengearbeitet wird. Dargestellt werden die Gesamtergebnisse, nationale und internationale Benchmarks sowie Einzelauswertungen der Organisationseinheiten. Unsere Werte liegen in allen Bereichen über den Benchmark-Werten von Gesundheitsdienstleistern in Europa – eine wertvolle Bestätigung auf dem Weg zum attraktiven Arbeitgeber.

Bereits in der Aufbauphase erkannten wir, dass die Partizipation der Mitarbeiter an der Unternehmensentwicklung ein wesentlicher Erfolgsfaktor ist. Innovative Mitarbeiter tragen zur Qualitätsverbesserung und Weiterentwicklung des Unternehmens bei. Damit jeder Mitarbeiter die Möglichkeit hat, sich zu beteiligen, haben wir das innerbetriebliche Vorschlagswesen implementiert. Neue Mitarbeiter lernen diese Möglichkeit im Rahmen der Mitarbeitereinführung kennen; länger beschäftigte Mitarbeiter werden jährlich mit einem Newsletter an diese Gestaltungsmöglichkeit erinnert.

> Das *innerbetriebliche Vorschlagswesen* ermutigt und motiviert Mitarbeiter, sich durch konkret formulierte, umsetzbare Vorschläge aktiv an der Weiterentwicklung und kontinuierlichen Verbesserung des Unternehmens zu beteiligen. Die Einführung einer Software optimiert den Workflow für das innerbetriebliche Vorschlagswesen und macht transparent, wo ein Vorschlag gerade in der Entscheidungskette steht. Nach einem festgelegten Punktesystem erfolgt die Bewertung der Ideen. Für Vorschläge, die umgesetzt werden, erhält der Mitarbeiter eine Prämie.
>
> Als konkretes Beispiel kann hier die *Verbesserung des Raumklimas durch Aromatherapie* genannt werden:
>
> Ist-Zustand: vielen allgemein genutzten Räumen fehlt oft das „Wohlfühlklima".
>
> Vorschlag und Prämierung: Das Wissen unserer Aromatherapeuten könnte sinnvoll eingesetzt werden, z. B. zur Verbesserung des Raumklimas in Warte- und Eingangsbereichen und in Besprechungsräumen. Durch die unterschiedlichen Wirkungsweisen wird nun von Entspannung bis Konzentration jede gewünschte Befindlichkeit gefördert.

Human Resources Marketing und Public Relations

Personalmarketing und Public Relations ergänzen die Maßnahmen für den Bereich Human Resources. Dabei arbeiten wir interdisziplinär mit unserer Fachabteilung für Öffentlichkeitsarbeit zusammen. Durch das Vermischen der jeweiligen Fachkompetenzen und den stetigen Austausch kann eine erfolgreiche Employer-Branding-Strategie entwickelt und umgesetzt werden. Um eine langfristige Versorgung qualifizierter und motivierter Mitarbeiter gewährleisten zu können, ist unser Ziel, für potenzielle und bestehende Mitarbeiter „Employer of Choice" zu werden.

> ⓘ Damit sich ein Unternehmen von anderen abheben kann, werden die Ansätze des Employer Brandings forciert. Hierbei präsentiert sich der Arbeitgeber mit Hilfe von geeigneten Maßnahmen als Marke. Dabei ist das Ziel, sich durch gesteigerte Bekanntheit und Attraktivität als Arbeitgeber der ersten Wahl – also als **„Employer of Choice"** zu positionieren (Oertel 2012).

Durch das einzigartige Versprechen, der Employer Value Proposition, möchten wir unsere Position am Arbeitsmarkt, der vom „War for Talents" geprägt ist, verstärken. Dies forcieren wir durch die Kombination von Bewährtem (u. a. Leitbild, Aus-, Fort- und Weiterbildungen, betriebliches Gesundheitsmanagement, berufundfamilie) mit Neuem (u. a. E-Learning, elektronische Workflows, Mitarbeiterportal). Dies gewährleistet gleichzeitig auch das Erreichen von vielfältigen Alters- und Berufsgruppen. Wir setzen auf folgendes Erfolgsgeheimnis: Eingehen auf die individuellen Bedürfnisse der Generationen und gleichzeitig die lebensphasenorientierte Mitarbeiterführung im Blick behalten.

Damit Strategien und Maßnahmen langfristig wirken, müssen sie auch ins Bewusstsein gebracht werden. Angebote und Erfolge werden professionell in Medien, z. B. auf Social-Media-Plattformen, im Internet oder Printmedien aufbereitet und kommuniziert.

6.5 Ausblick

Unser Ziel ist es, die Geriatrischen Gesundheitszentren zu einem überdurchschnittlich attraktiven Arbeitgeber zu entwickeln und als Marke zu positionieren. Bereits bestehende exzellente Faktoren, wie z. B. das Personalentwicklungskonzept (Bild 6.3) und die Vereinbarkeit von Beruf und Familie, sind zu halten, flächendeckend zu kommunizieren und gegebenenfalls auszubauen. Der Mitarbeiter – der Mensch – ist mit seinen Fähigkeiten und Eigenschaften ein besonderes Ganzes. Darauf achten wir besonders beim Einsatz der „Mega-Trends" des 21. Jahrhunderts: *Prozesse optimieren, Wissensmanagement, Vernetzung.*

Wir werden in sozialen Medien präsent sein, neue Softwareangebote nutzen, Projekte planen und umsetzen und vor allem die Mitarbeiterbindung stärken. Digitalisierung und zukunftsorientierte Projekte sind dabei wesentliche Werkzeuge.

Digitalisierung

In naher Zukunft wird mit einer neuen Dienstplanungssoftware ein Paradigmenwechsel in der Führung von elektronischen Dienstplänen stattfinden. Man kann es mit dem Wechsel vom Tasten- zum „Smart-Telefon" vergleichen. Ungezählte Möglichkeiten, wie z. B. mehrdimensionale Dienst- und Freizeitplanung, anwenderfreundliche Handhabung, Zusatzfunktionen, werden helfen, unser Ziel „Employer of Choice" zu erreichen.

Projekt „Fit für die Zukunft – Patientenservice 2020"

Der Patientenservice ist eine der ersten Anlaufstellen für Patienten, deren Angehörige und unsere externen Zuweiser. Um den Patientenservice auch auf die Herausforderungen der Zukunft vorzubereiten und den kontinuierlichen Verbesserungsprozess zu unterstützen, wurde 2018 das Projekt „Fit für die Zukunft – Patientenservice 2020" gestartet.

Die drei wichtigsten Projektziele sind:
- strategischer Blick auf zukünftige Herausforderungen im Patientenservice,
- Optimierung von Prozessen und Arbeitsabläufen, Digitalisierung, Update Vega-Programm, Professionalisierung im Außenauftritt,
- Weglassen von „Zeitfressern" sowie nicht benötigten Tätigkeiten/Formularen, Organisationsstruktur innerhalb des Personalservices.

Projekt „Gesundheitsberufe 2025"

Die Demografie bewirkt, dass immer weniger Personen im erwerbsfähigen Alter sind. Ärzte und Pflegefachkräfte haben die Wahl, für welchen Arbeitgeber sie sich entscheiden. Als ausgezeichnetes Unternehmen (Staatspreis Familie und Beruf 2018) bieten wir bereits viele Vorteile an. Das Projekt „Gesundheitsberufe 2025" fordert den Blick auf und die Maßnahmen für die nächste Generation.

Die zwei wichtigsten Maßnahmen sind: Den *Mitarbeiter für unser Unternehmen zu begeistern* (zu binden) und *(junge) Menschen für Gesundheitsberufe zu begeistern.* Im Sinne von Great Place to Work® begleiten wir aus diesem Grund den Mitarbeiter von A bis Z mit folgenden Impulsen: Anerkennung, Beteiligung, professionelle Mitarbeitereinführung, Entwicklung, Feiern, Zuhören und vieles mehr. Informieren und Motivieren werden wir unter anderem in Schulen, wo Berufsorientierung erst stattfindet. Wir entwickeln neue Schulungsmodelle für Auszubildende und Ausbilder und verbinden diese mit neuen digitalen Möglichkeiten (E-learning).

Albert Schweitzer sagte:

> *„Vertrauen ist für alle Unternehmungen das Betriebskapital, ohne welches kein nützliches Werk auskommen kann. Es schafft auf allen Gebieten die Bedingungen gedeihlichen Geschehens."*

Modern ausgedrückt: Human-Resources-Management stellt den Mitarbeiter – *stellt den Menschen* – in den Mittelpunkt.

■ 6.6 Literatur

Andre, Martina: *Konzept der lebensphasenorientierten Personalentwicklung: eine empirische Studie aus ExpertInnensicht über den Grundgedanken des Konzeptes am Beispiel des Magistrats Graz.* Masterarbeit, Graz 2015 URL: *http://unipub.uni-graz.at/obvugrhs/content/titleinfo/485596.* Abgerufen am 29.11.2019

Astor, Michael: *Work-Life-Balance als Motor für wirtschaftliches Wachstum und gesellschaftliche Stabilität.* Prognos AG, Berlin/Basel 2005

Borg, Ingwer: *Führungsinstrument Mitarbeiterbefragung.* Hogrefe-Verlag, Göttingen/Bern/Toronto/Seattle 2003

Bungard, Walter; Jöns, Ingela (Hrsg.): *Mitarbeiterbefragung: Ein Instrument des Innovations- und Qualitätsmanagements.* Beltz Verlagsgruppe, Weinheim 2002

Bungard, Walter; Jöns Ingela (Hrsg.): *Feedbackinstrumente im Unternehmen: Grundlagen, Gestaltungshinweise, Erfahrungsberichte.* Springer Gabler Verlag, Wiesbaden 2018

Eberherr, Helga; Fleischmann, Alexander; Hofmann, Roswitha: *Alter(n)svielfalt im Betrieb: Strategien und Maßnahmen für eine nachhaltige Unternehmenspolitik in kleinen und mittleren Unternehmen.* URL: *http://docs.ams.at/noe/enews/200709/guideline.pdf.* Abgerufen am 19.01.2019

Etrillard, Stéphane; Marx-Ruhland, Doris: *Erfolgreich führen durch gelungene Kommunikation: Die sieben Grundregeln für perfekte Gesprächsführung.* Business Village GmbH, Göttingen 2008

Gratz, Wolfgang; Röthel, Horst; Sattler-Zisser, Sissi: *Gesund führen: Mitarbeitergespräche zur Erhaltung von Leistungsfähigkeit und Gesundheit in Unternehmen.* Linde Verlag, Wien 2014

Hajek, Peter; Siegl, Alexandra: *Vereinbarkeit Familie & Beruf.* URL: *https://www.familieundberuf.at/presse-news/pressearchiv/2014/vereinbarkeit-von-beruf-familie.* Abgerufen am 20.05.2019

Hasebrook, Joachim; Zinn, Bernd; Schletz, Alexander (Hrsg.): *Lebensphasen und Kompetenzmanagement: Ein Berufsleben lang Kompetenzen erhalten und entwickeln.* Springer-Verlag, Berlin 2018

Herrmann, Norbert: *Erfolgspotenzial ältere Mitarbeiter – den demografischen Wandel souverän meistern.* Hanser Verlag, München 2008

Kieser, Alfred: *Einarbeitung neuer Mitarbeiter.* In: Von Rosenstiel, Lutz; Regnet, Erika; Domsch, Michel (Hrsg.): *Führung von Mitarbeitern: Handbuch für erfolgreiches Personalmanagement.* Schäffer-Poeschel Verlag, Stuttgart 2003, S. 183–194

Kriener, Birgit; Neudorfer, Ernst; Künzel, Daniela; Aichinger, Alice: *Gesund durchs Arbeitsleben: Empfehlungen für eine zukunfts- und alternsorientierte betriebliche Gesundheitsförderung in Klein- und Mittelunternehmen.* Wirtschaftskammer Österreich, Wien 2004

Lohner, Matthias; Sprenger, Bernd; Wahlert, Jochen von: *Gesundes Führen: Life-Balance versus Burnout in Unternehmen.* Schattauer Verlag, Stuttgart 2012

Michalk, Silke; Nieder Peter: *Erfolgsfaktor Work-Life Balance*. Wiley Verlag, Weinheim 2007

Müller, Andreas; Weigl, Matthias: *Ressourcenorientierte Ansätze alternsgerechter Arbeitsgestaltung*. Informationsdienst Altersfragen, 41. Jahrgang, Heft 2 (2014), S. 3–9 URL: *https://www.dza.de/fileadmin/dza/pdf/Heft_02_2014_Maerz_April_2014_gesamt.pdf*. Abgerufen am 29.01.2019

Muthers, Helmut: *Ab 50 ist man alt (genug um zu wissen, was man will und kann): Warum die Generation 50+ als Kunden und Mitarbeiter so wertvoll ist*. Plassen Verlag, Kulmbach 2017

Oertel, Nico: *Employer Branding – Personalmarketing mit Zukunft: Aufbau einer Arbeitgebermarke zur Kompensation des Fach- und Führungskräftemangels*. Diplomica Verlag, Hamburg 2012

Schneider, Cornelia: *Praxis-Guide Betriebliches Gesundheitsmanagement: Tools und Techniken für eine erfolgreiche Gesundheitsförderung am Arbeitsplatz*. Hogrefe Verlag, Bern 2018

7 Beitrag des Finanzmanagements zu einer stabilen und wirksamen Führung

Daniela Knapp

Neben dem Land Steiermark, konfessionellen, öffentlich-rechtlichen und privaten Trägern übernimmt auch die Stadt Graz die Verpflichtung, ein Krankenhaus sowie Pflege- und Betreuungseinrichtungen für geriatrische Patienten zu führen. Im Jahr 2000 wird dieses aus dem städtischen Sozialamt herausgelöst und in einen Eigenbetrieb der Stadt Graz – als wirtschaftlich selbstständiges Non-Profit-Unternehmen – umgewandelt.

Der Change-Prozess von einer ständig hoch defizitären zu einer wirtschaftlich gesunden Organisation, die mit Managementwissen gesteuert wird, beginnt mit der neuen Geschäftsführung ab dem Jahr 2000. Zu diesem Zeitpunkt wird auch ein Finanzmanagement eingeführt, aufgebaut und professionalisiert. Heute umfasst das Finanzmanagement die operativen Bereiche Einkauf und Logistik, Finanzbuchhaltung mit Jahresabschlusserstellung sowie operatives und strategisches Controlling samt Datenmanagement.

Das Finanzmanagement ist enger Begleiter der Unternehmensführung. Es ist stetiger Berater, Bereitsteller von Informationen und maßgeblicher Bestandteil der Strategieentwicklung. Das Controlling unterstützt rahmengebend alle strategischen Steuerungsinstrumente, die von der Organisation genutzt werden. Beispiele dafür sind die Balanced Scorecard (BSC), die SWOT-Analyse oder die Prozesse zur Budgetierung und Jahreszielplanung.

Entwicklungsphasen und Exzellenzbausteine des Finanzmanagements

Pionierphase

Schaffen eines wirtschaftlichen Fundaments

- Anfänge Finanzmanagement
- Stabiles und zukunftssicheres Finanzierungsmodell

Aufbauphase

Balanced Scorecard als zentrales Steuerungs- und Kommunikationsinstrument

- Aufbau des strategischen Controllings
- Schaffen einer kostenbewussten Unternehmenskultur

Durchdringungsphase

Kontinuierliche Qualitätsverbesserung

- Integrieren einer **fünften** Ebene in die Balanced Scorecard
- Mitgestalten von Rahmenbedingungen und professionelles Benchmarking

Exzellenzphase

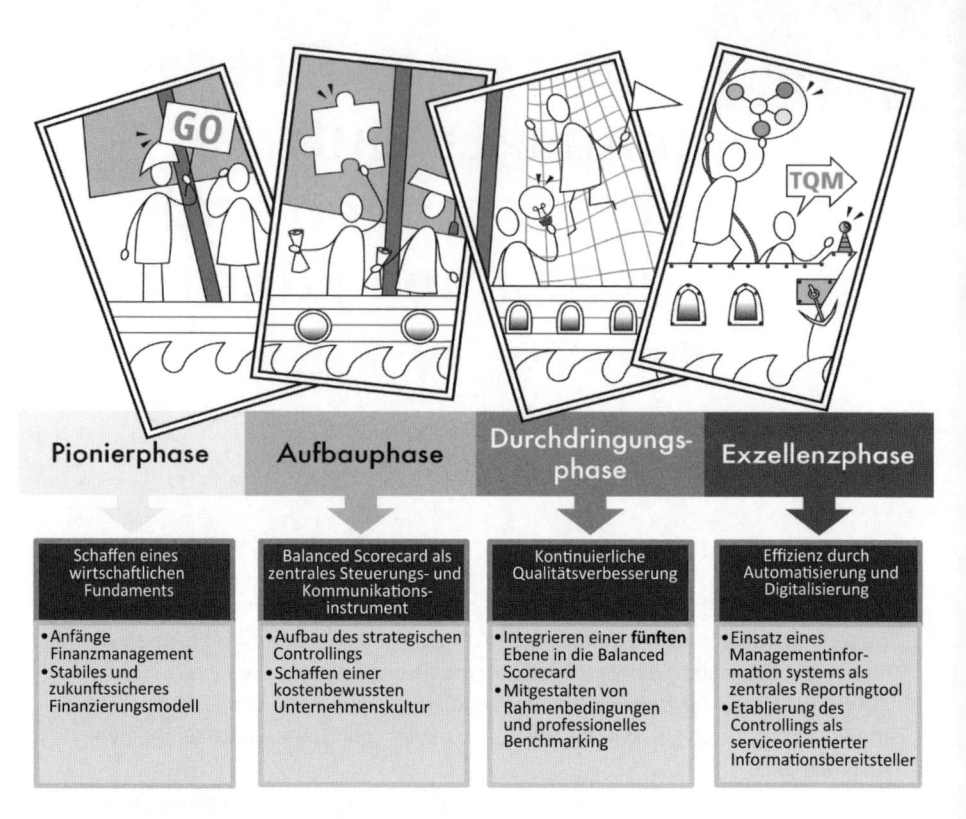

Effizienz durch Automatisierung und Digitalisierung

- Einsatz eines Managementinformation systems als zentrales Reportingtool
- Etablierung des Controllings als serviceorientierter Informationsbereitsteller

Bild 7.1 Entwicklungsphasen und Exzellenzbausteine des Finanzmanagements

Bild 7.1 zeigt die Entwicklungsphasen und die einzelnen Bausteine des Finanzmanagements im Überblick. In den ersten drei Phasen ging es um den Aufbau aller Systeme und Qualitätsprozesse. Auch das Berichtswesen wurde geschärft und optimiert. Einen wertvollen Beitrag zur Qualitätsverbesserung leisten Zertifizierungen, denen wir uns mit Fokus auf unterschiedliche Ebenen fortlaufend und freiwillig stellen. KTQ ist ein branchenspezifisches System, das die Prozessebene am Patienten bis ins Detail fokussiert und Ansporn für die Aufbauarbeit ist. Es lässt jedoch keinen Rückschluss auf wirtschaftliche Parameter zu.

Im Gegensatz dazu zählt EFQM zu den etablierten branchenneutralen Qualitätsmanagement-Modellen und konzentriert sich auf die Management- und Strategieebene mit verpflichtend positiven wirtschaftlichen Trends und einem professionellen Finanz- und Berichtswesen.

Auf dem Weg von der Pionier- zur Exzellenzphase begleiten zwei Kennzahlen unsere wirtschaftliche Entwicklung: Die **Eigenkapitalquote** ist Zeichen eines erfolgreichen und stabilen Geschäftsmodells und bietet den Mitarbeitern eine solide, gesunde Basis. Diese konnte von einem ursprünglich negativen Wert auf überdurchschnittlich gut zu bewertende 50 Prozent aufgebaut werden. Zudem wird jeder positiv erwirtschaftete **Cashflow** in das Non-Profit-Unternehmen reinvestiert. Etwaige Gewinne werden nicht durch Investoren und Eigentümer abgeschöpft, sondern fließen zur Optimierung des Patientennutzens in den Betrieb zurück.

Welche weiteren Bausteine in der jeweiligen Phase eine bedeutende Rolle eingenommen haben, erfahren Sie in diesem Buchbeitrag. Am Ende des Beitrags erwartet Sie ein kurzer Ausblick, der Prognosen über die künftige Entwicklung des Finanzmanagements gibt.

7.1 Schaffen eines wirtschaftlichen Fundaments

In der Pionierphase gelingt es dem neuen Geschäftsführer, die entscheidende Trendwende von einem defizitären Betrieb zu einem wirtschaftlich gesunden Unternehmen herbeizuführen – und das, obwohl rege investiert wird. Dieses Kapitel widmet sich daher folgenden Themen:

- Anfänge des Finanzmanagements,
- stabiles und zukunftssicheres Finanzierungsmodell.

Anfänge des Finanzmanagements

Um den Verwaltungs- und Finanzbereich aufzubauen, wird eine erste Eröffnungsbilanz erstellt, die alle Vermögenswerte erfasst und bewertet. Organisatorisch werden die Weichen in allen Unternehmensbereichen gestellt. Erst zu diesem Zeitpunkt wird eine Kostenstellensystematik eingeführt, die als Grundlage für die Kostenrechnung dient. In den Folgejahren wird das traditionelle Kostenrechnungssystem um Instrumente des strategischen und operativen Controllings ergänzt. Nachdem in den Anfangsjahren der Kostenrechnung eine Vielzahl an Informationen gesammelt und Berichte erstellt werden, besteht später das Hauptaugenmerk in der Reduktion ihrer Fülle und Struktur. Der entstandene „Datenfriedhof" wird durch ein Reporting-System ersetzt, welches sicherstellt, dass die richtige und auch entscheidungsrelevante Information beim richtigen Entscheidungsträger zur richtigen Zeit vorliegt.

> **Strategisches und operatives Controlling**
>
> Unter Controlling versteht man „ein funktionsübergreifendes Steuerungsinstrument, das den unternehmerischen Entscheidungs- und Steuerungsprozess durch zielgerichtete Informationser- und verarbeitung unterstützt." (Jung 2014, S. 8)
>
> Im Controlling werden die Elemente der strategischen Planung, operativen Geschäftsplanung und der liquiditätswirksamen Finanzplanung in Zusammenhang gebracht und aufeinander abgestimmt. Dabei unterscheidet man das operative und strategische Controlling (ebd.):

> Das operative Controlling befasst sich mit der internen Unternehmenssituation. Dabei orientiert es sich an Zahlen, Daten und quantifizierten Größen aus der Vergangenheit und Gegenwart, die sich als Aufwand und Ertrag bzw. Kosten und Leistung darstellen lassen. Der Zeithorizont betrifft in der Regel das aktuelle bzw. folgende Geschäftsjahr.
>
> Das strategische Controlling hat eine unterstützende Funktion bei der strategischen Planung und Kontrolle der Unternehmensführung. Ziele sind die langfristige Existenzsicherung des Unternehmens und die Aufdeckung von Erfolgspotenzialen für die Zukunft. Im Rahmen des strategischen Planungsprozesses erfüllt es von der Zielfindung bis zur Realisierung und Kontrolle, Planungs-, Koordinations-, Informationsversorgungs- und Kontrollaufgaben. Der Zeithorizont beträgt in der Regel drei bis fünf bzw. zehn Jahre.

Stabiles und zukunftssicheres Finanzierungsmodell

Mit viel Systemwissen im Krankenhaus- und Pflegewohnheimbereich sowie Beharrlichkeit und Durchsetzungsvermögen in den Verhandlungen führt die Geschäftsführung in dieser Phase die entscheidenden wirtschaftlichen „Reparaturarbeiten" durch und schließt die vorhandene Finanzierungslücke zwischen regulärer Krankenhausfinanzierung und dem Langzeitbereich. Die gesetzliche Regelung sieht vor, dass Patienten und Bewohner für das Leistungsangebot im Langzeitbereich Selbstzahler sind und um Unterstützung durch die Sozialhilfe ansuchen können (Asylierung). Aus öffentlichen Geldmitteln des steirischen Gesundheitsfonds und der Leistungsorientierten Krankenanstaltenfinanzierung (LKF) werden lediglich die Leistungen in der Akutversorgung finanziert. Über das der Geriatrischen Gesundheitszentren eigene abgestufte Versorgungssystem bilden sich mit der Zeit zahlreiche Finanzierungsmischformen heraus, die jedoch keiner eindeutigen Finanzierungsform zugeordnet werden können. Es wurde dabei der herkömmliche Weg gebrochen:

Nicht das duale Finanzierungssystem sowie die unterschiedlichen rechtlichen Grundlagen des österreichischen Gesundheits- und Sozialwesens, sondern der Bedarf des geriatrischen Patientenklientels ist die Grundlage. Mit langfristigen Sonderfinanzierungsvereinbarungen und der Aufnahme in das LKF-System des Landes Steiermark entsteht somit ein stabiles und zukunftssicherndes Finanzierungsmodell. Zur Optimierung der Kostenstruktur wird ein neues, an das Gesundheitswesen angepasstes Gehaltsschema implementiert, mehrjährige Rahmenverträge mit Hauptlieferanten werden geschlossen und ein modernes, an den Ablaufprozessen der Organisation adaptiertes Logistikkonzept wird eingeführt. Erst mit diesem wirtschaftlichen Fundament gelingt es, in die nächste Entwicklungsphase des Unternehmens einzutreten, die mit Managementwissen gesteuert wird.

Gerd Hartinger, Geschäftsführer, erläutert in einem persönlichen Interview anhand eines Beispiels, wie die Geriatrischen Gesundheitszentren dieses wirtschaftliche Fundament geschaffen haben:

„Die Geriatrischen Gesundheitszentren wurden mit 1.1.2000 gegründet. Seither sind sie nicht nur in ihren Angeboten, sondern auch in der Anzahl ihrer Standorte maßgeblich gewachsen. Der Zugewinn einzelner Standorte war aber nicht immer eine einfache Aufgabe, sondern stellte das Management manchmal vor große strategische Herausforderungen, wie zum Beispiel der Ankauf des zweitgrößten Standortes in Graz Geidorf.

Der Ursprung dieses dort angesiedelten Standortes entstand in einem ehemaligen Gebäude einer großen Versicherung, die dort zu Beginn des 20. Jahrhunderts eine große Krankenanstalt errichtete, welche dann in den 80er-Jahren ausgedient hatte. Die Stadt Graz war interessiert daran, dieses Gebäude zu übernehmen und ist auf einen Vertrag eingegangen, der für die Geriatrischen Gesundheitszentren als Betreiber allerdings zu ständigen Verlusten geführt hat.

Der Vertrag war derart gestaltet, dass alles, was die Stadt Graz investierte, weiterhin dieser Versicherungsanstalt gehörte. Zusätzlich bekam die Versicherungsanstalt eine Miete für den ursprünglichen Altbestand und das ganze Grundstück verblieb weiterhin in ihrem Besitz. Man ist also einen Vertrag eingegangen, der früher oder später die Geriatrischen Gesundheitszentren in einen finanziellen Ruin getrieben hätte. Ein Vertrag, den man so nicht hinnehmen konnte, aus dem es aber, wie es schien, keinen Ausweg gab.

Das Unrechtsbewusstsein war nun aber derart groß, dass schlussendlich ein bis dato nicht beachteter Rechtszugang über Gericht von Seite der Geriatrischen Gesundheitszentren angegangen wurde, der letztendlich zu einem großen Erfolg geführt hat. Mithilfe von Rechtsanwälten und eines bereits pensionierten, ehrenamtlich tätigen Ingenieurs der Stadt Graz als Experte, gelang es, eine Beweislage herbeizuführen und schlussendlich eine Lücke im Gesetz zu orten.

Die Beweisführung ergab ein bestehendes Vorkaufsrecht für dieses Gebäude der Stadt Graz von 15 Millionen Euro. Da aber die laufenden Einnahmen für diesen Versicherungsträger attraktiver waren, wollte dieser zunächst nicht verkaufen und die Geriatrischen Gesundheitszentren mussten in einem Gerichtsklärungsverfahren den Vertragspartner so weit in die Enge treiben, dass dieser das Objekt schließlich unter drei Millionen Euro verkauft hat.

Da dann dieses wunderschöne Grundstück im zentralen Bereich von Graz zur Verfügung stand, haben sich sehr viele Folgeprojekte nutzbar machend ergeben. So entstand unter der Mitwirkung internationaler Gartenarchitekten der erste Seniorenfitnesspark für ältere Menschen in der Steiermark, eine Zusammenarbeit mit der sportwissenschaftlichen Fakultät der Universität Graz durch die bis heute Therapeuten vor Ort ausgebildet werden, bis hin zur Spezialisierung eines Tageszentrums und der Errichtung einer Wohnoase. Schlussendlich ist nun auch ein Museum als Imageträger vorgesehen.

> All das war aber nur möglich, indem die Geriatrischen Gesundheitszentren aus diesem sehr schlechten Ursprungsvertrag, der zu hohen laufenden Verlusten führte, ausgestiegen sind. Konsequenz, Hartnäckigkeit und eine große Portion Glück haben maßgeblich dazu beitragen, der Stadt Graz ein mehr als zwölf Millionen Euro verbesserndes Ergebnis einzubringen."

■ 7.2 Balanced Scorecard als zentrales Steuerungs- und Kommunikationsinstrument

Die Aufbauphase ist geprägt von:
- Aufbau des strategischen Controllings,
- Schaffen einer kostenbewussten Unternehmenskultur.

Aufbau des strategischen Controllings

Die Balanced Scorecard zählt als zentrales Strategie- und Kommunikationswerkzeug zu den Exzellenzbausteinen in unserem Change-Prozess. Die Einführung der Balanced Scorecard (Bild 7.2) ist das Ergebnis einer Diplomarbeit einer Controlling-Mitarbeiterin.

Sämtliche strategische Überlegungen des Managementteams und der Produktverantwortlichen bauen darauf auf, werden danach erstellt, in die Organisation transportiert und sind richtungsweisend für über 700 Mitarbeiter. Entwicklungen führen immer wieder zu Anpassungen der Balanced Scorecard, wie etwa bei der Neuausrichtung der Vision von „Beste Geriatrie Österreichs" auf „Leading in Europe".

Neben wirtschaftlichen Faktoren stehen nichtmonetäre Kriterien im Fokus, wodurch ein ausgeglichenes System entsteht. Durch Verbindungslinien wird die Abhängigkeit der einzelnen Ziele voneinander dargestellt.

7.2 Balanced Scorecard als zentrales Steuerungs- und Kommunikationsinstrument

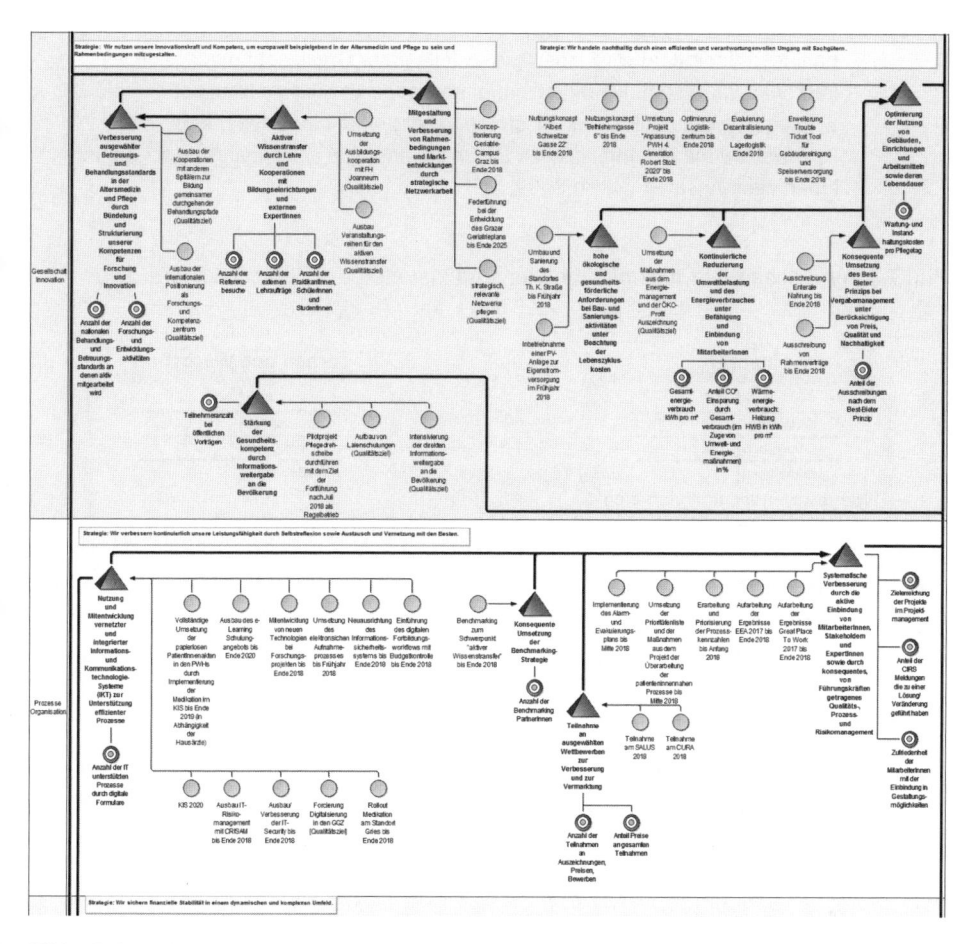

Bild 7.2 Ausschnitt aus der Balanced Scorecard der Geriatrischen Gesundheitszentren

> „Die **Balanced Scorecard** ist ein universelles Führungsinstrument zur konsequenten Ausrichtung der Aktionen einer Gruppe von Menschen (z. B. Organisationen, Unternehmen, Bereiche, Projektgruppen) auf ein gemeinsames Ziel." (Friedag/Schmidt 2015, S. 9)
>
> Diese im Grunde einfach anwendbare Methode, entwickelt von Robert Kaplan und David Norton, übersetzt die Strategie einer Organisation oder eines Unternehmens in konkrete Performanceziele und Kennzahlen, Zielvereinbarungen und Prozesse über vier ausgewogene Perspektiven hinweg: Finanzen, Kunden, interne Prozesse und Mitarbeiterförderung und -entwicklung (oft auch kurz als Lernen und Entwicklung bezeichnet). „Zwar haben schon in der Vergangenheit zahlreiche Organisationen von einer Kombination aus finanziellen und nichtfinanziellen Messdaten Gebrauch gemacht, doch was die Balanced Scorecard grundsätzlich davon unterscheidet, ist eine Verknüpfung mit den Ursachen und den Wechselwirkungen. Eine wirklich effektiv eingesetzte

> Balanced Scorecard wird Ihnen große Teile einer Organisation aus allen vier Perspektiven respektive Dimensionen messbar und nachvollziehbar erzählen. Strategie wird so durch das Zusammenspiel und die Interdependenz von finanziellen und nichtfinanziellen Daten zu einem zugleich hypothetischen und lebendigen Ansatz." (Niven 2009, S. 17)

Bild 7.3 veranschaulicht nochmal die vier Dimensionen der Balanced Scorecard.

Finanzen

Ziele	
Kennzahlen	
Vorgaben	
Maßnahmen	

Wie gestalten wir unser Auftreten gegenüber Gesellschaftern und Teilhabern, damit wir finanziellen Erfolg schreiben?

Lernen und Wachstum

Ziele	
Kennzahlen	
Vorgaben	
Maßnahmen	

Wie fördern wir unsere Wachstumspotenziale, damit wir unsere Vision realisieren?

VISION und STRATEGIE

Interne Prozesse

Ziele	
Kennzahlen	
Vorgaben	
Maßnahmen	

Welche Geschäftsprozesse müssen brillieren, damit wir unsere Teilhaber und Kunden zufriedenstellen?

Kunden

Ziele	
Kennzahlen	
Vorgaben	
Maßnahmen	

Wie gestalten wir unser Auftreten gegenüber unseren Kunden, damit wir unsere Vision realisieren?

Bild 7.3 Die vier Dimensionen der Balanced Scorecard (in Anlehnung an Kaplan/Norton 1996)

Schaffen einer kostenbewussten Unternehmenskultur

Mit dem Gewinn des Staatspreises für Unternehmensqualität Österreich im Jahr 2014 entstand das übergeordnete Ziel „Leading in Europe". Dieses erfordert unter anderem einen effizienten und verantwortungsvollen Umgang mit Sachgütern. Die daraus abgeleiteten Maßnahmen umfassten beispielsweise die konsequente Umsetzung des Bestbieterprinzips bei Auftragsvergaben unter Berücksichtigung von Preis, Qualität und Nachhaltigkeit, wobei je nach Bedeutung Güter von 20 Prozent bis zu 50 Prozent in der Qualität bewertet werden.

> **ⓘ** Als **Bestbieterprinzip** bezeichnet man ein Verfahren, wenn im Zuge der öffentlichen Auftragsvergabe der Zuschlag dem technisch und wirtschaftlich günstigsten Angebot, mit der besten Erfüllung der definierten Qualitätskriterien, erteilt wird. Diese Zuschlagsentscheidung erfolgt somit auf Basis eines Kosten-Nutzen- sowie Preis-Leistungs-Vergleichs. Das Ziel des Bestbieterprinzips ist, den größtmöglichen wirtschaftlichen Nutzen einerseits sowie die niedrigsten Kosten andererseits zu realisieren. Um die Wirtschaftlichkeit zu gewährleisten, ist die Erreichung einer mittelfristigen Ausgewogenheit von Kosten und Nutzen durch den öffentlichen Beschaffungsprozess notwendig. (Höfferer 2013) Im Gegenzug dazu erfolgt die Kaufentscheidung im Billigstbieterprinzip alleine auf Basis des günstigsten Preises. Dieses sollte nur dann zur Anwendung kommen, wenn die Qualitäten sehr vergleichbar sind und gut definiert werden können.

Mit der Nutzung der Balanced Scorecard vollzieht sich sukzessive auch der angestrebte Imagewechsel des Controllings weg von reiner Kontrollfunktion hin zum serviceorientierten Informationsbereitsteller und Partner für alle Unternehmensbereiche. Kennzahlen rücken in dieser Phase zunehmend in den Fokus einer offenen Unternehmensdiskussion und konstruktiven Sichtweise, um Verbesserungsprozesse ableiten zu können. Streng einzuhaltende Budgetgrenzen weichen einer flexibleren Haltung, die zum Entwickeln von Kostenbewusstsein, wirtschaftlichem Denken sowie Streben nach Verbesserung als gelebter Unternehmenskultur führt.

■ 7.3 Kontinuierliche Qualitätsverbesserung

Wie alle Organisationseinheiten setzt sich auch das Finanzmanagement jährlich zum Ziel, Qualitätsverbesserungen zu realisieren: in den Bereichen Einkauf, Buchhaltung, operatives und strategisches Controlling. Die Durchdringungsphase widmet sich im Hinblick auf eine kontinuierliche Qualitätsverbesserung folgenden drei Schwerpunkten:

- Integrieren einer fünften Ebene in die Balanced Scorecard,
- Mitgestalten von Rahmenbedingungen und professionelles Benchmarking.

Integrieren einer fünften Ebene in die Balanced Scorecard

Mit der Gründung des Albert Schweitzer Instituts für Geriatrie und Gerontologie 2014 zieht das Management zu den klassischen vier Ebenen der Balanced Scorecard eine weitere Ebene ein: die gesellschaftsbezogene Perspektive, die somit besondere Bedeutung in der Unternehmensstrategie erfährt. Die Balanced Scorecard umfasst fortan folgende fünf Dimensionen: Kunden, Mitarbeiter, Gesellschaft und Innovation, Prozesse und Organisation sowie Finanzen.

In der jährlichen Strategiearbeit greifen unterschiedliche Controllinginstrumente ineinander, wodurch Mitarbeiter aller Ebenen eine Beteiligung erfahren. Um unseren Führungskräften den Prozess und den aktuellen Handlungszeitpunkt im Prozess transparent zu machen sowie Orientierung und Klarheit zu geben, trägt die Einführung eines visualisierten Strategieprozesses wesentlich zur Qualitätsverbesserung bei. Vor jeder strategischen Besprechung wird der „Strategiebearbeitungsprozess" (Bild 7.4) als Key Visual (Schlüsselbild) gezeigt, markiert und beschrieben.

> Instrumente des operativen wie auch des strategischen Controllings sind im Zusammenspiel integriert zu betrachten und zu koordinieren. Das Ineinandergreifen dieser Elemente im Jahresrhythmus kann mit Hilfe einer **Strategieprozessdarstellung** unterstützt werden. Diese hilft vor allem bei der Erklärung und Kommunikation der Controlling-Prozesse im Unternehmen.

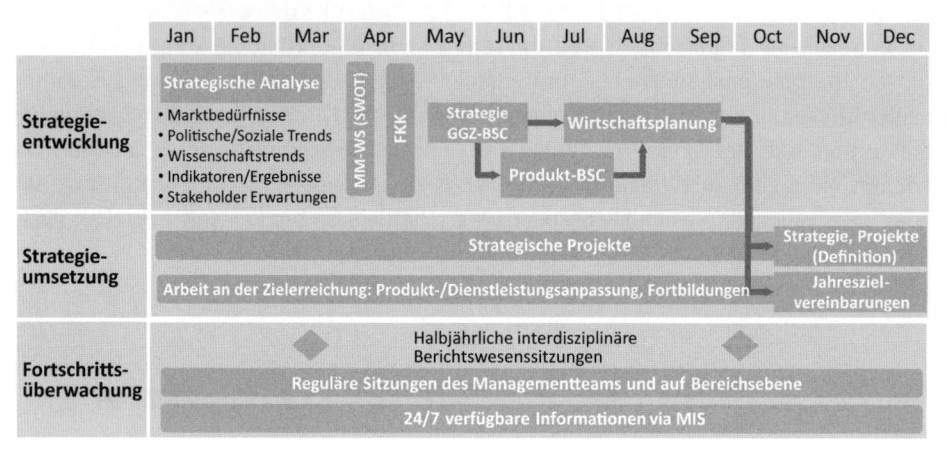

MM-WS	Management-Workshop
SWOT	Stärken-Schwächen-Chansen-Risiken-Analyse
FKK	Führungskräfte Konferenz
GGZ	Geriatrische Gesundheitszentren
BSC	Balanced Scorcard
MIS	Management-Informationssystem

Bild 7.4 Strategiebearbeitungsprozess der Geriatrischen Gesundheitszentren

Als strategische Vorarbeit erfolgen zu Beginn des Jahres Analysen zu Trends, Erwartungen der Stakeholder und Kennzahlen. Dazu vergleicht das Managementteam mittels SWOT-Analyse, inwieweit die bisherige Strategie diese Ergebnisse abbildet, ob Stärken genutzt und den Schwächen Maßnahmen zugeordnet wurden, welche Veränderungen und Verbesserungen erforderlich und welche Ziele neu aufzunehmen sind. Zur größtmöglichen Transparenz fließt dieses Ergebnis in die jährliche Führungskräfteklausur mit etwa 60 Managementpersonen der oberen und mittleren Führungsebene ein.

> „Die **SWOT-Analyse** (Strenghts, Weaknesses, Opportunities, Threats) stellt die Stärken und Schwächen eines Unternehmens den Chancen und Risiken, die sich aus der Umweltentwicklung ergeben, gegenüber. Sie verknüpft damit die unternehmensinterne Perspektive (Stärken/Schwächen des Unternehmens im Vergleich zur Konkurrenz) mit der Umweltentwicklung (Chancen-Risiken-Analyse) und liefert so die Informationsgrundlage für die situationsspezifische Ableitung geeigneter strategischer Optionen." (Gathen 2014, S. 244)

In Balanced-Scorecard-Workshops arbeiten alle Verantwortlichen für ihre Produkte interdisziplinär an der Erfüllung der groben Strategie über das Definieren von strategischen und operativen Maßnahmen mit kurz- und mittelfristigem Charakter sowie entsprechenden Kennzahlen. Daraus ergeben sich eine Balanced Scorecard für das Unternehmen wie auch Balanced Scorecards für jeden Geschäfts- und Produktbereich, der Leistungen im patientennahen Bereich erbringt.

Über die Jahreszielvereinbarung, welche ein weiteres wichtiges Steuerungsinstrument darstellt, erhält jeder einzelne Mitarbeiter seinen Beitrag zur Erreichung der Gesamtstrategie. Von der Ebene der persönlichen Zielvereinbarung spannt sich der Bogen bis zur Managementebene, die mit direktem Link zur Balanced Scorecard verbunden ist. Die Jahreszielvereinbarung enthält eine Liste mit den mitarbeiterbezogenen Einzelzielen für das folgende Geschäftsjahr, wobei jedes Ziel seinen Beitrag zu einem Balanced-Scorecard-Thema dokumentiert.

Als Beispiel kann noch einmal die Umsetzung des Bestbieterprinzips genannt werden: Die umzusetzende Maßnahme findet sich in der Jahreszielvereinbarung des verantwortlichen Einkaufsleiters wieder, wie z. B. „Umsetzung der Medikamentenausschreibung nach dem Bestbieterprinzip" oder "Ausschreibung der Laborleistungen mittels Bestbieterprinzips." Damit wird eine Fortsetzung der Balanced-Scorecard-Ziele in den einzelnen Jahreszielen der Mitarbeiter sichergestellt. Jeder Mitarbeiter kennt somit seinen persönlichen Beitrag zur Erreichung der Gesamtstrategie der Geriatrischen Gesundheitszentren.

> Die **Budgetierung** (Wirtschaftsplanung) mit dem „Herzstück" Tarifgestaltung sowie alle Bedarfserhebungen bauen auf den erarbeiteten Inhalten der Balanced Scorecards auf und garantieren die Ressourcenbereitstellung der festgelegten Maßnahmen.
> Zur Fortschrittsüberwachung finden zudem Berichtswesenbesprechungen mit allen Verantwortlichen statt. Aus dem ineffizienten Format, ungeliebte Kennzahlen zu präsentieren entwickelt das Finanzmanagement ein neues, positiv erlebbares Bearbeitungsformat. Nach Balanced-Scorecard-Dimensionen aufgebaute interdisziplinäre Berufsgruppen diskutieren in moderierten Workshops über die positiven Entwicklungen von Kennzahlen als auch über Verbesserungspotenziale.

Die Budgetierung (Wirtschaftsplanung) soll grundsätzlich vier Aufgaben erfüllen:

a) einen Leistungsstab vorgeben,
b) Ziele für die nächste Geschäftsperiode festlegen,
c) betriebliche Teilbereiche aufeinander abstimmen und
d) die finanzielle Entwicklung prognostizieren helfen (Rieg 2008).

Das Budget beinhaltet den zahlenmäßigen Teil der operativen Planung. Es kann perioden-, projekt- oder prozessbezogen sein (Jung 2014).

Das Budget kann ferner definiert werden als „formalzielorientiert, in wertmäßigen Größen formulierter Plan, der einer Entscheidungseinheit für eine bestimmte Zeitperiode mit einem bestimmten Verbindlichkeitsgrad vorgibt" (Göpfert 1993, S. 589f.). Das Budget wird in viele Teilplanungen untergliedert, die in Summe das dreiteilige integrierte Budget bilden, welches aus der Planbilanz, der Plan-Cashflowrechnung und der Plan-Gewinn- und Verlust-Rechnung besteht (Ewert/Wagenhofer 2008). Neben der Ermittlung des integrierten Budgets werden folgende Hauptfunktionen erfüllt (Weber/Linder 2003):

- Motivationsfunktion,
- Prognosefunktion,
- Allokationsfunktion,
- Vorgabefunktion,
- Initiierungsfunktion,
- Kontrollfunktion,
- Koordinationsfunktion.

Mitgestalten von Rahmenbedingungen und professionelles Benchmarking

Ein Balanced-Scorecard-System erfolgreich zu implementieren ist die eine Sache, entscheidend ist jedoch, wie das Modell gelebt wird. Die Geriatrischen Gesundheitszentren gelten nach diversen Qualitätsmanagement-Zertifizierungen als Vorzeigebetrieb im Implementieren als auch Nutzen der Balanced Scorecard. Es ist gelungen, Ziel und Zusammenhang über die durchgehende Verlinkung der Systeme immer wieder zu erklären und vielfältig erkennbar zu machen. Das beginnt bei der Wirtschaftsplanung, manifestiert sich in den persönlichen Jahreszielgesprächen und mündet in die Berichtswesensitzung, die standardisiert mindestens halbjährlich mit allen Produktverantwortlichen stattfindet und nach Balanced-Scorecard-Dimensionen gegliedert ist. Hier werden alle Informationen präzise auf ihren Nutzen hinterfragt und überprüft, wodurch Klarheit und Struktur im System entstehen.

Neben der meist stärker ausgeprägten internen Unternehmenssicht ist es aber auch gerade im Controlling wesentlich, die Außensicht nicht zu verlieren. Dies zeigt sich im Übergang zur Exzellenzphase vor allem durch die Professionalisierung von Benchmarking und die proaktive Mitgestaltung von Rahmenbedingungen. Benchmarking erfolgt bereits in den vorherigen Entwicklungsphasen unseres Unternehmens, in der Durchdringungsphase professionalisieren wir das Instrument aber und setzen das Konzept neu auf.

> „Mit **Benchmarking** ist ein kontinuierlicher Prozess gemeint, bei dem sowohl Produkte und Dienstleistungen als auch insbesondere Prozesse und Methoden betrieblicher Funktionen über mehrere Unternehmen hinweg verglichen werden. Im Rahmen dieses Prozesses werden zum einen die Unterschiede der eigenen Produkte, Prozesse, Methoden etc. zu denen anderer Unternehmen offengelegt. Zum anderen können aber mit Hilfe des Benchmarkings auch die Ursachen für solche Unterschiede und verschiedene Möglichkeiten zur Verbesserung der eigenen Position ermittelt werden. Der Vergleich findet entsprechend mit Unternehmen statt, welche einige der zu untersuchenden Methoden oder Prozesse überdurchschnittlich gut beherrschen." (Mertins/Kohl 2009, S. 21f.)
>
> „Benchmarking bedeutet zukunftsbezogenes Planen und Handeln, wobei der Blick in andere Unternehmen zu einer Steigerung der eigenen Wettbewerbsposition führen soll." (Jung 2014, S. 311)

Der Benchmarking-Prozess wird von einem interdisziplinären Team getragen, das über etablierte Besprechungsstrukturen und eine gemeinsame Datenbank die Integration der Benchmarking-Vorhaben und -Ziele in die Balanced-Scorecard-Strukturen über einen Beauftragten verantwortet, basierend auf einer nach Intensität und Horizont festgelegten Strategielandkarte. Die Datenbank wird von themenbezogenen Benchmark-Verantwortlichen befüllt.

Eines der Ziele von Benchmarking ist, von Anderen und von den Besten innerhalb und außerhalb der eigenen Branche zu lernen, als „Best Practice" und „Best in Class".

Als Schlüsselfaktor zeigt sich auch im Finanzmanagement das proaktive Mitgestalten externer Rahmenbedingungen. Ein Beispiel dafür ist die Einflussnahme auf Steuergesetze, wie auf das Gesundheits- und Sozialbereichsbeihilfengesetz GSBG, das ermöglicht, für den Patienten überwiegend steuerfreie Leistungen anzubieten. Anfang des Jahres 2014 hätte es einige Veränderungen zur Umsatzsteuerverrechnung gegeben, die sehr zu unserem Nachteil gewesen wären. Als die Ersten und Einzigen in Österreich erwirkten wir gemeinsam mit unserer Steuerberatung eine bundesweit wirksame Klarstellung über das Finanzamt, um die nachteilige Auslegung des Gesetzes abwenden zu können. Ebenso sind wir als Partner bei den Tarifverhandlungen für Pflegewohnheime im Land Steiermark mit involviert und werden hier regelmäßig als Informationsbereitsteller und Argumentationsunterstützer konsultiert.

7.4 Effizienz durch Automatisierung und Digitalisierung

Die wesentlichen Meilensteine im Finanzmanagement in der Exzellenzphase:
- Einsatz eines Management-Informationssystems als zentrales Reportingtool,
- Etablierung des Controllings als serviceorientierter Informationsbereitsteller.

Einsatz eines Managementinformationssystems als zentrales Reportingtool

> Das **Management-Informationssystem (MIS)** ist ein Softwaresystem, welches Daten aus den EDV-Systemen des Unternehmens extrahiert, verdichtet und anwenderfreundlich aufbereitet. Es dient dem Management als Entscheidungs- und Planungsgrundlage und hat häufig einen betriebswirtschaftlichen Fokus. In der Regel bieten Management-Informationssysteme die Möglichkeit, Daten gefiltert und/oder in aggregierter Form zu betrachten. Als gemeinsame Informationsgrundlage für die Führungskräfte des Unternehmens dient das MIS auch als Kommunikationsinstrument (Hoch 1995).

Das enorme Produkt- und Organisationswachstum ohne den Aufbau von Personalressourcen im Verwaltungsbereich zu bewerkstelligen, erfordert effizienter und automatisierter zu arbeiten. Im Controlling ist dies durch die zunehmende Digitalisierung und die Kompetenz möglich, die dabei generierten Daten in die Unternehmenssteuerung zu integrieren, um Wertschöpfung und einen Qualitätsgewinn aus den modernen Strukturen und Softwaresystemen zu erzeugen. Die auf die Bedürfnisse der Mitarbeiter maßgeschneiderten Berichte und Informationen sowie die einfache Kommunikation mit dem Controlling sind dafür Erfolgsfaktoren. Nach einer Schwerpunktsetzung im Controlling, Business-Intelligence- und Datawarehouse-Lösungen zu forcieren, führt das Finanzmanagement ein aussagekräftiges und wendiges Reportingtool ein, das Management-Informationssystem (MIS), welches in Bild 7.5 abgebildet ist.

Mit der unternehmensinternen IT-Kompetenz wird die Chance genutzt, aus einem externen und wenig praktikablen Programm mit vielen Schnittstellen und großer Fehleranfälligkeit eine Inhouse-Lösung als vollständige Eigenprogrammierung weiterzuentwickeln. Durch MIS sind Berichte umgehend abrufbar, die zuvor ein sehr hohes Maß an manueller Tätigkeit erforderlich machten. Das System ist in der Lage, auf alle originären Daten zuzugreifen und ermöglicht so, umgehend und serviceorientiert auf Anfragen zu reagieren. Neue Anforderungen an das Reporting können durch automatisch aktualisierte Berichte teilweise am selben Tag implementiert und zur Verfügung gestellt werden. Das Tool ist über Sharepoint über Berechtigungsstrukturen verfügbar und punktet mit Effizienzsteigerung im Finanzmanagement wie auch in anderen Unternehmensbereichen.

Bild 7.5 Management-Informationssystem der Geriatrischen Gesundheitszentren

> Unter **Reporting** wird das interne und auch externe Berichtswesen eines Unternehmens bezeichnet. Ziel ist, die entscheidungsrelevante Information zur Erreichung der Unternehmensziele empfängerbezogen für die Steuerung des Unternehmens zeitnah zu erstellen und zu liefern. Die Logik folgt dabei einer Kette an Tätigkeiten, die gemeinsam den „Informationsprozess" bilden. Der Informationsprozess reicht von der Identifikation des Informationsbedarfs und der Informationsquelle, der Gewinnung der Information bis hin zur Informationsaufbereitung, -speicherung, -übermittlung und schlussendlich auch bis zur Sicherstellung der Informationsverwendung bzw. Ableitung von Maßnahmen.

Etablierung des Controllings als serviceorientierter Informationsbereitsteller

Ein 2018 neu eingeführtes Besprechungsformat mit dem Arbeitstitel „Stationsforum" bietet die Besonderheit, dass die Kollegen der Station, unter anderem die Stationsleitung, die Oberärzte und auch andere Berufsgruppen des interdisziplinären Teams, wesentliche Ergebnis- und Qualitätskennzahlen vor Ort auf Station besprechen und damit kurzfristig steuern können. Die besprochenen Auswertungen werden durch das Management-Informationssystem generiert und sind tagesaktuell abrufbar. So ist es möglich, kritische Entwicklungen frühzeitig zu erkennen und effizient und wirksam zu reagieren. Das Format wird sehr positiv aufgenommen und befähigt die Personen, Behandlungsergebnisse und Prozesse am Patienten zu analysieren und zu steuern. Eine Oberärztin formuliert ihre Begeisterung: „Während ich in einer anderen Klinik einmal im Jahr, meist zur Mitte des Jahres für das Vorjahr, den Qualitätsbericht erhalten habe und nichts mehr an Fehlentwicklungen ändern konnte, ist es jetzt bereits möglich zu handeln, wenn der Patient noch im Haus ist – fantastisch".

In den Geriatrischen Gesundheitszentren greift eine Vielzahl von Systemen auf eine Vielzahl originärer Daten zu, wie etwa auf Mitarbeiterdaten, Patientendaten, Verrechnungsdaten. Das MIS steht exponiert, knüpft an alle Daten an und kann diese zu einem System verbinden. Dies erlaubt unzählige Möglichkeiten, Berichte und Reports zu erstellen. Das System ist mittlerweile derart ausgereift, dass das Finanzmanagement mit MIS gern angefragter interner wie auch externer Forschungsprojektpartner ist, wie etwa als Partner des Albert Schweitzer Instituts für Geriatrie und Gerontologie.

Eine angestrebte Entwicklung besteht darin, negativ mitschwingende Begriffe, die dem Controlling zugeschrieben werden, schrittweise durch das Image eines zuverlässigen Informationsbereitstellers zu ersetzen, mit dessen Hilfe im Alltag auf dessen Basis im täglichen Tun fundierte Entscheidungen getroffen werden können. Damit trägt das Controlling wesentlich für die Entwicklung einer positiven und patientenorientierten Unternehmenskultur bei.

■ 7.5 Ausblick

Das Gesundheits- und Pflegewesen ist heute europaweit einem starken strukturellen Wandel mit auch hohem Innovationsdruck und Verdrängungswettbewerb unterworfen.

Unser abgestuftes Versorgungsmodell schafft als Alleinstellungsmerkmal in Österreich einen deutlichen Wettbewerbsvorteil. Die Aufgabe im Finanzmanagement besteht darin, eine objektive Datenbasis zu liefern, die Entscheidungsträger und Produktverantwortliche benötigen, um fundierte Entscheidungen zu treffen. Informationen dienen auch dazu, gegenüber Stakeholdern die „herausragende" Wettbewerbsposition mit einer höheren Qualität und einem besseren Patienten-Outcome belegen zu können. Das Finanzmanagement achtet auf die Wirtschaftlichkeit und darauf, eine langfristig am Patientenwohl orientierte Finanzierungsstruktur zu gewährleisten. Dazu ist es erforderlich, die verschiedenen Finanzierungsmodelle für das bestehende Leistungsangebot nachzujustieren und für neu entwickelte Produkte aufzubauen – für Pflegewohnheime, die Tagesklinik, die „normale" Krankenanstaltenfinanzierung und für Sonderthemen wie etwa Hospiz. In dieser Funktion und Rolle ist das Finanzmanagement in nahezu alle Unternehmensthemen eingebunden und versteht sich nicht nur als Dienstleister oder „Helping Hand" innerhalb des Unternehmens, sondern unter Achtung des Patientenwohls und der Wirtschaftlichkeit des Unternehmens als Enabler einer patientenorientierten Unternehmenskultur.

7.6 Literatur

Ewert, Ralf; Wagenhofer, Alfred: *Interne Unternehmensrechnung.* Springer-Verlag, Berlin/Heidelberg 2008

Friedag, Herwig R.; Schmidt, Walter: *Balanced Scorecard: Taschenguide.* Volume 61. Haufe-Lexware Verlag, Freiburg 2015

Göpfert, Ingrid: *Budgetierung.* In: Wittmann, Waldemar et al.: Handwörterbuch der Betriebswirtschaft, Schäffer-Poeschel Verlag, Stuttgart 1993, S. 589 – 602

Hoch, Detlef: *Voraussetzungen für die erfolgreiche Implementierung moderner Managment-Informationssysteme.* In: Hichert, Moritz: *Management-Informationssysteme.* Springer-Verlag, Berlin/Heidelberg 1995

Höfferer, Stefan: *Vergaberecht als praktikables Regulativ: Theoretische Überlegungen und empirische Befunde.* Springer Gabler Verlag, Wiesbaden 2014

Jung, Hans: *Controlling.* De Gruyter Oldenbourg, Berlin 2014

Kaplan, Robert; Norton, David: *Using the Balanced Scorecard as a Strategic Management System.* In: Harvard Business Review, Volume 74 (1996), S. 75 – 85

Mertins, Kai; Kohl, Holger (Hrsg.): *Benchmarking: Leitfaden für den Vergleich mit den Besten.* Symposion Publishing GmbH, Düsseldorf 2009

Niven, Paul R.: *Balanced Scorecard: Arbeitsbuch.* Wiley VCH GmbH, Weinheim 2009

Rieg, Robert: *Planung und Budgetierung: Was wirklich funktioniert.* Springer Gabler Verlag, Wiesbaden 2008

Gathen, Andreas von der: *Das große Handbuch der Strategieinstrumente: Alle Werkzeuge für eine erfolgreiche Unternehmensführung.* Campus Verlag, Frankfurt am Main 2014

Weber, Jürgen; Linder, Stefan: *Neugestaltung der Budgetierung mit Better und Beyond Budgeting? Eine Bewertung der Konzepte.* Wiley VCH GmbH, Weinheim 2003

8 Technik- und Facility-Management als nachhaltiger Begleiter in Change-Prozessen

Gerd Hartinger, Franz Scheucher, Martina Pojer

Fortschritt und Wandel betreffen alle Lebensbereiche. Gesundheitseinrichtungen stehen regelmäßig vor der Herausforderung, die Entwicklungen und Erfordernisse der Zeit auch in Investitionen in Architektur zum Ausdruck zu bringen. So entsprechen heute zeitgemäße Pflegekonzepte nicht mehr den Bedarfen der zweiten Hälfte des 20. Jahrhunderts. Die Architektur muss sich dieser Herausforderung stellen, will sie die zeitgemäßen Anforderungen an die Funktion erfüllen. Denn neben der Betriebsorganisation, dem Pflegekonzept und der Empathie der Mitarbeiter, bildet die Architektur die Hülle einer Gesundheitseinrichtung und ist somit eine wesentliche Grundlage für ihre Entwicklung.

In diesem Beitrag erfahren Sie, wie es den Geriatrischen Gesundheitszentren gelungen ist, diese Herausforderungen zu meistern.

Bild 8.1 zeigt unsere Entwicklungsphasen und die Exzellenzbausteine des Technik- und Facility-Managements von 2000 bis 2020 im Überblick. Es beschreibt, welchen Bausteinen wir uns in welcher Phase gewidmet haben und wie es uns gelungen ist, von der Gründung einer Abteilung Technik- und Facility-Management zum Vorzeigebetrieb für Umwelt und Nachhaltigkeit im Gesundheitswesen heranzureifen.

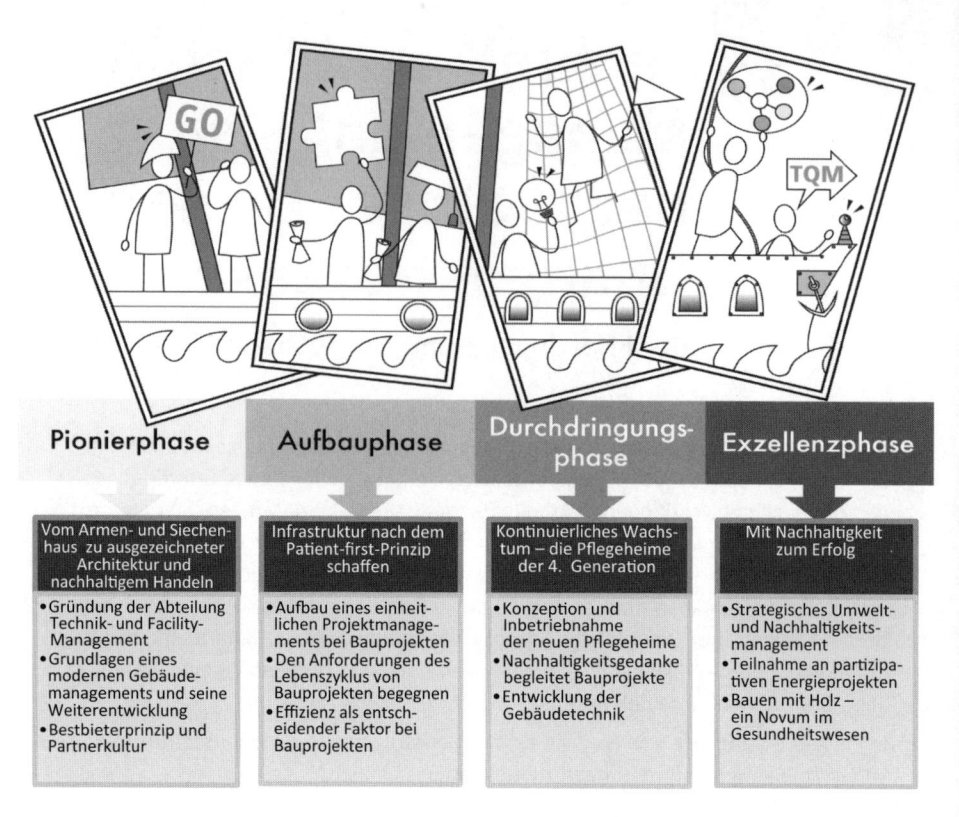

Bild 8.1 Entwicklungsphasen und Exzellenzbausteine des Technik- und Facility-Managements

Pionierphase

Vom Armen- und Siechenhaus zu ausgezeichneter Architektur und nachhaltigem Handeln
- Gründung der Abteilung Technik- und Facility-Management
- Grundlagen eines modernen Gebäudemanagements und seine Weiterentwicklung
- Bestbieterprinzip und Partnerkultur

Aufbauphase

Infrastruktur nach dem Patient-first-Prinzip schaffen
- Aufbau eines einheitlichen Projektmanagements bei Bauprojekten
- Den Anforderungen des Lebenszyklus von Bauprojekten begegnen
- Effizienz als entscheidender Faktor bei Bauprojekten

Durchdringungsphase

Kontinuierliches Wachstum – die Pflegeheime der 4. Generation
- Konzeption und Inbetriebnahme der neuen Pflegeheime
- Nachhaltigkeitsgedanke begleitet Bauprojekte
- Entwicklung der Gebäudetechnik

Exzellenzphase

Mit Nachhaltigkeit zum Erfolg
- Strategisches Umwelt- und Nachhaltigkeitsmanagement
- Teilnahme an partizipativen Energieprojekten
- Bauen mit Holz – ein Novum im Gesundheitswesen

■ 8.1 Vom Armen- und Siechenhaus zu ausgezeichneter Architektur und nachhaltigem Handeln

Bis zum Ende des 20. Jahrhunderts durchlebten die Geriatrischen Gesundheitszentren eine sehr wechselhafte Geschichte, seit einigen Jahrzehnten wurde nicht mehr investiert, die Patienten und Bewohner mieden die Einrichtung und die finanzwirtschaftlichen Ergebnisse zeigten hohe Jahresdefizite und ein negatives Eigenkapital. In den letzten Jahren vollzog sich zwar ein Namenswechsel in „Geriatrisches Krankenhaus", die Inhalte und Aufgaben der geriatrischen Anstalt sowie auch die Gebäude blieben jedoch unverändert.

Ausgangspunkt aller Bauprojekte waren stets eine *sorgfältige Auseinandersetzung und Vorbereitung mit zugrunde liegender Bedarfsprüfung, Folgekostenrechnung, Personalbesetzungsmöglichkeit* und entsprechendem *Businessplan*. Die Folgen einer mangelnden

Projektentwicklung tragen Patienten und Bewohner, das Pflegepersonal, der Träger der Einrichtung aber auch die Bürger als Steuerzahler oder als Beitragszahler der Sozialversicherungen. Wir wählten eine Vorgehensweise, die stets von einem passenden Architekturkonzept begleitet wurde.

In der Pionierphase widmeten wir uns folgenden Schwerpunkten:

- Gründung der Abteilung Technik- und Facility-Management,
- Grundlagen eines modernen Gebäudemanagements und seine Weiterentwicklung,
- Bestbieterprinzip und Partnerkultur.

Gründung der Abteilung Technik- und Facility-Management

Mit der Gründung der Abteilung Technik- und Facility-Management, dem Beitritt zu ÖKOPROFIT (ÖKOlogisches PROjekt Für Integrierte UmweltTechnik) und dem Aufbau eines konsequenten Energie- und Umweltmanagements sowie dem zugrunde liegenden Prinzip der Ressourcenschonung wurde der **Grundstein zu nachhaltigem Handeln** im Unternehmen gelegt, der schließlich in der Exzellenzphase zur Verankerung des Themas „Umwelt und Nachhaltigkeit" in die Strategie führte.

Bereits in dieser Entwicklungsphase wurde mit dem Technik-Serviceteam, bestehend aus Elektrikern und Installateuren, ein Team gegründet, welches sein Wissen in der Folge an allen Standorten und in allen Bauprojekten einbrachte. Das Wachstum unseres Unternehmens und die gesetzlichen Anforderungen waren Motoren für den *Aufbau von Expertenstrukturen* (u. a. für Medizinprodukte, Ökologie- und Umweltthemen) *im Technik- und Facility-Management*. Benefits waren das Fördern und Halten engagierter Mitarbeiter im Unternehmen.

Grundlagen eines modernen Gebäudemanagements und seine Weiterentwicklung

Abgewohnte graue Bauten, Bettentrakte, typischer Krankenhausgeruch sowie finstere, endlose Gänge gehören der Vergangenheit an. So rasant wie sich die Geriatrie entwickelt, sind auch die Ansprüche an die Planung, Ausführung und den Betrieb der Gebäude gestiegen. Mit der Gründung der Abteilung Technik- und Facility-Management setzt die Geschäftsführung Anfang 2000 einen starken Impuls, ein *nachhaltiges und prozessorientiertes gebäudetechnisches Risikomanagement* sowie *Energie- und Umweltmanagement* als wesentlichen Supportprozess umzusetzen.

> **Facility-Management** umfasst das technische Gebäudemanagement, die kaufmännische Bewirtschaftung sowie allgemeine infrastrukturelle Dienstleistungen (Bild 8.2). Ziele des Facility-Managements sind die Werterhaltung/-steigerung der Gebäude und Anlagen, Kostenoptimierungen und die Gewährleistung der Zufriedenheit von Patienten und Mitarbeitern. Facility-Management bedeutet die Integration einzelner unterstützender Dienstleistungen in ein vernetztes Gebäudedienstleistungssystem, damit sich ein Unternehmen auf das Kerngeschäft konzentrieren kann (Chadli/Frosch 2001).

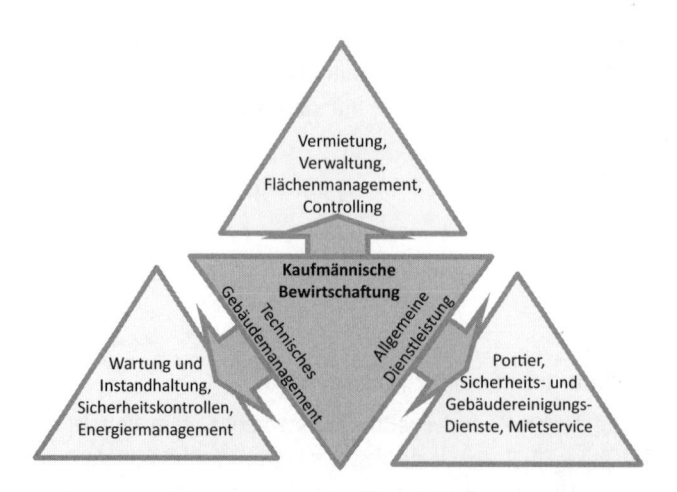

Bild 8.2 Aufgaben und Tätigkeitsbereiche des Facility-Managements in den Geriatrischen Gesundheitszentren

Das Gebäudemanagement umfasst grundsätzlich Umbauten, Sanierungen und Neubauten von Gebäuden inklusive der zugehörigen Infrastruktur. Als notwendigen ersten Schritt (2000 bis 2005) wurden erstmals alle *relevanten Parameter und Daten sämtlicher Bestandsgebäude* – wie Flächen und Energieverbräuche – *erhoben*. Ein mit einer Partnerorganisation entwickeltes Facility-Management/IT-Tool ermöglicht seit dem Jahr 2005 die effiziente Erfassung, Verwaltung und Auswertung von Gebäudedaten (z. B. Reinigungsflächen und -frequenzen, Aufstellungsorte, Wartungsintervalle von Medizinprodukten). Die Professionalisierung und Differenzierung des Facility-Managements schritt voran.

Bestbieterprinzip und Partnerkultur

Die konsequente Umsetzung des „Patient first"-Prinzips und die damit verbundene Fokussierung auf das Kerngeschäft bedeutet für das Facility-Management auf Kostenoptimierung und – wo notwendig und sinnvoll – Outsourcing zu setzen.

Drei Support-Bereiche – Speisenversorgung, Wäscheversorgung und Gebäudereinigung – wurden im Laufe der Jahre outgesourct, da diese nicht zu den Kernkompetenzen von Gesundheitseinrichtungen zählen. Diesem Schritt gingen ausführliche Analysen und Benchmarks voraus. Auf Grund der Größenordnung des Ausschreibungsvolumens kam es zu EU-Vergabeverfahren. Die Auswahl der Partner erfolgte nach dem Bestbieterprinzip und bewusst nicht nach dem Billigstbieterprinzip, wodurch Qualitätskriterien (z. B. Einsatz von Qualitätsmanagementsystemen bei Lieferanten) berücksichtigt werden konnten. Weiterhin wurden auch die Personalkonzepte, die Konfliktkultur und die Verwendung umweltschonender Produkte beurteilt. So erhält zum Beispiel der Speisenversorgungsanbieter genaue Vorgaben über den Anteil der zu verwendenden regionalen, Fair-Trade- und Bioprodukte, die Reinigungsfirma über die Verwendung von umweltschonenden Green-Care-Produkten. Da die outgesourcten Leistungen zum Teil auch im patientennahen Bereich erbracht werden, erwarten wir, dass sich die Philosophie unserer Partnerorganisationen mit unserer Unternehmensphilosophie deckt. Wir legen großen Wert auf Zusammenarbeit auf Augenhöhe. Unsere Partnerorganisationen binden wir in unsere Kommunikationsstrukturen ein. So nehmen sie beispielsweise auch an unserer jährlichen Führungskräftekonferenz teil, um etwa unsere Haltung zum Qualitätsmanagement oder zum „Patient first"-Prinzip verstehen und mittragen zu können. Mit den großen Partnerorganisationen gibt es regelmäßige Termine, in denen strategische Themen und neue Projekte besprochen werden.

8.2 Infrastruktur nach dem „Patient first"-Prinzip schaffen

> *„Process follows strategy, structure follows process and form follows function."*
> Gerd Hartinger 1998

Grundlage jeder komplexeren infrastrukturellen Maßnahme einer Gesundheitseinrichtung bildet ein *klares Projektziel*, das auf zwei zentralen Fragestellungen aufbaut:

1. **Was genau passiert in diesem Gebäude?**
   Diese Frage analysiert die Prozesse und Wege sowie die Bedürfnisse der Mitarbeiter, damit sie ihre Arbeit zum Wohle der Patienten und Bewohner, gemäß dem „Patient first"-Prinzip, optimal erfüllen können. Um dies für den patientennahen Bereich sicherzustellen, sind Vertreter ebendieses Bereiches (z. B. Pflegepersonal) von Beginn an im Projektteam vertreten und gewichtig eingebunden.
2. **Was benötigen die Kundengruppen, Krankenhäuser und Pflegewohnheime?**
   Diese Frage analysiert, welche Dienstleistungen und welche Infrastruktur die einzelnen Versorgungsbereiche im abgestuften Betreuungssystem benötigen.

In der Aufbauphase widmeten wir uns daher schwerpunktmäßig folgenden Themen:
- Aufbau eines einheitlichen Projektmanagements bei Bauprojekten,
- den Anforderungen des Lebenszyklus von Bauprojekten begegnen,
- Effizienz als entscheidender Faktor bei Bauprojekten.

Aufbau eines einheitlichen Projektmanagements bei Bauprojekten

Jede Versorgungseinrichtung stellt differenzierte Anforderungen an das Facility-Management. Methodisch wird zuallererst nach Bewährtem gesucht. Nationale und internationale Best-Practice-Einrichtungen werden recherchiert und besichtigt, um sich in der Planungsphase mit den Experten vor Ort über deren Aufgabenstellungen, Lösungswege und Erfahrungen persönlich auszutauschen sowie Vor- und Nachteile zu hinterfragen.

All unsere erfolgreichen Bauprojekte (u. a. Krankenhaus, Pflegewohnheime, betreute Wohnformen, Verwaltung) weisen übereinstimmend folgendes Vorgehen auf, wobei sich als *Schlüsselkriterien* das **frühzeitige Einbinden der betroffenen Bereiche** und das **Formen interdisziplinärer Teams** herauskristallisierten:

- Vorprojekt mit Marktrecherche, Bedarfsprüfung und Vergabe von wissenschaftlichen Arbeiten für die relevante Zielgruppe,
- Besichtigungen und Hospitationen zum Best Point of Care,
- wenn Neuland betreten wird, Begleitung durch externe Fachexperten,
- Machbarkeitsstudie mit Investitions- und Folge-/Betriebskostenberechnung inkl. Finanzierungsabsicherung für den kommenden Betrieb (Vorprojektgenehmigung),
- alternative Lösungswege kreieren und die beste Option durch Entscheidungstechnik wählen,
- Betriebsorganisationskonzept frühzeitig mit den Health Professionals erarbeiten und als Grundlage für den Architektenwettbewerb nutzen,
- mit Architekten gemeinsam planen, welche die Vision und die Philosophie gut unterstützen,
- das eigene interdisziplinäre Expertenteam so früh wie möglich einbeziehen und professionelle Mitarbeiter zur Umsetzung auswählen, die für das Thema „brennen",
- auf ein gutes Klima im Projektteam achten, die Erkenntnisse aller Beteiligten zusammenfließen lassen und Störungen beseitigen,
- konstruktives gewissenhaftes und proaktives Projektmanagement und -controlling auch unter Zuhilfenahme von externen Baustellenmanagern.

Das bereichsübergreifende Arbeiten in Projekten fördert das Verständnis für Aufgaben und Themen, die über den eigenen Tellerrand hinausgehen. Dies reicht von den vorgelagerten Besuchen von Best-Practice-Einrichtungen bis hin zu den strukturierten Projektsitzungen im interdisziplinären Team – wie etwa von der Erstellung der Grundlagen, des Raumbuches bis hin zur Gestaltung und Ausstattung der Räume und Außenanlagen. Entscheidend ist, die Arbeitsabläufe zu verstehen und in Raumstrukturen abzubilden. Profundes Wissen und *frühzeitiges Einbringen der Health Professionals in den Planungsprozess*, die in einer solchen Einrichtung in den nächsten Jahrzehnten arbeiten, verringern die Arbeitsbelastung in der Zukunft und vermeiden unnötige Kosten. Dies beginnt bei der Lärmvermeidung und endet bei der **„Architektur der kurzen Wege"**. Die Gesamtverantwortung muss mit Promotoren des Wissens und mit Entscheidungskompetenz besetzt werden. Das Projektteam soll mit Freiheitsgraden ausgestattet sein und mit Freude zur Arbeit gehen.

> **Wie es uns gelungen ist, eine Infrastruktur für die uns vertrauenden Menschen zu gestalten**
>
> Infrastruktur nach dem „Patient first"-Prinzip zu kreieren bedeutet, über die Gebäudegrenzen hinaus zu denken. Grünflächen und Parkraum sind Erholungsraum für Patienten und Bewohner. Die Gestaltung erfolgt gemeinsam mit Landschaftsarchitekten, Gärtnern, Sportwissenschaftlern und den Nutzern. Es entstanden Verkehrswegekonzepte, barrierefrei erreichbare Aufenthaltsbereiche, Therapieinseln, Seniorenfitnessparks sowie geschützte Außenbereiche (für dementiell Erkrankte), eine Summe von Kunstwerken und viele Terrassen. Diese regen zum Verweilen im Freien an und sind Grundlage für eine gewisse Vitalität im hohen Alter (Fabach/Hebenstreit 2008). Gartentherapie wird an allen Standorten angeboten und ist auch in der Expertenstruktur unserer Organisation verankert. Der alte Baumbestand wurde als Symbol für (Alters-)Beständigkeit herangezogen und zu einem Kunstwerk mit rund 300 000 Opalescentgläsern bearbeitet. Dieses Kunstwerk dient als Metapher für die vier Lebensjahreszeiten des Menschen und wurde im Corporate Design für den Markenauftritt herangezogen.

Den Anforderungen des Lebenszyklus von Bauprojekten begegnen

Der Lebenszyklus von Gebäuden erstreckt sich von der Konzeption über die Planung, den Bau und die Nutzungsperiode bis hin zur Verwertung (Bild 8.3).

Die größte Aufmerksamkeit zur Projektsteuerung widmeten die Geriatrischen Gesundheitszentren stets der ersten Phase. In dieser werden nahezu alle Leistungs- und Qualitätsindikatoren bestimmt, deren spätere Änderung nur mehr unter größter Mühe, Umplanung und Umbauten möglich wäre. In diese Phase sollte daher das größte Knowhow fließen. Je mehr Klarheit zu Beginn, desto weniger Änderungen, Schnittstellen und Unterbrechungen sind später notwendig. Unserer Erfahrung nach liegen bei einem erfolgreichen Projekt maximal zehn Prozent des Erfolgs in der Innovation, mehr als 90 Prozent beanspruchen Konsequenz, Zielorientierung und Überblick.

Eine erste Kostenschätzung erfolgt häufig aus Erfahrungswerten (Benchmarks) (z.B. die Errichtungskosten pro Pflegeheimbett inklusive Einrichtung belaufen sich auf rund 120 000 Euro). Je fortgeschrittener die Planung, desto detaillierter kann auch die Kostenverfolgung vorgenommen werden. Der Ungenauigkeitsgrad verringert sich von Projektphase zu Projektphase und die letzte Klarheit kommt mit der Schlussrechnung. Der Bauherr kann in der Regel nur an den Meilensteinen Einfluss nehmen und eine Stop-or-Go-Entscheidung treffen.

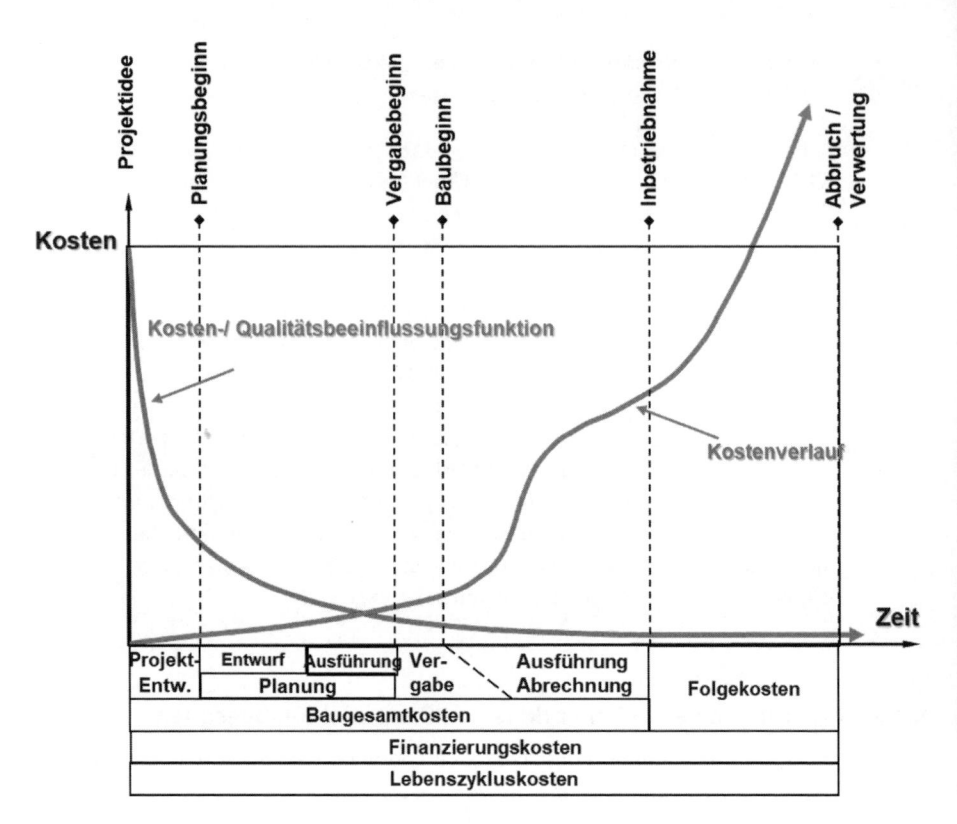

Bild 8.3 Kosten- und Qualitätsbeeinflussungsfunktionen im Lebenszyklus eines Gebäudes (Hartinger 1998)

Effizienz als entscheidender Faktor bei Bauprojekten

Eine ganzheitliche Vorgehensweise berücksichtigt im gleichen Maße die Wirtschaftlichkeit eines zu entwickelnden Architekturkonzepts mit einhergehender Berechnung der Erlöse und Betriebsfolgekosten. Die Geriatrischen Gesundheitszentren haben in den Jahren 2000 bis 2020 insgesamt 150 Millionen Euro investiert, um ihre Objekte zu revitalisieren bzw. neue zu errichten. In Summe gab es weder Investitionskostenüberschreitungen noch Qualitätseinbußen bei den Objekten, zum Teil kam es aber zu zeitlichen Verzögerungen.

8.3 Kontinuierliches Wachstum – Die Pflegeheime der 4. Generation

Pflegeheime sind die Schnittmenge vieler Wirklichkeiten. Sie sind Treffpunkt der Generationen, Wohnort und Lebenswelt für Bewohner, Besuchsort für Angehörige, Einsatzort für niedergelassene Ärzte, zunehmend auch therapeutischer Interventionsraum, Veranstaltungsort für Feste im Jahreskreis und Arbeitsplatz für Health Professionals und Mitarbeiter für Verwaltung und Technik. Vor allem Pflegekräfte sind im ansteigenden Maße einer physischen und psychischen Belastung in der Arbeitswelt Pflegeheim ausgesetzt. Etwa zwei Drittel der Bewohner sind dementiell erkrankt, etwa bei einem Drittel besteht eine gesicherte demenzielle Symptomatik (Fabach/Hebenstreit 2008). Eigene körperliche und krankheitsbedingte Defizite erfordern Hilfestellungen zur Bewältigung der Alltagsanforderungen und stellen besondere Herausforderungen an die Architektur und Planer (Klimont/Baldaszti 2015, 27–32). Die Geriatrischen Gesundheitszentren haben sich dieser Aufgabe gestellt und sie mit dem Um- und Neubau der Pflegewohnheime (2018) in der Durchdringungsphase erfolgreich verwirklicht.

Folgende Aspekte prägen die Durchdringungsphase:
- Konzeption und Inbetriebnahme der neuen Pflegeheime,
- Nachhaltigkeitsgedanke begleitet Bauprojekte,
- Entwicklung der Gebäudetechnik.

Konzeption und Inbetriebnahme der neuen Pflegeheime

Die Pflegeheimmaterie wird in Österreich in jedem Bundesland mit föderalen Gesetzen, Verordnungen und Vorschriften – daher höchst unterschiedlich – geregelt. Eine große Herausforderung war die Vorgabe des steirischen Gesetzgebers, Pflegeheime bis zum 31.12.2013 in der ganzen Steiermark zu adaptieren. Einer unserer Standorte ist eines jener alten Objekte, die dieser Gesetzesvorlage nicht genügte (u. a. Bewohnerzimmer mit vollausgestatteten Badezimmern, Aufenthaltsbereiche). Aus der folgenden Machbarkeitsstudie ging hervor, dass das achtstöckige Haupthaus auch nach einem aufwändigen Umbau einer künftigen Pflegeheimnutzung nicht entsprechen wird. Zudem erschien die Größe des Gesamtprojekts mit 188 Bewohnern nicht mehr zeitgemäß. Mehrere alternative Nutzungskonzepte wurden initiiert, beauftragt, von Projektteams begleitet und schließlich nach der Nutzwertmethode bewertet. Nutzungen, wie für ein in diesem Stadtteil notwendig gewordenes Studentenheim standen ebenso im Raum wie der Verkauf oder der Umbau in ein Betreubares Wohnen.

Durch die Teilnahme an Kongressen lernten wir das für Demenz zukunftsweisende Hausgemeinschaftsmodell und Best-Practice-Einrichtungen kennen. Wir begannen uns intensiv mit Pflegeheimen der 4. Generation (Winter u. a. 2000) auseinanderzusetzen.

> **Architektur der Pflegeheime der 4. Generation**
>
> Das Kuratorium Deutsche Altershilfe beschreibt als 4. Generation des Pflegeheimbaus Hausgemeinschaften. Das Leitmotiv: „Alte Menschen erleben Geborgenheit und Normalität". In kleinen familienähnlichen Gruppen leben bis zu acht ältere, pflegebedürftige Personen. Die Bewohner werden entsprechend ihrer Vorlieben und Fähigkeiten in den Alltag eingebunden. Das Leben in der Gemeinschaft soll Sicherheit, Geborgenheit und Schutz (insbesondere für Menschen mit Demenz) vermitteln. Die Architektur orientiert sich an einer Wohnung. Rund um den zentralen Wohn- und Essbereich mit einer Gemeinschaftsküche gruppieren sich die „eigenen vier Wände" (Zimmer mit Bad, WC), die Privatsphäre und Rückzugsmöglichkeit bieten (Winter u. a. 2000).

Durch Besichtigungen von Pioniereinrichtungen lernten wir das Konzept „Pflegewohnheim der 4. Generation" kennen und schätzen. Wir entschieden uns bei unseren Pflegeheimneubauten – in Anlehnung an das Hausgemeinschaftsmodell des Kuratoriums Deutsche Altershilfe – für dieses Wohngemeinschaftsmodell, obwohl dieses große Herausforderungen an den wirtschaftlichen Betrieb stellt. Maximal 15 Bewohner leben gemeinsam in einer Wohngemeinschaft, deren Mittelpunkt ein zentraler Wohn- und Essbereich bildet (Bild 8.4).

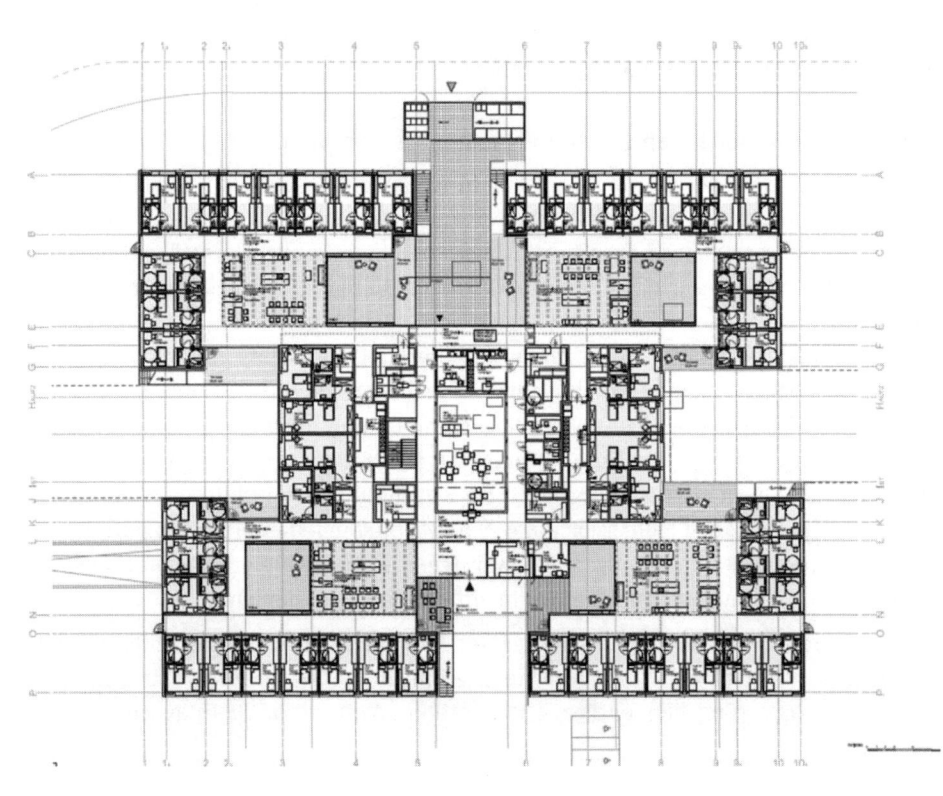

Bild 8.4 Grundriss eines Pflegewohnheims der 4. Generation der Geriatrischen Gesundheitszentren

> Laut Heeg und Bäuerle (2008, S.108f.) entstehen folgende **Anforderungen an die Wohnraumgestaltung von älteren und demenzerkrankten Bewohnern:**
> - Vermittlung von Sicherheit und Geborgenheit,
> - Erleichterung von Wahrnehmung und Orientierung,
> - Möglichkeit der Privatsphäre,
> - Förderung von sozialen Kontakten,
> - Unterstützung funktionaler Fähigkeiten,
> - Ermöglichen von Selbstbestimmung und Umweltkontrolle,
> - regulierende Stimulation,
> - Kontinuität mit dem bisherigen Lebenszusammenhang.

Ein Pflegeheim der 4. Generation galt in der Steiermark als nicht realisierbar. Zu gering war die Personalausstattung, zu gering auch die Vergütung. Das im Zuge einer Masterarbeit (Gambutz 2010) erarbeitete Betriebsorganisationskonzept widerlegte diese Annahmen. Zumal auch einige Entwicklungen die Erhöhung des Pflegepersonalschlüssels in den folgenden Jahren realistisch erscheinen ließen. Diese Annahme traf ein.

Mit einer gemeinsamen Besichtigungsreise mit Stakeholdern, vor allem zuständigen Behördenvertretern und Politikern, mit Mitarbeitern der Pflege, Technik und Verwaltung, gelang es, diese vom Paradigmenwechsel bei den Pflegewohnheimbauten und vom zukunftsweisenden Konzept der Pflegeheime der 4. Generation zu überzeugen. Zudem gelang es, einige Gesetzesinitiativen zu starten, die den Bau eines Pflegeheimes der 4. Generation gesetzlich überhaupt erst ermöglichten. Zum Beispiel war eine Anhäufung von Gemeinschaftsbädern und Stationsstützpunkten vorgeschrieben (wie es dem Entwicklungsstand von Pflegegeheimen der 2. und 3. Generation entsprach), was in einem Pflegeheim der 4. Generation naturgemäß keinen Sinn ergibt, da beinahe alle Zimmer Einzelbäder aufweisen. Die (unnötigen) Investitionskosten, die gemäß der veralteten Rechtslage notwendig geworden wären, konnten vermieden werden.

Die Erlangung der Bedarfsbewilligung des Landes und die Finanzierungssicherung gemäß Sozialhilfegesetz ermöglichten die Grundlagen- und Folgekostenermittlung, die Grundsatz-Projektgenehmigung der Stadt Graz, den Architektenwettbewerb, die Ausschreibung der Gewerke, die Planung und Prüfung des Rechnungshofs und schließlich die Realisierungsgenehmigung. Alle Schritte erfolgten in einer gut getakteten zeitlichen Abfolge, ohne wesentliche Verzögerungen und von sehr konsequenter Projektentwicklungsarbeit begleitet.

Wesentlicher Erfolgsfaktor war die Einbindung von internationalen Experten für Architektur, Demenzforschung und Lichttechnik sowie auch der Mitarbeiter und Bewohner bestehender Pflegewohnheime der GGZ. Für alle Projekte wurden Vertreter der unterschiedlichen Berufsgruppen sowie Fachexperten der Pflege, Hygiene, Technik und der Arbeitsmedizin hinzugezogen. Sie brachten ihr fachkundiges Wissen ein. So wurde die Architektur bestmöglich auf das Arbeitsumfeld und die Prozesse abgestimmt, um eine optimale Betreuung der Bewohner zu ermöglichen.

Michael Kloiber von der Kleinen Zeitung, einer österreichischen Regionalzeitung, berichtet nach einem Besuch in einem der Pflegewohnheime der Geriatrischen Gesundheitszentren, wie fordernd der Alltag in der Pflege sein kann:

„Es ist noch ruhig an diesem Morgen: Im Pflegewohnheim Peter Rosegger im Grazer Westen stehen unter anderem Körbchen mit Semmeln und Schwarzbrot am Tisch. Bewohner, die mobil sind, greifen selbst zum Frühstück. Allen anderen wird geholfen. Im Hintergrund klirren Gläser und Teller: „Ein wichtiges Geräusch, das man mit früher verbindet", sagt Heimleiterin Martina Pojer. Gemeinsam mit Pflegedienstleiterin Renate King gibt sie einen Einblick in den Arbeitsalltag.

Kaum ist die erste Mahlzeit des Tages vorbei, wird über das Essen schon wieder diskutiert: „Was gibt es zu Mittag?", will eine Dame wissen. „Speis und Trank sind die wichtigsten Gesprächsthemen", meint King. Worüber sonst geredet wird? Das Wetter beispielsweise oder die Mode. „Manchmal streitet man sich auch auf Teufel komm raus", so King. Wegen Kleinigkeiten: „Weil man zu laut schreit oder gar komisch schaut."

Apropos schauen: Ein paar Schritte weiter sieht sich eine Heimbewohnerin neugierig um. Auch wenn man eine Dame eigentlich nicht fragt, wollen wir wissen: „Wie alt sind Sie eigentlich?" - „49", antwortet sie und ergänzt lachend: „Aber umgekehrt." Erst am Donnerstag hat sie ihren 94. Geburtstag gefeiert: „Eine Schwarzwälder Kirschtorte gab es als Geschenk", erzählt sie. Ein paar Schritte weiter zeigt uns eine weitere Heimbewohnerin stolz ihr Zimmer. An der Wand hängen alte Fotos, schöne Erinnerungen an vergangene, aber unvergessene Tage.

Unterdessen geht es für viele zu den täglichen Sporteinheiten. Etwa 25 Bewohner nehmen heute daran teil: „Hauptsache, man bleibt fit", freut sich eine Dame. Als „die schönste Belohnung" gab es für sie sogar ein Küsschen von Heimhelferin Zekiye Kömür.

„Und das Mittagessen?", will nach der halbstündigen Übungseinheit jemand wissen. Das muss noch warten. Während manche Bewohner beim Sport waren, wurden andere gewaschen, Getränke vorbereitet, der Stuhlgang kontrolliert, die Flüssigkeitsaufnahme protokolliert. „Der bürokratische Aufwand ist gestiegen", sind sich die beiden Leiterinnen einig. Abseits dessen gehört die Hilfe beim Esseneingeben oder Toilettengang genauso dazu wie Unterstützung bei medizinischen wie persönlichen Problemen. Letztere seien eine Herausforderung. Bei manchen Vorkommnissen nütze nur „Humor, um das Leben in all seinen Facetten zu erfassen", so Pojer. Man lacht also - aus Selbstschutz, zu traurig stimmt manche Situation. Etwa bei Demenz-Erkrankten.

„Beim Umgang mit Betroffenen ist es wichtig zu wissen, wie schwer die Krankheit ausgeprägt ist", erklärt Pfleger Jürgen Gabler. Er ist Experte für Alzheimer der Geriatrischen Gesundheitszentren: „Vorrangig ist, dass man die Leute nicht belügt, sondern versucht, das Thema zu wechseln", so Gabler, der erst kürzlich als „Pfleger mit Herz" ausgezeichnet wurde.

Ein großes Thema sind im Heim auch die Trauerfälle – das nagt an der Seele. „Im Schnitt leben die Bewohner ein Jahr hier, als Wegbegleiter steht man manchen ja sehr nahe", so King. Der Umgang mit dem Tod ist daher allgegenwärtig: „Er hat mich da oben ja noch nicht gebraucht", erzählt uns eine Dame und zeigt mit dem Finger in Richtung Himmel. „Also bleib ich noch ein bisschen da." Worte, die nachdenklich stimmen aber zum fordernden Alltag gehören.

Apropos Alltag: Nun ist es endlich soweit, die Bewohner kehren zu ihren Tischen zurück. Es ist Zeit für das Mittagessen – und die darauffolgende Frage: „Was gibt es denn am Abend?" Bis dahin ist aber noch ein bisschen Zeit. Und mit etwas Glück gibt es dazwischen ja noch eine Schwarzwälder Kirschtorte ..."

Nachhaltigkeitsgedanke begleitet Bauprojekte

Begleitend zu den Bauprojekten stellten wir uns die Frage der Nachhaltigkeit und identifizierten Kriterien auf *drei Ebenen*.

1. **Lebensqualität im Alter – Bewohnerorientierung**

   Ziel des Pflege- und Betreuungskonzeptes und der Architektur eines Pflegeheims ist es, vorhandene Fähigkeiten zu unterstützen und ein größtmögliches Maß an Lebensqualität und persönlicher Freiheit bei ausreichender Sicherheit zu schaffen. Der Einzug in ein Pflegeheim ist als „kritisches Lebensereignis" für ältere Menschen zu betrachten. Er ist zumeist durch eine deutliche Verschlechterung des Gesundheitszustands, zunehmende Pflegebedürftigkeit, inadäquate Versorgung oder unzureichende Wohnverhältnisse begründet (Backes/Clemens 2013).

   Die Bewohnerbefragungen aus den Jahren 2012 und 2016 (Prettenhofer 2016) sowie aus dem Jahr 2019 (Prettenhofer 2019) beinhalten die Tabelle 8.1 dargestellten architekturrelevante Werte.

Tabelle 8.1 Auszug aus den Ergebnissen der Bewohnerbefragungen von den Jahren 2012, 2016 sowie 2019 der Geriatrischen Gesundheitszentren im Vergleich

Kategorien	Ergebnisse 2012*	Ergebnisse 2016*	Ergebnisse 2019*
Erscheinungsbild des Hauses	1,34 (N=83)	1,22 (N=189)	1,03 (N=178)
Haus mit angenehmer Atmosphäre	1,45 (N=83)	1,32 (N=189)	1,03 (N=178)
Beurteilung Zimmer	1,29 (N=83)	1,20 (N=189)	1,01 (N=178)
Unterhaltungs-/Kontaktmöglichkeiten	1,63 (N=83)	1,40 (N=189)	1,05 (N=178)
Durchschnitt (Notenskala)	**1,43**	**1,29**	**1,17**

*Ergebnisse anhand des Schulnotensystems von 1 bis 5. 1 = sehr gut. 5 = nicht genügend.

Die Zufriedenheit der Bewohner in der Befragung 2019 wurde anhand standardisierter Fragen im Rahmen von persönlichen Interviews erhoben. Es nahmen rund 50 Prozent der Bewohner bei der Befragung teil. Es stand eine fünfteilige Skala zur Bewertung zur Verfügung. Die Ergebnisse der drei Befragungen zeigen, dass bei den Pflegewohnheimen der 4. Generation, sowohl in der Gesamtzufriedenheit, als auch bei den einzelnen architekturrelevanten Aspekten, eine wesentliche Steigerung im Vergleich zu den vorhergehenden Generationen zu erkennen ist. Die Pflegewohnheime der 4. Generation erhielten in den Kategorien „Erscheinungsbild des Hauses" und „Atmosphäre im Haus" die Note 1,03. Die Zimmer der Pflegeheime der 4. Generation erhielten sogar die Note 1,01.

2. **Unterstützung der Arbeitsumgebung – Mitarbeiterorientierung**

Ein Pflegeheim ist in erster Linie für die Bedürfnisse der Bewohner konzipiert. Ebenso entscheidend ist aber dessen Wirkung auf die Mitarbeiter und auf die Unterstützung der Arbeitsprozesse (z. B. durch eine möglichst ideale Raumanordnung). Auf die konkrete Frage, ob unsere Gebäude und die Einrichtung zu einer guten Arbeitsumgebung beitragen, erzielten wir im Zuge einer Mitarbeiterbefragung bei unseren Pflegeheimen der 4. Generation einen Durchschnittswert von 70 Prozent gegenüber dem Benchmark aller Altenbetreuungseinrichtungen von 54 Prozent. Abweichungen zwischen den Pflegeheim-Generationen gibt es auch bei Fragen zur „Sinnstiftung" im Job (Great Place to Work 2016).

Im Vergleich der Reaktionszeiten auf Patientenrufe (Glockenruf) wurde bei unseren Pflegeheimen der 4. Generation eine um 25 Prozent kürzere Zeit (nach Auswertung von rund 140 000 Rufen) festgestellt. Dies scheint ein Vorteil der architektonischen Typologie im Unterschied zu vorhergehenden Generationen zu sein (Schnabel/Meister 2019).

3. **Effizienz und Wirtschaftlichkeit – Wirtschaftlichkeitsprinzip**

Im Rahmen einer Social-Return-on-Investment-Analyse (SROI) wird ein Wirkungsmodell mit Kausalzusammenhängen erstellt. Die solcherart identifizierten Wirkungen in den einzelnen Wirkungsketten werden gemessen und, wo möglich, monetarisiert. Die SROI-Analyse hat zum Ziel, Wirkungen von allen mögliche Interventionen, Aktivitäten, Projekten, Programmen oder Organisationen, dem dort investierten Kapital gegenüberzustellen. Eine SROI-Analyse der Wirtschaftsuniversität Wien (Pervan u. a. 2015) kommt zu dem Ergebnis, dass die stationären Pflege- und Betreuungseinrichtungen in den Bundesländern Niederösterreich und Steiermark (darunter unsere Pflegeheime) sehr wirkungsvoll sind. Die monetisierten Wirkungen für die Volkswirtschaft waren für die erwähnten Bundesländer rund 3,0-mal so hoch wie die getätigten finanziellen Investitionen.

Die neuen Bauten waren bereits wenige Monate nach der Inbetriebnahme voll ausgelastet. Die Folgekosten der Pflegeheime der 4. Generation lagen im Durchschnitt in den Jahren 2016 und 2017 um rund fünf Prozent niedriger als die der 3. Generation. Die Energiekosten waren auf Grund der Passivhaus-Bauweise um 47 Prozent niedriger.

Entwicklung der Gebäudetechnik

In der Durchdringungsphase kam es neben der Vielzahl von Bauprojekten zu Sprüngen in Bezug auf die Weiterentwicklung der Gebäudetechnik. Es wurden u. a. direkt feuerwehrgekoppelte Alarmsysteme sowie automatisierte Heizungslüftungsanlagen, Busleitsysteme, eine sicherheitsdetektierte Software zur Vermeidung von Fehlsteuerungen, automatisierte Instandhaltungsmeldungen, Facility-Management-Tools und Risikoalgorithmen zur Vermeidung von Energieausfällen implementiert. Die Gebäudetechnik ist heute zu 90 Prozent IT-basiert und erfordert dadurch einen hohen Ausbildungsgrad und enge Zusammenarbeit verschiedener technischer Berufe. Die Einstellung zur Arbeit wandelte sich von einer Machtposition der Techniker zu einer *Dienstleistungsfunktion für die Kunden*.

8.4 Mit Nachhaltigkeit zum Erfolg

Schon seit der Gründung der Geriatrischen Gesundheitszentren war Nachhaltigkeit ein steter Begleiter in unterschiedlichen Formen – sei es u. a. durch die Einführung eines konsequenten Energiemanagements, der Auswahl langfristiger Partner oder der Umsetzung des Bestbieterprinzips.

In der Exzellenzphase widmete sich die Abteilung Technik- und Facility-Management neben weiteren Bauprojekten dem Thema Nachhaltigkeit in unterschiedlichen Facetten:

- strategisches Umwelt- und Nachhaltigkeitsmanagement,
- Teilnahme an partizipativen Energieprojekten,
- Bauen mit Holz – ein Novum im Gesundheitswesen.

Strategisches Umwelt- und Nachhaltigkeitsmanagement

Als eine der ersten Einrichtungen im Gesundheits- und Sozialwesen sind wir seit 2000 Mitglied von ÖKOPROFIT. Die Mitgliedschaft bei ÖKOPROFIT ermöglicht ein *Vernetzen über die österreichischen Grenzen* hinaus mit zahlreichen Ländern und regelmäßigen freiwilligen Auditierungen. ÖKOPROFIT, das Umweltprogramm „ÖKOlogisches PROjekt Für Integrierte UmweltTechnik" ist ein Kooperationsprojekt zwischen Kommunen und der örtlichen Wirtschaft mit dem Ziel, die Betriebskosten zu senken und gleichzeitig die Ressourcen (z. B. Wasser, Energie) zu schonen. Es ist Grundstein zur Umsetzung eines Umweltmanagementsystems nach ISO 14001 oder EMAS (ÖKOPROFIT 2018). Das Umweltteam setzt sich mit dem Umweltprogramm jedes Jahr aufs Neue engagierte Ziele.

In der Aufbauphase wurde ein konsequentes Energiecontrolling/Energiemanagement eingeführt. Die Energiedaten unterliegen einem regelmäßigen Monitoring, QUERVERWEIS. Erst durch Ablesen, Zählen und Vergleichen der Verbräuche (internes und externes Energiebenchmarking) konnten Analysen erstellt und eine korrigierende Energie- und Umweltpolitik etabliert werden. Die Energiekennzahlen sind fester Bestandteil des Berichtswesens.

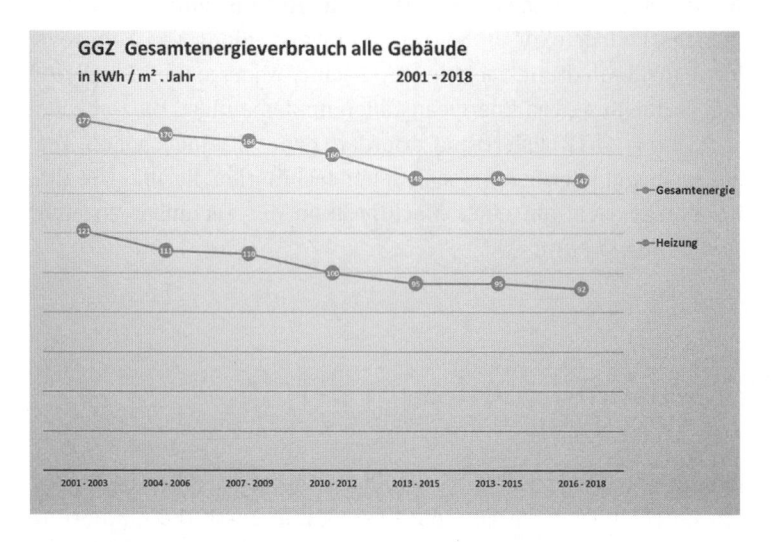

Bild 8.5 Gesamtenergieverbrauch aller Gebäude der Geriatrischen Gesundheitszentren (Flucher 2018)

Als zentrale Werthaltungen und strategische Ziele sind Umweltpolitik und Nachhaltigkeit im Leitbild als auch in der Balanced Scorecard verankert. Sie stehen bei allen baulichen Maßnahmen im Fokus und werden über ein Team aus unternehmensinternen Energie- und Umweltexperten abgesichert. Ressourcenschonung und nachhaltiges Denken sind ein wesentlicher Teil der gelebten Unternehmenskultur, die von der Mitarbeiterbasis bis zum Management mitgetragen wird. So wird jeder neu aufgenommene Mitarbeiter bereits in den ersten Lernphasen vom Umweltbeauftragten auf ein *umwelt- und ressourcenschonendes Arbeiten und Verhalten* eingeschult.

Teilnahme an partizipativen Energieprojekten

Die Partizipation von Mitarbeitern aus den verschieden Bereichen an Umweltthemen und die Teilnahme an internationalen Energieprojekten brachte ein neues Verständnis für einen sorgfältigen Umgang mit Ressourcen.

> **Projekt „Recommissioning"**
>
> Dieses Projekt zur Energieoptimierung führte zu einer „Neuregelung" im patientennahen Bereich. Ärzte, Pflegepersonal und Verwaltung hatten die Aufgabe übernommen, in ihren Arbeitsbereichen auf Stromeinsparungspotenziale zu achten; so konnten rund 200 000 kWh pro Jahr eingespart werden. Die Motivation und das Interesse der Beteiligten waren enorm, ebenso die Kreativität für effektive und effiziente Stromeinsparungsmöglichkeiten.

> **Projekt „energies@work"**
>
> Bei diesem EU-Projekt handelt es sich um eine Energieeffizienzkampagne für öffentliche Bürogebäude. Pro Standort wurden interdisziplinäre Projektteams gegründet, die als Multiplikatoren wirkten. Mitarbeiter aller Ebenen wurden im Rahmen dieses Projekts gebeten, Ideen aus ihrem Alltag einzubringen. Innerhalb des Projektzeitraums eines Jahres konnten Strom und Wärme im Ausmaß von 15 Prozent in allen beteiligten Gebäuden eingespart werden. Der Fokus der Energiesparmaßnahmen lag auf Verhaltensänderung und Betriebsoptimierung.

Bauen mit Holz – ein Novum im Gesundheitswesen

Mit dem *Bauen von Passivhäusern, Niedrigenergiehäusern* und der *Verwendung von ökologisch nachhaltigen Baustoffen* wurden die Geriatrischen Gesundheitszentren international bekannt. Die Haltung, dass Architektur und Gebäude den Patienten und Bewohnern und den Arbeitsprozessen der Gesundheitsberufe dienlich sein müsse – was keineswegs eine Selbstverständlichkeit ist – wurde belohnt. Auszeichnungen wie der steirische Preis für Baukultur „Geramb Rose" (2014), „Baugenial" (2016), der Steirische Holzbaupreis (2015), sowie das Klima:aktiv-Zertifikat (2017) bestätigen den Erfolg des eingeschlagenen Weges. 2016 erging der Architekturpreis des Landes Steiermark an Architekt Dietger Wissounig für eines unserer Pflegewohnheime der 4. Generation.

Delegationen von Architekten und Betreibern von Gesundheitseinrichtungen aus ganz Europa sowie China besichtigen unsere Pflegeheime regelmäßig. Für uns schließt sich der Kreis: am Anfang der Entwicklung standen zahlreiche Besichtigungen von Best-Practice-Einrichtungen im Ausland, heute dienen unsere **Pflegeheime der 4. Generation als Role-Model.**

■ 8.5 Ausblick

Die **Verkürzung der Lebensdauer von Objekten** im Gesundheitswesen wird auch in Zukunft zu beachten sein. Die Objekte entwickelten sich in den letzten Jahren von reinen Wohnheimen für rüstige Senioren zu Orten, an denen chronisch kranke und multimorbide Menschen in ihrer letzten Lebensphase vielfach wie in einem Akutkrankenhaus betreut werden. Dies wirkt sich auf die Architektur und die Raumerfordernisse aus. Die Bauten werden heute für etwa 50 Jahre errichtet, obwohl sich Pflegekonzepte und -paradigmen sowie die zugehörigen Pflegeheimgesetze in einem wesentlich rascheren Zyklus von etwa 15 Jahren wandeln. So werden im deutschsprachigen Raum bereits *Quartierskonzepte der 5. Generation* umgesetzt. Hierbei werden alte Menschen in die Wohnumgebung eingebunden, basierend auf der Raumkonzeption von Pflegeheimen der 4. Generation. Die 5. Generation folgt *drei Grundprinzipien* (Michell-Auli 2012):

- dem Leben in Privatheit,
- dem Leben in Gemeinschaft (beide analog der 4. Generation) und
- dem Leben in der Öffentlichkeit.

Dazu braucht es nicht nur innovative Betreiber, sondern auch eine entsprechende Raum- und Sozialplanung in Verbindung mit der Städteplanung.

Der **Einsatz moderner Technologien** – wie wir sie in einer Musterwohnung im Albert Schweitzer Trainingszentrum verbaut haben und in Forschungs- und Entwicklungsprojekten testen – wird wachsen. Es wird mehr denn je notwendig sein, *Techniker und Nutzer zusammenzubringen* und Übersetzungsarbeit zwischen diesen Anspruchsgruppen zu leisten.

■ 8.6 Literatur

Backes, Gertrud; Wolfgang, Clemens: *Lebensphase Alter. Eine Einführung in die sozialwissenschaftliche Alternsforschung.* (Grundlagentexte Soziologie 4). Beltz Juventa Verlag, Weinheim und Basel 2013

Chadli, Samira; Frosch, Eduard: *Facility-Management – Technische Betriebsführung im Krankenhaus.* In Frosch, Eduard; Hartinger, Gerd; Renner, Gerhard: *Outsourcing und Facility-Management im Krankenhaus. Strategien – Entscheidungstechniken – Vorgehensweisen.* Wirtschaftsverlag Carl Ueberreuter, Wien/Frankfurt 2001, S. 153–183

Fabach, Robert; Hebenstreit, Martin (Hrsg.): *Pflegeheime und Architektur. Ein Leitfaden für eine bewohner- und pflegegerechte Planung, im Auftrag des Amtes der Vorarlberger Landesregierung und der connexia – Gesellschaft für Gesundheit und Pflege.* Eigenverlag der Connexia, Bregenz 2008

Gambutz, Gregor: *Hausgemeinschaften als neues Konzept für die stationäre Langzeitpflege – Anforderungen und Umsetzungsmöglichkeiten.* Diplomarbeit, Pinkafeld 2010

Great Place to Work: *Ergebnisse der unabhängigen Befragung der GGZ Mitarbeiter im Vergleich zum Europa Benchmark.* Ausgabe Geriatrische Gesundheitszentren, Wien 2016

Hartinger, Gerd: *Bauprojekte aus ganzheitlicher Sicht – am Beispiel von komplexen Krankenhausbauten.* Diplomarbeit, Bundesministerium für wirtschaftliche Angelegenheiten, Wien 1998

Hartinger, Gerd: *Change Management in Gesundheitseinrichtungen. Entwicklungsstufen, Erfolgsfaktoren und die Rolle des Qualitätsmanagements am Beispiel der Geriatrischen Gesundheitszentren der Stadt Graz.* Masterarbeit, Graz 2018

Heeg Sibylle; Bäuerle, Katharina: *Heimat für Menschen mit Demenz. Aktuelle Entwicklungen im Pflegeheimbau – Beispiele und Nutzungserfahrungen.* Reihe Demenz Support. Mabuse-Verlag, Frankfurt am Main, 2008

Klimont Jeannette; Baldaszti, Erika: *Österreichische Gesundheitsbefragung 2014, Hauptergebnisse des Austrian Health Interview Survey (ATHIS) und methodische Dokumentation.* Statistik Austria im Auftrag des Bundesministeriums für Gesundheit, Wien 2015

Michell-Auli, Peter: *Denkansatz und Innovationen für eine moderne Altenhilfe.* Kuratorium Deutsche Altershilfe, Köln 2012

Pervan, Ena; Schober, Christian; Müller, Claudia: *Studie zum gesellschaftlichen Mehrwert der stationären Pflege- und Betreuungseinrichtungen in Niederösterreich und der Steiermark mittels der SROI-Analyse.* NPO & SE Kompetenzzentrum, Wien 2015

Prettenhofer, Anton: *pluswert Ergebnisauswertung der Befragungen Geriatrische Gesundheitszentren, Laufende Mitarbeiter- und Angehörigenbefragung.* Ausgabe der Geriatrischen Gesundheitszentren, Graz 2016

Rauscher, Olivia; Schober Christian: *Die SROI-Analyse im Überblick.* URL: https://www.wu.ac.at/npocompetence/appliedresearch/sroi-analyse/sroi/. Abgerufen am 04.04.2019

Schnabel, Florian; Meister, Martina: *Analyse der Rufglockenintervalle in steiermärkischen Pflegeheimen.* Readyforhealth GmbH, Pinkafeld 2019

Winkler, Romana: *Neue Studie zur Lebensqualität.* In: Lebenswelt Heim, Heft 78, 2008, S. 15

Winkler, Romana: *Mehr Lebensqualität durchs Leben im Heim? Kongressbroschüre Wissen versetzt Berge.* URL: https://www.altenpflege-stmk.at/aktuelles/160-15-kongress-fuer-fuehrungskraefte-in-der-altenarbeit-ein-rueckblick. Abgerufen am 12.12.2019

Rauscher, Olivia; Schober Christian: *Die SROI-Analyse im Überblick.* URL: https://www.wu.ac.at/npocompetence/appliedresearch/sroi-analyse/sroi/. Abgerufen am 04.04.2019

Winter, Hans-Peter; Gennrich, Rolf; Haß, Peter: *BMG Modellprojekte. Eine Dokumentation zur Verbesserung der Situation Pflegebedürftiger. Hausgemeinschaften. Die 4. Generation des Altenpflegeheimbaus, herausgegeben vom* Bundesministerium für Gesundheit. Kuratorium Deutsche Altershilfe, Köln 2000

9 IT- und Prozessmanagement – wie sie in Interaktion zur Exzellenz führen

Stefan Windisch

In diesem Kapitel erfahren Sie, welchen Anteil das IT- und Prozessmanagement zur Erreichung des Exzellenzniveaus der Geriatrischen Gesundheitszentren beigetragen hat. Einen Überblick über die Entwicklungsphasen und die Exzellenzbausteine des IT- und Prozessmanagements gibt Bild 9.1. Diese Grafik beschreibt, welchen Bausteinen wir uns im Zeitraum 2000 bis 2020 gewidmet haben und wie es uns gelungen ist, die EDV-Abteilung von einer Stabsstelle hin zu einer Organisationsabteilung und zu einem Businesspartner für alle Organisationseinheiten zu entwickeln.

Dabei möchten wir anhand von Beispielen zum einen zeigen, wie wichtig es ist, dass eine IT-Abteilung ihre Basisaufgaben als Technologiedienstleister erfüllt, und zum anderen, wie sie durch richtige strategische Entscheidungen und mit den richtigen organisatorischen Werkzeugen entscheidend zum Erfolg des Unternehmens beitragen kann.

In den ersten beiden Phasen widmen wir uns dem organisatorischen und technischen Aufbau der IT. In den Phasen 3 und 4 ist der Wandel der IT weg von einem reinen technischen Dienstleister hin zu einer modernen, vernetzten Organisationsabteilung beschrieben, in der die IT als Businesspartner auftritt und Lösungen prozessorientiert für die Abteilungen umsetzt. Interessant ist die Tatsache, dass jeder Entwicklungsschritt des Unternehmens auch einen Entwicklungsschritt in der IT zur Folge hatte. Abschließend möchten wir Ihnen einen Ausblick über zukünftige Aufgabengebiete und Herausforderungen einer IT-Abteilung geben.

Pionierphase	Aufbauphase	Durchdringungsphase	Exzellenzphase
EDV wird zu IT-Management	Aufbau und Vernetzung	Wandel der IT zur Organisationsabteilung	IT als Businesspartner
• Positionierung der EDV und Schaffung der notwendigen organisatorischen Rahmenbedingungen • Definition von relevanten Werkzeugen für die EDV • Einbindung von Mitarbeitern in EDV-Projekte sowie die Mitarbeit der EDV an Großprojekten	• Gründung einer Abteilung für IT-Management • Integration der IT in Geschäftsprozesse • Aufbau einer modernen Infrastruktur • Etablierung eines User-Key-Konzepts	• Eingliederung von Prozessmanagement in die IT • Digitales IT-Auftragsmanagement • Einführung des elekt. Krankenhausinformationssystems (KIS) • Implementierung der elektronischen Gesundheitsakte (ELGA)	• Integration neuer Aufgabengebiete in die IT • Stelle „Digitalisierung und IT-Projektmanagement" • Analyse kritischer Prozessschritte • Prozessorientierte Schulung von Mitarbeitern

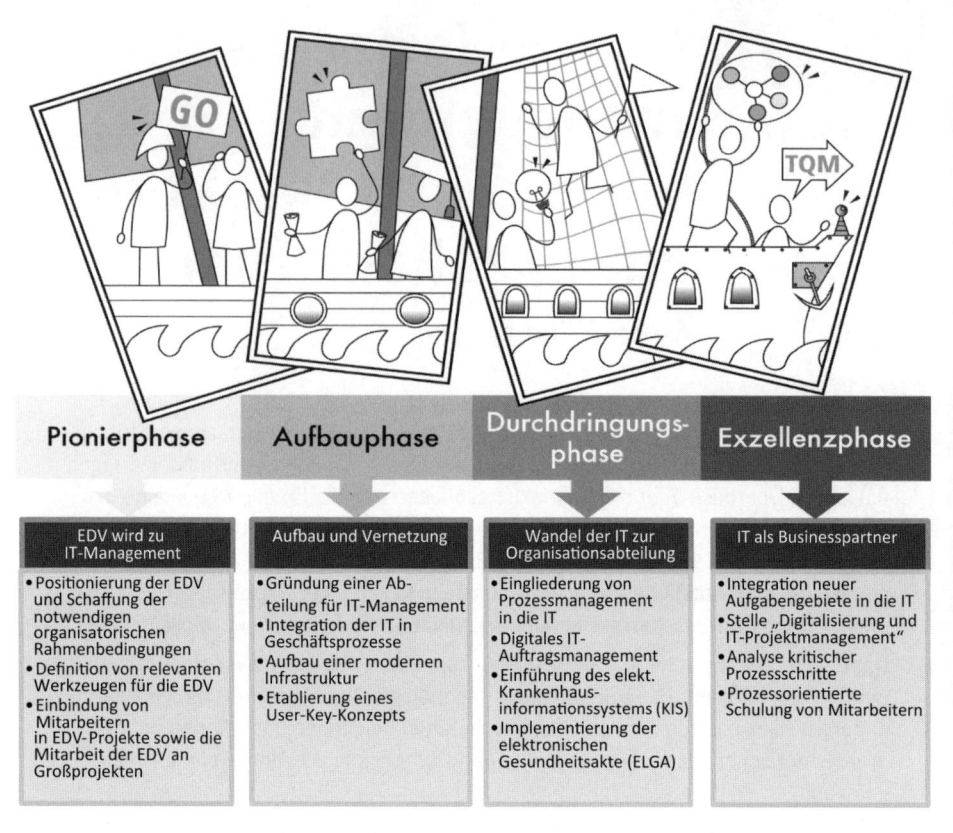

Bild 9.1 Entwicklungsphasen und Exzellenzbausteine des IT- und Prozessmanagements

■ 9.1 EDV wird zu IT-Management

Mit der Gründung des Eigenbetriebes im Jahr 2000 und der damit verbundenen betriebswirtschaftlichen Neuausrichtung des Unternehmens, mussten die dafür notwendigen organisatorischen Rahmenbedingungen für die EDV geschaffen werden. Diese Phase kann als Pionierphase bezeichnet werden und widmet sich ganz dem technischen und organisatorischen Aufbau der EDV-Abteilung in den Geriatrischen Gesundheitszentren mit folgenden Schwerpunkten:

- Positionierung der EDV und Schaffung der notwendigen organisatorischen Rahmenbedingungen,
- Definition von relevanten Werkzeugen für die EDV,
- Einbindung von Mitarbeitern in EDV-Projekte sowie die Mitarbeit der EDV an Großprojekten.

Positionierung der EDV und Schaffung der notwendigen organisatorischen Rahmenbedingungen

Die Geschäftsführung erkannte die strategische Bedeutung der EDV im Unternehmen von Beginn an. Daher errichtete sie eine Stabsstelle für EDV und Telekommunikation und ordnete diese direkt der Geschäftsführung zu. Weiterhin setzte die Geschäftsführung in den organisatorischen Rahmenbedingungen der neuen Stabsstelle die notwendigen Regelungen, damit diese effizient, rasch und direkt handeln kann. Damit verfügte diese Stabsstelle von Anfang an über die notwendigen Befugnisse, um ihre Aufgaben bestmöglich erfüllen zu können.

Definitionen von relevanten Werkzeugen für die EDV

Die Etablierung und Nutzung von Grundwerkzeugen sowie die Definition einer Grundstruktur innerhalb einer EDV/IT sind besonders wichtig. Aufbauend auf der Unternehmensstrategie gilt es, eine eigene Strategie abzuleiten. Diese *IT-Strategie* enthält alle relevanten Positionen zu den Substrategien (z. B. Organisation, Sicherheit, Innovation, Sourcing, Investition, Applikationen, Infrastruktur). Mittel- und langfristige IT-Ziele fließen in die Balanced Scorecard ein und bilden ein weiteres wichtiges Steuerinstrument. Weitere wichtige Grundwerkzeuge sind das Betreiben eines *IT-Risikomanagements*, der Aufbau eines *IT-Servicekatalogs*, eines *IT-Assetmanagements*, eines *Disaster-Recovery-Plans* (Notfallplans) und eines *Trouble-Ticket-Handlings* (Bearbeitung von Kundenanfragen) sowie der Betrieb eines *Informationssicherheitsmanagements*. Diese Werkzeuge müssen ebenfalls rechtzeitig und eindeutig formuliert und gelebt werden. Die frühzeitige und klare Definition dieser Werkzeuge bestimmten maßgeblich alle weiteren Strukturen und Prozesse der EDV. Ein hoher Grad an Standardisierung in Hardware und Software aber auch in der Organisation (z. B. Prozesse) trägt ebenfalls wesentlich zu einem effektiven EDV-Betrieb bei.

> Unter einem **Informationssicherheitssystem** sind alle Maßnahmen und Aufwendungen zu verstehen, welche einen Beitrag zur Erfüllung der wesentlichen Ziele der Informationssicherheit leisten (Kersten u. a. 2016).
>
> Hauptziele sind die Sicherung der Vertraulichkeit, Datenintegrität, Authentifikation sowie Verfügbarkeit. Wobei unter der Vertraulichkeit das Bestreben, Information für unberechtigte Dritte unzugänglich zu machen, zu verstehen ist. Datenintegrität ist dann gewährleistet, wenn Veränderungen der Daten (z. B. bei einer empfangenen Nachricht) erkennbar sind. Bei der Authentifizierung wird nachgewiesen, ob der Benutzer wirklich jene Person ist, für die er sich ausgibt. Unter Verfügbarkeit hingegen ist die Aufrechterhaltung von Diensten für Berechtigte zu verstehen (Hansen/Mendling/Neumann 2015). Zur Erfüllung dieser Ziele werden physische, organisatorische sowie technische Maßnahmen gesetzt. Hierzu zählen u. a. interne Richtlinien für die Entsorgung von Medien, physische und elektronische Zugangssteuerungen sowie der Einsatz von Anti-Malware-Software und Verschlüsselungsverfahren (Kersten u. a. 2016).

Ebenfalls ein Schlüsselbereich ist die *Dokumentation aller Systeme und Applikationen*. Diese muss stets am aktuellen Stand sein, damit der tägliche Betrieb und die Wartungen problemlos bewerkstelligt werden können. Wir führten dahingehend ein *Handbuch* ein, welches den inneren Betrieb der EDV regelt und Standards sowie Prozesse vorgibt. Dieses Dokument bildet die Basis für alle weiteren Regelungen und Definitionen. Grundlegend für eine wirtschaftlich erfolgreiche EDV ist selbstverständlich eine ausführliche Finanz- und Budgetplanung. Die EDV der Geriatrischen Gesundheitszentren führt jährliche Budgetplanungen (z. B. Investitionskosten, anlaufende Kosten) durch und prüft die Zahlen während des Jahres elektronisch. Von einer internen Leistungsverrechnung an alle internen Abteilungen, auf Basis des IT-Servicekataloges, wurde bewusst verzichtet. Ob Services intern bzw. extern bezogen werden und wie Beschaffungen durchgeführt werden, ist ebenfalls in der IT-Strategie definiert. Dementsprechend werden Geräte ausgetauscht und Services intern bzw. extern vergeben. Diese ökonomischen und ökologischen Aspekte sind wichtige Bestandteile der IT-Strategie.

Einbindung von Mitarbeitern in EDV-Projekte sowie die Mitarbeit der EDV an Großprojekten

Ein weiterer entscheidender Erfolgsfaktor ist die frühzeitige Einbindung von Mitarbeitern in EDV- Projekte. Bereits seit den ersten großen EDV-Projekten im Jahr 2000 (z. B. Neuausschreibung der gesamten Telekommunikation) wird dieser Ansatz verfolgt. Werden neue Technologien bzw. Systeme eingeführt, so werden betroffene Berufsgruppen frühzeitig eingebunden und sind Teil des Projektteams. Beispielsweise gipfelte dies in der Einbindung von bis zu 30 Mitarbeitern aus den betroffenen Abteilungen bei der EU-weiten Ausschreibung eines neuen Krankenhausinformationssystems (KIS). Diese Besetzungsstruktur in EDV-Projekten ist entscheidend für den Erfolg von technologischen Änderungen im Unternehmen und erhöht die Akzeptanz von neuen Systemen bei Mitarbeitern um ein Vielfaches. Dieses Vorgehen erhöht auch die Zufriedenheit von Mitarbeitern, da diese in die Entscheidungsfindungen direkt miteingebunden werden.

Auf der anderen Seite war und ist es entscheidend, dass die EDV von Beginn an in Großprojekte involviert ist; nicht nur bei klassischen Bauprojekten, sondern auch bei Organisationsprojekten. Dadurch kann die EDV frühzeitig *technische Standards sowie einheitliche Technologien* vorgeben. Hierbei können organisationsweite Standards garantiert und forciert werden. Dieser hohe Grad an EDV-Standards und Normen ermöglicht eine effiziente Betreuung im laufenden Betrieb. Beispielsweise konnten Standards (Hardware, Software, Netzwerkkomponenten) bei den folgenden Großbauprojekten vorgegeben werden: Neubau Klinik, Pflegewohnheime, Hospiz, Logistikzentrum, Revitalisierung Kreuztrakt als Verwaltungsgebäude.

Um der rasanten Entwicklung des Unternehmens und dem wachsenden Aufgabenbereich der EDV Rechnung zu tragen, wurde die EDV-Abteilung in „IT-Management" umbenannt und die nächsten organisatorischen und technischen Schritte wurden geplant.

9.2 Aufbau und Vernetzung

Mit dem Fortschreiten der Unternehmensentwicklung und dem Wachstum des Aufgabenbereichs war es nötig, das IT-Management zu reorganisieren, noch stärker im Unternehmen zu verankern und breiter zu vernetzen. In der Phase des Aufbaus und der Vernetzung widmet sich die IT daher folgenden Schwerpunkten:
- Gründung einer Abteilung für IT-Management,
- Integration der IT in Geschäftsprozesse,
- Aufbau einer modernen Infrastruktur,
- Etablierung eines Key-User-Konzepts.

Gründung einer Abteilung für IT-Management

Neben personellen Aufstockungen war es unbedingt notwendig, auch die organisatorischen Rahmenbedingungen anzupassen. Dies führte dazu, dass im Zuge eines Verwaltungsprojekts im Jahr 2009 das IT-Management aus der Geschäftsführung als Stabsstelle herausgelöst und *als eigene Abteilung* etabliert wurde. Damit wurde der rasanten Entwicklung der IT Rechnung getragen, da sich der Aufgabenbereich seit Gründung 1999 verachtfacht hatte. Damit schufen die Geriatrischen Gesundheitszentren rechtzeitg die strukturellen und organisatorischen Rahmenbedingungen, damit das IT-Management auch weiterhin die notwendigen Aufgaben bewerkstelligen konnte.

Integration der IT in Geschäftsprozesse

Mit dieser Neupositionierung wurde die IT zentraler positioniert. Dadurch war es leichter möglich, die IT in wichtige Abläufe der Verwaltung und Administration einzubinden. So ist die IT beispielsweise in Personalmanagementangelegenheiten zentral eingebunden und führt Veränderungen in IT-Systemen aufgrund von Personalveränderungen zentral und umfassend durch. Damit kann sichergestellt werden, dass bei zahlreichen personellen Veränderungen die Systeme ständig aktuell gehalten werden. Dies ist nicht nur für die Mitarbeiter wertvoll, sondern garantiert auch den Datenschutz, der bei Austritt und Versetzung von Mitarbeitern besonders wichtig ist.

Aufbau einer modernen Infrastruktur

Für eine IT-Abteilung ist es stets notwendig, am Stand der Technik zu sein und Trends am Markt frühzeitig zu erkennen, um bei großen Investitionen sowie bei Bauprojekten die richtigen Entscheidungen im Hinblick auf die zu verwendenden Technologien treffen zu können. Im Zuge des Neubaus der Albert Schweitzer Klinik II im Jahr 2006 stand die IT vor einer schwierigen technologischen Richtungsentscheidung. Neben einem Basisnetzwerk sollte eine weitere Infrastruktur für den damals weitverbreiteten Telekommunikationsstandard sowie eine weitere Infrastruktur für den Betrieb eines Desorientiertensystems implementiert werden. Dies hätte zur Folge gehabt, dass womöglich drei voneinander getrennte Netzwerke verkabelt und installiert werden hätten müssen. Nach gründlicher Überlegung und Beurteilung von alternativen Varianten entschied sich die IT zur Implementierung *einer zentralen WLAN-Infrastruktur* für sämtliche drahtlose IT-Dienste. Neben den klassischen WLAN-Diensten konnten somit auch Telekommunikationsdienste und das Desorientiertensystem über die neue zentrale Infrastruktur geschaltet werden. Neben den positiven ökonomischen Aspekten, welche die Betreuung *einer* Infrastruktur mit sich bringt, spielten auch ökologische Aspekte eine wesentliche Rolle für diese Entscheidung. Dieses Konzept wurde ebenso bei anderen Bauprojekten in den folgenden Jahren angewandt. Aus heutiger Sicht war diese mutige Entscheidung im Jahr 2006 auf eine neue Technologie zu setzen, nicht nur richtig, sondern wurde auch durch die weitere Marktentwicklung der nächsten Jahre bestätigt. Mittlerweile sind weitere IT-Dienste auf diese Infrastruktur aufgeschaltet, beispielsweise medizinische Geräte. Im Zuge zahlreicher Bauprojekte konnte die IT-Infrastruktur weiter entscheidend verbessert werden. So konnten im Jahr 2004 in der Zentrale ein modernes Rechenzentrum und im Jahr 2007 ein Backup-Rechenzentrum errichtet werden.

Etablierung eines Key-User-Konzepts

Mit der steigenden Zahl an Softwaresystemen und deren Komplexität war es für die IT nicht mehr möglich, alleine die fachliche Betreuung dieser Systeme zu gewährleisten.

> Im Jahr 2008 führte die IT ein **Key-User-Konzept** ein. Aus den betroffenen Fachbereichen wurden Mitarbeiter als fachliche Ansprechpartner für das jeweilige Softwaresystem nominiert. Parallel wurde diese neue Struktur in der IT-Strategie verankert und die organisatorischen Strukturen im Unternehmen angepasst (z. B. Rechte und Pflichten, Aufgabenbereiche und Schnittstellen von Key-Usern mit IT). Neben laufenden Absprachen zwischen IT und Key-Usern finden halbjährliche strategische Treffen statt, um den Informationsaustausch zu gewährleisten. In diesen Treffen werden vernetzte Themen (z. B. Schnittstellen, Budgetplanungen, künftige Entwicklungen, Probleme) besprochen und auch Umsetzungsagenden fixiert. Weiterhin sind Key-User wichtige Anlaufstellen für User-Feedback aus den Bereichen. Diese werden von den Key-Usern entgegengenommen, in den Key-User-Besprechungen erörtert und bearbeitet. Dies ist ein entscheidender Prozess damit User-Anliegen (z. B. Verbesserungen, Probleme, Anregungen, Wünsche) direkt und strukturiert erfasst und bearbeitet werden können.

Mit der Zunahme der Vernetzung im Unternehmen und die stärkere Integration in die Geschäftsprozesse änderte sich der Aufgabenbereich des IT-Managements.

9.3 Wandel der IT zur Organisationsabteilung

Mit der Zunahme des Digitalisierungsgrads im Unternehmen sowie der Zunahme an Organisations- und Forschungsprojekten kam der IT-Abteilung eine neue Rolle zu. Spätestens im KIS-Projekt ab 2013 standen Prozesse im Fokus der IT. Neben der Einführung eines digitalen IT-Auftragsmanagements wurde auch das elektronische Krankenhausinformationssystem (KIS) in dieser Phase implementiert. Wesentliche Meilensteine waren:

- Eingliederung von Prozessmanagement in die IT,
- digitales IT-Auftragsmanagement,
- Einführung des elektronischen Krankenhausinformationssystems (KIS),
- Implementierung der elektronischen Gesundheitsakte (ELGA).

Eingliederung von Prozessmanagement in die IT

Bereits in der Planungsphase und spätestens bei den Detailplanungen in IT-Projekten stellten sich verstärkt organisatorische Fragen. Parallel kam der IT immer mehr eine Vernetzungsrolle innerhalb von Projekten zu. Dies lag verstärkt daran, dass es kaum mehr ein Projekt gab, in welchem die IT nicht vertreten bzw. von welchen die IT nicht betroffen war. Wiederum kam der Geschäftsführung in dieser Phase eine zentrale Rolle zu. Diese erkannte, dass die IT immer mehr zur Organisationsabteilung wurde und veranlasste die **Integration des Prozessmanagements in die IT**.

> Hauptaufgabe des **kontinuierlichen Prozessmanagements (KPM)** ist neben der Begleitung der Prozessimplementierung die beständige, inkrementelle Verbesserung der Ablauforganisation. Die Verbesserungsmaßnahmen müssen mit den vorgegebenen Unternehmenszielen konform gehen und erfolgen auf der Grundlage der vorhandenen Organisation und unter Einbeziehung sämtlicher Prozessbeteiligter (Becker/Kugeler/Rosemann 2000).

Damit war der Wandel von einer reinen IT-Abteilung hin zu einer *Organisationsabteilung* vollzogen. Der Übergang war 2015 abgeschlossen und die Abteilung wurde in „IT- und Prozessmanagement (ITP)" umbenannt. Des Weiteren wurde damit der Aufgabenbereich der Abteilung IT- und Prozessmanagement erweitert, die IT-Strategie sowie die organisatorischen Rahmenbedienungen des IT- und Prozessmanagements wurden angepasst.

Digitales IT-Auftragsmanagement

Um die steigende Anzahl von IT-Projekten und Aufträgen organisatorisch besser bewältigen zu können, wurde in dieser Entwicklungsphase ein digitales Auftragsmanagement eingeführt. Mit diesem Werkzeug konnten Aufträge und Projekte an die IT besser organisiert, dokumentiert und gelenkt werden. Dabei können die Abteilungen der IT die Projektdaten (z. B. Projektumfang, Zeitplan, Meilensteine, Budget und Schnittstellen) sowie die benötigten Ressourcen frühzeitig mitteilen. Damit ist es der IT möglich, die Aufträge besser zu priorisieren und damit effizienter in der Umsetzung zu werden.

Erleichternd bei der Umsetzung von IT-Projekten ist die Tatsache, dass das IT- und Prozessmanagement sehr gut in die Kommunikationsstruktur der Geriatrischen Gesundheitszentren eingebettet und dadurch bestens informiert ist. Dadurch kann vernetzt gearbeitet und die Tätigkeiten im IT- und Prozessmanagement-Umfeld können optimal koordiniert werden. Vernetzte Themen können so rasch erkannt und dementsprechend bearbeitet werden. Abteilungsintern werden diese Informationen aus der Kommunikationsstruktur durch wöchentliche Besprechungen weitergegeben. Ebenfalls erfolgt bei den Besprechungen eine interne Abstimmung der Tätigkeiten sowie ein gegenseitiger Informationsaustausch.

> Unter dem Begriff **Digitalisierung** kann u. a. die Transformation von analoger zu digitaler Form verstanden werden (Schallmo/Williams 2018). Eine Form der Digitalisierung, welche häufig in Krankenhäusern auftritt, ist die elektronische Unterstützung von Prozessen (Bundesverband der Krankenhaus-IT-Leiter e. V. 2017). Eine wichtige Rolle hierbei spielen Informationssysteme (z. B. das Krankenhausinformationssystem KIS oder die elektronische Gesundheitsakte ELGA (Schmücker 2016). Ein wesentlicher Punkt ist die Zurverfügungstellung aller für die Leistungsprozesse relevanter Daten in der aktuellsten Version, zeit- und ortsunabhängig, sowie über eine angemessene Benutzerschnittstelle für alle im Behandlungszusammenhang berechtigten Personen (Bundesverband der Krankenhaus-IT-Leiter e. V. 2017). Diese Datenverfügbarkeit fördert u. a. die Anpassung von Behandlungen sowie Therapien an die jeweiligen Patienten (Bundesministerium für Bildung und Forschung 2018). Mit zunehmender Digitalisierung wird ebenso der Schutz von personenbezogenen Daten immer bedeutsamer (Bundesverband der Krankenhaus-IT-Leiter e. V. 2017). ∎

Einführung des elektronischen Krankenhausinformationssystems (KIS)

Im Jahr 2008 begannen die Geriatrischen Gesundheitszentren mit der Planung zur Ausschreibung und Einführung eines Krankenhausinformationssystems (KIS) für sämtliche patientennahen Abteilungen, Berufsgruppen und Standorte. Ziel war es, sämtliche Dokumentationen, welche den Patienten betreffen, digital in **einem** System abzubilden. Erklärtes NICHT-Ziel war die Beschaffung von mehreren Systemen und damit die Aufteilung der Patientenakte in mehrere Systeme.

> Das **Krankenhausinformationssystem (KIS)** ist jenes Teilsystem eines Krankenhauses, das alle informationsverarbeitenden und -speichernden Prozesse und die an ihnen beteiligten menschlichen und maschinellen Handlungsträger in ihrer informationsverarbeitenden Rolle erfasst. Das KIS dient dazu, die Mitarbeiter bei der Erledigung der Aufgaben des Krankenhauses zu unterstützen. Dies bedeutet, es haben in der Regel alle Beschäftigten im Krankenhaus (z. B. Ärzte, Pflegepersonal, Apotheke, Verwaltung, technische Angestellte, IT) in ihrer täglichen Arbeit Kontakt zum KIS.
>
> KIS besteht aus drei Komponenten:
>
> - Patientendatenverwaltungssystem (Patienten- und Falldaten wie z. B. Aufnahme, Verlegung, Entlassung inkl. der gesetzlichen Meldepflichten und patientenbezogenen Abrechnung),
> - administrative Komponente mit Verwaltung (Buchhaltung, Kostenrechnung, Personalwesen, Controlling) und Logistik (Finanzbuchhaltung, Rechnungswesen, Materialwirtschaft/Apotheke),
> - medizinische Komponente mit der gesamten medizinischen Dokumentation (klinische Arbeitsplätze inkl. elektronischer Patientenakte in Fachabteilungs- und Spezialsystemen, Ambulanzen, Leistungsstellen und Pflegeinformationssystemen).
>
> Zum Teil synonym verwendete Bezeichnungen sind Medizinisches Informationssystem, elektronische Patientenakte (EPA) oder auch klinisches Informationssystem. Die elektronische Patientenakte (EPA) beinhaltet alle Dokumente und Daten zu einem Patienten. Eine (digitale) Patientenakte kann mit aufsteigender Komplexität sortiert werden; von der papiergebundenen Akte bis zur elektronischen Gesundheitsakte (Jehle u. a. 2015, S. 374 ff.).

Andreas Pribil, Geschäftsführer von Nexus Österreich, berichtet vom Implementierungsprozess:

„Ein wichtiger Erfolgsfaktor während des Implementierungsprozesses wurde bereits zu Beginn durch die Geriatrischen Gesundheitszentren gesetzt: Das Projektteam umfasste Vertreter aus den großen Berufsgruppen Ärzte, Pflege und Therapie sowie, je nach Projektphase, auch Vertreter aus den Bereichen IT, Verrechnung und Controlling. Damit keine Berufsgruppe bevorzugt wurde und um die Neutralität dieses Projektes zu gewährleisten, wurde seitens der Geschäftsführung der IT-Leiter als Projektleiter bestellt. Die Ausschreibung wurde als zweistufiges Verfahren EU-weit ausgeschrieben. Die Ausschreibung bzw. die Erstellung des Leistungsverzeichnisses an sich dauerte ein Jahr und wurde vom Projektteam im Frühjahr 2009 abgeschlossen. Ebenfalls im Frühjahr 2009 erfolgte die EU-weite Ausschreibung. Während des Vergabeprozesses wurde das Projektteam für die Präsentationen der möglichen Lösungen anlassbezogen aufgestockt. Beispielsweise wurden für die Präsentationen der verschiedenen Lösungen von jeder Berufsgruppe und von jeder betroffenen Abteilung jeweils drei Vertreter entsendet. In Summe nahmen damit über

40 Personen aus den Geriatrischen Gesundheitszentren an den Softwarepräsentationen teil. Dies führte zu einer breiten Meinungsbildung und Akzeptanz über das zukünftige System durch die zahlreichen Vertreter aus den Abteilungen. Die schlussendlich finale Vergabe erfolgte im Dezember 2009. Während einer umfassenden Installations- und Konfigurationsphase in den Jahren 2010 und 2011 entschieden sich die Geriatrischen Gesundheitszentren entgegen der ursprünglichen Planung für einen schrittweisen Rollout. Ursprünglich war geplant, dass das System erst ausgerollt wird, wenn dieses alle notwendigen Funktionen und Parameter enthält. Somit begann ab 2012 der stufenweise Rollout (inhaltlich sowie örtlich). Diese Entscheidung war rückwirkend betrachtet die richtige, da die Benutzer das neue System im ersten Schritt mit wenigen Funktionen kennenlernen und dabei auch sämtliche Befürchtungen und Ängste ausgeräumt werden konnten. Somit war die Belastung, wie beispielsweise im Zusammenhang mit dem Schulungsaufwand und den Schulungsinhalten, für die Projektgruppe und die IT geringer. Dieser neuen Vorgehensweise zufolge, wurde das KIS Schritt für Schritt, Funktion für Funktion und Abteilung für Abteilung bzw. Berufsgruppe für Berufsgruppe weiter ausgerollt und 2015 abgeschlossen. Parallel wurden die neugebauten Pflegewohnheime gleich mit dem neuen KIS ausgestattet. Während der Rolloutphase wurde das KIS ständig verbessert. Neue Funktionen wurden implementiert. Hierbei war das Highlight die Anbindung an die elektronische Gesundheitsakte (ELGA) 2015.

Während der kritischen Phase des Rollouts wurde ein wöchentliches Jour fixe mit Usern und dem Projektteam eingerichtet, um rasch Feedback von den Bereichen zu erhalten und mögliche organisatorische Themen zu besprechen und zu regeln. Parallel tagte monatlich ein eigenes KIS-Kernteam, welches bereits zu Beginn des Projekts eingerichtet wurde. Dieses wurde mit jeweils einem Vertreter aus dem ärztlichen Bereich, dem Pflegebereich, der IT sowie Therapie besetzt. Dieses Team standardisierte das KIS, besprach und regelte organisatorische Vorgaben sowie Richtlinien und besprach mögliche Erweiterungen. Zudem gab dieses Team die Rolloutphasen und Meilensteine frei.

Da sich dieses Team sehr bewährt hatte, wurde beschlossen, dass sich das Team weiter monatlich trifft, um KIS-Themen zu besprechen und zu definieren. Überdies wurden sämtliche organisatorische Maßnahmen über einen reibungslosen Betrieb des KIS in einem Regelwerk für alle User zusammengefasst und von der Geschäftsführung freigegeben. Damit sollte sichergestellt werden, dass Vorgaben, Standards, Regeln und Tätigkeiten im KIS von allen Berufsgruppen klar beachtet und durchgeführt werden.

Das KIS-Kernteam als auch das Regelwerk haben sich sehr bewährt und trugen zur Standardisierung sowie zum reibungslosen Betrieb von KIS stark bei und waren ein entscheidender Erfolgsfaktor für die Zielerreichung."

Nachdem das System einige Jahre in Betrieb war, entschied sich das KIS-Kernteam für eine erste wichtige Evaluierung. Auswertungen über Nutzung der KIS-Formulare und Module, sowie Anwender- und Herstellerbefragungen waren Kernpunkte in einem

2015 gestarteten Projekt „KIS 2020". Mit diesem Projekt soll das KIS verbessert werden.

Implementierung der elektronischen Gesundheitsakte (ELGA)

Als eine der ersten Einrichtungen Österreichs wurde die elektronische Gesundheitsakte (ELGA) in den Geriatrischen Gesundheitszentren implementiert.

> Die österreichische **elektronische Gesundheitsakte (ELGA)** ist ein Informationssystem, welches berechtigten Gesundheitsanbietern (ELGA-GDA) Befunde und Medikationsdaten der zu behandelnden Patienten in einer standardisierten Form sowie orts- und zeitunabhängig zur Verfügung stellt (Auer/Milisits/Reimer 2014). Die ELGA-GDA umfassen unter anderem Krankenanstalten, Einrichtungen der Pflege, Ärzte sowie Apotheken. Ziel dieser Informationsweitergabe ist es, die Zusammenarbeit der ELGA-GDA sowie Entscheidungen in der Diagnostik und Therapie zu unterstützen (ELGA GmbH 2018), wobei ELGA insbesondere die Patientensicherheit sowie Behandlungsqualität steigert (Bundesministerium für Arbeit, Soziales, Gesundheit und Konsumentenschutz 2016). Ebenfalls einsichtsberechtigt sind die jeweiligen Patienten, welche über das ELGA-Portal jederzeit die Möglichkeit haben, auf die eigenen Gesundheitsdaten zuzugreifen (ELGA GmbH 2018). Diese Informationseinsichtnahmen führen zu einer Steigerung der individuellen Gesundheitskompetenz der Patienten (Bundesministerium für Arbeit, Soziales, Gesundheit und Konsumentenschutz 2016).

> Bernadette Matiz, zuständig für den Bereich E-Health (Einsatz von Computern und Internet im Gesundheitswesen) beim Gesundheitsfonds Steiermark, berichtet über die Geriatrischen Gesundheitszentren als technologischer Vorreiter am Beispiel der Einführung der elektronischen Gesundheitsakte (ELGA):
>
> „Die Einführung der elektronischen Gesundheitsakte (ELGA) wird in Österreich bereits seit Jahren in einem gemeinsamen Projekt von Bund, Ländern und Sozialversicherungsträgern vorangetrieben. Im Dezember 2015 war es nun soweit: Die ersten Gesundheitseinrichtungen in den Bundesländern Wien und Steiermark konnten mit ELGA starten. Unter den ersten ELGA-Teilnehmern befanden sich auch die Geriatrischen Gesundheitszentren, die mit der Albert Schweitzer Klinik und allen vier Pflegewohnheimen am 9. Dezember 2015 reibungslos an den ELGA-Bereich Steiermark – und somit an ELGA – angebunden wurden. Eine Vorreiterrolle nahmen die Geriatrischen Gesundheitszentren im Bereich der Pflegewohnheime ein, indem sie die österreichweit ersten Pflegeeinrichtungen sind, die ihren ELGA-Betrieb bereits im Dezember 2015 aufgenommen haben. Um als Gesundheitseinrichtung an ELGA teilnehmen zu können, ist die elektronische Verwaltung von Patientendaten erforderlich. In den Einrichtungen der Geriatrischen Gesundheitszentren wurde dieser Grundstein für ELGA bereits vor Jahren mit der Einführung

des KIS gelegt. Für ELGA musste das bestehende KIS noch um die ELGA-Funktionalitäten erweitert werden und die ärztlichen als auch pflegerischen Entlassungsbriefe mussten an die ELGA-Strukturvorgaben angepasst werden.

Zu den Vorbereitungsarbeiten für ELGA in den Geriatrischen Gesundheitszentren zählten neben den Anpassungen im KIS u. a. auch:

- der Aufbau einer sicheren Netzwerkverbindung über ein eigenes Datennetz und die Verschlüsselung der Daten beim Datenaustausch mit ELGA, um die Datensicherheit zu gewährleisten,
- die Definition der ELGA-spezifischen Abläufe, wie z. B. die ELGA-Einsicht im Zuge der Aufnahme oder die Erfassung eines situativen Opt-Out (= Widerspruch der Aufnahme von Entlassungsbriefen in ELGA für einen konkreten Behandlungsfall) auf Patientenwunsch,
- die Information und Schulung der Mitarbeiter. In Summe gab es 30 Informationsveranstaltungen und 14 Schulungen, in welchen die Neuerungen durch ELGA aus Bürger- und Mitarbeitersicht vermittelt wurden.

Dem ELGA-Start gingen schlussendlich umfangreiche Tests der technischen Funktionalitäten voraus, die in Abstimmung mit dem ELGA-Bereich Steiermark durchgeführt wurden.

Bei den Vorbereitungen für ELGA konnten die Geriatrischen Gesundheitszentren die gewohnt gute Zusammenarbeit mit der steiermärkischen Krankenanstaltengesellschaft, KAGes (Zusammenschluss der Landeskrankenhäuser und Landespflegeanstalten), fortführen und zudem zahlreiche Kontakte mit wichtigen Akteuren im Gesundheitswesen knüpfen.

Durch die ELGA-Teilnahme werden für die Patienten und Bewohner der Geriatrischen Gesundheitszentren die ärztlichen und pflegerischen Entlassungsbriefe, die im Zuge des Aufenthalts entstanden sind, an ELGA gemeldet. Dadurch stehen diese wichtigen Informationen im Anlassfall den an ELGA teilnehmenden Gesundheitseinrichtungen zur Verfügung. Ebenso erfolgen durch ELGA ein effizienterer Datenaustausch mit anderen Gesundheitsdiensteanbietern sowie eine Steigerung des Informationsflusses zwischen Patienten und Gesundheitseinrichtungen".

Der Aufgabenbereich der IT schwenkt mehr und mehr in den organisatorischen Bereich des Unternehmens. Die eigentliche Technik (IT) stellte weiterhin das Kerngeschäft der IT dar, jedoch verlagerte sich der Fokus verstärkt auf Prozesse, Projekte und neue Aufgabenbereiche.

9.4 IT als Businesspartner

Der IT kommt verstärkt eine führende Rolle in der Umsetzung von Projekten für Bereiche und Abteilungen im Unternehmen zu. Dabei unterstützt die IT diese bei der Findung von neuen technischen, aber auch organisatorischen Lösungen. Die IT tritt dabei als Lösungspartner auf und übernimmt die Projektleitung für die Abteilungen als Ganzes. Kommt es zur Einführung von neuen technischen Lösungen, werden die Prozesse im Vorfeld kritisch hinterfragt und Mitarbeiter gegebenenfalls auf die neuen Abläufe eingeschult. Dabei kann es auch zu Verschiebungen der Aufgabengebiete und Zuständigkeiten kommen. In dieser Phase widmen wir uns daher folgenden Herausforderungen:

- Integration neuer Aufgabengebiete in die IT,
- Schaffung der Stelle „Digitalisierung und IT-Projektmanagement",
- Analyse kritischer Prozessschritte,
- prozessorientierte Schulung von Mitarbeitern.

Integration neuer Aufgabengebiete in die IT

Teilweise werden ganze Branchen durch den Einsatz der IT verändert. Sogar ganze Zuständigkeiten können sich komplett zur IT verschieben, wenn sich durch den Einsatz von IT das Produkt selbst technologisch stark verändert. Dies ist aber ein branchenunabhängiges Phänomen. Auf die IT der Geriatrischen Gesundheitszentren bezogen, zeichnet sich dies beispielsweise durch die vermehrte Integration von Medizinprodukten in die IT-Landschaft ab. Gesetze und Normen, wie das Medizinproduktegesetz oder die ISO 80001, müssen von der IT berücksichtigt und im Unternehmen umgesetzt werden.

> ⓘ Unter dem Begriff **Medizinprodukt** sind einzelne oder miteinander verbundene Komponenten zu verstehen, welche gemäß Angaben der jeweiligen Hersteller für einen therapeutischen oder diagnostischen Zweck bestimmt sind (Leitgeb 2010). Hierzu zählt auch die Software, wobei diese in Form einer Stand-alone-Software sowie als ein integrierter Teil eines Medizinprodukts vorliegen kann (Harer/Baumgartner 2018). Die jeweiligen Medizinprodukte werden abhängig von der Zweckbestimmung mit zunehmendem Risiko einer Klasse von I bis III zugeordnet. Es gilt, je höher die Klasse, umso größer ist der Zertifizierungsaufwand für die Hersteller (Vorberg 2018). Neben den Herstellern gibt es auch für Vertreiber, Betreiber sowie Anwender von Medizinprodukten gesetzliche Vorgaben, um ein möglichst hohes Sicherheitsniveau erreichen zu können (Bundesministerium für Sicherheit im Gesundheitswesen 2016).

Rasante Entwicklungen im Bereich der Haus- und Gebäudeleittechnik mit dem Schlagwort „*Industrie 4.0*" sind ein weiteres Beispiel für neue Aufgabengebiete einer IT. Hier zeigt es sich sehr stark, dass sich vormals von der IT klar abgegrenzte Bereiche immer mehr mit Systemen der IT vermischen und eine Gesamtbetrachtung (organisatorisch wie technisch) notwendig machen. Auch für diese Entwicklung bewährten sich die Projektstrukturen innerhalb der Geriatrischen Gesundheitszentren. Diese erlaubten bereits in einer frühen Projektphase eine klare Bearbeitung dieses Felds, um neue vernetzte Technologien und Systeme strukturiert im Unternehmen einzuführen. Dabei ist es selbstverständlich notwendig, den exakten Aufgabenbereich, den Informationsaustausch, sowie den genauen Zuständigkeitsbereich für diese Schnittstellenthemen zu definieren und nach vorab bestimmten Prozessen vorzugehen. Auch in diesem Bereich ist eine laufende Abstimmung zwischen technischen Abteilungen und der IT besonders wichtig. Dies beginnt bei einer gemeinsamen Budgetplanung und reicht bis zur Definition eines Key Users für die technischen Systeme.

Mit der Eröffnung des Albert Schweitzer Instituts für Geriatrie und Gerontologie etablierte sich ein weiteres Tätigkeitsfeld für die IT. Seitdem werden interne sowie externe *Forschungs- sowie Innovationsprojekte von der IT begleitet* und beispielsweise mit eigenen Testumgebungen unterstützt. Dabei werden Innovationsprojekte nicht nur von der IT begleitet, auch eigene werden forciert. Dies ist entscheidend, da IT-Abteilungen die Treiber bei technischen Innovationen und Digitalisierungsprojekten in den Unternehmen sind. Dazu war es in weiterer Folge auch notwendig, die IT-Strategie um den Teilbereich „Innovationsstrategie" zu erweitern, um hier die Rahmenbedingungen sowie die Vorgaben klar zu regeln. Die IT ist zudem mit zahlreichen Interessensgruppen innerhalb Österreichs vernetzt und nimmt regelmäßig an Branchenmessen sowie an Fachtagungen teil.

Die IT bearbeitet in ihren Projekten und bei Projektbeteiligungen verstärkt organisatorische Aspekte, wie Abläufe und Prozesse. Somit konnten projekt- sowie abteilungsübergreifende Regelungen getroffen werden. Oftmals hat die IT den abteilungsübergreifenden Fokus auf die Prozesse und damit auch den Überblick über mögliche Auswirkungen von Changes abseits des eigentlichen Projekts. Mit der Erhebung und Bearbeitung von Prozessen und Abläufen konnten diese mit *digitalen Workflows* unterstützt und optimiert werden. Das IT- und Prozessmanagement bearbeitet hier nicht nur in einem Schritt den eigentlichen Prozess, sondern kann diesen gleich optimieren und verbessern und das Pflichtenheft für die Digitalisierung erstellen. Dies ist ein weiterer entscheidender Vorteil, wenn Prozessmanagement und IT in einer Abteilung angesiedelt sind. Während dieser Überarbeitung kann bereits entschieden werden, ob und in welcher Form der Prozess digitalisiert werden kann. Falls eine Entscheidung für die Digitalisierung getroffen wird, kann diese direkt in der gleichen Abteilung umgesetzt und programmiert werden.

Schaffung der Stelle „Digitalisierung und IT-Projektmanagement"

Im Jahr 2018 wurde in der IT *eine eigene Stelle* geschaffen, welche sich ausschließlich mit „Digitalisierung und IT-Projektmanagement" beschäftigt. Damit sollen IT-Aufträge und IT-Projekte für die Abteilungen sowie die Digitalisierung des Unternehmens an sich weiter forciert werden. Ähnlich wie bei technologisch schwierigen Entscheidungen, wurde diese Entscheidung durch Markt- und Branchenbeobachtung sowie durch Fortbildungen bestätigt.

Analyse kritischer Prozessschritte

Basierend auf der Vision, Mission und Strategie der Geriatrischen Gesundheitszentren werden Prozesse neu erhoben, modelliert und dokumentiert. Die Evaluierung der Prozesse erfolgt durch einen Auslöser oder durch Zeitablauf und regelmäßige Standardevaluierungen. Dieser kontinuierliche Verbesserungsprozess wird vom Prozessmanagement federführend gesteuert und koordiniert. Zusammen mit den Prozessverantwortlichen werden die *Prozesse regelmäßig analysiert, Verbesserungspotenziale erarbeitet und nach einer Prüfung auch umgesetzt*. Stets spielt beim Verbesserungspotenzial der technische Fortschritt eine wesentliche Rolle, weshalb die IT frühzeitig eingebunden wird. Mit 2019 werden bei den kritischen Prozessen die betroffenen Prozessschritte um eine *Business-Impact-Analyse (BIA)* ergänzt.

> ⓘ Das Ziel einer **Business-Impact-Analyse (BIA)** ist die Ermittlung der Auswirkungen auf Prozesse und Ressourcen, welche durch Ausfälle entstehen können (Bundesamt für Sicherheit in der Informationstechnik o. J.). Ein essentieller Aspekt hierbei ist die Identifizierung von Abhängigkeiten zwischen Prozessen (Kersten/Klett 2017).
>
> Mittels dieser gewonnenen Erkenntnisse können jene Prozesse identifiziert werden, welche einer besonderen Absicherung bedürfen. Anschließend erfolgt eine Priorisierung und Risikoanalyse sowie, darauf aufbauend, die Erstellung von spezifischen Notfallkonzepten und Notfallplänen (Reiss/Reiss 2009). Besonders wichtig hierbei sind Wiederherstellungszeiten, sowie die Berücksichtigung von möglichen Datenverlusten (Reinheimer/Robra-Bissantz 2017).

Dabei wird der Fokus auf die Abhängigkeit des Prozessschritts von der IT gelegt. Die Ergebnisse daraus fließen wiederum in den Disaster-Recovery-Plan (DRP), in das Informationssicherheitssystem (ISMS) sowie in die IT-Serviceanforderungen des jeweiligen Bereichs ein. Eigene Abstimmungsgespräche zwischen Prozess-, Qualitäts- und Risikomanagement finden in regelmäßigen Abständen statt und tragen zur Abstimmung zwischen diesen Bereichen bei.

> Das **Risikomanagement** ist die systematische Anwendung von Managementstrategien, Verfahren und Praktiken zur Analyse, Bewertung und Überwachung von Risiken. Der Prozess des Risikomanagements setzt sich aus den Kernprozessen Festlegung des Risikokontexts, Risikoidentifikation, Risikoanalyse, Risikobewertung, Risikobehandlung, Überwachung und Überprüfung sowie Kommunikation und Konsultation zusammen (Leber 2017). Ziele des Risikomanagements können unter anderem die Effizienzsteigerung, bessere Planbarkeit, die Steigerung der Sicherheit und Zuverlässigkeit, die Fehlervermeidung sowie die Qualitätssteigerung sein (Schweppe u. a. 2013). Ein Anwendungsbereich ist zum Beispiel das medizinische IT-Risikomanagement, welches sich mit den Risiken von vernetzen Medizinprodukten beschäftigt (Leber 2017).

Bereits während der Einführung des Krankenhausinformationssystems zeigte sich eine weitere neue Aufgabe der IT. Organisatorische und fachliche Vorgaben an Softwaresysteme mussten seitens der IT vorgegeben werden. Diese Regelwerke zur Bedienung von Softwaresystemen wurden in Arbeitskreisen, federführend von der IT, erstellt und gelten für sämtliche Benutzer des betroffenen Systems. Beim Krankenhausinformationssystems beispielsweise wurde ein Regelwerk für zehn Berufsgruppen vorgegeben. Dieses beinhaltet *Regelungen und Ablaufbeschreibungen mit Prozessen und klaren Zuständigkeiten*, beispielsweise Deadlines zur Fixierung der therapeutischen Endberichte, damit der Arztbrief rechtzeitig alle notwendigen Informationen beinhaltet und vollständig an die zentrale elektronische Gesundheitsakte, ELGA, österreichweit versendet werden kann. Mit dieser Entwicklung erreichte unsere IT eine neue Phase ihrer Entwicklung.

Prozessorientierte Schulung von Mitarbeitern

Im Zuge der zentralen Mitarbeitereinführung werden neue Mitarbeiter vom IT-Management mit zwei Schulungsblöcken in ihrer Einführungsphase unterstützt. Neben einem allgemeinen IT-Einführungsblock mit internen IT-Regeln, Vorgaben, Abläufen sowie Datenschutz und Informationssicherheit erfolgt die zentrale Einschulung aller neuen Mitarbeiter auf das Krankenhausinformationssystem.

> Dabei werden *Schulungen nach Berufsgruppen* abgehalten und *inhaltlich angepasst*. Die Schulungen werden vom IT-Management prozessorientiert durchgeführt. Das bedeutet, dass die jeweiligen Abläufe im KIS, bezogen auf die spezielle Berufsgruppe, vom IT-Management geschult werden. Beispielsweise werden Prozesse wie Aufnahme, Behandlung, Therapie und Entlassung geschult und individuell mit den Mitarbeitern besprochen. Ebenso fließen Regelwerke und organisatorische Themen in die Schulungen mit ein. Damit erhalten neue Mitarbeiter praxisorientierte und prozessnahe Informationen, welche den Alltag in dem jeweiligen Bereich widerspiegeln. Das weitbekannte „Schneeballsystem", ein durchaus berechtigtes Schulungswerkzeug, ist hier nicht zielführend. Durch das ständige Weitergeben an Schulungswissen von bestehenden Mitarbeitern an Neueintritte können die Qualität und die Inhalte der Basiseinschulung vom KIS nicht gewährleistet werden und es würde in

> der Praxis zu Abschweifungen kommen. Außerdem können durch die direkten Schulungen von neuen Mitarbeitern Neuerungen im System sowie organisatorische Vorgaben rasch verbreitet und ab Gültigkeit geschult werden. Die Mitarbeitereinführungskurse der IT wirken sich langfristig positiv auf die Zahl der Fehlerbehebungen und Nachfragen bei der IT-Helpline in Bezug auf das KIS aus.

Ein weiterer Erfolgsfaktor unserer IT sind *kompetente Mitarbeiter mit einem hohen Maß an Eigenverantwortung*. Das Verhältnis zwischen Vorgaben aus dem zentralen IT-Handbuch und Eigenverantwortung ist entscheidend, nicht nur für den Erfolg einer Abteilung, sondern auch für die Motivation der Mitarbeiter. Dabei spielen die von den Geriatrischen Gesundheitszentren bereitgestellten Rahmenbedingungen eine entscheidende Rolle. So war es den IT-Mitarbeitern beispielsweise möglich, sich *berufsbegleitend weiterzubilden* und Studiengänge wie Prozessmanagement bzw. berufsbegleitende Reifeprüfungen zu absolvieren. Dabei kommt es zu einer Win-Win-Situation. Zum einen werden den Mitarbeitern Fortbildungen ermöglicht, zum anderen fließt dieser Know-how-Gewinn direkt in den Betrieb zurück.

Der Wandel hin zur komplexeren und vom Aufgabengebiet umfangreicheren Abteilung ist nicht abgeschlossen, sondern unterliegt einem ständigen Entwicklungsprozess. Dieser ist stark vom vermehrten Einsatz von IT in klinischen Abteilungen/Branchen getrieben. Da viele IT-Abteilungen vermehrt organisatorische Themen bearbeiten und dadurch zur zentralen Organisationeinheit werden, müssen IT-Abteilungen und deren Leitungen zusammen mit der Unternehmensführung die Stufe ihrer Entwicklung sorgsam bestimmen. Die verschiedenen Entwicklungsstufen sind in Bild 9.2 dargestellt. Im Falle unseres Unternehmens entwickelte sich die IT-Abteilung Stufe für Stufe und Schritt für Schritt zu einem Businesspartner. Diese Entwicklungsphasen wurden Ihnen in den vier vorangegangenen Kapiteln dieses Beitrages näher vorgestellt.

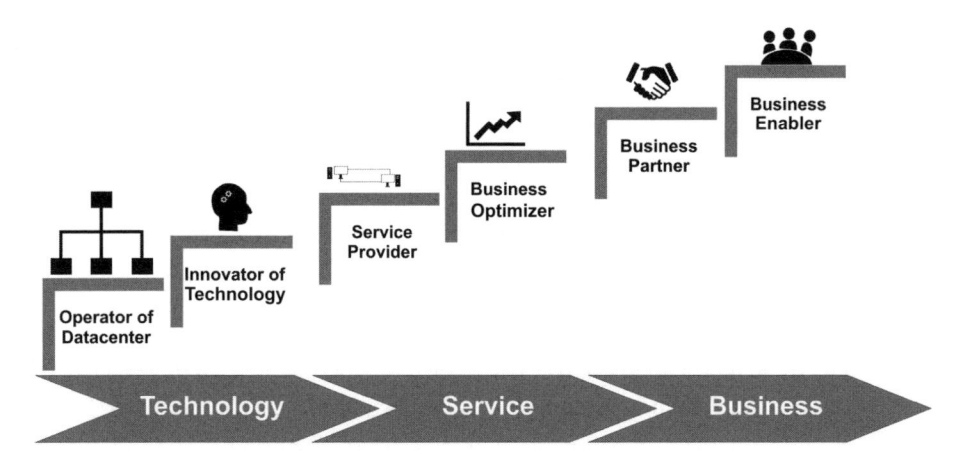

Bild 9.2 Herausforderungen für moderne IT-Abteilungen in Unternehmen (in Anlehnung an Pillmayr 2008)

9.5 Ausblick

Ein modernes IT-Management muss sich auf eine Vielzahl von künftigen Entwicklungen vorbereiten. Neben technologischen Entwicklungen (z. B. Cloud- und mobile Lösungen) kommen auf IT-Abteilungen durch die Forcierung der Digitalisierung völlig *neue Aufgabenbereiche* zu, etwa im Bereich der Gebäudetechnik oder im Einsatz von vernetzten *IT-Medizinprodukten*. Hier warten auf die IT neue technische und gesetzliche Vorgaben für die Betreuung dieser Technologien. Generell wird die Digitalisierung des Gesundheitsbereichs weiter vorangetrieben. Dies wird die IT-Abteilungen fordern.

> Unter den Begriff **Electronic Health (E-Health)** können unter anderem alle elektronischen Gesundheitsdienste sowie die Gesamtheit aller elektronischen Anwendungen zur medizinischen Versorgung, welche die Optimierung von Prozessen im Gesundheitswesen sowie die Vernetzung von Akteuren des Gesundheitswesen zum Ziel haben, verstanden werden. Wobei E-Health die elektronische Erfassung, Verarbeitung, Speicherung und Übertragung von Daten umfasst (Wasem/Staudt/Matusiewicz 2013). Ebenfalls steht E-Health für alle Informations- und Kommunikationstechnologien zur Verbesserung von Behandlung, Diagnose, Kontrolle und Verwaltung im Gesundheitswesen (Hasenbichler 2018). Ziele von E-Health sind unter anderem die sektorenübergreifende Prozesssteuerung, Effizienzsteigerung, Effektivitätssteigerung, Stärkung der Gesundheitswirtschaft sowie zeitgerechte Versorgung (Hennes-Rauth u. a. 2016). Zugehörige Themen sind unter anderem die Telemedizin, die elektronische Gesundheitsakte ELGA sowie die E-Card.

Aber auch abseits des eigentlichen Kerngebiets der IT tun sich neue Betätigungsfelder auf. Ein Beispiel wird der *Entertainmentbereich* für Bewohner, Patienten, aber auch für Gäste und Besucher sein. Hier ist die IT gefordert, IT-Services im Bereich TV, Internet, Gäste-WLAN, Pay-TV, Streamingdienste anzubieten und weiter auszubauen.

Themen aus dem großen Spektrum der *Telemedizin* sind Zukunftsthemen, die rechtzeitig bearbeitet werden müssen. Hier liegt der Fokus in den nächsten Jahren auf dem österreichweiten Ausbau der elektronischen Gesundheitsakte (ELGA) sowie dem Ausbau und der Forcierung der Vernetzung der Gesundheitsdienstleister miteinander, wobei der Patient im Mittelpunkt stehen muss. Eine der größten Herausforderungen der Zukunft im Gesundheitsbereich ist die *Bewältigung der Datenmengen*, welche durch den Einsatz von neuen Technologien entstehen werden. **Big Data** ist hier das Schlagwort. Dabei geht es nicht um die Speichermenge an sich, sondern um die Fülle an Gesundheitsdaten, welche in kürzester Zeit um einen Patienten entstehen können. Sämtliche Daten zu einem Patienten werden über Jahre gesammelt und gespeichert. Kommen Technologien (z. B. Wearables, Sensorentechnik) hinzu, ist die entstehende Datenmenge von einem einzelnen Menschen nicht mehr interpretiertierbar und bearbeitbar. Die Lösung könnte in Zukunft der verstärkte *Einsatz von Decision-Systemen* sowie von Künstlicher Intelligenz, KI (auch Artifizielle Intelligenz, AI) sein. Dabei analysieren Systeme die Daten und bereiten diese je nach Anwendungsgebiet für eine Entscheidung übersichtlich auf bzw. geben einen Überblick über die wichtigsten Daten je Anwendungsfall. Solche Systeme bzw. Künstliche Intelligenz an sich werden die Experten und damit die Menschen sowie deren Entscheidungshoheit nie ersetzen. Sie sollen sie in ihren Entscheidungen bestmöglich unterstützen.

> **Clinical-Decision-Support-Systeme** sind Computersysteme, welche Ärzte bei Entscheidungsprozessen (z. B. Diagnostik, Wahl der Behandlungsmethoden) unterstützen können (Tarnowska/Ras/Jastreboff 2017). Ein Ziel dieser Systeme ist, die individuelle Anpassung von klinischen Leistungen an die Bedürfnisse der Patienten und somit die Steigerung der Qualität und Sicherheit (Berner 2016). Wenn etwa bei einem Patienten eine Allergie gegen eine bestimmte Substanz vorliegt, rät das Clinical-Decision-Support-System von jeglichen Behandlungsmethoden, die in Verbindung mit dieser Substanz stehen, ab (Czeschik 2017). Die Voraussetzung für die klinische Entscheidungsunterstützung sind umfassende Daten. Hierzu zählen unter anderem gut strukturierte, elektronische Patientenakten (Moon/Galea 2016). Diese Patientendaten werden daraufhin mit verschiedensten klinischen Daten abgeglichen (Berner 2016). Im Bereich des Medikationsmanagements werden häufig Prüfungen bezüglich Dosierungsplausibilität, Wechselwirkungen, Doppelmedikation, klinisch-pharmazeutischem Fachwissen und Kontraindikationen durchgeführt (Baehr/Melzer 2018).

Weitere wichtige Themen der Zukunft sind *AAL-Systeme* (Active and Assisted Living bzw. altersgerechte Assistenz zum selbstbestimmten Leben). Der Begriff fasst technische Systeme, Dienstleistungen und Produkte zusammen, die den hilfebedürftigen Menschen bei der Wahrung seiner Eigenständigkeit wirksam unterstützen. Auch der verstärkte Einsatz von IT im Therapiebereich (z. B. Virtuelle Realität) ist ein Zukunftsthema. Das Interface/die Usability von IT-Lösungen wird sich radikal ändern. Der Einsatz von Robotern und Chatbots (Dialogsysteme, mit denen über Texteingabe oder Sprache kommuniziert werden kann) wird die Kommunikation und die Bedienung von IT-Lösungen schlagartig ändern und neue Möglichkeiten eröffnen. Bei all der Begeisterung für neue IT-Lösungen und deren Möglichkeiten müssen jedoch immer der Patientennutzen und der Nutzen für die Gesellschaft unter Wahrung des Datenschutzes sowie der **ethische Aspekt im Vordergrund** stehen.

Künftige Entwicklungen bedürfen kontinuierlicher Beobachtung. Damit einher geht eine ständige Anpassung der *IT-Strategie auf diese Zukunftsfelder*. Mit Hilfe unserer Forschungsabteilung, durch Forschungsprojekte und wissenschaftliche Abschlussarbeiten in Kooperation mit Partnerorganisationen, Fachhochschulen und der Wirtschaft werden diese neuen Tätigkeitsfelder laufend bearbeitet und halten durch Projekte Einzug in die Geriatrischen Gesundheitszentren.

Zukünftig ist zu erwarten, dass *Basisdienste und Basisservices vermehrt ausgegliedert* werden. Dabei steht wiederum die IT-Strategie im Vordergrund. Strategische Überlegungen bzw. klare Kosten-Nutzen-Rechnungen unterstützen diese Entscheidungen. Gesetzliche Vorgaben sowie steigende Anforderungen an Security, Datenschutz und Zertifizierungsdruck werden diesen Trend weiter forcieren. Wichtig ist dabei stets die Berücksichtigung des Datenschutzes.

Die Geriatrischen Gesundheitszentren verfügen über ein modernes IT- und Prozessmanagement, welches nicht nur modernste Technologien im Hard- und Softwarebereich einsetzt, sondern durch klare Prozesse und angewandte Managementkonzepte stets versucht, auch organisatorische Abläufe in der IT sowie im Unternehmen bestmöglich zu gestalten und mitzuprägen. Die Bedürfnisse der User, sowie der Bewohner und Patienten stehen dabei immer im Vordergrund. Ganz nach dem Motto des IT- und Prozessmanagements: „Bei uns sind User und Prozesse in den besten Händen."

■ 9.6 Literatur

Auer, Clemens-Martin; Milisits, Carina; Reimer, Sebastian: *ELGA-Handbuch: Die Elektronische Gesundheitsakte.* Manz Verlag, Wien 2014

Baehr, Michael; Melzer, Simone (Hrsg.): *Closed Loop Medication Management.* MWV, Berlin 2017

Becker, Jörg; Kugeler, Martin; Rosemann, Michael: *Prozessmanagement: Ein Leitfaden zur prozessorientierten Organisationsgestaltung.* 2. Auflage. Springer Gabler Verlag, Berlin/Heidelberg 2000

Berner, Eta S. (Ed.): *Clinical Decision Support Systems: Theory and Practice.* Springer International Publishing Switzerland, Basel 2016

Bundesverband der Krankenhaus-IT-Leiterinnen/Leiter e.V.: *Digitalisierung – Schaffung von Voraussetzungen im Krankenhaus.* 2017 URL: https://www.kh-it.de/steckbriefe.html?file=files/data/content/steckbriefe/Steckbrief-Digitalisierung%2011_2017.pdf. Abgerufen am 15.10.2018

Bundesministerium für Arbeit, Soziales, Gesundheit und Konsumentenschutz: *Wozu ELGA?* URL: https://www.sozialministerium.at/site/Gesundheit/Gesundheitssystem/eHealth_ELGA/ELGA_Die_Elektronische_Gesundheitsakte/Wozu_ELGA. Abgerufen am 15.10.2018

Bundesministerium für Bildung und Forschung: *Digitalisierung in der Medizin.* URL: https://www.bmbf.de/de/digitalisierung-in-der-medizin-2897.html. Abgerufen am 15.10.2018

Bundesamt für Sicherheit im Gesundheitswesen: *Medizinprodukte.* URL: https://www.basg.gv.at/medizinprodukte/fuer-hersteller-und-vertreiber/vertreiber/. Abgerufen am 16.10.2018

Bundesamt für Sicherheit in der Informationstechnik, Kapitel 3: *Business Impact Analyse.* URL: https://www.bsi.bund.de/DE/Themen/ITGrundschutz/ITGrundschutzSchulung/Webkurs1004/3_BusinessImpactAnalysieren/BIA_node.html. Abgerufen am 31.05.2019

Czeschik, Christina: *Decision Support in der Radiologie?* In: EHealthCom, Volume 2, Issue 3 (2017), S. 26 – 30

ELGA GmbH: *Wissenswertes zu ELGA.* URL: *https://www.elga.gv.at/faq/wissenswertes-zu-elga/index.html.* Abgerufen am 15.10.2018

Hansen, Hans Robert; Mendling, Jan; Neumann, Gustaf: *Wirtschaftsinformatik.* 11. Auflage. De Gruyter Oldenbourg Verlag, Berlin/München/Boston 2015

Harer, Johann; Baumgartner, Christian: *Anforderungen an Medizinprodukte: Praxisleitfaden für Hersteller und Zulieferer.* 3. Auflage. Hanser Verlag, München 2018

Hasenbichler, Lydia: *Telepflege im Geriatrischen Bereich: Chancen und Herausforderungen moderner Kommunikationstechnologien für eine flächendeckende sektorübergreifende Pflege.* IMC Fachhochschule, Krems 2018

Hennes-Rauth, Hanna; Klein, Ulrike; Mihaljevic, Sabine; Zink, Anna: *Gesundheit 2016: Jahrbuch für Gesundheitspolitik und Gesundheitswirtschaft in Österreich.* sanofi-aventis GmbH, Wien 2016

Jehle, Roswitha; Czeschik, Johanna Christina; Freund, Torsten; Wellnhofer, Ernst (Hrsg.): Medizinische *Informatik kompakt: Ein Kompendium für Mediziner, Informatiker, Qualitätsmanagement und Epidemiologen.* De Gruyter Verlag, Berlin/München/Boston 2015

Kersten, Heinrich; Klett, Gerhard; Reuter, Jürgen; Schröder, Klaus-Werner: *IT-Sicherheitsmanagement nach der neuen ISO 27001: ISMS, Risiken, Kennziffern, Controls.* Springer-Verlag, Wiesbaden 2016

Kersten, Heinrich; Klett, Gerhard: *Business Continuity und IT-Notfallmanagement: Grundlagen, Methoden und Konzepte.* Springer-Verlag, Wiesbaden 2017

Leber, Stefan: *Entwicklung einer Methode zur Umsetzung und Evaluation des Risikomanagements für medizinische IT-Netzwerke.* Dissertation. Hall in Tirol 2017

Leitgeb, Norbert: *Sicherheit von Medizingeräten: Recht – Risiko – Chancen.* Springer-Verlag, Berlin/Heidelberg 2010

Moon, Jane D.; Galea, Mary P.: *Improving Health Management through Clinical Decision Support Systems.* IGI Global Publishing, Hershey Pennsylvania 2016

Pillmayr, Norbert: *Challenges for modern IT-Organizations in Energy Utilities.* Firma Kelag, Klagenfurt 2008

Reiss, Manuela; Reiss, Georg: *Praxishandbuch IT-Dokumentation: Betriebshandbuch, Systemdokumentation und Notfallhandbuch im Griff.* Addison-Wesley Verlag, München 2009

Reinheimer, Stefan; Robra-Bissantz, Susanne (Hrsg.): *Business-IT-Alignment: Gemeinsam zum Unternehmenserfolg.* Springer-Verlag, Wiesbaden 2017

Schallmo, Daniel R. A.; Williams, Christopher, A.: *Digital Transformation Now! Guiding the Successful Digitalization of Your Business Model.* Springer International Publishing Switzerland, Charm 2018

Schmücker, Paul: *Schrittmacher der Digitalisierung.* In: EHealthCom Volume 2, Issue 3 (2016), S. 36 – 39

Schweppe, Peter; Kröll, Wolfgang; Becker, Andreas; Neuper, Oliver (Hrsg.): *Klinisches Risikomanagement I: Rechtliche Anforderungen, Methoden, Anwendungen und Umsetzung im Gesundheitsbereich.* NWV Verlag, Graz 2013

Tarnowska, Katarzyna A.; Ras, Zbigniew W.; Jastreboff, Pawel J.: *Decision Support System for Diagnosis and Treatment of Hearing Disorders.* Springer International Publishing Switzerland, Charm 2017

Vorberg, Sebastian: *Medizin-Apps und das neue Medizinprodukterecht.* In: EHealthCom, Volume 1 (2018), S. 44 – 47

Wasem, Jürgen; Staudt, Susanne; Matusiewicz, David (Hrsg.): *Medizinmanagement.* Medizinisch Wissenschaftliche Verlagsgesellschaft, Berlin 2013

10 Wie Qualitätsmanagement ein Unternehmen verändern kann

Martin Orehovec, Romana Winkler

> Qualitätsmanagementsysteme im Gesundheitswesen stellen eine dauerhafte Verbesserung innerhalb einer Organisation zum Wohle der Patienten und der wesentlichen Stakeholder sicher. Das Qualitätsmanagementsystem der Geriatrischen Gesundheitszentren ist mit seiner Einführung 2008 auch gleichzeitig ein wesentliches Management- und Führungsinstrument. Auf Basis einer wissenschaftlichen Arbeit und einer Probe-Selbstbewertung entscheidet die Führung gemeinsam, welches Qualitätsmanagementsystem ausgewählt wird. Gleichzeitig starten Qualifizierungsmaßnahmen. Vom ausgewählten Qualitätsmanagementsystem ausgehend, baute sich der Weg zum Total Quality Management auf. Projektmanagement stellt auf diesem Weg ein wesentliches Werkzeug dar.
>
> Lesen Sie in diesem Buchbeitrag über die Entwicklungsphasen des Unternehmens von Qualitätsmanagement in fünf kontinuierlichen Verbesserungsprozessen (KVP) über Total Quality Management zur Business Excellence. Als Meilensteine gelten die Übergänge von einem kontinuierlichen Verbesserungsprozess zum nächsten im Abstand von zwei bis drei Jahren.

„Nichts ist so beständig wie der Wandel."
Heraklit von Ephesus

Die Autoren erklären eingangs, warum Qualitätsmanagement als Unterstützer des Wandels bezeichnet werden kann und leiten schließlich in die einzelnen Entwicklungsphasen der Organisation im Zeitraum von 2000 bis 2020 über. Erfahren Sie abschließend, wie es durch Qualitätsmanagement gelingt, Veränderungen erfolgreich zu begegnen.

10.1 Qualitätsmanagement als Unterstützer des Wandelns

> **Qualitätsmanagement** umfasst aufeinander abgestimmte Tätigkeiten zum Leiten und Lenken einer Organisation bezüglich Qualität.

Qualitätsmanagement durch Rahmenbedingungen von außen

In Österreich finden sich qualitätsrelevante Bestimmungen neben den Berufsgesetzen (Ärztegesetz, Gesundheits- und Krankenpflegegesetz etc.) in der grundlegenden Sozial- und Gesundheitsrechtsordnung (Allgemeines Sozialversicherungsgesetz, Krankenanstalten- und Kuranstaltengesetz) und vor allem auch im Bundesgesetz zur Qualität von Gesundheitsleistungen (Gesundheitsqualitätsgesetz) (Hartinger 2018). Letztgenanntes wird 2005 erlassen (2013 angepasst) und stellt die wesentliche Grundlage für eine bundesweite Sicherung der Qualität im Gesundheitswesen dar. Es hat zum Ziel, bundeseinheitliche Empfehlungen und Vorgaben für Gesundheitsleistungen zu entwickeln und umzusetzen. Die Gesetze verpflichten die Krankenhäuser zum Umsetzen eines Qualitätsmanagementsystems.

Im Pflegeheimbereich ist die Selbstbewertung bereits in einzelnen Bundesländern verpflichtend. National wurde ein Fremdbewertungsverfahren für Pflegeheime, das *Nationale Qualitätszertifikat für Alten- und Pflegeheime* (NQZ) entwickelt, das für Österreich gesetzlich im Bundesseniorengesetz verankert ist.

Verpflichtende Mindeststandards

Die zunehmende Bedeutung von Qualität wird auch von den Gesetzgebern und vom Hauptgeldgeber erkannt. Das zuständige Bundesministerium hat *Mindestanforderungen für Qualitätsmanagementsysteme* in Krankenanstalten verpflichtend eingeführt. Zusätzlich hat der Gesundheitsfonds Steiermark, als Geldgeber des klinischen Bereichs, einen Qualitätsfonds errichtet und fordert etwa eine Initiative für Patientensicherheit (IPS), die „Aktion saubere Hände" sowie das Einhalten der Bundesqualitätsleitlinien.

> **Total Quality Management** bezeichnet ein „umfassendes Qualitätsmanagement" (Hensen 2016). Es ist eine „auf der Mitwirkung aller ihrer Mitglieder basierende Führungsmethode einer Organisation, die Qualität in den Mittelpunkt stellt und durch Zufriedenstellung der Kunden auf langfristigen Geschäftserfolg sowie auf Nutzen für die Mitglieder der Organisation und für die Gesellschaft zielt." (Deutsches Institut für Normung 1995, S. 18)

Allgemeiner Systemwandel

Auf der einen Seite wandelt sich die Organisation, auf der anderen Seite ändern sich die äußeren Rahmenbedingungen wie auch die Erwartungen des Hauptstakeholders „Kunde" als Patient, Bewohner oder Mieter.

Die Erwartungen der Patienten und Angehörigen erhöhen sich, sie werden informierter, kritischer und anspruchsvoller. War der Patient von einst dankbar für jede Leistung, sieht er sich heute als „Kunde", der wählen kann, mündig ist, hinterfragt und den Anspruch stellt, für sein Geld eine adäquate Leistung zu bekommen. *Kunden- und Angehörigenzufriedenheit* stellen daher wesentliche messbare Erfolgsfaktoren dar. Im Wandel ändert sich nicht nur das Gedankengut der einen Seite, sondern auch jenes des Gegenübers.

Neben den sich ändernden Kunden gibt es auch größere Änderungen auf der Mitarbeiterebene. Unter anderem besteht ein erhöhter Mangel an Mitarbeitern im ärztlichen und pflegerischen Bereich. Des Weiteren ändern sich die Ausbildungen der patientennahen Berufsgruppen, sodass der Praxisbezug immer mehr erst im Unternehmen entsteht. Auch die Haltung der Mitarbeiter entwickelt sich vom Grundsatz „Leben, um zu arbeiten" in die Richtung *„Arbeiten, um zu leben"*. Die Balance im Leben zwischen Beruf und Arbeit nimmt einen höheren Stellenwert ein.

Insgesamt ist das gesamte Gesundheits- und Pflegesystem von einem Wandel betroffen. Dies spiegelt sich in Aufnahmekriterien, veränderter Finanzierungslogik, verkürzter Verweildauer in den Gesundheits- und Pflegeeinrichtungen sowie in der Versorgungslandschaft an sich wider. So wird der Grundsatz *„ambulant vor stationär"* als *Leitgedanke* verfolgt. Dies führt zu einer längeren Verweildauer zu Hause und zu einem späteren Systemeintritt, was sich wiederum im Gesundheitszustand der Kunden ausdrückt.

Dieser Paradigmenwechsel fordert Unternehmen, sich diesem gesellschaftlichen und organisatorischen Wandel anzupassen und flexibel zu bleiben – das System an sich wandelt sich mit. Auf diesem Weg kann Qualitätsmanagement ein Unternehmen unterstützen, da es Unternehmen fordert, übergeordnete Rahmen- und Marktbedingungen zu berücksichtigen, sich anzupassen und dadurch fit für die Zukunft zu bleiben.

> *„Die größte Entscheidung deines Lebens liegt darin,*
> *dass du dein Leben ändern kannst,*
> *indem du deine Geisteshaltung änderst."*
> Albert Schweitzer

Bild 10.1 zeigt einen Überblick über die Entwicklungsphasen und Exzellenzbausteine des Qualitätsmanagements von der Pionier- bis zur Exzellenzphase der Geriatrischen Gesundheitszentren.

Pionierphase

Einführung von Elementen des Qualitätsmanagements

- Qualitätsmanagement über Projektmanagement
- Kundenzufriedenheit als wesentliches Qualitätskriterium
- Qualitätsziele eingebettet in die Balanced Scorecard

Aufbauphase

Entwicklung der Strukturqualität und Übergang zur Prozessqualität

- Aufbau von Strukturqualität
- Vereinheitlichen von Prozessen
- Auswahl des richtigen Qualitätsmanagementsystems
- Kooperation für Transparenz Verbundszertifizierung und Qualität im Gesundheitswesen (KTQ)– erste Vernetzte

Durchdringungsphase

Vertiefung der Prozessqualität

- Durchdringung als Schlüsselwort in KTQ
- Schaffen einer Stabstelle für Risikomanagement
- KTQ-Rezertifizierung
- Vom Detail zum Ganzen – Systemumstellung zu EFQM

Exzellenzphase

Gesteigerte Ergebnisqualität durch wirksames Qualitätsmanagement

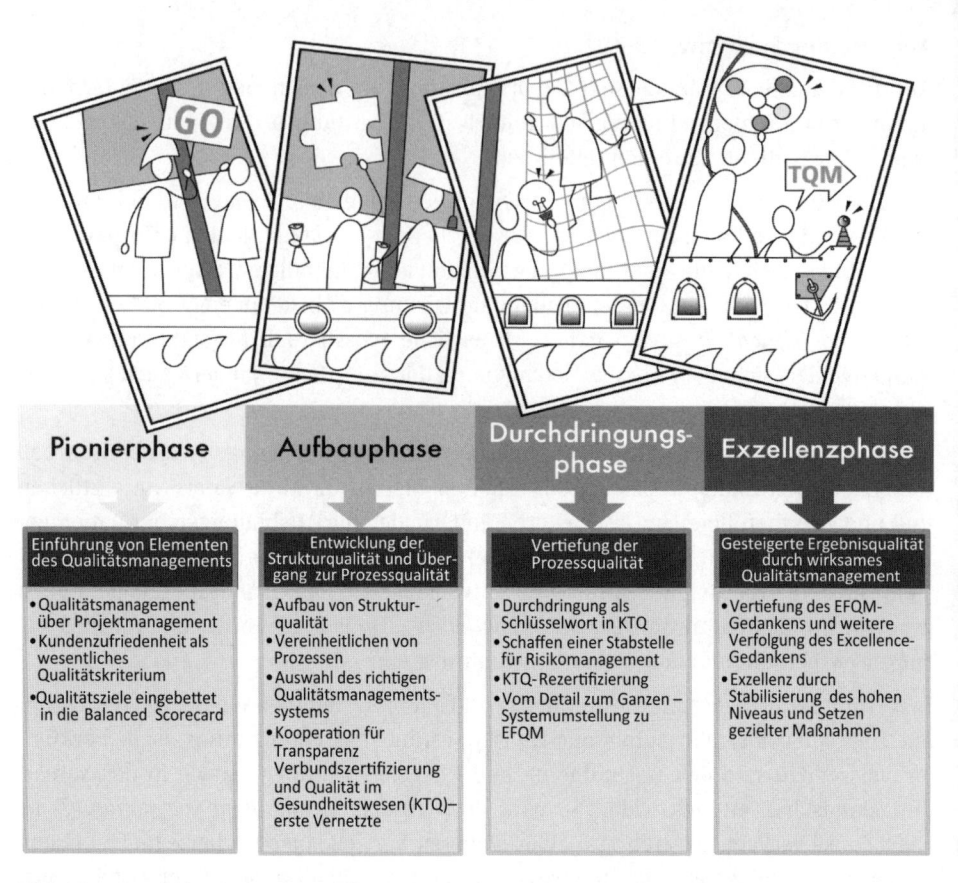

- Vertiefung des EFQM-Gedankens und weitere Verfolgung des Excellence-Gedankens
- Exzellenz durch Stabilisierung des hohen Niveaus und Setzen gezielter Maßnahmen

Bild 10.1 Entwicklungsphasen und Exzellenzbausteine des Qualitätsmanagements

■ 10.2 Einführung von Elementen des Qualitätsmanagements

Die Pionierphase ist geprägt durch die Arbeit an der Strukturqualität. Der Aufbau dieser stellt die Basis für die inhaltliche Weiterentwicklung des Qualitätsmanagements dar. Elemente des Projektmanagements werden eingeführt, um Organisations- und Bauprojekte effizient und effektiv durchzuführen.

Dieses Kapitel widmet sich daher folgenden Themen:

- Qualitätsmanagement über Projektmanagement,
- Kundenzufriedenheit als wesentliches Qualitätskriterium,
- Qualitätsziele eingebettet in die Balanced Scorecard.

> Donabedian definiert drei **Qualitätsdimensionen**. Seine Einteilung stellt bis heute die im Gesundheitswesen verbreitetste Einteilung dar:
> - Strukturqualität,
> - Prozessqualität,
> - Ergebnisqualität.
>
> Strukturqualität „beschreibt die strukturellen Voraussetzungen, die für gesundheitliche Versorgung notwendig sind" (z. B. Anzahl der Mitarbeiter, Qualifikation, Ausstattung, Infrastruktur etc.). Prozessqualität beschreibt die Qualität der Prozesse und der Zusammenhänge zwischen den Prozessen (z. B. Durchführen von Maßnahmen in der Leistungserbringung). Ergebnisqualität beschreibt die Qualität des Produkts, die Resultate der Prozesse (z. B. Patientenzufriedenheit) (Hensen 2016, S. 24-25).

In dieser zusammenhängenden Dreiteilung zeigt sich auch die Entwicklung von Organisationen. Es beginnt immer mit der *Arbeit an der Strukturqualität,* danach wird die *Prozessqualität verbessert,* abschließend steht die *Ergebnisqualität im Fokus.* Für die Ergebnisqualität braucht es eine Struktur- und eine Prozessqualität. Die Ergebnisqualität ist im Gesundheitswesen schwierig messbar zu machen. In der Altersmedizin stellt sich diese Frage noch einmal mehr: Was genau ist das angestrebte Ergebnis? Wie ist eine bessere Lebensqualität messbar? Zum Beispiel steht bei einem schwerkranken Patienten im Hospiz die Symptombehandlung im Vordergrund. Es gilt, die letzte Lebensphase so angenehm als möglich zu gestalten. Um dies zu erreichen, sind oft sehr individuelle Maßnahmen notwendig. Eine entsprechende Messgröße dafür zu finden, bringt große Herausforderungen mit sich. Zudem müssen ethische Fragestellungen mitberücksichtigt werden und standardisierte Instrumente können nur mehr begrenzt eingesetzt werden.

Qualitätsmanagement über Projektmanagement

In der Pionierphase entstehen die Grundstrukturen des Projektmanagements. So wurden Vorlagen für einen Projektleitfaden, einen Projektauftrag, einen Zwischenbericht und einen Projektabschlussbericht erstellt. Die Unterlagen wurden bewusst einfacher gehalten, als die sonst in Lehrgängen verwendeten Dokumente. Ziel war es, dass jeder Mitarbeiter mit geringem Aufwand die Möglichkeit hat, ein Thema aufzugreifen und zu bearbeiten. Dieser Ansatz wurde vom Managementteam unterstützt. Die Projektleitungen wurden an Mitarbeiter übertragen, die für ein Thema „brennen".

> Als **Projektmanagement** wird die „Gesamtheit von Führungsaufgaben, -organisation, -techniken und -mitteln für die Abwicklung eines Projekts" bezeichnet (Deutsches Institut für Normung 2009, S. 158).

Von Anfang an wurde in Organisations- und Bauprojekte unterschieden. Die Organisationsprojekte konnten direkt mit den eigens erstellten Unterlagen gut bewältigt werden. Für Bauprojekte wurden größere Projektbeschreibungen und Projekthandbücher verwendet. Aufgrund der Geldsummen und der daraus resultierenden notwendigen Beschlüsse seitens des Trägers Stadt Graz mit seinen politischen Gremien, wie dem Gemeinderat, war dies auch notwendig. Für eine Genehmigung im Gemeinderat sind, neben dem Antrag zum Beschluss, Gutachten über die Notwendigkeit der baulichen Maßnahme, eine ausführliche Machbarkeitsstudie, Grobentwürfe von Architekten, Folgekostenberechnungen und Konzepte zur Behandlung und Betreuung beigelegt. Auf Basis der durchdachten, vollständigen Unterlagen sind die politischen Entscheidungsträger bereit, die Anliegen zu unterstützen.

So standen in der Pionierphase infrastrukturelle Projekte und bauliche Maßnahmen im Vordergrund. Zentrales Thema war ein angemessenes Logistikkonzept für die gesamten Geriatrischen Gesundheitszentren zu entwerfen und am Hauptstandort die gesamten elektrischen, wasser- und gasführenden Leitungen zu erneuern. Alle Gebäude des Standorts der Klinik wurden von 2000 bis 2018 revitalisiert oder neu gebaut. Dazu gehören, neben dem Logistikzentrum, die Albert Schweitzer Kliniken, das Betreute Wohnen, das Albert Schweitzer Hospiz, sowie das Verwaltungsgebäude. Ab 2010 wurde mit der Sanierung der zwei Pflegeheime an den Außenstandorten begonnen. Zwei weitere Pflegeheime wurden auf der grünen Wiese neu gebaut. Die Fertigstellung eines Betreubaren Wohnens mit gehobenem Standard sowie das zu revitalisierende barocke Vorstadthaus für das Albert Schweitzer Institut runden die Infrastrukturprojekte ab.

Das Wesen von Qualitätsmanagement zeigt sich hier in der *kontinuierlichen Verbesserung*, die sich in den Geriatrischen Gesundheitszentren seit 2000 in über 250 Projekten vollzieht. Neben den Bauprojekten sind auch die Organisationsprojekte wesentlich für diese Entwicklung.

Alle 20 Versorgungsprodukte, wie beispielsweise die Akutgeriatrie und Remobilisation oder der Geriatrische Konsiliardienst, werden über Projekte eingeführt, wodurch in der Organisation vieles in Bewegung kommt. Projektmanagement ist „das" Tool für die Weiterentwicklung, auch jedes neue Versorgungsprodukt wird in Projektform implementiert. Durch das strukturierte Vorgehen und die gemeinsame Entwicklung in einem interdisziplinären Team entwickelten sich ein gemeinsames Zukunftsbild sowie Qualität in den Organisationsabläufen.

Die Entwicklung der Organisation ist vor allem dem Einsatz der Mitarbeiter und der Unterstützung der Führungskräfte zu verdanken. 2004 wurde dies bereits erkannt und der erste Projektaward ins Leben gerufen. Der Projektaward zeichnet herausragende Projekte und somit ihre Projektleiter und Projektteams aus. Ziel der Veranstaltung ist, die Wertschätzung der Projektteams für ihren großen Einsatz für das Projekt, welches neben der Alltagsarbeit zusätzlich fordert. Der Projektaward findet seit 2004 alle ein bis zwei Jahre statt. Die Ergebnisse werden mittels Newsletter und dem jährlich erscheinenden Stakeholder-Magazin „Geriatrie heute" verkündet.

Ein wichtiger Schritt für die erfolgreiche Durchführung von Projekten ist auch die *Qualifizierung der Mitarbeiter*. Zu diesem Zwecke werden jährlich über den Fortbildungskalender Schulungen zum Projektmanagement für alle Mitarbeiter angeboten. Ziel der Maßnahme ist es, einen breiten Pool an potenziellen Projektleitern zu haben, welche ihre Projektideen mithilfe der Methode „Projektmanagement" auch umsetzen können. Neue Projektleiter haben auch die Möglichkeit, ihre Projektplanungen mit der Stabsstelle Projektmanagement zu besprechen und hier eine interne Beratung in Anspruch zu nehmen.

In der Stabsstelle Projektmanagement laufen die Fäden zusammen und es wird mittels Projektübersichten das aktuelle Projektportfolio an die Geschäftsführung und das Managementteam berichtet. Das Projektmanagement ist daher eine der wesentlichen Methoden zur Qualitätssteigerung von Anfang an und stellt auch in den weiteren Entwicklungsphasen der Organisation ein wichtiges Instrument dar.

Kundenzufriedenheit als wesentliches Qualitätskriterium

Befragungsmanagement und Beschwerdewesen sind als zentrale Systemelemente eines Qualitätsmanagementsystems etabliert, sämtliche Anspruchsgruppen werden nach ihrer Meinung gefragt: Patienten, Bewohner, Mieter, Mitarbeiter und Angehörige, speziell in Langzeitbereichen, bei einer höheren Pflegestufe oder etwa auf der Wachkomastation, wo sich Betroffene selbst nicht mehr mitteilen können.

Qualitätsziele eingebettet in die Balanced Scorecard

Als integrativer Bestandteil der Unternehmensstrategie sind auch die Qualitätsziele von Bedeutung. Um eine umfassende Unternehmensstrategie zu entwickeln, braucht es ein Instrument: die Balanced Scorecard. Die darin abgebildeten strategischen und operativen Ziele werden mittels Kennzahlen gemessen. Die Balanced Scorecard bietet den Vorteil einer mehrdimensionalen Unternehmensplanung anstelle einer rein finanzwirtschaftlichen.

10.3 Entwicklung der Strukturqualität und Übergang zur Prozessqualität

Die Aufbauphase und der erste kontinuierliche Verbesserungsprozess sind von folgenden Meilensteinen geprägt:

- Aufbau von Strukturqualität,
- Vereinheitlichen von Prozessen,
- Auswahl des richtigen Qualitätsmanagementsystems,
- Kooperation für Transparenz und Qualität im Gesundheitswesen (KTQ) – Erste vernetzte Verbundzertifizierung.

Aufbau von Strukturqualität

Über infrastrukturelle Großprojekte erfolgt in der Aufbauphase weitere Aufbauarbeit, wie etwa der Neubau der Albert Schweitzer Klinik II, des Hospizgebäudes, des Betreuten Wohnens und des Kindergartens. Auch das Verdrängen des Schwerverkehrs aus dem inneren Gelände über das Logistikzentrum wird über ein Projekt abgewickelt. In der Differenzierungsphase wurde Qualitätsmanagement als Stabsstelle der Geschäftsführung implementiert. Zudem verpflichten sich alle Bereichsleiter zu Qualitätsmanagement und nominieren Ansprechpartner. Durch die Verortung in der Organisation werden Ressourcen geschaffen, welche die Einführung eines anerkannten Qualitätsmanagementsystems vorantreiben. Gemeinsam mit der Geschäftsführung wird der *Qualitätsmanagementgedanke verbreitet* und in der Unternehmenskultur verankert. Dies stellte die Basis für eine kontinuierliche, konsequente und koordinierte Qualitätsarbeit dar. Nach einer weiteren Erhöhung der Strukturqualität rückt die Prozessqualität nun weiter in den Fokus. Die weiteren Entwicklungsstufen der Organisation zeigen sich in den kontinuierlichen Verbesserungsprozessen.

> Der **Verbesserungsprozess** ist ein wesentliches Element im Qualitätsmanagement. In der Vergangenheit wurde in der ISO-9000-Reihe die Bezeichnung „ständige Verbesserung" verwendet. In den aktuellen ISO-Normen wird von „fortlaufender Verbesserung" gesprochen, da nicht jede Verbesserung eine wiederkehrende Aktivität ist. Verbesserung wird nun als „Tätigkeit zum Steigern der Leistung" bezeichnet (Koubek 2015).

Vereinheitlichen von Prozessen

Die erste Aufgabe des Qualitätsmanagements 2008 bis 2010 hat das Vereinheitlichen von Prozessen zum Ziel, die Geriatrischen Gesundheitszentren sollen sich als **EINE** Organisation präsentieren und empfinden und nicht etwa als Albert Schweitzer Klinik I oder II bzw. Pflegeheim A, B, C oder D. Die gleiche Versorgungsform soll in einer Organisation auch gleich ablaufen, wie etwa die Aufnahme in das Pflegeheim A gleich erfolgt, wie die Aufnahme in das Pflegeheim B. Das ist die Kernaufgabe des Qualitätsmanagements im ersten kontinuierlichen Verbesserungsprozess: Vereinheitlichen so weit wie möglich, dort, wo es sinnvoll ist. Qualitätsmanagement fördert das Lernen voneinander innerhalb einer Organisation, indem sich die einzelnen Berufsgruppen wie etwa Ärzte oder Pflegepersonen nicht isoliert sehen, sondern austauschen und über ihre Bereichsgrenzen hinaus vernetzen. Das Beste aus jedem Bereich wird zu einem optimalen Prozess zusammengeführt und standardisiert.

> **Dokumentenmanagement in den Geriatrischen Gesundheitszentren**
>
> Auf den Stationen sind Ordner aufgelegt, mit dem Ersuchen, alle Dokumente wie etwa Vorlagen, Richtlinien, mit denen gearbeitet wird, darin abzulegen. Danach wird es die Aufgabe der Führungskräfte, die gesammelten „Werke" den Prozessen auf der Prozesslandkarte zuzuordnen. Hier wird einerseits sichtbar, dass die Dokumente ein uneinheitliches Layout aufweisen und andererseits, dass die Standardisierung von Abläufen fehlt, sodass auf Stationen der gleichen Versorgungsform unterschiedlich gearbeitet wird. Die Zuordnung der Dokumente zu den Prozessen wird in weiterer Folge im Intranet umgesetzt. Im Zuge der Umsetzung wird auch das Dokumentlayout vereinheitlicht und Verantwortlichkeiten je Dokument werden festgelegt. Dadurch wird eine Plattform geschaffen, auf der die aktuell gültigen Dokumente den Mitarbeitern zur Verfügung stehen.

Danach bildet das Qualitätsmanagement die Kommunikationsstrukturen ab, um etwa nachvollziehen zu können, ob Entscheidungen der Geschäftsführung in alle Organisationseinheiten durchdringen. So werden die bestehenden Besprechungsstrukturen mit Verantwortlichen, Intervallen, Teilnehmern, Zielsetzungen etc. einheitlich erfasst. Durch diesen strukturierten Vorgang entstehen weitere Standards für die Abteilungen.

Im **ersten kontinuierlichen Verbesserungsprozess** werden Interne Audits eingeführt, indem das Qualitätsmanagement gemeinsam mit den Bereichsleitungen die Abläufe auf den Stationen analysiert, hinterfragt und „externes" Feedback gibt. Ziel ist auch, Abweichungen zu bestehenden Standards zu erkennen und allgemeine Informationen zu vermitteln. Eine besondere Herausforderung besteht darin, einem Bereichsfremden oder Externen, wie einem Auditor, Assessor oder Visitor die Arbeitsabläufe verständlich zu erklären – eine wesentliche Voraussetzung für eine erfolgreiche Zertifizierung. Zusätzlich unterstützt eine einfach verständliche Sprache den täglichen Umgang mit Patienten, Bewohnern und Angehörigen.

Auswahl des richtigen Qualitätsmanagementsystems

> Ein **Qualitätsmanagementsystem** ist ein Managementsystem zum Leiten und Lenken einer Organisation und sollte die Organisation und ihre Führung dabei unterstützen, dass die Kundenanforderungen erfüllt und die Kundenzufriedenheit erhöht werden (Koubek 2015).

Qualitätsmanagementsysteme bewerten ausgehend vom dahinterliegenden Modell die Prozesse, Abläufe und Herangehensweisen. Das bedeutet jedoch nicht gleichzeitig, dass die beste Dienstleistung und die höchste Produktqualität angeboten werden.

Die intensive Beschäftigung mit den Abläufen führt zu einer Effizienzsteigerung, die wiederum dazu führt, dass mehr Zeit für das Wesentliche – die Verbesserung der Dienstleistung oder des Versorgungsprodukts – bleibt.

Qualitätsmanagementsysteme können in **branchenneutrale und branchenspezifische Modelle** unterschieden werden.

> **Branchenneutrale Modelle**, wie ISO 9001 oder EFQM sind nicht speziell für eine Branche oder einen Bereich konzipiert. Sie haben den Anspruch, auf alle Branchen umlegbar zu sein (Hensen 2016). Sie brauchen folglich eine Übersetzung bzw. Umlegung auf den jeweiligen Bereich, da sie für Mitarbeiter abstrakter und in einer nicht leicht verständlichen Sprache verfasst sind. Dies ist Aufgabe des QM-Beauftragten.
>
> **Branchenspezifische Modelle** wie KTQ, Joint Commission, E-Qalin oder NQZ sind speziell auf eine Branche ausgerichtet – die genannten Beispiele auf das Gesundheitswesen bzw. den Pflegebereich. Sie umfassen Themenbereiche, die speziell für diese Branche wesentlich sind und sind in der Wortwahl, bei den Fragen etc. an die jeweilige Branche angepasst. Es wird beispielsweise von Patientenorientierung und „Bewohnern, Patienten" gesprochen, nicht von „Kunden" (Hensen 2016, Kuntsche/Börchers 2017).

Eine weitere Unterscheidung erfolgt insofern, ob es sich um Zertifizierungs- oder Reifegradmodelle handelt.

> **Zertifizierungs- und Reifegradmodelle**
>
> Modelle, die auf einem Standard beruhen, erfordern die Erfüllung von Kriterien. Die ISO 9001 ist hier ein typischer Vertreter. Einrichtungen, welche diesen Standard umsetzen, werden in Audits anhand von Konformitäten beurteilt. Nicht-Konformitäten (Abweichungen) müssen behoben werden, um ein Zertifikat zu erhalten. Als Ergebnis steht hier die Zertifizierung (Hensen 2016).
>
> Ein Reifegradmodell beurteilt ein Unternehmen anhand von Kriterien, wobei es keine Mindesterfüllung von einzelnen Anforderungen gibt. Ein typischer Vertreter ist hier EFQM. Es gibt hier keine Zertifikate, sondern Auszeichnungen. Die Auszeichnungen spiegeln den aktuellen Reifegrad der Organisation wider (Hensen 2016).

Die Einführung eines Qualitätsmanagementsystems hat das Ziel, die Kundenzufriedenheit zu steigern, interne Abläufe zu standardisieren, zu verbessern und dadurch mehr Wertschöpfung zu generieren. Die Bewertung der Organisation erfolgt anhand einer Selbstbewertung, die entweder die Erfüllung des Standards oder das Messen des Reifegrads zum Ziel hat. Ergänzend zur internen Messung gibt es auch eine externe Messung in Form der Fremdbewertung. Die Fremdbewertung unterstützt die Organisation in Form von Verbesserungsvorschlägen und Handlungsempfehlungen von Externen. Diese neutrale Bewertung wird mit einem Zertifikat bzw. einer Auszeichnung belohnt.

Kooperation für Transparenz und Qualität im Gesundheitswesen (KTQ) – Erste vernetzte Verbundzertifizierung

Seitens einer Organisation sind mehrere grundlegende Entscheidungen in der Modellwahl zu treffen: Soll der Vergleich branchenspezifisch oder branchenneutral erfolgen? Soll das Modell Standards abfragen oder den Reifegrad der Organisation abbilden? Sollen eine Selbstbewertung und Fremdbewertung durchgeführt werden? Es gibt Systeme, die sowohl eine Selbst- als auch eine Fremdbewertung ermöglichen und solche, die nur eine Möglichkeit zulassen. Alle Varianten haben Vor- und Nachteile. *Entscheidend ist, dass das Modell zur Organisation passt und die Grundelemente des Qualitätsmanagements beinhaltet.*

Über eine wissenschaftliche Arbeit, auf Basis einer Nutzwertanalyse, wählt das Management zwei Systeme, die in die engere Wahl kommen. Die dazu durchgeführten Probe-Selbstbewertungen bringen Klarheit für die Wahl des Systems KTQ, das über alle Organisationseinheiten gelegt wird. Innerhalb nur eines Jahres wird die Teilnahme als Pilotprojekt für eine erstmalig vernetzte Verbundzertifizierung umgesetzt. Wahlentscheidend ist, dass patientennahe Berufsgruppen über ein branchenspezifisches Modell leichter zu erreichen sind, da es in ihrer „Sprache" verfasst ist und sie mit konkret beantwortbaren Fragen konfrontiert werden, wie etwa „Wie werden Patienten aufgenommen?". Des Weiteren kann das KTQ-System in allen Einrichtungen umgesetzt werden, da es Manuals sowohl für die Bereiche Krankenhaus, Pflegeheime, Hospiz und alternative Wohnformen gibt.

> **KTQ-Modell und Vernetzte Verbundzertifizierung**
>
> Das KTQ-Modell besteht aus sechs Kategorien: der Patientenorientierung, Mitarbeiterorientierung, Sicherheit – Risikomanagement, Informations- und Kommunikationswesen, Unternehmensführung und Qualitätsmanagement. Die Kategorien bestehen aus Kriterien und müssen nach dem Plan-Do-Check-Act-Zyklus beschrieben werden. Folgende Zertifizierungsvarianten gibt es:
>
> - Zertifizierung einer Einrichtung (z. B. Krankenhaus),
> - Verbundzertifizierung – Verschiedene Standorte der gleichen Versorgungsform (z. B. mehrere Krankenhäuser),
> - vernetzte Zertifizierung – Einrichtungen unterschiedlicher Versorgungsformen (z. B. Krankenhaus und Pflegeheim),
> - vernetzte Verbundzertifizierung – Mischung aus beiden zuvor genannten Varianten.
>
> (Kooperation für Transparenz im Gesundheitswesen 2009, Kooperation für Transparenz im Gesundheitswesen 2012)

Die vernetzte Verbundzertifizierung wurde 2009 erstmalig vorgestellt. Die Geriatrischen Gesundheitszentren beteiligten sich an der ersten Pilotzertifizierung mit sämtlichen ihrer Einrichtungen.

Im Zuge der Selbstbewertungen wurden die Prozesse und Richtlinien kritisch geprüft, hinterfragt und verbessert. Besonders positiv erlebten die Mitarbeiter den intensiven Austausch über Berufs- und Stationsgrenzen hinaus, was das Lernen voneinander fördert. Neben der alltäglichen Kommunikation über den Behandlungsverlauf wurde nun der Zusammenarbeit ein höherer Stellenwert beigemessen. Die Beschäftigung mit Qualitätsmanagement-Fragestellungen und der Zertifizierung löst aber auch Ängste und Vorurteile aus.

- *Ist der Dokumentationsaufwand für Selbstbewertung gerechtfertigt?*
- *Was passiert, wenn ich keine Antwort auf die Fragen geben kann?*
- *Was passiert, wenn wir das Zertifikat nicht bekommen? Können wir immer noch besser werden bei gleichen Ressourcen?*
- *Geht die Qualitätsmanagement-Spirale wirklich immer aufwärts?*

Diese und zahlreiche weitere Fragen treten in dieser Phase typischerweise auf. Die Ängste können und müssen durch einen intensiven Informationstransfer, durch Kommunikation und Schulungen abgebaut werden. Auch der kontinuierliche Verbesserungsprozess muss erklärt werden. Er bedeutet nicht automatisch „mehr", sondern auch ein bewusstes Fokussieren auf einzelne Themen, wodurch andere Themen wegfallen. Das Weglassen stellt häufig die größte Herausforderung dar.

Diese Phase wird mit der „*Vernetzten Verbundzertifizierung KTQ*" abgeschlossen. Hieraus werden mehrere Verbesserungsmaßnahmen für die kommenden Kontinuierlichen Verbesserungsprozesse abgeleitet.

10.4 Vertiefung der Prozessqualität

Die Durchdringungsphase wird von einem **zweiten und dritten kontinuierlichen Verbesserungsprozess** begleitet. „Durchdringung" als Schlüsselwort ist dabei wesentlich, vor allem in Hinblick auf das KTQ-Modell. Beschäftigten wir uns in den vorigen Phasen eher mit der Strukturqualität, konzentrieren wir uns nun auf die Prozessqualität und erkennen dabei, dass der Change von einem branchenspezifischen zu einem branchenneutralen Qualitätsmanagementmodell notwendig wird.

Die Durchdringungsphase ist durch die folgenden Exzellenzbausteine gekennzeichnet:

- Durchdringung als Schlüsselwort in KTQ,
- Schaffen einer Stabsstelle für Risikomanagement,
- KTQ-Rezertifizierung,
- vom Detail zum Ganzen – Systemumstellung zu EFQM.

Durchdringung als Schlüsselwort in KTQ

Das KTQ-Modell bewertet eine Organisation nach dem Erreichungs- und Durchdringungsgrad. Der Erreichungsgrad beschreibt, inwiefern die Organisation ein festgelegtes Vorgehen hat, während der Durchdringungsgrad die Verbreitung in der Organisation beschreibt.

Der Erreichungsgrad wurde vor allem im Zuge der Erstzertifizierung nach KTQ auf einen einheitlichen Standard gehoben. Im Rahmen des zweiten kontinuierlichen Verbesserungsprozesses wurden zudem die Rückmeldungen aus der KTQ-Visitation in der Qualitätsmanagementkommission aufgearbeitet, Verbesserungen abgeleitet, flächendeckend umgesetzt und in weiterer Folge überprüft. Entscheidend nach der Erstzertifizierung war eine Stabilisierungsphase, um den Durchdringungsgrad weiter zu verbessern. Auch wird erkannt, dass die Etablierung des Risikomanagements den proaktiven Ansatz des Qualitätsmanagements unterstützt.

Schaffen einer Stabsstelle für Risikomanagement

Als Schnittstelle für Risikomanagement definiert das Qualitätsmanagement die Strukturen für finanzielles, klinisches und infrastrukturelles Risikomanagement sowie das IT-Risikomanagement. Das strategische Risikomanagement wird direkt von der Geschäftsführung und dem Managementteam bearbeitet. Dazu wird die Verantwortung für das Risikomanagement unmittelbar bei den einzelnen Bereichsleitungen angesiedelt, da nur hier das notwendige Detailfachwissen vorliegt. Ab Herbst 2012 wird das Risikomanagement aus dem Qualitätsmanagement herausgelöst und eine eigene Stabsstelle der Geschäftsführung etabliert. Die zentrale Stabsstelle wird ab 2014 direkt bei einer Heimleitung verankert.

Das Risikomanagement kann grob in ein *vorbeugendes und ein reaktives Risikomanagement* unterteilt werden. Im vorbeugenden Risikomanagement werden vor allem Analysen ohne konkreten Auslöser betrachtet, während das reaktive Risikomanagement Analysen anhand von Beinahefehlern und Fehlern fokussiert. Beide haben das Ziel, Risiken zu bewältigen, im Sinne von Risiken zu vermeiden, zu reduzieren, zu überwälzen und das Restrisiko zu tragen.

Als ein wesentliches Instrument des Risikomanagements ist das Critical Incident Reporting System anzuführen.

> **Critical Incident Reporting System** (CIRS) ist ein Berichts- und Lernsystem im Risikomanagement zur Meldung von Beinahefehlern und Fehlern. Es ist ein Instrument zur Risikoidentifikation und hat das Ziel voneinander zu lernen (Panzica/Krettek/Cartes 2011).

> **Critical Incident Reporting System in den Geriatrischen Gesundheitszentren**
>
> Aus dem Critical Incident Reporting System abgeleitete Maßnahmen werden zentral für alle betroffenen Bereiche in den Geriatrischen Gesundheitszentren (Krankenhaus, Pflegeheime etc.) bedacht und eingeführt. Fehler mit Patientenschaden sind unmittelbar an die Führungskräfte zu melden, in diesem Fall ist die Meldung von Critical Incidents zweitrangig. Das Critical Incident Reporting System inklusive eines Handbuchs wird als eine der ersten Maßnahmen eingeführt. Die Wirksamkeit des Critical Incident Reporting Systems wird mit einer Balanced-Scorecard-Kennzahl gemessen. Meldungen und das System an sich werden wiederkehrend evaluiert und verbessert.

Eine übergeordnete Initiative für Patientensicherheit in der Steiermark wurde vom Gesundheitsfonds Steiermark initiiert und vernetzt die Krankenhäuser. Als Finanzier der Spitäler richtet der Fonds einen finanziell ausgestatteten Qualitätstopf ein, durch den die Einrichtungen, welche sich an der Initiative beteiligen, Gelder erhalten können. Die Initiative für Patientensicherheit besteht aus einer Auszeichnung (Peer-Review-Verfahren), einem Feedbacksystem (Austausch von Best-Practice-Beispielen und Indikatoren-Vergleich) und den Maßnahmen zur sektorenübergreifenden Patientensicherheit. Im Zuge der Vernetzungstreffen werden Auszeichnungen verliehen. Die Geriatrischen Gesundheitszentren haben die Auszeichnung erstmals 2013 erhalten und bestätigen ihre Leistungen alle drei Jahre.

KTQ-Rezertifizierung

Die Schlussphase des zweiten kontinuierlichen Verbesserungsprozesses stellt die KTQ-Rezertifizierung dar. Für dieses Projekt werden die Selbstbewertung von 2010 mit Unterstützung zahlreicher Subarbeitsgruppen aktualisiert. Vor allem die Neuerungen und Verbesserungen der letzten drei Jahre mussten erfasst werden. Herzstück sind für das Qualitätsmanagement auch in dieser Phase Schulungen und Informationstransfer. Alle Mitarbeiter erhalten grundlegendes und auffrischendes Wissen über KTQ. Die KTQ-Zertifikatsübergabe stellt den Abschluss dieses kontinuierlichen Verbesserungsprozesses dar.

Vom Detail zum Ganzen – Systemumstellung zu EFQM

Mit der Aussagekraft des branchenspezifischen Qualitätsmanagementsystems KTQ stieß die Organisation modellbedingt an ihre Grenze. Interessant werden zunehmend eine umfassende Betrachtung aller Stakeholder und Unternehmensteile und die Frage, welche Handlungsimpulse aus anderen Branchen umgesetzt werden können. Dies stellt den Auftakt für den dritten kontinuierlichen Verbesserungsprozess dar. Die Organisation entscheidet sich aufgrund des Hinweises von KTQ-Visitoren für einen *Systemwandel*, da die Lernkurve aus der zweiten KTQ-Zertifizierung geringer ausfällt und ein neuer Blickwinkel erforderlich wird. Die stark prüfende detaillierte Logik wurde verlassen und weicht dem Wunsch nach einem Modell, welches die Organisation aus anderen Blickwinkeln betrachtet und dadurch neue Entwicklungsimpulse generiert. Die Wahl fällt mit EFQM auf ein branchenneutrales Modell, das für alle Organisationseinheiten gilt. Somit wird der Grundstein in Richtung Total Quality Management und Business Excellence gelegt.

EFQM steht für „European Foundation for Quality Management" und wird 1989 von 14 Unternehmern gegründet. Die Gründer setzen sich das Ziel, die europäische Wirtschaft weiterzuentwickeln, sodass der Wirtschaftsstandort Europa auch im 21. Jahrhundert erfolgreich ist. Dazu kreieren sie ein Modell, das alle fünf bis sieben Jahre adaptiert wird, mit teils revolutionären und teils evolutionären Entwicklungen.

> **Das EFQM-Modell** besteht aus drei Elementen. Den Grundkonzepten der Excellence (Fundamental Concepts), dem Kriterien-Modell und der Radar-Logik. Die Grundkonzepte der Excellence stellen übergeordnete Rahmenbedingungen für das Kriterien-Modell dar. Das Kriterien-Modell besteht aus Befähiger-Kriterien, die beschreiben, wie das Unternehmen vorgeht und Ergebnis-Kriterien, die Kennzahlen abbilden. Die insgesamt neun Kriterien sind nach der Radar-Logik zu beschreiben (EFQM 2012, S. 3). Im neuen EFQM-Modell 2019 bleiben das Kriterien-Modell und die Radar-Logik. Die Grundkonzepte der Excellence fallen weg. Das neue Kriterien-Modell besteht aus den drei Säulen: Direction, Execution und Results (EFQM 2019).

Die branchenneutrale Sicht führt zu Handlungsempfehlungen und Verbesserungsvorschlägen auf einer weit höheren Ebene, die sich vorrangig auf das Managementsystem beziehen. In einer Bewerbungsunterlage ist das gesamte Unternehmen anhand des Modells zu beschreiben. Aufgabe des Qualitätsmanagements ist es, diesen Prozess zu leiten, nach innen zu übersetzen und zu begleiten. Dies erfolgt in diversen moderierten Gruppensitzungen, in denen die Kriterien gemeinsam mit den einzelnen Berufsgruppen und Bereichen erarbeitet und in der Folge ausformuliert werden. Fragen könnten etwa lauten: Welche Standards werden in Ihrem Bereich verwendet und (wie) werden diese überprüft? Was sind konkrete Verbesserungen in Ihrem Bereich? Welche guten Umsetzungsbeispiele können Sie nennen?

Gleichzeitig mit der Entscheidung zum Umstieg auf EFQM setzt sich das Management als Ziel, mit weniger als einem halben Jahr Vorbereitungszeit am Staatspreis Unternehmensqualität teilzunehmen, der über den vermittelten Spirit mit „Bei uns sind Menschen in den besten Händen" auf Basis des EFQM-Modells auf Anhieb gewonnen wird. Die mitverliehene „EFQM-Recognised for Excellence five Stars"-Auszeichnung belegt einen erzielten – und sogar deutlich übertroffenen – Punktestand von 500 Punkten (von insgesamt 1000 Punkten, wobei Spitzenunternehmen typischerweise Werte zwischen 700 und 800 Punkten erreichen). Außerdem konnten sich die Geriatrischen Gesundheitszentren gegen namhafte Industriebetriebe und Unternehmen unterschiedlicher Branchen durchsetzen, die schon seit Jahren einen Spitzenplatz anstreben. In Folge dessen werden die Geriatrischen Gesundheitszentren zum europäischen Wettbewerb mit „Welcome to the Champions League" eingeladen.

Die Teilnahme am ersten großen internationalen Wettbewerb stellt das Qualitätsmanagement vor eine große Herausforderung. Neben der Änderung des Umfangs der Bewerbungsunterlage, der Beschreibungslogik, des Bewerbungsvorgangs und der Assessmentdauer stellt vor allem die Sprache eine große Hürde dar, die es zu nehmen gilt.

Die Bewerbung erfolgt anhand eines detaillierten Zeitplans. Die Bewerbungsunterlagen werden wiederum vom Qualitätsmanagement vorbereitet und im Team besprochen sowie ergänzt. Der beschränkte Umfang beträgt ca. 50 Seiten ohne Anhang, was zu einer sehr präzisen Auswahl von anzuführenden Beispielen, die möglichst das gesamte Unternehmen betreffen, zwingt. Auch sind die Führungskräfte gefordert, die Beispiele und die dahinterliegenden strategischen Ansätze für ihren Produktbereich zu übersetzen. Die Übersetzungsarbeit ist notwendig, um den Assessoren zu zeigen, dass alle Organisationsbereiche Verbesserungen auf Basis des beschriebenen Vorgehens durchführen.

Der dritte kontinuierliche Verbesserungsprozess wird erfolgreich mit dem **Erreichen des Finalistenstatus** für die Albert Schweitzer Klinik und das Albert Schweitzer Hospiz beim EFQM Excellence Award 2015 abgeschlossen.

10.5 Gesteigerte Ergebnisqualität durch wirksames Qualitätsmanagement

Gesteigerte Ergebnisqualität durch wirksames Qualitätsmanagement zu erzielen, lautet der Leitgedanke der Exzellenzphase. Diese Phase steht für **den vierten und fünften kontinuierlichen Veränderungsprozess** der Organisation. Wir zeigen, wie es gelingt, den Excellence-Gedanken stets im Auge zu behalten.

In der Exzellenzphase finden daher folgende Aspekte Beachtung:
- Vertiefung des EFQM-Gedankens und weitere Verfolgung des Excellence-Gedankens,
- Exzellenz durch Stabilisierung des hohen Niveaus und Setzen gezielter Maßnahmen.

Vertiefung des EFQM-Gedankens und weitere Verfolgung des Excellence-Gedankens

Zu Beginn des vierten kontinuierlichen Verbesserungsprozesses wird eine Roadmap für die nächste EFQM-Bewerbung erstellt, die die Umsetzung der Verbesserungsmaßnahmen aus der ersten EFQM-Bewerbung sowie die notwendigen Schritte bis zur Teilnahme am Wettbewerb beinhaltet. Damit wird das Ziel Business Excellence weiterverfolgt. Vor allem die Frage, wie die geänderte Vision, von „Beste Geriatrie Österreichs" zu „ein führendes Kompetenzzentrum für Altersmedizin und Pflege in Europa", zu realisieren ist, erfordert eine präzise Antwort, die beim Assessment 2015 noch nicht gegeben werden konnte. Dieser Fokus macht es notwendig, sämtliche Strategiesätze daraus abzuleiten und strategische sowie operative Ziele für alle Produkte zu detaillieren. Die Balanced Scorecard wird dahingehend neu aufgebaut.

Neben dem Themenschwerpunkt „Strategie" wurden weitere *Verbesserungspotenziale* aus der ersten EFQM-Bewerbung bearbeitet:

Es wird ein *Benchmarking-Modell* entworfen: Das neue Modell sieht unterschiedliche Stufen vor. Es beginnt bei einfachem niederschwelligem Erfahrungsaustausch und mündet in tiefgreifenden Kennzahlen- und Prozessvergleichen sowie Projekten. Diese können sowohl branchenintern (Best in Class) als auch branchenextern stattfinden.

Das *Stakeholdermanagement* wird vermehrt anhand der strategischen Relevanz strukturiert. Stakeholder werden eingeteilt nach ihrem Einfluss auf und Beitrag zur Strategie. Auch wird das Stakeholdermanagement auf eine gemeinsame Unternehmensebene gebracht.

Das *Prozessmanagement wird weiterentwickelt*: So werden einige Prozesse verschlankt und die Prozessverantwortung wird neu definiert. Ziel ist es, vermehrt mit Prozesskennzahlen zu arbeiten. Es gilt Kennzahlen zu finden, die als „Frühwarnindikatoren" bereits im laufenden Prozess Auskunft über die mögliche Ergebnisqualität geben. Besonders im Gesundheitswesen ist das Finden von passenden Ergebniskennzahlen mit Herausforderungen verbunden, da zentrale Merkmale, insbesondere die Lebensqualität, schwierig zu messen sind. Jedoch sollte zumindest ein Ansatzpunkt einer Kennzahl gefunden werden, um auch definieren zu können, wie diese erreichbar ist.

Das *Kennzahlensystem* rückt somit ebenfalls in den Fokus mit der Überlegung, jedes strategische Ziel messbar zu machen. Für jedes strategische Ziel gilt es, eine Kennzahl zu finden.

> ➡ Bei der Zuweiserbefragung erfolgt ein Wechsel von einer lokalen Befragung in Graz mittels qualitativer Interviews zu einem Institut nach Berlin, das diese Erhebung für zahlreiche Kliniken in Europa durchführt. Dies mit der Erwartung, noch hochwertigere Rückmeldungen von den Zuweisern zu erhalten. ■

Als weitere Stakeholdergruppe werden erstmalig die für uns zuständigen Politiker der Stadt Graz sowie des Landes Steiermark strukturiert befragt und in den regelmäßigen Befragungszyklus aufgenommen.

Zur besseren Umsetzung des EFQM-Modells erfolgen *Qualifizierungsmaßnahmen für Führungskräfte*. Unter anderem werden auch EFQM-Assessoren ausgebildet. Wesentliche Tätigkeit des Qualitätsmanagements in diesem vierten kontinuierlichen Verbesserungsprozess ist das Überarbeiten und weitere Professionalisieren der Einreichungsunterlagen – dies vor dem Hintergrund der Teilnahme am internationalen Wettbewerb.

Dazu wird die grafische Aufbereitung der Unterlagen an eine externe Grafikagentur übergeben und professionelle Übersetzer werden beauftragt, welche die Bewerbungsunterlage ins Englische übersetzen.

Die wesentlichste Änderung im Vergleich zu EFQM 2015 ist die Einbindung der vier Pflegeheime in die EFQM-Bewerbung 2017. Diese Entscheidung wirkt sich sowohl auf die Bewerbungsunterlage, als auch in der Vorbereitung auf den „Site Visit" aus jener Woche aus, in der die EFQM-Assessoren dem Unternehmen einen Vor-Ort-Besuch abstatten.

Zur weiteren Vorbereitung auf den Site Visit wurden *Probeinterviews* abgehalten, um die Mitarbeiter auf das Assessment vorzubereiten. Fokussiert wurden hier vor allem Fragen auf „höherer Flugebene", die beispielsweise die Strategie betreffen („Welchen Beitrag leisten Sie/leistet Ihr Bereich zur Erreichung der Strategie?"). Ebenfalls wurde wieder ein „Countdown" mehrere Wochen vor dem Assessment gestartet, der die Mitarbeiter auf den Site Visit vorbereitete. Dazu wurden wöchentlich wesentliche Themen ausgewählt, auf die sich die Mitarbeiter detailliert vorbereiten sollten.

Den Abschluss des vierten kontinuierlichen Verbesserungsprozesses krönen **zwei EFQM-Preise**, die 2017 für die Kategorien *„Durch Mitarbeiterinnen und Mitarbeiter erfolgreich sein"* und *„Mit Vision Inspiration und Integrität führen"* entgegengenommen werden.

Exzellenz durch Stabilisierung des hohen Niveaus und Setzen gezielter Maßnahmen

Im **fünften kontinuierlichen Verbesserungsprozess** werden die Rückmeldungen des EFQM-Assessments von 2017 bearbeitet. Der Ergebnisbericht wird vom Qualitätsmanagement zu Themenblöcken geclustert und in einem Workshop im Herbst 2017 mit dem Kernteam bearbeitet. Aufgrund des fortgeschrittenen Reifegrads der Organisation und der vorhandenen Ressourcen werden ausgewählte Potenziale bearbeitet. Diese Verbesserungsphase ist geprägt von einer Stabilisierung des Niveaus und gleichzeitig einer Umsetzung von kreativen Ideen, welche die letzten Jahre entstanden sind. Aus diesem Grund wird die nächste Teilnahme am EFQM Excellence Award für 2020 festgelegt, um den Business-Excellence-Gedanken weiterzuverfolgen.

Es folgen Beispiele für Verbesserungsmaßnahmen:

Als Ausfluss der Strategie und Ergebnis des Assessments erfolgt eine Fokussierung auf die Vereinfachung von Arbeitsabläufen durch elektronische Workflows. Die digitale Revolution und Vernetzung wird, ebenso wie im gesamten Gesundheitswesen, auch zentrales Thema unseres Hauses.

> **Projekt „Therapie 4.0"**
>
> Die therapeutischen Bereiche erweitern etwa die Trainingsmöglichkeiten durch den Einsatz moderner IT-gestützter Trainingsstationen zum selbstständigen Training. Durch diese Maßnahme soll die Therapie effektiver werden.

Die *Szenarioanalyse* wird als ein Instrument für die Weiterentwicklung der Geriatrischen Gesundheitszentren in der Versorgungslandschaft im Raum Graz erprobt und eingeführt. Auf Basis der Analyse werden weitere Maßnahmen, wie eine konzertierte Kommunikation von zentralen Themen beschlossen.

> **Projekt „Gesundheitsberufe 2025"**
>
> Ein bedeutendes Thema, welches das gesamte Gesundheitswesen und somit auch unsere Organisation beschäftigt, ist der *Fachkräftemangel im ärztlichen Bereich und Pflegebereich*. Es wird ein umfangreiches Projekt gestartet, welches die Geriatrischen Gesundheitszentren als attraktiven Arbeitgeber positioniert und die Kooperationen mit Bildungseinrichtungen vertieft. Ziel ist auch, ausreichend personelle Ressourcen zur Verfügung zu haben. Dies soll durch die Bindung der bestehenden Mitarbeiter sowie die Aufnahme qualifizierter neuer Mitarbeiter erzielt werden.

> **Praxisbeispiel „Controlling geht vor Ort"**
>
> Da Führungskräfte vom Stationsalltag oft zu weit weg sind, geht das Finanzmanagement mit „Controlling vor Ort" in das Medical-Management-Meeting und analysiert gemeinsam mit den stationsleitenden Ärzten und Pflegepersonen in der Kleingruppe Kennzahlen und erarbeitet Weiterentwicklungen.

Die begonnene Führungskräfteentwicklung wird weiter auf die zweite und dritte Ebene ausgerollt. Eine Stabsstelle für Marketing und PR wird eingerichtet.

In den Sitzungen der *Qualitätssicherungskommission* werden die Fertigstellungsgrade der genannten Verbesserungsmaßnahmen besprochen. Neben diesen werden weitere Potenziale, welche sich in der Warteschleife befinden, erneut geprüft und bearbeitet.

Aufgrund des ausgedehnten Intervalls für das externe Assessment werden auch die Verbesserungen für die Unterlagen zwischenzeitlich erhoben und eingearbeitet. Zahlreiche Verbesserungsaktivitäten finden unterjährig statt, welche ansonsten in Vergessenheit geraten könnten.

Auf Managementsystemebene wird erkannt, dass die Kennzahlen zu den strategischen Zielen der Gesellschaftsperspektive der Balanced Scorecard weiter konkretisiert werden sollen. Eine umfänglichere Messung bzw. Vernetzung mit den strategischen Zielen bewirkt einen klareren Ursache-Wirkungs-Zusammenhang und ermöglicht eine gezieltere Steuerung.

Als weitere Qualifizierungsmaßnahme für eine bessere Umsetzung des Modells werden sechs *Führungskräfte zu EFQM-Assessoren* ausgebildet.

Der Abschluss dieses kontinuierlichen Verbesserungsprozesses ist die dritte Teilnahme beim internationalen EFQM Excellence Award 2020. Für eine erfolgreiche Teilnahme wird ein Jahr davor mit der Planung des Projekts begonnen. Ein zentraler Projektplan bringt wieder wesentliche Schritte auf den Punkt: *Erstellung der Unterlagen, Übersetzung ins Englische, Layout durch eine professionelle Agentur, Assessorenbriefing, Probe-Assessment und Assessment.* Die Maßnahmen werden von einer umfassenden Informationskampagne mittels E-Mails, Sitzungen, Plakaten und der Führungskräftekonferenz begleitet. Das Ergebnis der Teilnahme am EFQM Excellence Award liegt zum Redaktionsschluss des Buches noch nicht vor. Durch die Teilnahme am EFQM Excellence Award 2020 sollen weitere Perspektiven aus einem internationalen Kontext in das Unternehmen einfließen und diese in einem weiteren kontinuierlichen Verbesserungsprozess aufgearbeitet werden.

> Der Excellence-Ansatz bei den Geriatrischen Gesundheitszentren – Erfahrungen von Thomas Bäuerle, externer Assessor und Berater (SSB Consult, Kaiserslautern, Deutschland):
>
> „Die Teilnahme an einem Wettbewerb ist eine spannende Herausforderung – sowohl für die sich bewerbende Organisation als auch für die als Bewerter an einem solchen Prozess teilnehmenden Personen. In genau dieser Konstellation habe ich erstmals mit den Geriatrischen Gesundheitszentren Kontakt gehabt: als Assessment-Teamleiter des Bewertungsteams im Rahmen der Bewerbung der Geriatrischen Gesundheitszentren um den EFQM Excellence Award im Jahr 2015.
>
> Für die Geriatrischen Gesundheitszentren war dies der Schritt vom nationalen Champion in Österreich hin zum Wettbewerb mit den besten Organisationen in Europa. die Geriatrischen Gesundheitszentren haben sich dabei gut geschlagen und schon bei der ersten Teilnahme das Finale erreicht. Was blieb aus diesem ersten gemeinsamen Prozess in 2015 im Gedächtnis?
>
> Die Geriatrischen Gesundheitszentren sind eine Organisation, in der das Thema „kontinuierliche Verbesserung" auf allen Ebenen und mit hoher Motivation gelebt wird. Eine Vielzahl von Beispielen im Rahmen der Gespräche während des Assessments haben das Assessorenteam in dieser Hinsicht überzeugt. Die Beispiele reichten dabei von Verbesserungen im (Qualitäts-)Managementsystem über organisatorische Veränderungen bis hin zu selbst entwickelten Konzepten und täglichen Verbesserungen im Umgang mit, in der Behandlung und in der Betreuung von Patienten und Bewohnern. Das Herzblut und das Engagement der Mitarbeiter im direkten Kontakt mit Patienten und Bewohnern waren beeindruckend, „Patient First" und „Bei uns sind Menschen in den besten Händen" ist weit mehr als nur ein Slogan.
>
> Das wesentliche Verbesserungspotenzial lag zu dieser Zeit in einer noch klareren, fokussierteren Strategie, um die Vision des führenden Kompetenzzentrums für Altersmedizin und Pflege in Europa wahr werden zu lassen.
>
> Die Arbeit daran konnte ich dann als externer Berater der Geriatrischen Gesundheitszentren begleiten. Intensive Diskussionen im Führungsteam im Rahmen der Analyse des politischen und gesetzlichen Umfelds, der Erwartungen von Patienten, Bewohnern, Angehörigen und zuweisenden Einrichtungen und Ärzten sowie von Mitarbeitern haben dann in eine vom gesamten Manage-

mentteam getragene Strategie gemündet. In der jährlichen Führungskräftekonferenz mit über 70 Teilnehmern wurde diese Strategie dann vorgestellt, diskutiert und anschließend in der gesamten Organisation kommuniziert.

Auf dieser Basis wurde die Bewerbung um den EFQM Excellence Award 2017 vorangetrieben – mit einer neu gestalteten Bewerbungsunterlage, einem gezielten Kommunikationskonzept sowie einer systematischen Vorbereitung auf den Besuch der Assessoren. Die Weiterentwicklung von 2015 bis 2017 sowie der professionelle Ansatz für die Bewerbung haben sich ausgezahlt; die Geriatrischen Gesundheitszentren haben zwei Preise gewonnen – für „Leading with Vision, Inspiration and Integrity" sowie für „Succeeding through the talent of people". Aus meiner Sicht sind es genau diese Aspekte, die die Geriatrischen Gesundheitszentren auszeichnen, eine konsequente Weiterentwicklung, der systematische Blick nach vorne im Managementteam und motivierte, engagierte Mitarbeiter, die den zuvor zitierten Claim „Patient first – Bei uns sind Menschen in den besten Händen" zum Leben erwecken.

Nach dem Bewerbungsprozess 2017 wurden erneut Projekte gestartet, um die Geriatrischen Gesundheitszentren weiter zu verbessern, genannt werden können hier beispielsweise die systematische Identifizierung von nicht mehr erforderlichen (Verwaltungs-)Tätigkeiten auf den Stationen (um mehr Zeit für Patienten zu gewinnen) oder die Weiterentwicklung des Patientenservice. Diese Aktivitäten werden zu einer weiteren Effizienzsteigerung und zur Reduzierung der Komplexität in Abläufen beitragen und die Geriatrischen Gesundheitszentren weiter voranbringen."

■ 10.6 Ausblick

Die Unternehmenskultur fördert das Qualitätsmanagement und den Change-Prozess in der Organisation. Die Qualitätsmanagement-Kultur der Geriatrischen Gesundheitszentren spiegelt den Change-Spirit und die starke Unterstützung von Geschäftsführung und Management wider, mehr noch, sie wird dadurch erst möglich gemacht. „Wir versuchen es nicht, wir tun es." ist eine zentrale Haltung, welche die Geriatrischen Gesundheitszentren vom ersten bis zum letzten Zertifizierungsprozess beziehungsweise Wettbewerb begleitet. Diese Unterstützung des Managements ermöglicht den Weg von einem einfachen Qualitätsmanagementsystem über Total-Quality-Management-Ansätze zur Business Excellence.

Die *konsequente Orientierung an der kontinuierlichen Verbesserung* – sprich: geplante und gesetzte Maßnahmen und Vorgehen auf ihren Erfolg zu prüfen und daraus Maßnahmen zur Verbesserung abzuleiten – bildet eine der Hauptvoraussetzungen, um als Unternehmen erfolgreich zu sein. Um ein Vorgehen auf dessen Zielerreichung überprüfen zu können, braucht es bereits vorab eine Definition des Ziels und passende Messgrößen.

Die Auswahl und Entscheidung für ein Qualitätsmanagement-Modell bedürfen der Berücksichtigung unterschiedlicher Kriterien. Letztendlich muss das Modell jedoch zum jeweiligen Unternehmen passen. Ein anerkanntes Modell konsequent in allen Organisationseinheiten umzusetzen, stellt einen wesentlichen Erfolgsfaktor dar.

Die *Kombination aus einer Selbst- und Fremdbewertung* liefert eine umfängliche Sichtweise auf das Unternehmen und einen wesentlichen Beitrag für die Weiterentwicklung. Daneben wird auch die Kombination aus branchenübergreifenden und branchenneutralen Modellen einerseits, sowie brancheninternem und -externem Lernen in Form von Benchmarking als essenziell erachtet.

Die Zufriedenheit der Stakeholder, insbesondere der Kunden, auf hohem Niveau zu halten, ist bereits enorm herausfordernd und bedarf eines kontinuierlichen Wandels sowie eines effizienten Ressourceneinsatzes. Dieses Ziel kann nur durch ständiges Verändern und Verbessern, kreatives Probieren und durch das Schauen über den Tellerrand des eigenen Tuns erreicht werden. Der Wandel passiert ständig und zwingt jedes Unternehmen, in Bewegung zu bleiben. Ansonsten wird es mitverändert, gemäß dem Zitat:

„Wenn wir wollen, dass alles so bleibt wie es ist, dann müssen wir alles ändern!"
Giuseppe Tomasi di Lampedusa

■ 10.7 Literatur

Deutsches Institut für Normung e. V.: *DIN EN ISO 8402: Qualitätsmanagement – Begriffe.* Beuth Verlag, Berlin 1995

Deutsches Institut für Normung e. V.: *DIN-Normen im Projektmanagement.* Sonderdruck des DIN-Taschenbuchs 472. Beuth Verlag, Berlin 2009

EFQM: *EFQM Excellence Modell 2013.* EFQM, Brüssel 2012

EFQM: *EFQM Model 2020.* Brüssel 2019

Hartinger, Gerd: *Die Etablierung des TQM-Systems im Health Care Sektor.* Modularbeit. Graz 2018

Hensen, Peter: *Qualitätsmanagement im Gesundheitswesen: Grundlagen für Studium und Praxis.* Springer Gabler Verlag, Wiesbaden 2016

Kooperation für Transparenz im Gesundheitswesen: *KTQ-Manual: KTQ-Katalog Krankenhaus.* Fachverlag Matthias Grimm, Berlin 2009

Kooperation für Transparenz im Gesundheitswesen: *KTQ-Zertifizierungsvarianten für Krankenhäuser, stationäre und ambulante Rehabilitationseinrichtungen, Praxen und MVZ, Einrichtungen der stationären und ambulanten Pflege, Hospize, alternative Wohnformen sowie Rettungsdienste 2012.* URL: http://ktq.de/fileadmin/media/Dokumente%20Bereiche/110530ZertifizierungsvariantenpgetrenntS.pdf. Abgerufen am 05.02.2019

Koubek, Anni (Hrsg.): *Praxisbuch ISO 9001:2015 – Die neuen Anforderungen verstehen und umsetzen.* Hanser, München 2015

Kuntsche, Peter; Börchers, Kirstin: *Qualitäts- und Risikomanagement im Gesundheitswesen: Basis und integrierte Systeme, Managementsystemübersichten und praktische Umsetzung.* Springer Gabler Verlag, Wiesbaden 2017

Österreichisches Normungsinstitut: *Qualitätsmanagementsysteme – Grundlagen und Begriffe.* Wien 2005

Panzica, Martin; Krettek, Christian; Cartes, Maria: *„Clinical Incident Reporting System" als Instrument des Risikomanagements für mehr Patientensicherheit.* In: Unfallchirurg, Volume 114, (2011), S. 758–767

11 Wie ein fruchtbarer Dialog mit Stakeholdern gelingt

Franz Scheucher, Tina Carina Wellmann

Strategisches Marketing von Kliniken gewann erst durch die Privatisierungswelle, die verschärfte Konkurrenzsituation im Wettbewerb und den zunehmenden Kostendruck an Relevanz. Ein eigenes Profil zu entwickeln, um sich eindeutig von Mitbewerbern differenzieren zu können, ist für Kliniken zunehmend wichtig geworden. Zentrale Anforderungen an ein Klinikmarketing sind jedenfalls die Gewinnung, Bindung und Rückgewinnung von Patienten sowie Zuweisern (Pfannstiel/Da-Cruz/Mehlich 2017).

Als Erfolgsgeheimnis für gelungenes Klinikmarketing identifizierten wir den sukzessiven und konsequenten Aufbau von Marketing- und Kommunikationsstrukturen. Dabei ist es wichtig, auf einer soliden Basis Schritt für Schritt aufzubauen. Mit Partizipation der Mitarbeiter, Engagement, Selbstreflexion und der stetigen Anpassung an die Umwelt und deren Bedingungen, haben wir konsequent unseren Weg von der Pionier- bis hin zur Exzellenzphase verfolgt.

Bild 11.1 zeigt die Entwicklungsphasen und die einzelnen Bausteine des Marketings/Public Relations von 2000 bis 2020 im Überblick. Der folgende Buchbeitrag ist entsprechend der vier Phasen gegliedert und stellt folgende Meilensteine der Geriatrischen Gesundheitszentren in den Fokus, welche auch Ihnen beim Aufbau und der Etablierung von Marketing und Public Relations in Ihrer Organisation hilfreich sein könnten:

- eine gute Basis schafft den Nährboden für Wachstum;
- Partizipation als Geheimnis für erfolgreiches Marketing,
- Festigung der Marke „Geriatrische Gesundheitszentren der Stadt Graz, GGZ",
- mit dem Geist der Zeit gehen.

In einem kurzen Ausblick am Ende des Beitrags erfahren Sie, welche Herausforderungen zukünftig im Klinikmarketing zu erwarten sind.

11 Wie ein fruchtbarer Dialog mit Stakeholdern gelingt

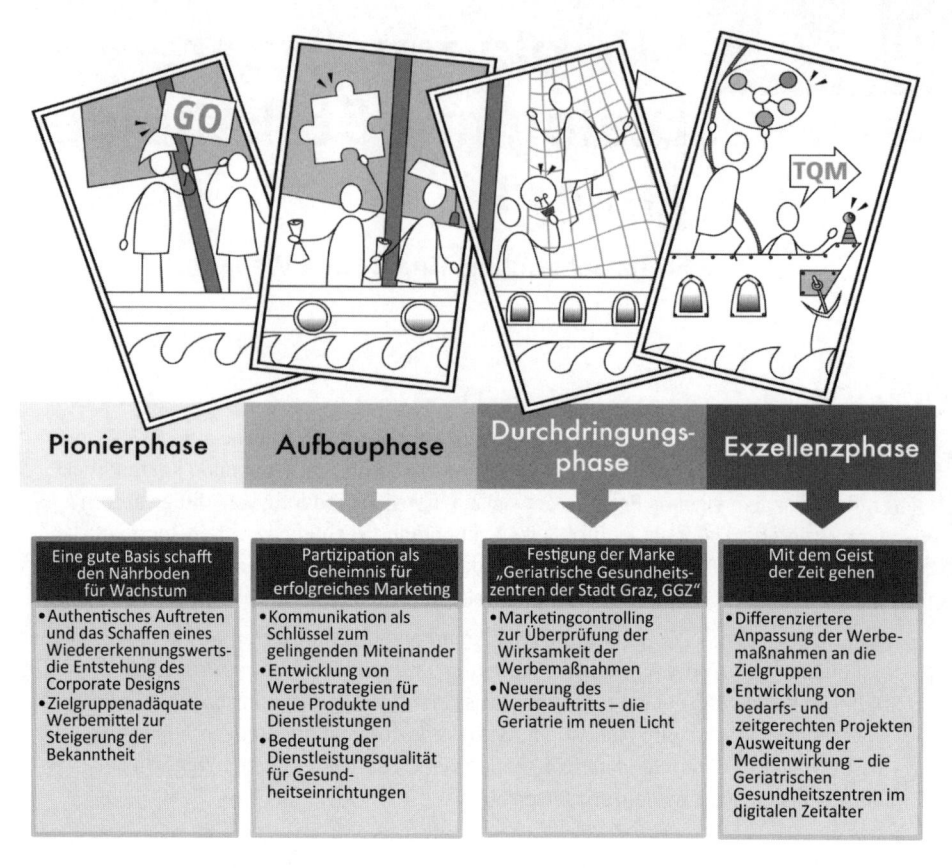

Bild 11.1 Entwicklungsphasen und Exzellenzbausteine in Marketing und PR

Pionierphase	Aufbauphase	Durchdringungsphase	Exzellenzphase
Eine gute Basis schafft den Nährboden für Wachstum	**Partizipation als Geheimnis für erfolgreiches Marketing**	**Festigung der Marke „Geriatrische Gesundheitszentren der Stadt Graz, GGZ"**	**Mit dem Geist der Zeit gehen**
• Authentisches Auftreten und das Schaffen eines Wiedererkennungswerts – die Entstehung des Corporate Designs • Zielgruppenadäquate Werbemittel zur Steigerung der Bekanntheit	• Kommunikation als Schlüssel zum gelingenden Miteinander • Entwicklung von Werbestrategien für neue Produkte und Dienstleistungen • Bedeutung der Dienstleistungsqualität für Gesundheitseinrichtungen	• Marketingcontrolling zur Überprüfung der Wirksamkeit der Werbemaßnahmen • Neuerung des Werbeauftritts – die Geriatrie im neuen Licht	• Differenziertere Anpassung der Werbemaßnahmen an die Zielgruppen • Entwicklung von bedarfs- und zeitgerechten Projekten • Ausweitung der Medienwirkung – die Geriatrischen Gesundheitszentren im digitalen Zeitalter

■ 11.1 Eine gute Basis schafft den Nährboden für Wachstum

Wenn es um das Schaffen einer guten Basis geht, müssen zunächst die richtigen Fragen gestellt werden, um eine adäquate Marketingstrategie zu entwickeln. Dazu identifizierten wir folgende Fragen: Was ist unser Auftrag? Was bieten wir? Was ist unser Alleinstellungsmerkmal (Unique Selling Proposition, USP)?

> Der Begriff **Unique Selling Proposition** (USP) wurde 1960 in einer Fachzeitschrift vom Werbespezialisten Rosser Reeves verwendet. Neben Grundlagen, Grundregeln sowie Möglichkeiten der Werbung beleuchtet er die neuartige Formel des einzigartigen Verkaufsversprechens, den USP. Weitere namhafte Autoren wie Al Ries und Jack Trout verwenden diese Begrifflichkeit in den 70er-Jahren (Großklaus 2015). Laut Spindler (2016) heben sich Angebote eines Unternehmens dann von anderen ab, wenn diese Alleinstellungsmerkmale, also USPs, für Kunden aufweisen. Fehlen diese, so entscheiden Kunden ausschließlich aufgrund des Preises des Produkts. Der USP sollte möglichst auf eine merkfähige, kurze sowie einzigartige Botschaft reduziert werden mit dem Ziel, die Zielgruppe damit zu treffen. Lediglich etwas Einzigartiges aufzuweisen, ist nicht ausreichend. Vielmehr besteht die Aufgabe darin, dies zu kommunizieren. Bei der Kommunikation des USPs muss die Gefühls- und Erlebniswelt der Zielgruppen angesprochen werden. Dies gewährleistet den USP für die Zielgruppe fühlbar, erlebbar sowie identifizierbar zu machen (Großklaus 2015).

Neben dem Fokus auf die richtigen Fragen, ist es für das Schaffen einer Basis ebenso wichtig, die Agenden von Marketing/Public Relations einer Stelle beziehungsweise einem Bereich zuzuordnen. Mit Einführung der neuen Geschäftsführung schufen wir gleichzeitig die *erste Stabsstelle für Marketing/Public Relations*.

> Im Deutschen wird der Begriff **Public Relations** (PR) als Öffentlichkeitsarbeit bezeichnet. Darunter versteht man das Management der Kommunikation von Organisationen mit deren Bezugsgruppen. Ein kompetenter Kommunikator ist ausschlaggebend für das Gelingen einer exzellenten Kommunikation. Dieser unterstützt die strategische Führung einer Organisation, indem er wechselseitige Beziehungen zu Schlüsselgruppen herstellt. Die Öffentlichkeitsarbeit beschäftigt sich in ihrer Aufgabe wesentlich mit der Unternehmenspersönlichkeit. Im Mittelpunkt stehen die Produktpersönlichkeit, die Marke sowie die Dienstleistungen einer Organisation. Eine prioritäre Aufgabe der Public Relations ist es, zu informieren, zu argumentieren und zu überzeugen. Dabei soll das Unternehmen als Ganzes im gesellschaftlichen Umfeld integriert werden und es soll ein Interessenausgleich hergestellt werden (Grupe 2011).

Für die neu geschaffene Stabsstelle Marketing/Public Relations standen in der Pionierphase folgende Aspekte im Vordergrund:

- authentisches Auftreten und das Schaffen eines Wiedererkennungswerts – Entstehung des Corporate Designs,
- zielgruppenadäquate Werbemittel zur Steigerung der Bekanntheit.

Authentisches Auftreten und das Schaffen eines Wiedererkennungswerts – Entstehung des Corporate Designs

Zu den Grundlagen des visuellen Erscheinungsbilds einer Organisation zählt jedenfalls das Logo (Regenthal 2003) beziehungsweise Signet (visuelles Zeichen). Dieses (Bild 11.2) und unser erstes Corporate Design entwickelten wir zu Beginn der Pionierphase gemeinsam mit externen Partnern in Anlehnung an jenes der Stadt Graz. Wir erhielten vom Bürgermeister der Stadt Graz eine Sondergenehmigung für unser Corporate Design.

Geriatrische GESUNDHEITSZENTREN *Stadt* **GRAZ**

Bild 11.2 Erstes Logo der Geriatrischen Gesundheitszentren

> Das **Corporate Design** ist ein Teil der Corporate Identity, welche sicherstellt, dass das Verhalten sowie die Kommunikation der Charakteristik der Klinik entsprechen. Das Corporate Design hingegen ist die visuelle Identität eines Unternehmens. Folgende Auflistung zeigt den Umfang der diversen Elemente und Maßnahmen, die für eine professionelle Umsetzung wichtig sind (Nemec/Fritsch 2013):
>
> - Corporate Graphic Design,
> - Signet/Markenzeichen,
> - Claim,
> - Corporate Typography,
> - Corporate Colors,
> - Corporate Picture,
> - Corporate Fashion,
>
> Corporate Design Manual.

Die Elemente, welche zum Corporate Design zählen, werden im nachfolgenden Text in Zusammenhang mit den Geriatrischen Gesundheitszentren gebracht.

Als Teilbereich des Corporate Designs entstand gleichzeitig unser erstes Corporate Graphic Design. Die Designelemente dienen als „Brecher" der geradlinig angelegten Designlinie und bieten einen Anknüpfungspunkt für die Herzlichkeit in der Markenbotschaft. Der Baum (Bild 11.3) wird dabei als zentrales grafisches Element verwendet.

Im Jahr 2000 fand das Kunstprojekt „Der Lebensbaum" statt. Dabei stellten Tagesgäste in Anleitung eines Künstlers die Auswirkungen der Jahreszeiten auf einen Baum mit Mosaikbausteinen nach. Daraus entwickelte sich die Idee, den Baum als Metapher für die Lebensphasen des Menschen heranzuziehen. So ähnelt das menschliche Leben dem natürlichen Ablauf der vier Jahreszeiten. Der Frühling ist geprägt vom Lernen und Entwickeln, der Sommer von Kraft, Elan und der Verwirklichung von Zielen. Der Herbst kann in der Lebensphase des Menschen aber auch der Natur als Zeit der Ernte der Früchte, die gesät wurden, betrachtet werden. Diese Zeit wird im Philosophischen auch oft als Zeit der Besinnung und Reflexion angesehen. Der Winter ist geprägt von der Erkenntnis und Weisheit aus dem Leben. So symbolisiert der Baum für die Geriatrischen Gesundheitszentren das „Menschsein".

Bild 11.3 Erstes Designelement der Geriatrischen Gesundheitszentren: der Baum

Die Corporate Typography der Geriatrischen Gesundheitszentren beinhaltet die einheitlich festgelegte Schriftfarbe schwarz, welche einen maximalen Kontrast und eine einfache Lesbarkeit bietet. Durch die gute Lesbarkeit der Schriftfamilie und das klare Satzbild wird auch sehbeeinträchtigten Menschen der Zugang zum Text erleichtert. Auf besondere Aufzählungszeichen und häufige Sprünge in Schriftgrößen wird bewusst verzichtet, um ein klares, ruhiges Lesebild zu schaffen. Die festgelegten Schriftgrößen sind aufgrund der Altersstruktur der Zielgruppe groß gehalten.

Zielgruppenadäquate Werbemittel zur Steigerung der Bekanntheit

Zur Steigerung der Bekanntheit unseres Angebotes entstand im Jahr 2000 unser „Ur-Folder" (Bild 11.4). Die enthaltenen Informationen sowie die grafische Darstellung wurden übersichtlich aufbereitet und das entwickelte Corporate Design wurde umgesetzt. Erstmalig konnten Interessierte Informationsmaterial in physischer Form erhalten und dieses weitergeben.

Bild 11.4 Erster Folder (2000) im Vergleich zum aktuellen Folder (2018) der Geriatrischen Gesundheitszentren

Ein Erfolg der sich bis heute zeigt, ist unser Stakeholdermagazin. Zu den Stakeholdern zählen wir alle Zuweiser, Lieferanten, politischen Vertreter, Gesetzgeber, Mitarbeiter, Patienten, Bewohner, Tagesgäste, Angehörige beziehungsweise gesetzliche Vertreter, Ehrenamtliche und Vereine. Die ersten vier Jahre trug das Magazin den Titel „Der Senior med" beziehungsweise „Der Senior populär". Die Umbenennung des Titels in „Geriatrie heute" erfolgte mit einem Relaunch im Jahr 2005 (Bild 11.5). Die Zeitschrift enthält medizinische, therapeutische, pflegerische sowie wissenschaftliche Fachbeiträge, allgemeine Informationen und Neuigkeiten der Geriatrischen Gesundheitszentren sowie auch Beiträge unserer Mitarbeiter, Patienten und Bewohner. Mit einer Auflage von etwa 10 000 Stück pro Jahr erreichen wir viele unserer Stakeholder.

Hinsichtlich der beginnenden Digitalisierung beauftragte die Geschäftsführung 2003 den Aufbau unserer Homepage 1.0. Ergänzend zu den Printprodukten können Interessierte nun auch sämtliche Informationen online abrufen. Das Angebot der zeitgerechten Informationsweitergabe setzten wir nicht nur für die externe, sondern auch für die interne Kommunikation um. Daher entstand der digitale Newsletter 1.0. Dieser wurde in Form einer E-Mail an alle Bediensteten mit aktuellen betriebsrelevanten Informationen versandt.

Eine strategische Erweiterung des Kommunikationsplans rückte die Below-the-Line-Kommunikation (Kommunikation, die mit nicht-klassischen Kommunikationsmaßnahmen die Zielgruppe(n) direkt anspricht) in den Fokus. Die persönliche Ansprache von Stakeholdern forcierten wir etwa durch den Besuch von Messen. Beispielhaft kann hier unser erster Messebesuch auf der Seniorenmesse Graz im Jahr 2000 angeführt werden. Durch gesammelte Erfahrungen und Selbstreflexion professionalisierten wir unseren Werbeauftritt.

Bild 11.5 Titelblatt der ersten (2000) sowie der aktuellen Ausgabe (2019) des Stakeholdermagazins der Geriatrischen Gesundheitszentren

Die Resonanz auf unsere unternommenen Aktivitäten war hervorragend. Durch kontinuierliche Nutzung unseres Corporate Designs schafften wir einen vertrauenswürdigen Wiedererkennungswert, welcher, wie sich zu einem späteren Zeitpunkt zeigte, unser Image stetig verbesserte.

11.2 Partizipation als Geheimnis für erfolgreiches Marketing

Die Aufbauphase wurde durch einen Wandel und einen stetigen Zuwachs geprägt. Beginnend mit der Umbenennung des „Geriatrischen Krankenhauses" in die heutige „Albert Schweitzer Klinik". Wir versuchen das Gedankengut Albert Schweitzers weiterzuführen und vor allem identifizieren wir uns mit seiner ethischen Denkweise, welche unser tägliches Handeln bestimmt. Um Albert Schweitzer und die Philosophie der Organisation für alle sichtbar zu machen, wurde im Eingangsbereich eine Albert-Schweitzer-Statute aus Bronze positioniert. Außerdem ist er im Subsignet der Albert Schweitzer Klinik und des Albert Schweitzer Instituts abgebildet (Bild 11.6).

Bild 11.6 Subsignets der Geriatrischen Gesundheitszentren

Desgleichen sind die vier weiteren Standorte nach namhaften, einflussreichen Grazer Persönlichkeiten benannt. Am Standort Geidorf ist die Seniorenresidenz, das Tageszentrum sowie die Wohnaoase nach Robert Stolz, einem bedeutenden österreichischen Komponisten und Dirigenten, benannt. Das Pflegewohnheim Aigner-Rollett mit dem dazugehörigen Memory Tageszentrum trägt den Namen jener Frau, , die als erste Humanmedizinerin in Österreich tätig war. Benannt nach dem österreichischen Schriftsteller, trägt das Pflegewohnheim Peter Rosegger in Wetzelsdorf seinen Namen. Erika Horn war eine große Pionierin auf dem Gebiet der Gerontologie und wurde auch zur „Bürgerin der Stadt Graz" ernannt. Sie ist Namenspatronin des Pflegewohnheims Erika Horn im Bezirk Andritz.

Das Versorgungsangebot wurde reflektierend auf den Bedarf am Gesundheitsmarkt und auf die Bedürfnisse der Bevölkerung erweitert. Beispielhaft können hier die Eröffnung der Albert Schweitzer Klinik II im Jahr 2007 und 2008 das Albert Schweitzer Hospiz genannt werden.

Folgende wesentliche Exzellenzbausteine prägen daher die Aufbauphase des Marketings:

- Kommunikation als Schlüssel zum gelingenden Miteinander,
- Entwicklung von Werbestrategien für neue Produkte und Dienstleistungen,
- Bedeutung der Dienstleistungsqualität für Gesundheitseinrichtungen.

Kommunikation als Schlüssel zum gelingenden Miteinander

Die Produkterweiterungen stellten uns vor neue Herausforderungen. Mit dem Zuwachs der Produkte stieg nicht nur die Anzahl an Bewohnern und Patienten, sondern auch die der Mitarbeiter. Neue Besprechungsstrukturen für den Bereich Marketing/Public Relations waren notwendig, um den produktübergreifenden Austausch zu gewährleisten. Einmal jährlich, datiert zu Beginn des Jahres, führten wir ein Marketing/Public-Relations-Jour-fixe ein. Diese strategische Sitzung diente der Festlegung der Jahresschwerpunkte und -ziele.

Die Form des strategischen Public-Relations-Austauschs bewährte sich. Führungskräfte übernahmen Verantwortung für ihre Produktbereiche und brachten kreative Ideen ein, die auch umgesetzt wurden. Es zeigte sich, dass eine gute Öffentlichkeitsarbeit nur unter Einbindung der Verantwortlichen gelingt.

Neben dem aktiven Einbinden von Mitarbeitern bildeten wir wertvolle Kooperationen zu den Kollegen der zentralen Stelle der Öffentlichkeitsarbeit der Stadt Graz sowie zu externen Medienspezialisten.

Entwicklung von Werbestrategien für neue Produkte und Dienstleistungen

Durch das Einführen neuer Produkte bedarf es einer Neukonzeptionierung von Werbestrategien. In der Kommunikationsplanung werden adäquate Werbemittel für das jeweilige Produkt festgelegt, da jedes andere Zielgruppen haben kann. Gemeinsam mit den Produktverantwortlichen wurden Strategien zur optimalen Bewerbung entwickelt und forciert. Hierbei ist das vorrangige Ziel, Interessierten die Informationen über unsere Angebote transparent und verständlich anzubieten. Eine kontinuierliche Verbesserung wurde über die Jahre hinweg realisiert.

In dieser Entwicklungsphase etablierten wir das Eventmanagement als Teilbereich des Marketings/Public Relations. Um einen professionellen Ablauf beziehungsweise eine professionelle Vorgehensweise gewährleisten zu können, wurden Mitarbeiter im Bereich Eventmanagement ausgebildet. Die Eröffnungsfeiern mit anschließenden Pressekonferenzen werden vom Public-Relations-Team strukturiert geplant. Es wurden Checklisten für Events sowie Lessons Learned erstellt. Diese beinhalteten vor allem, was wir besser, anders oder gar nicht mehr machen sollten. Die Devise, nicht nur aus Erfahrungen, sondern auch voneinander zu lernen, prägte die Aufbauphase und wird bis heute gelebt.

Bedeutung der Dienstleistungsqualität für Gesundheitseinrichtungen

Auf Grund der guten internen Vernetzung war es uns möglich, durch Rückmeldungen stetig zu lernen und uns zu verbessern. 2007 fiel der Entschluss, die Qualität unseres Erscheinungsbilds, den Ersteindruck sowie die Dienstleistungsqualität durch externe Expertise zu prüfen. Als adäquates Verfahren zur Messung der Qualität wurde die Methode des Mystery Shoppings (Verfahren zur Erhebung der Dienstleistungsqualität mittels Testkunden) gewählt.

Das Ergebnis stellt das Anforderungsniveau und die Erwartungen unserer Patienten, Bewohner und deren Angehörigen mit dem tatsächlichen Ist-Stand gegenüber. Diese Messung wird bis dato in Drei-Jahres-Abständen durchgeführt. Die Resultate werden anschließend mit den Produktverantwortlichen besprochen und analysiert. In Follow-up-Prozessen werden konstruktive Lösungsansätze sowie Fristen der Umsetzung festgelegt. Produktverantwortliche kommunizieren die kritischen und erfreulichen Ergebnisse im Team und unterstreichen gleichzeitig den Sinn sowie die Wichtigkeit dieser externen Visitation. Mit diesem Follow-up-Prozess wird die kontinuierliche Verbesserung der Qualität der Dienstleistungen und somit die Zufriedenheit unserer Zielgruppe angestrebt.

> Als **Mystery Shopper** beziehungsweise Silent Shopper werden Testpersonen und Beobachter genannt, die als Dienstleistungskunden auftreten um Dienstleistungserstellungsprozesse zu evaluieren. Bei der Evaluierung sollen gegebenenfalls Hinweise auf wesentliche Mängel aufgedeckt werden. Der Vorteil dieser Testkaufmethode ist, dass ein Überblick über die Dienstleistungsqualität gewonnen und gleichzeitig ein anonymer Konkurrenzvergleich ermöglicht wird. Kritisch zu hinterfragen ist jedoch, ob das Empfinden der Scheinkunden mit den Wahrnehmungen tatsächlicher Kunden übereinstimmt. Demnach ist der Erfolg abhängig vom Erfahrungsgrad der Mystery Shopper sowie von der Erfüllung objektiv beurteilbarer Anforderungen zur Reliabilität (Zuverlässigkeit eines Tests) und Validität (Güte/Gültigkeit eines Tests) (Bruhn/Meffert 2012).

11.3 Festigung der Marke „Geriatrische Gesundheitszentren der Stadt Graz, GGZ"

Mit einer guten Basis sowie klaren Strukturen und klarer Kommunikation wurde die Marke „Geriatrische Gesundheitszentren der Stadt Graz, GGZ" weiter aufgebaut und bekannt gemacht. Aufbauend darauf wurden die bisherigen Anstrengungen evaluiert, um das Branding (Entwicklung einer Marke) zu verfeinern. In dieser Phase fanden Patentierungen der einzelnen Produkte statt. Wir besuchten im Rahmen von Strategiereisen ausgewählte geriatrische Einrichtungen in Europa. Dies ermöglichte uns einen Einblick in andere Gesundheitsmärkte, andere Ansätze und Ideen. Durch das Benchmarking können nicht nur wir, sondern auch die besuchten Einrichtungen profitieren.

In der Durchdringungsphase widmeten wir uns im Hinblick auf die Festigung der Marke der Geriatrischen Gesundheitszentren folgenden beiden Themen:

- Marketingcontrolling zur Überprüfung der Wirksamkeit der Werbemaßnahmen,
- Neuerung des Werbeauftritts – die Geriatrie im neuen Licht.

Marketingcontrolling zur Überprüfung der Wirksamkeit der Werbemaßnahmen

Zahlreiche Auszeichnungen spiegeln den Erfolg unseres Tuns wider. Den angestrebten Kontakt zur Zielgruppe erreichen wir durch Messe- und Kongressbesuche, Berichte in regionalen Zeitungen, Fachzeitschriften und positive Berichterstattung im TV und Radio. Einen Beitrag dazu leistete auch unsere Onlinepräsenz. Ob die genannten Maßnahmen bei der Bevölkerung Anklang erzielten, überprüften wir anhand einer Bekanntheitsumfrage (Bild 11.7). Diese wird seit 2011 gemeinsam mit einem Marktforschungsinstitut im Abstand von drei Jahren kontinuierlich durchgeführt. Bereits 2011 war 86 Prozent der lokalen Bevölkerung der Name „Geriatrische Gesundheitszentren" bekannt. Wie in der Abbildung ersichtlich, übersteigt der Wert den von uns festgelegten Zielwert (Target). Zur Festlegung adäquater Werbemittel wurde das Mediennutzerverhalten der Befragten erhoben. Der Bekanntheitsgrad sowie die Anzahl der Medienberichterstattungen (Bild 11.8) wurden als Kennzahl in unserer Balanced Scorecard verankert. Seit 2017 kann der Vergleich der Reichweite in sozialen Medien (Bild 11.9) dargestellt werden.

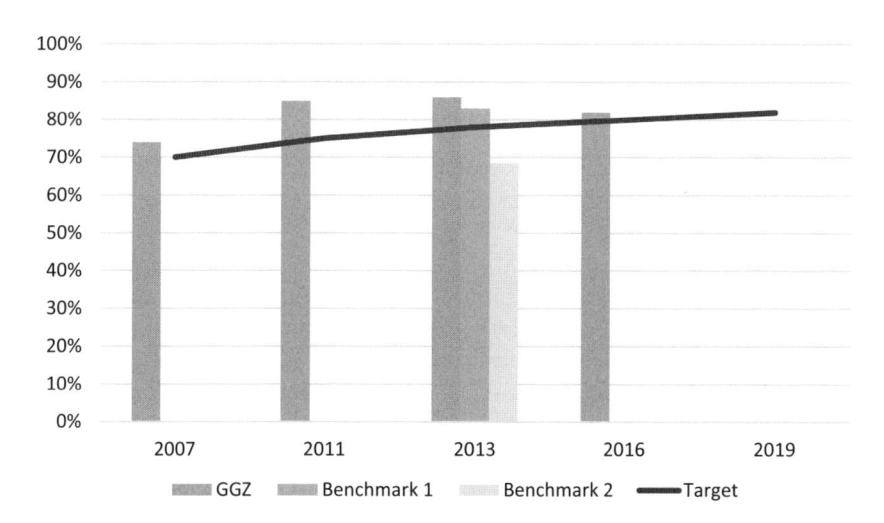

Bild 11.7 Entwicklung des Bekanntheitsgrads der Geriatrischen Gesundheitszentren von 2007 bis 2016

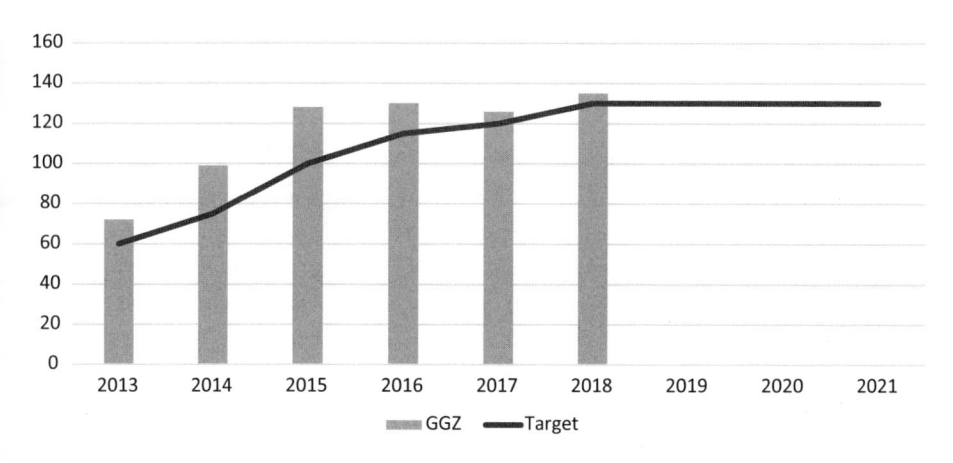

Bild 11.8 Anzahl der Medienberichterstattungen über die Geriatrischen Gesundheitszentren von 2013 bis 2018

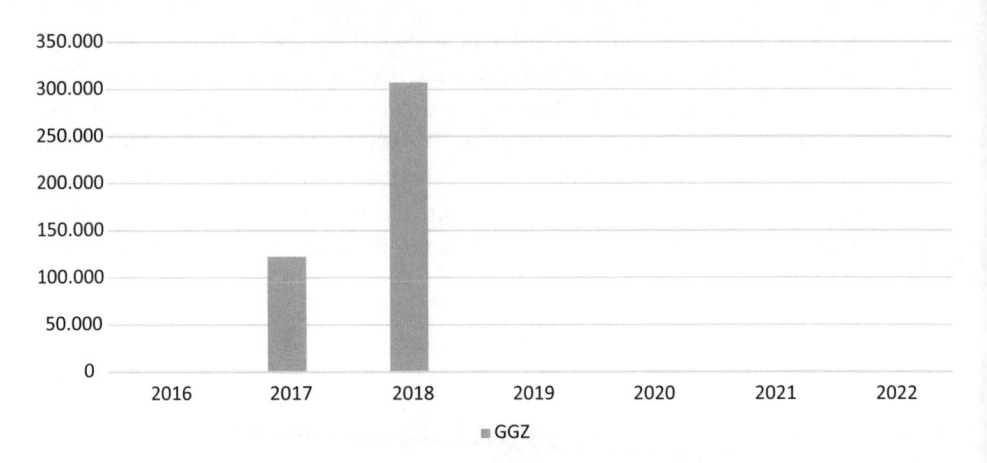

Bild 11.9 Erzielte Reichweite der Geriatrischen Gesundheitszentren auf Social Media (Facebook, Twitter) 2017 und 2018

> Das **Marketingcontrolling** ermöglicht es, dem Marketing eine validierbare Komponente zu geben. Das Controlling des Unternehmens erzielt die Ergebnisse, indem die gesammelten Daten ausgewertet werden (Stoffers/Krämer 2018). Dabei können sowohl interne Daten, wie das Rechnungswesen, als auch externe Daten, beispielsweise Marktforschungsergebnisse, herangezogen werden (Zerres 2017). Aufbauend darauf werden dann Entscheidungen getroffen. Das Marketingcontrolling kann als Schnittstelle zweier betriebswirtschaftlicher Forschungsteilgebiete angesehen werden (Stoffers/Krämer 2018). Neben der Informationsversorgung obliegt dem Marketingcontrolling auch die Planungs-, Koordinations- und Kontrollaufgabe. Übergeordnet steht die Funktion der Sicherstellung der Effektivität und Effizienz einer marktorientierten Unternehmensführung (Zerres 2017).

Neuerung des Werbeauftritts – die Geriatrie im neuen Licht

Der nächste Schritt der Professionalisierung des Marketings war die Adaption des Corporate Designs. Im Jahr 2011 stellten wir fest, dass die Geriatrischen Gesundheitszentren zwar einen guten Ruf genossen, viele Bürger jedoch das abgestufte geriatrische Versorgungsangebot nicht kannten. Durch diesen identifizierten Informationsbedarf wurden Aktivitäten im Bereich Marketing/Public Relations forciert. Der steigende Wettbewerb am Gesundheitsmarkt begründete die Notwendigkeit der Anstrengungen von Werbemaßnahmen zusätzlich. Zuerst wurden die Vorgaben aus dem Corporate Design der Stadt Graz, die einen einheitlichen Außenauftritt gewährleisten sollen, eingearbeitet. Das Resultat schaffte ein Erscheinungsbild mit eigener Wiedererkennung, ohne auf die Zugehörigkeit zur Stadt Graz zu verzichten. Unser neu entstandenes Logo entspringt der Designfamilie der Stadt Graz und wird um das parallel geführte Signet der Albert Schweitzer Klinik ergänzt (Bild 11.10).

Bild 11.10 Signet von Albert Schweitzer Klinik und Geriatrischen Gesundheitszentren

Weiterhin wurden zentrale und etablierte Designelemente wie der Baum und die Corporate Color grün, als Symbol für das Leben, in unser Corporate Design Manual aufgenommen.

Anzufinden ist hier auch die Regelung der Schriftfarbe, -größe und -art, demnach die Corporate Typography. Diese wurde vor allem unter der Berücksichtigung der guten Lesbarkeit, insbesondere für sehschwache Menschen, gewählt. „Dem Leben mit einem Lächeln begegnen" und „Orte an denen man sich wohlfühlt" sind von Anfang an verwendete Claims. Zur Schärfung unserer Markenbotschaft parallel zur Unternehmensentwicklung, welche die Bedürfnisse unserer Patienten und Bewohner nach dem „Patient first"-Ansatz ausnahmslos ins Zentrum rückt, wurde ein neuer Claim gemeinsam mit einem externen Marketingprofi formuliert (Bild 11.11). Dieser baut auf dem Schlüsselwert „Vertrauen" der Geriatrischen Gesundheitszentren auf, welchem heutzutage besonders hohe Priorität zugesprochen wird. Der Claim suggeriert eine gewisse Wertigkeit und untermauert den Anspruch der Geriatrischen Gesundheitszentren darauf, führendes Kompetenzzentrum für Altersmedizin und Pflege in Europa zu sein. Die selbstbewusste Aussage rechtfertigt sich durch die hohe Qualität des Hauses, welche durch zahlreiche nationale und internationale Auszeichnungen bestätigt wurde.

> Bei uns sind **Menschen** in den besten Händen.

Bild 11.11 Claim der Geriatrischen Gesundheitszentren

11.4 Mit dem Geist der Zeit gehen

Unser Bestreben ist es, uns kontinuierlich zu verbessern. Seit Beginn der Exzellenzphase beschäftigen wir uns damit, sämtliches Tun und Handeln dem Geist der Zeit anzugleichen. Dazu gehört auch die Anpassung der Kommunikations- und Besprechungsstrukturen. Diese gewährleistet, noch effektiver und effizienter arbeiten zu können. Außerdem wurde das Marketing/Public-Relations-Team durch zusätzliche Berufsgruppen erweitert. Die multiprofessionelle sowie interdisziplinäre Zusammenstellung des Teams (zum Beispiel Ärzte, Pflegepersonen, Therapie, Human-Resources-Management usw.) sichert zunehmend eine unternehmensweite einheitliche Kommunikation.

Mittels internationaler Vernetzung, wie beispielsweise am „Kongress Klinikmarketing" oder mit Unternehmen des Gesundheitswesens, werden Möglichkeiten des Austauschs und Benchmarkings genutzt.

Folgende Exzellenzbausteine sind in dieser Phase von herausragender Bedeutung:

- differenziertere Anpassung der Werbemaßnahmen an die Zielgruppen,
- Entwickeln von bedarfs- und zeitgerechten Projekten,
- Ausweitung der Medienwirkung – die Geriatrischen Gesundheitszentren im digitalen Zeitalter.

Differenziertere Anpassung der Werbemaßnahmen an die Zielgruppen

Eine Analyse unserer Zielgruppe ergab, dass diese keinesfalls eine homogene Gruppe darstellt. Vielmehr sind es Gruppen mit unterschiedlichen Ansprüchen und Bedarfen. Wir identifizierten die pflegenden Angehörigen, Patienten und Bewohner, bestehende und potenzielle Mitarbeiter sowie auch Zuweiser und diverse andere Stakeholder als Zielgruppen. Eine differenzierte Betrachtungsweise dieser Gruppen ist für die Bestimmung adäquater Werbe- und Kommunikationsmaßnahmen unabdingbar. Dies ist auch für die nachfolgend angeführten Projekte wichtig.

Unter Berücksichtigung der Ansprüche unserer Zielgruppe überarbeiteten wir die Homepage 1.0. Hierbei legten wir besonderes Augenmerk auf die Barrierefreiheit, wie zum Beispiel die Lesbarkeit, die Schriftgröße, den Kontrast, das Textverständnis und das Auffinden von Informationen sowie die Usability. Im Fokus stand auch, durch ein ansprechendes Layout nach unserem Corporate Design sowie durch qualitative, aussagekräftige Imagebilder, die Homepage 2.0 interessanter zu gestalten. Die Überprüfung der genannten Kriterien evaluierten wir gemeinsam mit einem externen Forschungsinstitut und adaptierten notwendige Änderungen.

Diese Form der Barrierefreiheit haben wir analog dazu bis in unsere Printmedien durchgezogen.

Entwickeln von bedarfs- und zeitgerechten Projekten

Aufgrund von Marktbeobachtungen, Recherchen und internen Auswertungen werden Bedarfe ermittelt und gegebenenfalls Projekte entwickelt. Das Marketing ist hierbei entweder selbst in der Projektleitung oder unterstützend, zum Beispiel bei Produkterweiterungen, tätig. Ein sehr wichtiges Projekt im Bereich des Personalmarketings ist die Erarbeitung eines erfolgreichen Employer Brandings.

> Das **Employer Branding** sieht den Arbeitgeber als eine Marke, die für Arbeitnehmer am Markt bestmöglich platziert werden soll. Der daraus resultierende positive Effekt soll nach innen, also bei bestehenden Mitarbeitern, sowie auch nach außen, bei potenziellen Bewerbern, wirken. Das Employer Branding wird als bedeutende strategische Investition im Wettbewerb um gut und hochqualifizierte Mitarbeiter gesehen. Es werden potenzielle Mitarbeiter zur Bewerbung animiert und bestehende Mitarbeiter an das Unternehmen gebunden. Im Wesentlichen soll, wie im klassischen Branding, der Arbeitgeber nicht nur positiv, sondern als einzigartig dargestellt werden (Kanning 2017).

Branchenweit besteht eine enorme Herausforderung, ausreichend gut qualifizierte Mitarbeiter im Pflegebereich zu gewinnen. Gemeinsam mit dem Human-Resources-Management wird im Bereich Personalmarketing eine Employer-Branding-Strategie entwickelt um Employer of Choice für potenzielle und bestehende Mitarbeiter zu werden (siehe auch Kapitel 6).

Ein weiteres großes Projekt, welches ab sofort federführend von der Stabsstelle Marketing/Public Relations durchgeführt wird, ist die Etablierung eines Zuweisermarketings als Teildisziplin des Marketings. Dieses Projekt entstand im Zuge des Follow-up-Prozesses der Zuweiserbefragung im Jahr 2018.

> Die professionelle Etablierung sowie Steuerung von Kooperationsprozessen mit Ärzten, die Patienten zuweisen, wird als **Zuweisermarketing** verstanden. Ein Synonym dafür ist auch der Begriff Einweisermarketing. Hierbei spricht man von einem ganzheitlichen Klinikmanagementansatz, welcher auf die Bedürfnisse der Zuweiser ausgerichtet ist. Dadurch sollen bestehende Zuweiser an die Klinik gebunden und neue Zuweiser gewonnen werden. Durch den gezielten Beziehungsaufbau zeichnen sich folgende Vorteile des Zuweisermarketings ab (Thill 2010):
> - Steigerung der Auslastung durch Überzeugung der Zuweiser hinsichtlich der medizinischen und pflegerischen Dienstleistungsqualität,
> - Steigerung des wirtschaftlichen Erfolges: Zuweiser dienen als Vermittler für „ideale Patientenfälle",
> - Wettbewerbsvorteile sichern,
> - Zuweiser als Meinungsbildner,
>
> Gewährleistung einer integrierten Versorgung.

Beim Fotowettbewerb EinzigALTrig 2016/2017 stand das Motto „Zeig uns die schönen Seiten des Alter(n)s und setz deine hippen Grannies in Szene!" (Bild 11.12) im Fokus. Zielsetzung dieses Projekts war es, die Grazer Stadtbevölkerung, insbesondere die Zielgruppe der Jugendlichen und jungen Erwachsenen zwischen 14 und 20 Jahren, zum Thema Alter(n) und zu Altersbildern zu sensibilisieren.

Bild 11.12 Flyer und Plakat zur Bewerbung des Fotowettbewerbs EinzigALTrig der Geriatrischen Gesundheitszentren

Ausweitung der Medienwirkung – die Geriatrischen Gesundheitszentren im digitalen Zeitalter

Um die jeweiligen Stakeholder bestmöglich zu erreichen, erweiterten wir unseren Werbeauftritt. Im Jahr 2017 entwickelten wir eine App, die es ermöglicht, Einblick in unsere Einrichtungen durch einen 360-Grad-View zu gewinnen. Jeder kann vom Smartphone aus durch Scannen des QR-Codes (Bild 11.13) beispielsweise ein Zimmer unserer Pflegewohnheime oder den Therapiebereich der Albert Schweitzer Klinik virtuell begehen.

Bild 11.13 QR-Code zum Download der App der Geriatrischen Gesundheitszentren

Die Etablierung eines Blogs auf der Homepage soll der Zielgruppe einen Einblick ins Unternehmen gewähren sowie Professionalität durch Beiträge von Experten vermitteln. Die Beiträge bestehen aus interessanten Geschichten über unsere Bewohner, Patienten oder Mitarbeiter. Fachbeiträge in Form von Tipps und Tricks von unseren Experten wie beispielsweise der Diätologie oder Aromatherapie sollen Leser über aktuelle Themen informieren. Um Ressourcen bestmöglich zu nutzen, verfolgen wir den Ansatz der Mehrfachveröffentlichung von Beiträgen in diversen Medien. Dies forcieren wir durch die Nutzung von crossmedialer Kommunikation. Ein Teil dieser Strategie ist der verstärkte Auftritt in sozialen Medien. Die Synergien mit und die Zugehörigkeit zur Stadt Graz ermöglichen uns, über den „Stadt-Graz-Kanal" zu „tweeten" und „posten". Über die Jahre lässt sich im Vergleich ein sukzessiver Anstieg der Reichweite feststellen.

> Werden mehrere Mediengattungen gleichzeitig eingesetzt, spricht man von einer **crossmedialen Kommunikation.** Hierbei ist die Prämisse, dass in jedem Werbemittel auf ein weiteres Medium verwiesen wird. Durch diese Mehrfachverwendung der Inhalte sollen Synergieeffekte in den unterschiedlichen Medien und Kanälen entstehen. Damit soll eine zielgerichtete Ansprache der Zielgruppe erreicht und die Kontaktzahlen sollen erhöht werden. Eine entscheidende Rolle für erfolgreiche crossmediale Kommunikation ist eine durchgängige Leitidee zu entwickeln und diese zeitlich, inhaltlich sowie formal zu integrieren. Nicht zuletzt muss der Medienauswahl, unter Berücksichtigung der relevanten Zielgruppe, hohe Bedeutung zukommen (Wengerter 2015).

Ing. Roman Sommersacher, BA, Social-Media-Manager der Abteilung für Kommunikation der Stadt Graz beschreibt, wie soziale Medien unsere Kommunikation verändern:

„In Zeiten von Reizüberflutung und immer geringer werdenden Aufmerksamkeitsspannen stellt sich in der Kommunikation eine grundlegende Frage: Wie kann ich Aufmerksamkeit erregen und meine Zielgruppe bestmöglich ansprechen? Vielfach liefern altbewährte Medien wie Zeitungen darauf keine ausreichende Antwort mehr. Genau hier kommen die sozialen Medien ins Spiel, die gerade in jüngeren Generationen den Medienkonsum in den letzten Jahren zur Gänze verändert haben.

Der Blick ins Wartehäuschen

Kaum irgendwo sieht man diese Entwicklung besser, als bei einem Blick ins Wartehäuschen von Bus oder Bim (Straßenbahn). Wo früher aufgeschlagene Zeitungen bei den Passanten zu sehen waren, sieht man heutzutage beinahe überall Passanten, die jede Minute ihrer Wartezeit wie gebannt in ihr Smartphone starren. Flott fingerwischend fliegen sie dabei durch die Timeline ihres favorisierten sozialen Mediums. Kaum mehr als eine Sekunde halten sie sich bei einer Meldung auf, bevor sie auch schon wieder am oberen Bildrand verschwindet und durch eine noch neuere Nachricht ersetzt wird.

Die Aufmerksamkeit dieser Menschen zu gewinnen und sie für ein Thema zu begeistern, ist zur Königsklasse der Kommunikation geworden. Eine Ausgangsposition, die sowohl Städte als auch große Einrichtungen dazu bringt, in neue Kanäle zu gehen, um dort Menschen zu erreichen, die mit klassischen Medien nicht mehr angesprochen werden können.

Die Stadt und die Geriatrischen Gesundheitszentren auf einer digitalen Reise

Um all diese neuen Herausforderungen in der Kommunikation zu meistern, bedarf es vieler Faktoren. Einer der wichtigsten ist das Streben nach ständiger Optimierung und Verbesserung im eigenen Unternehmen. Gerade im Kommunikationsbereich gibt es zwischen der Stadt Graz und den Geriatrischen Gesundheitszentren seit vielen Jahren ein glänzendes Einvernehmen und einen intensiven Austausch. Dadurch kann sichergestellt werden, dass die neuesten Trends zeitnah erkannt und analysiert werden.

Welcher neue Kommunikationskanal ist gerade im Kommen? Wen kann ich damit erreichen? Welche Informationen kann ich damit transportieren? Das sind nur ein Bruchteil der Fragen, die im Vorfeld gestellt werden müssen, um in den digitalen Fahrwässern der sozialen Medien richtig zu navigieren.

Mit gemeinsamer Kraft in den sozialen Medien

Mit den Geriatrischen Gesundheitszentren ist der Stadt Graz im Social-Media-Bereich immer ein Partner mit einem offenen Ohr zur Seite gestanden. Ein Vorzeigeunternehmen, das im internationalen Vergleich problemlos bestehen kann. Viele Erfolgsgeschichten konnten in den letzten Jahren gemeinsam erzählt werden. Sei es ein europäischer Innovationspreis, den die Geriatrischen Gesundheitszentren einheimsen konnten, oder die bewegende Geschichte, dass ein Mann seine Jugendliebe nach vielen Jahrzehnten in einem Pflegeheim der Geriatrischen Gesundheitszentren wiederfand und nun mit ihr gemeinsam seinen Lebensabend bestreiten kann. Geschichten wie diese bewegen die Menschen, sorgen für Aufmerksamkeit und bestehen damit auch den „Wartehäuschen-Test", indem sie die Menschen im Alltag dazu bringen, einen Moment inne zu halten und sich emotional auf die ausgesandte Nachricht einzulassen.

Ein Blick in die Zukunft

Es ist kein Geheimnis, dass die sozialen Medien in den nächsten Jahren noch mehr an Bedeutung gewinnen werden. Daher gilt es, hier Know-how aufzubauen und einen noch intensiveren Blick darauf zu werfen, welche Nachrichten sich für die sozialen Medien eignen.

Außerdem wird sich das Recruiting neuer Mitarbeiter verstärkt auf den Social-Media-Plattformen abspielen. Nur wer hier präsent ist, wird künftig das beste Personal an sein Unternehmen binden können. Die Geriatrischen Gesundheitszentren haben diese Entwicklung erkannt und hier bereits erste Schritte gesetzt. Man kann also davon ausgehen, dass die Betreuung ihrer Patienten und Bewohner auch künftig auf einem höchstmöglichen Niveau stattfinden wird. Und wir werden gemeinsam für Sie da sein, um ihnen die besten Geschichten davon zu erzählen, während Sie im Wartehäuschen auf die nächste Straßenbahn warten.

11.5 Ausblick

> „Wenn der Wind des Wandels weht, bauen die Einen Schutzmauern,
> die Anderen bauen Windmühlen."
>
> Chinesische Weisheit

Die vielen Stufen bis hin zur Exzellenzphase veranlassen uns nicht dazu, uns auszuruhen – im Gegenteil. Wir freuen uns, gemeinsam mit Kollegen, die frisches Wissen mitbringen, und Kollegen mit langjähriger Erfahrung in die Zukunft zu blicken. Durch diesen Mix können innovative und einzigartige Strategien entwickelt werden.

Auf Grund der demografischen Entwicklung ist bekannt, dass die Alterung der Bevölkerung stetig zunimmt. Daher ist es unsere Aufgabe, die Geriatrie und vor allem Senioren in ein neues und moderneres Licht zu rücken. Durch kontinuierliche Marktbeobachtung ist uns das Erkennen des Wandels der Bedarfe und Bedürfnisse unserer Zielgruppen möglich. Es ist unser Bestreben, adäquate Produkte und Werbemaßnahmen zu entwickeln, um so die gewünschte Zielgruppe (Mitarbeiter, Patienten, pflegende Angehörige usw.) bestmöglich zu versorgen beziehungsweise zu erreichen.

Stephan Rotthaus (2019), Experte im Bereich Klinikmarketing, hat Trends im Klinikmarketing identifiziert. Unter anderem wird eine Verschärfung des Wettbewerbs im Klinikmarkt erwartet. Dies bedingt, dass klare Marktpositionierungen forciert und die Stärken des Unternehmens in Markterfolge umgesetzt werden müssen. Das Klinikmarketing gewinnt im Top-Management zunehmend an Bedeutung und wird daher zunehmend als wesentliches Instrument für die marktbezogene Unternehmensführung und Zielerreichung herangezogen. In diesem Kontext ist gleichzeitig die Messbarkeit der Marketingziele zu erwähnen, welche regelmäßig von den Unternehmenszielen abgeleitet werden. Ein weiterer Trend zeigt sich in einem produkt- und vertriebsorientierten Klinikmarketing. Hierbei sollen die Patientenbedürfnisse als Ausgangspunkt in den Fokus rücken. Der Anstieg der Investitionen im Bereich Marketing wird mit der Aussicht gerechtfertigt, dass sich die Maßnahmen vom Kostenfaktor zum Erlösbringer entwickeln.

11.6 Literatur

Bruhn, Manfred; Meffert, Heribert: *Handbuch Dienstleistungsmarketing: Planung – Umsetzung – Kontrolle.* Springer Gabler Verlag, Wiesbaden 2012

Großklaus, Rainer H. G.: *Positionierung und USP: Wie Sie eine Alleinstellung für Ihre Produkte finden und umsetzen.* Springer Gabler Verlag, Wiesbaden 2015

Grupe, Stephanie: *Public Relations: Ein Wegweiser für die PR-Praxis.* Springer-Verlag, Berlin und Heidelberg 2011

Kanning, Uwe Peter: *Personalmarketing, Employer Branding und Mitarbeiterbindung: Forschungsbefunde und Praxistipps aus der Personalpsychologie.* Springer-Verlag, Berlin/Heidelberg 2017

Nemec, Sabine; Fritsch, Harald Jürgen: *Die Klinik als Marke: Markenkommunikation und -führung für Krankenhäuser und Klinikketten.* Springer-Verlag, Berlin/Heidelberg 2013

Pfannstiel, Mario A.; Da-Cruz, Patrick; Mehlich, Harald (Hrsg.): *Digitale Transformation von Dienstleistungen im Gesundheitswesen II: Impulse für das Management.* Springer Gabler Verlag, Wiesbaden 2017

Regenthal, Gerhard: *Ganzheitliche Corporate Identity: Form, Verhalten und Kommunikation erfolgreich steuern.* Gabler Verlag, Wiesbaden 2003

Rotthaus, Stephan (Hrsg.): *Klinikmarketing. Die Strategien: Mit acht neuen Fallbeispielen aus Deutschland, der Schweiz und Österreich.* Königsdruck, Berlin 2019

Spindler, Gerd-Inno: *Basiswissen Marketing: Quick Guide für (Quer-)Einsteiger, Jobwechsler, Selbstständige, Auszubildende und Studierende.* Springer Gabler Verlag, Wiesbaden 2016

Stoffers, Christian; Krämer, Nicolas: *Marketingcontrolling im Krankenhaus: Planung. Information. Kontrolle.* Mediengruppe Oberfranken, Kulmbach 2018

Thill, Klaus-Dieter: *Einweisermarketing für Krankenhäuser: Niedergelassene Ärzte professionell gewinnen und binden.* 2. Auflage. Gabler Verlag, Wiesbaden 2010

Wengerter, Lena: *Erfolgreiches Dialogmarketing durch crossmediale Vernetzung: Status Quo und Wirkungsmessung in der Praxis.* Igel RWS, Hamburg 2015

Zerres, Christopher (Hrsg.): *Handbuch Marketing-Controlling: Grundlagen – Methoden – Umsetzung.* 4. Auflage. Springer-Verlag, Berlin 2017

12 Warum es sich lohnt, in Forschung und Entwicklung zu investieren

Judith Goldgruber, Lisa Weidinger

Im Zusammenhang mit der notwendigen Steigerung der Innovationskraft von Organisationen im Gesundheits- und Sozialwesen werden in diesem Beitrag die Professionalisierung und Profilierung einer Organisation durch Investitionen in Forschung und Entwicklung thematisiert.

Mit der Gründung des Albert Schweitzer Instituts für Geriatrie und Gerontologie wurde in den Geriatrischen Gesundheitszentren eine entsprechende Organisationseinheit geschaffen, welche Innovationen vorantreibt. Welche Funktionen, welche Aufgaben, welche Wirkungen eine solche Organisationseinheit hat, wie sie in ein Unternehmen eingegliedert werden kann und welche Herausforderung bei der Implementierung zu bewältigen sind, erfahren Sie in diesem Kapitel.

Nach einer kurzen thematischen Einführung in den Themenkomplex Innovationen folgen Einblicke in die Entwicklungsphasen und Exzellenzbausteine des Bereichs Forschung und Entwicklung, wie in Bild 12.1 abgebildet. Von den Anfängen in der Pionierphase mit wissenschaftlichen Arbeiten über die Entstehung des Albert Schweitzer Instituts bis hin zur Vernetzung in der Exzellenzphase erfahren Sie, warum es sich für Gesundheits- und Sozialbetriebe lohnt, in Forschung und Entwicklung zu investieren.

12 Warum es sich lohnt, in Forschung und Entwicklung zu investieren

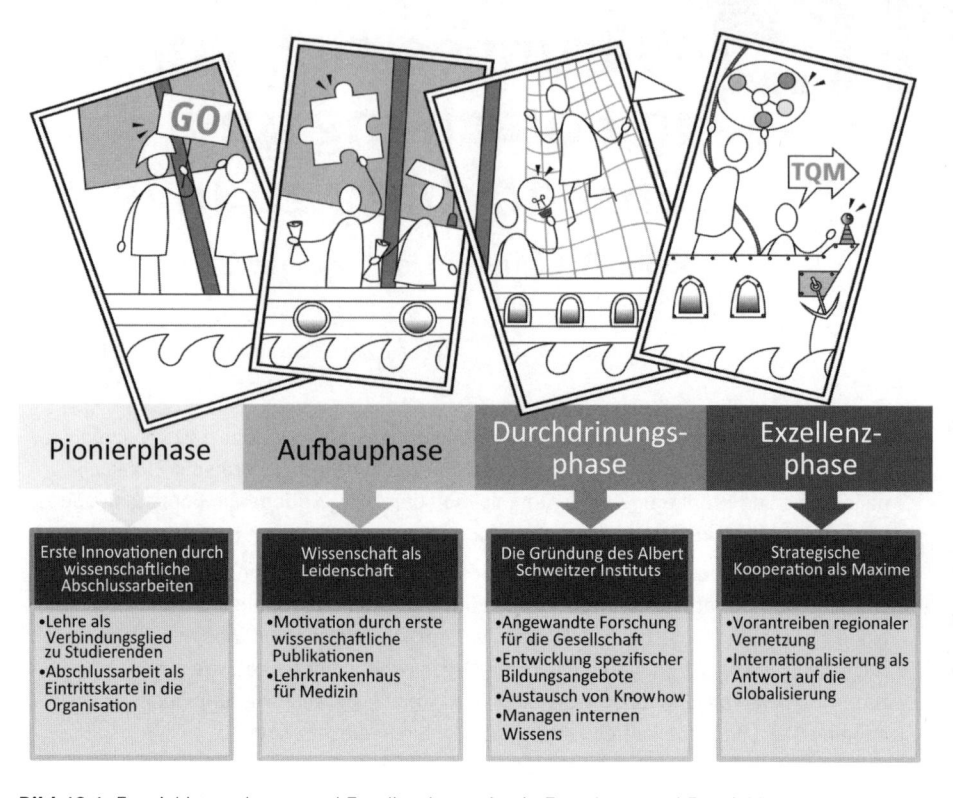

Pionierphase	Aufbauphase	Durchdrinungsphase	Exzellenzphase
Erste Innovationen durch wissenschaftliche Abschlussarbeiten	Wissenschaft als Leidenschaft	Die Gründung des Albert Schweitzer Instituts	Strategische Kooperation als Maxime
•Lehre als Verbindungsglied zu Studierenden •Abschlussarbeit als Eintrittskarte in die Organisation	•Motivation durch erste wissenschaftliche Publikationen •Lehrkrankenhaus für Medizin	•Angewandte Forschung für die Gesellschaft •Entwicklung spezifischer Bildungsangebote •Austausch von Knowhow •Managen internen Wissens	•Vorantreiben regionaler Vernetzung •Internationalisierung als Antwort auf die Globalisierung

Bild 12.1 Entwicklungsphasen und Exzellenzbausteine in Forschung und Entwicklung

> *„Niemand kann den Wandel managen.*
> *Wir können ihm nur einen Schritt voraus sein."*
> Peter F. Drucker (2005, S. 109)

Demnach verlangt jeder Veränderungsprozess von einer lernenden Organisation, den Blick konsequent in die Zukunft zu richten, um Innovation zu ermöglichen und stetig voranzutreiben.

> Im wirtschaftlichen Kontext stellen **Innovationen** meist neue Produkte oder die Anwendung eines neuen Verfahrens dar oder auch Neuerungen im Sinne struktureller, kultureller oder marktmäßiger Innovationen (Disselkamp 2012), wobei sich diese Innovationen ihren Weg in unterschiedlicher Intensität bahnen. Inkrementelle Innovationen zeichnen sich durch eine schrittweise Neuerung, meist im Sinne einer Verbesserung aus. Radikale Innovationen stellen hingegen umfangreiche, wesentliche Veränderungen dar, die meist auf neuem Wissen basieren, riskanter sind und eine größere Tragweite als Innovationen inkrementeller Natur haben (Jöstingmeier/John 2018).

Werden neue Ideen in die Praxis umgesetzt, stehen sie zumeist für einen Wandel, der für die Gesellschaft von Bedeutung ist (Höfler u. a. 2013). Im Falle der Geriatrischen Gesundheitszentren fußt das Verständnis von Innovation – als nachhaltigem strategischem Ziel – auf dem Commitment, sich den *demografischen Herausforderungen* unserer Zeit zu *stellen* und *Trends des Alter(n)s* frühzeitig *aufzuspüren*. Die Trendanalyse gilt in diesem Zusammenhang als wichtiges Tool des Projekt- und Innovationsmanagements.

> Die **Trendanalyse** hilft dabei, passende Innovationen für die Zukunft zu entwickeln. Bei der Analyse geht es darum, sich langfristig abzeichnende Entwicklungen aus Vergangenheitsdaten vorherzusagen. Es werden Zukunftsszenarien erarbeitet und deren Trends aus unterschiedlichen Perspektiven (realistisch, optimistisch, pessimistisch) betrachtet (Großklaus 2014).

Innovationen – begriffen als geplante und kontrollierte Veränderungen, die durch die Anwendung neuer Ideen und Techniken zustande kommen (Doppler/Lauterburg 2014) – werden gleichsam zum Antreiber und Multiplikator des Wandels. Ziel dieses Innovationsprozesses ist in den Geriatrischen Gesundheitszentren die bedarfsgerechte, hochwertige und individuelle Behandlung und Betreuung geriatrischer, multimorbider Menschen und die evidenzbasierte Weiterentwicklung von Behandlungsstandards – stets verbunden mit der inneren Haltung, gleichermaßen Patienten und Bewohnern sowie der Gesellschaft als Ganzes bestmöglich zu dienen. Vor diesem Hintergrund wurde mit dem Albert Schweitzer Institut für Geriatrie und Gerontologie eine breite **Innovationsplattform** geschaffen, die im interdisziplinären Austausch Forschungs-, Bildungs- und Lehraktivitäten von Medizin, Pflegewissenschaft und Public Health effizient bündelt und die wissenschaftliche Vernetzung auf nationaler und internationaler Ebene koordiniert.

12.1 Erste Innovationen durch wissenschaftliche Abschlussarbeiten

Seit jeher genießen Forschung und Entwicklung in den Geriatrischen Gesundheitszentren hohen Stellenwert. Erklärtes Ziel der Pionierpersönlichkeiten war es, das Unternehmen auf ein solides, tragfähiges Fundament zu stellen. Es galt, *Theorie und Praxis miteinander* zu *verweben*, stets auf der Suche nach hilfreichen (Management-)Tools für die Unternehmenspraxis. Früh zeigte sich, dass die Zusammenarbeit mit Hochschulen einen wesentlichen Erfolgsfaktor für das Unternehmen darstellt, da neue Dienstleistungs- und Versorgungsprodukte über wissenschaftliche Abschlussarbeiten entdeckt und erfolgreich etabliert werden können.

In der Pionierphase widmen wir uns daher folgenden Themen:
- Lehre als Verbindungsglied zu Studierenden,
- Abschlussarbeit als Eintrittskarte in die Organisation.

Lehre als Verbindungsglied zu Studierenden

Führungskräfte übernahmen erste Lehraufträge an Hochschulen (Universitäten, Fachhochschulen) und Gesundheits- und Krankenpflegeschulen. Sie lehrten vorwiegend in den Bereichen Altersmedizin, Gerontologische Pflege, Ethik, Therapie und insbesondere Management im Gesundheitswesen, zunächst z. B. Technik- und Facility Management im Gesundheitswesen, Logistik im Gesundheitswesen, Prozessmanagement im Gesundheitswesen, später Projektmanagement im Gesundheitswesen und Controlling im Gesundheitswesen.

Heute sind Lehrtätigkeiten von Führungskräften an Hochschulen verbreitet und willkommen; zum einen, um einen konkreten gesellschaftlichen Beitrag zur Bildung der Bevölkerung zu leisten, zum anderen, um in Kontakt mit motivierten, wissbegierigen, leistungsbereiten Menschen zu treten und diese gezielt für eine Tätigkeit in der Organisation zu gewinnen.

Studierenden und Schülern werden im Unternehmen attraktive Praktika ermöglicht, welche oftmals das Sprungbrett in die Organisation darstellen. Die Anzahl der Praktikumsplätze stieg über die Jahre sukzessive an. Heute absolvieren jährlich rund 400 – mehrheitlich junge – Menschen ihr Medizin-, Pflege-, Therapie- oder Managementpraktikum in den Geriatrischen Gesundheitszentren; viele bleiben. Sie bereichern um neue, oft unkonventionelle und moderne Sichtweisen, bringen „frischen Wind" ins Unternehmen und genießen hohen Stellenwert. Sie erhalten die Möglichkeit, an Arbeitsprozessen teilzunehmen, ihre Fähigkeiten unter Beweis zu stellen und auszubauen sowie ihre beruflichen Perspektiven zu erweitern. Ziel ist es, die (jungen) Menschen dabei zu unterstützen, zu Persönlichkeiten heranzureifen, die mit Vertrauen und Selbstsicherheit in die Zukunft gehen.

Nach eingehender Begutachtung im Praktikum erhalten ausgewählte Studierende die Chance, ihre wissenschaftliche Abschlussarbeit zu einem konkreten, praxisrelevanten Thema mit höchster Umsetzungswahrscheinlichkeit zu verfassen.

Abschlussarbeit als Eintrittskarte in die Organisation

Bereits ab der Pionierphase werden *wissenschaftliche Abschlussarbeiten*, zunächst Diplomarbeiten, später Bachelor- und Masterarbeiten, *aktiv ausgeschrieben*. Sie dienen dazu, Grundlagen für neue Dienstleistungs- und Versorgungsprodukte zu erarbeiten. Diese führen häufig zu Produktinnovationen und generieren hierdurch einen Mehrwert für Patienten und Bewohner. Die Ausschreibungen mit ausschließlich versorgungsrelevanten wissenschaftlichen Fragestellungen ergehen zeitgerecht und zielgerichtet an Kooperationspartner im Hochschulbereich. Diese geben die praxisrelevanten

Themen gerne an ihre Studierenden weiter, da die Nachfrage nach umsetzungsrelevanten Themen unter Studieren zumeist hoch ist.

Nicht wenige ehemalige Praktikanten, die qualitativ hochwertige wissenschaftliche Abschlussarbeiten verfassten, erhalten Jobangebote in den verschiedensten Bereichen der Geriatrischen Gesundheitszentren. Ein **Personalrecruiting-Konzept**, das nicht nur nachhaltig kluge Köpfe sichert, sondern auch Qualitätsmanagement-Assessoren und -Visitoren regelmäßig beeindruckt.

Die Pionierphase brachte im Bereich Forschung und Entwicklung außerdem vielfältige Kooperationen mit diversen Hochschulen und Bildungspartnern mit sich. Die *Vielfalt an Partnerorganisationen* wurde jedoch im Laufe der Jahre groß. Chaos drohte. Die Unternehmensantwort war die Konzentration auf ausgewählte Kooperationspartner und die Intensivierung der Zusammenarbeit mit diesen.

■ 12.2 Wissenschaft als Leidenschaft

Vor dem Übertritt des Unternehmens in eine späte Aufbauphase gab es keinerlei wissenschaftliche Aktivitäten im Unternehmen, die zu Publikationen führten. Ab dem Jahr 2009 wurden im kleinen Kollegenkreis *erste wissenschaftliche Arbeiten durchgeführt*. Kleinprojekte wurden auf die Beine gestellt, zumeist ohne jegliche Finanzierung. Wissenschaftliche Aktivitäten galten als Mitarbeiterbefähigungsprogramm. Von Anfang an waren sie mit teambildenden Maßnahmen umrahmt. Zentrale Themen der Aufbauphase waren daher:

- Motivation durch erste wissenschaftliche Publikationen,
- Lehrkrankenhaus für Medizin.

Motivation durch erste wissenschaftliche Publikationen

Die ersten Ergebnisse wissenschaftlicher Arbeit präsentierten motivierte Mitarbeiter im Rahmen von Posterpräsentationen auf Kongressen: Für die Wissenschaft zweifellos etwas Kleines, für die präsentierenden Personen jedoch etwas Großes, völlig Neues und Tolles. Die ersten Posterpräsentationen bewirkten sehr viel. Die Geriatrischen Gesundheitszentren erkannten, dass sie als Gesundheitseinrichtung von „den Leuten aus der großen, weiten Scientific Community" gehört werden. So wurde der Kreis derer, die Freude an wissenschaftlicher Tätigkeit haben und Wissenschaft betreiben wollen, größer. Wissenschaftliche Poster folgten, wissenschaftliche Artikel wurden geschrieben und publiziert, wissenschaftliche Vorträge auf relevanten Kongressen gehalten.

> **Der erste wissenschaftliche Vortrag**
>
> Am 7. Kongress der European Geriatric Medicine Society in Malaga, Spanien präsentierten wir im Jahr 2012 Studiendaten zu Sturzhäufigkeiten (Schippinger u. a. 2011) im Rahmen eines Vortrags in englischer Sprache, den etwa 1 000 Menschen hörten. Die Vortragende, Eva Horn, hatte zu diesem Zeitpunkt – als praktizierende Ärztin – keinerlei Erfahrung im Bereich wissenschaftlicher Vortragstechnik. Sie meisterte ihren Vortrag jedoch perfekt; „gleich gut wie geübte Wissenschaftler" (Schippinger, 13. 11. 2018).

Die Zusammenarbeit mit externen Kooperationspartnern begann. Fragen der Finanzierung kamen auf. Größere Forschungsanträge, korrekte Forschungs- und Entwicklungsprojektplanungen und Ethikkommissionseinreichungen standen an. Die wissenschaftliche Arbeit erreichte ein Ausmaß, welches das Unternehmen vor die Entscheidung stellte: Entweder wir stoppen unsere wissenschaftlichen Aktivitäten an diesem Punkt, da alle involvierten Mitarbeiter am Patienten tätig waren und ihre Zeit im Sinne des „Patient first"-Ansatzes dem Patienten widmen wollten und sollten, oder wir gehen bewusst den Schritt, eine Abteilung einzurichten, die sich professionell und ausschließlich mit Wissenschaft beschäftigt. Die Idee zur **Gründung einer Forschungs- und Entwicklungsabteilung**, das Albert Schweitzer Institut, entstand.

Lehrkrankenhaus für Medizin

Lehrkrankenhaus einer Universität zu sein, ist für ein Krankenhaus erstrebenswert. Es ermöglicht Prägung und Haltungstransportierung an die Studierenden sowie das Gewinnen künftiger Kollegen. 2007 erlangten die Geriatrischen Gesundheitszentren den Status eines Lehrkrankenhauses der Medizinischen Universität Graz. Insbesondere aufgrund dieses Status war es erwünscht, einen habilitierten und entsprechend qualifizierten Arzt als Ärztlichen Leiter der Albert Schweitzer Klinik zu rekrutieren, was 2008 gelang. Der Ärztliche Leiter betont: „Weil wir als Lehrkrankenhaus einerseits die Möglichkeit haben, junge Studierende zu prägen, sie also auf die besonderen Bedürfnisse alter Menschen und die besonderen Herangehensweisen in der Altersmedizin vorzubereiten, ihnen Inhalte und Haltungen alten Menschen gegenüber zu transportieren und zu tradieren und weil wir andererseits damit auch das Ziel verfolgen, diese jungen Studierenden für die Altersmedizin und als spätere Mitarbeiter des eigenen Hauses zu gewinnen, ist es gut und erstrebenswert, Lehrkrankenhaus zu sein. Immer wieder kommen heute junge Ärzte in Ausbildung zu uns, die bei uns in Praktika waren. Ja, es ist mittlerweile fast die Regel, dass die jungen Ärzte, die sich bei uns bewerben, in einem Praktikum bereits bei uns arbeiteten."

Deutlich später, 2018, erlangte das Haus auch den Status eines *Lehrkrankenhauses der Fachhochschule Burgenland* für die Studiengänge Gesundheitsmanagement und Gesundheitsförderung und Gesundheits- und Krankenpflege. Dies eröffnet über die Medizin hinausgehende Kooperationen im Health-Care-Bereich.

12.3 Gründung des Albert Schweitzer Instituts

Bis zur späten Durchdringungsphase gab es keine hauptberuflich tätigen Wissenschaftler im Unternehmen. Dies änderte sich mit der Gründung des Albert Schweitzer Instituts für Geriatrie und Gerontologie. Für die Leitung des neuen Instituts galt es, eine promovierte und somit zur eigenständigen wissenschaftlichen Arbeit entsprechend qualifizierte Person aus den Fachgebieten Medizin, Pflegewissenschaft oder Public Health zu rekrutieren und dieser wissenschaftliche Mitarbeiter aus eben diesen Fachgebieten zur Seite zu stellen, was ab 2014 gelang.

Zunächst aber galt es, aus der Vision, sich als forschendes Unternehmen zu positionieren, anhand der geplanten Strategie, der daraus abgeleiteten Ziele und Maßnahmen und der Rahmenbedingungen eine tragfähige Geschäftsidee abzuleiten. Durch die Ausarbeitung eines detaillierten Businessplans wurde das Gründungsvorhaben im Vorfeld hinsichtlich Wirtschaftlichkeit und Realisierbarkeit gründlich durchleuchtet und bewertet.

> Der **Businessplan** beschreibt ein unternehmerisches Vorhaben anhand der geplanten Strategie, der daraus abgeleiteten Ziele und Maßnahmen und der Rahmenbedingungen der Geschäftstätigkeit. Er bewertet die Durchführbarkeit des Projekts und ebnet den Weg für die Kommunikation mit potenziellen Projekt- und Finanzierungspartnern (Gabler Wirtschaftslexikon 2018).
>
> Er dient nicht nur der Bewertung von Projekten und Innovationsvorhaben hinsichtlich ihrer Durchführbarkeit, sondern in entscheidendem Maße auch der Kommunikation mit potenziellen Finanzierungs- oder Kooperationspartnern. Für fundierte Investitionsentscheidungen ist er die notwendige Voraussetzung. Ein guter Businessplan sollte deshalb neben einer Kurzbeschreibung des unternehmerischen Vorhabens auch folgende Elemente beinhalten: Geschäftsmodell/Unternehmenskonzept, Zielmarkt, Ziele und Strategie, Leistungs- und Produktportfolio, Marketing und Vertrieb, Management, Personal und Organisation, Chancen und Risiken, Finanzplanung (Nagl 2015).

Mit der Gründung des Albert Schweitzer Instituts widmen wir uns folgenden Schwerpunktthemen:

- angewandte Forschung für die Gesellschaft,
- Entwicklung spezifischer Bildungsangebote,
- Austausch von Know-how,
- Managen internen Wissens.

Angewandte Forschung für die Gesellschaft

Eingebettet in den Change-Prozess der gesamten Organisation wurde zunächst ein *Handlungsrahmen für Forschungsaktivitäten* geschaffen. Die Gründung eines wissenschaftlichen Beirats ist als ein erster Meilenstein auf diesem Weg zu nennen. Die Entwicklung eines *Code of Conduct* (Verhaltenscodex) und die Erstellung einer Charta zur Forschungskooperation auf der Basis einer Nutzwertanalyse stellen weitere wesentliche Meilensteine dar. Der Code of Conduct ist ein bedeutender Teil der Kooperationsvereinbarung mit Forschungspartnern.

> **Auszug aus dem Code of Conduct des Albert Schweitzer Instituts**
>
> Wir arbeiten lege artis, d. h. wir führen unsere wissenschaftliche Tätigkeit entsprechend den rechtlichen Regelungen, ethischen Normen und dem aktuellen Stand der Erkenntnisse unseres Faches bzw. unserer Disziplin durch.
>
> Wir dokumentieren Resultate und hinterfragen alle Ergebnisse konsequent kritisch.
>
> Wir wahren strikte Ehrlichkeit im Hinblick auf die (schriftlichen und mündlichen) Beiträge von Partnern, Kollegen, Konkurrenten sowie Vorgängern.
>
> Wir vermeiden bzw. prävenieren Fehlverhalten in unserer Arbeit und (im Rahmen unserer Möglichkeiten) in unserem Umfeld.
>
> In ethischen Grundsätzen fühlen wir uns Albert Schweitzer – unserem Namensgeber – verpflichtet und richten unsere Arbeit an seinen ethischen Grundsätzen aus.
>
> In unserer Forschungsarbeit kommen die ethischen Standards der „ICH-GCP Leitlinie" für Good Clinical Practice zur Anwendung.
>
> Dabei orientiert sich die Forschungsarbeit auch an den Werten der „Führungsgrundsätze der Stadt Graz" und dem „Leitbild der Geriatrischen Gesundheitszentren".

> **Good Clinical Practice** stellt einen Standard für die Planung, Durchführung, das Monitoring, Auditing, die Dokumentation, Auswertung und Berichterstattung von klinischen Prüfungen dar, um sicherzustellen, dass die Daten und die berichteten Ergebnisse glaubwürdig und richtig sind. Überdies beinhaltet Good Clinical Practice auch, dass die Rechte und die Integrität sowie die Vertraulichkeit der Identität der Prüfungsteilnehmer geschützt werden (CPMP/ICH 2006).
>
> Eine äußerst relevante Voraussetzung für gute klinische Praxis stellt das Einhalten ethischer Grundprinzipien dar. Unter ethischem Handeln werden alle Handlungen, die den gesellschaftlich normierten Wertvorstellungen oder Standards entsprechen, bezeichnet (Gabler Wirtschaftslexikon 2018).
>
> In der medizinischen Forschung am Menschen sind die ethischen Grundsätze der Deklaration von Helsinki einzuhalten (World Medical Association 2013).

Die Deklaration umfasst auch die wichtigsten Prinzipien der Medizinethik: Selbstbestimmungsrecht des Patienten *(respect for autonomy)*, Prinzip der Schadensvermeidung *(non-maleficence)*, Patientenwohl *(beneficence)*, Soziale Gerechtigkeit *(justice)* (Beauchamp/Childress 2013; Körtner 2017, S. 154–166).

In der klinischen Forschung gilt die Anwendung adäquater wissenschaftlicher Methoden und Standards als unabdingbar für eine ethische Vorgehensweise. Die verständliche Formulierung der Patienteninformation und Einwilligungserklärung für Laien gilt als weiteres ethisches Kriterium in der Forschung (Herkner/Müllner 2011). Entsprechend einer Good Scientific Practice sind Forschungsprojekte, sofern es die Kriterien erfordern, einer Ethikkommission vorzulegen (Ethikkommission Medizinische Universität Wien 2018).

Die Charta zur Forschungskooperation unterstützt die rationale Entscheidungsfindung über die Beteiligung an Forschungs- und/oder Entwicklungsprojekten mit Partnerorganisationen. Anhand mehrerer qualitativer Kriterien (z. B. Nutzen für Patienten, Bewohner, Mitarbeiter, Bevölkerung; Projektinhalte; ökonomische Aspekte; Kooperationspartner; Publikationsmöglichkeit) unterstützt die Nutzwertanalyse als Entscheidungshilfe das Wissenschaftsteam bei der objektiven Beurteilung einer Projektanfrage (Bild 12.2).

1 Anfrage
Anfrage von externen oder an externe Organisationen

2 Entscheidung
Prüfung anhand vorab definierter Kriterien zur Kooperation im Wissenschaftsteam

3 Einverständnis
Einholung der Einwilligung zur Einreichung von Management und Trägerorganisation

4 Bearbeitung
Erstellung des Antrags unter Berücksichtigung des Ausschreibungsleitfadens

5 Entscheidung Fördergesellschaft
Entscheidung über Förderung wird getroffen. Bei Zusage wird das Projekt gestartet

Bild 12.2 Checkliste der Geriatrischen Gesundheitszentren zur Erstellung eines Förderantrags

Als inhaltliche Eckpfeiler des Albert Schweitzer Instituts wurden die Fachbereiche Medizin, Pflegewissenschaft und Public Health definiert, an denen sich die Kompetenzfelder Forschung, Bildung, Beratung und Wissensmanagement orientieren. Das neu zusammengesetzte Wissenschaftsteam setzt sich aus Experten dieser Fachbereiche zusammen, seine Mitglieder vertreten ihr jeweiliges Fachgebiet und unterstützen die Institutsleitung fachlich und inhaltlich. Insbesondere bei der Erstellung von Forschungsanträgen fließen die Perspektiven des multiprofessionellen Teams ein.

Die Forschungsschwerpunkte des Instituts umfassen *geriatrische Versorgungsforschung*, *Gesundheitsförderung und Prävention im Alter*, *Active and Assisted Living* sowie *Demenz* und *Palliative Care*. Hinsichtlich aller Forschungsfelder liegt der Fokus auf praxisorientierter, angewandter Forschung, die niederschwellig in die tägliche Arbeit einfließt.

> Unter dem Begriff **Active and Assisted Living** (AAL) werden altersgerechte Assistenzsysteme für ein selbstbestimmtes Leben bezeichnet (Trukeschitz/Schneider 2018, S. 2).
>
> Unter AAL werden Konzepte, Methoden, Produkte und Dienstleistungen subsummiert, die neue Technologien und soziales Umfeld miteinander verbinden, mit dem Ziel, die Lebensqualität für Menschen in allen Lebensabschnitten, vor allem im Alter, zu erhöhen. (AAL Austria Innovationsplattform für intelligente Assistenz im Alltag 2015, S. 13).

Ein Meilenstein der Professionalisierung von Forschungs- und Entwicklungsaktivitäten im Unternehmen ist die nunmehr mögliche Teilnahme an größeren, geförderten Forschungsprojekten. Über das Albert Schweitzer Institut können nun Forschungsanträge inklusive detaillierter Ressourcenplanungen und Ethikkommissionseinreichungen gemeinsam mit externen Kooperationspartnern realisiert werden. Eines der ersten größeren, geförderten Drittmittelprojekte war das Projekt „RegionAAL".

> **RegionAAL**
>
> Zahlreiche Förderausschreibungen und Kooperationsanfragen sowie die rasch voranschreitende Digitalisierung im Gesundheits- und Sozialwesen lassen auf die Relevanz dieses Themenfeldes schließen. So gelang es auch in eben diesem Forschungsbereich gemeinsam mit weiteren Kooperationspartnern den Zuschlag für das Projekt „RegionAAL" zu erhalten.
>
> Im Rahmen der AAL-Testregion der Steiermark „RegionAAL", beschäftigten wir uns drei Jahre lang mit technischen Unterstützungsmöglichkeiten für Senioren. Auf Basis einer umfangreichen Evidenzanalyse wurde ein Testpaket in drei Anwendungsbereichen zusammengestellt: Sicherheit (u. a. Herdabschaltung, Lichtinstallationen mit Bewegungsmeldern), soziale Inklusion (u. a. Tablet mit seniorengerechten Anwendungen wie Telefon, SMS, Skype) und Gesundheit (u. a. Smartwatch, Bewegungsvideos, Gesundheitsdaten-Monitoring). Rund 100 Senioren hatten die Möglichkeit, die Technologien in ihren Privathaushalten ein Jahr lang zu testen. Eine begleitende wissenschaftliche Studie verglich die 100 Testhaushalte (Interventionsgruppe) mit 100

weiteren Haushalten ohne Technologien (Kontrollgruppe) in den Bereichen Lebensqualität, Aktivitäten des täglichen Lebens und Selbstständigkeit. Autonomie und Partizipation stellen sehr relevante Parameter der Lebensqualität in Bezug auf die eingesetzten Technologien dar. Die Technologien sollen ermöglichen, dass Lebensqualität und Selbstständigkeit gefördert und länger erhalten bleiben. Eine wissenschaftliche Mitarbeiterin des Albert Schweitzer Instituts für Geriatrie und Gerontologie, die dieses Projekt betreut hat, berichtet: „Die Ergebnisse zeigen, dass die Werte in der Interventionsgruppe über ein Jahr stabil blieben, während es in der Kontrollgruppe nach sechs Monaten zu statistisch signifikanten Verschlechterungen kam. Der Hilfsbedarf blieb in beiden Gruppen relativ konstant."

Entwicklung spezifischer Bildungsangebote

Innerhalb der Bildungssphäre werden *geriatrie- und gerontologiespezifische Aus-, Fort- und Weiterbildungsangebote für Health Professionals* des Hauses und anderer Gesundheitseinrichtungen, für Studierende, sowie für Nichtfachkundige in enger Kooperation mit etablierten Bildungseinrichtungen entwickelt und durchgeführt. Der Bildungsauftrag des Unternehmens sieht vor, Praktikanten einen umfassenden Einblick in den Unternehmensalltag zu ermöglichen, Studierende bestmöglich zu begleiten sowie Lehrmöglichkeiten in verschiedenen Fachrichtungen anzubieten. Was Bildungsmaßnahmen für Laien angeht, richtet man am Institut den Fokus auf gezieltes *Empowerment von pflegenden Angehörigen und* auf die *Betroffenen* selbst. Aus diesem Bildungsauftrag heraus entstanden viele Aus- und Weiterbildungsmaßnahmen, sowohl für Health Professionals als auch für Laien, die heute zu einem festen Bestandteil des Unternehmens zählen und von beiden Seiten häufig und gerne in Anspruch genommen werden.

> **Das Albert Schweitzer Trainingszentrum – Ein Lernort für pflegende Angehörige**
>
> Bis dato werden ca. 80 Prozent pflege- und betreuungsbedürftige Österreicher im häuslichen Umfeld versorgt. Pflegende Angehörige übernehmen neben mobilen Diensten den Großteil der Pflege zuhause. Sie sind damit großen gesundheitlichen Belastungen ausgesetzt. Trainingseinheiten im Albert Schweitzer Trainingszentrum vermitteln Angehörigen praxisrelevantes Wissen von Fachpersonal und erleichtern daher die Betreuung zuhause.
>
> Neben simulationsbasiertem Lernen (praktisches Üben mit Beispielanwendungen in einer Lernumgebung, die einer Wohnung gleicht) in Gruppenkursen zu unterschiedlichen Pflegethemen und speziellen Krankheitsbildern (z. B. Demenz) umfasst das Angebot Vorträge, Coachings und Besichtigungen einer altersgerechten, technikunterstützten Übungswohnung.

> **Public Health Summer Schools zum Thema Alter(n) für Studierende und Health Professionals**
> Ein weiteres Bildungsangebot des Albert Schweitzer Instituts in Kooperation mit der Public Health School Graz waren Public Health Summer Schools zum Thema Alter(n). Das Angebot thematisierte vielfältige Wege des Alterns im Spannungsfeld von Gesundheit und Krankheit sowie individuelle und gesellschaftliche Verantwortung.

Austausch von Know-how

Über den Kompetenzbereich Beratung stellen die Geriatrischen Gesundheitszentren ihre breite Expertise auch anderen Gesundheitseinrichtungen zur Verfügung. Das Albert Schweitzer Institut organisiert **strategisch ausgewählte Hospitationen und Referenzbesuche** und verzeichnet hier aufgrund der öffentlichkeitswirksamen Erfolge der vergangenen Jahre (z. B. EFQM) eine hohe, zunehmend international geprägte Nachfrage. Mehrmals monatlich stellen sich Besuche interessierter Delegationsgruppen mit unterschiedlichen fachlichen Hintergründen (Krankenhäuser, Hochschul- und Gesundheitsbildungsinstitutionen, Architekturbüros und Wirtschaftsunternehmen) ein. Das Unternehmen versucht seinerseits von den Besten zu lernen. Führungskräfte visitieren regelmäßig europaweit und zunehmend international die besten Geriatriezentren und Altenbetreuungseinrichtungen, um aus den gewonnenen Erkenntnissen im eigenen Unternehmen zu profitieren, ganz im Sinne von Lessons Learned.

> ⓘ **Lessons Learned** gilt als bewährte Methode der systematischen Evaluation im Projektmanagement als Ansatz für organisatorisches Lernen (Sterrer 2014). Die Anwendung folgt einem strukturierten Prozess (Kilian u. a. 2007, Kilian u. a. 2008): Praktische Erfahrung, reflexive Aufarbeitung, Dokumentation, Speicherung, Abruf/Verteilung des Wissens (z. B. bei Folgeprojekten). Im Prozess werden sowohl positive als auch negative Erfahrungen betrachtet, die ein Individuum oder eine Gruppe im Laufe eines Projekts gemacht hat. Lessons Learned dienen zur nachhaltigen Integration von Erfahrungswissen in eine Organisation (Prudix 2016).

> ➡ **OK, ROBOT. Zukunftsreise in das Land der Roboter**
> Eine von der Wirtschaftskammer Österreich organisierte und in Kooperation mit dem Außenwirtschaftscenter Tokio durchgeführte Zukunftsreise führte zwei Führungskräfte der Geriatrischen Gesundheitszentren aus den Bereichen Wissenschaft und Pflege 2017 nach Tokio, Japan. Im Rahmen der Reise bot sich die Möglichkeit, in wichtige Bereiche der japanischen Robotik im Pflegebereich Einblick zu erhalten. Obwohl die Reise zeigte, dass sich Serviceroboter noch in einem frühen Entwicklungsstadium befinden – derzeit sind sie

wohl ausschließlich zur Unterstützung bei einfachen pflegerischen Aufgaben einzusetzen – ließ die Reise erahnen, was die Zukunft bringen könnte – in Japan wie auch hierzulande.

Managen internen Wissens

Wissen gilt als einzige Ressource, die sich durch Anwendung vermehrt (Detlef 2017, Probst u. a. 2012). Ein Satz, der auf den *Wert von Wissen,* sowohl *als strategischem Wettbewerbsvorteil* als auch als unmittelbarer Benefit für Kunden und Mitarbeiter, verweist. Ambitionierte Projekte brauchen gebündeltes Expertenwissen und deshalb einen sorgfältigen Umgang mit der Ressource Wissen. Insbesondere im Umfeld von Health Care, Medizin und Pflege definiert sich Exzellenz auch über eine evidenzbasierte Herangehensweise, die auf rascher und effizienter Verfügbarkeit von Wissen basiert.

> **Wissensmanagement** wird in der heutigen Informationsgesellschaft als essenzieller Bestandteil von Unternehmen gesehen. Wissen gilt als zentrale Ressource der Wettbewerbsfähigkeit (Detlef 2017, Probst u. a. 2012). Wissensmanagement befasst sich mit dem Erwerb, der Speicherung, der Anwendung sowie dem Transfer von Wissen und kann im weiteren Sinne auch als Informationsmanagement bezeichnet werden (Sauter/Scholz 2015, Kilian u. a. 2007). Immer geht es um den besseren Umgang mit der Ressource Wissen. Wissen umfasst theoretische Kenntnisse als auch praktische Alltagsregeln und Handlungsweisen. Es stützt sich auf Daten und Informationen, ist aber stets an Personen, sogenannte Wissensträger, gebunden (Probst u. a. 2012, Preißing 2014).
>
> Um den Austausch und die Sicherung von Wissen für Mitarbeiter zu erleichtern, müssen zuverlässige, womöglich auch informations- und kommunikationstechnologiegestützte Instrumente bereitgestellt werden. Wichtige Instrumente stellen beispielsweise das Intranet oder Wissenslandkarten (Yellow Pages) dar (Weber 2014).

Am Albert Schweitzer Institut werden die Agenden des breiten unternehmensinternen Wissensmanagements gebündelt, um den Mitarbeitern, dem Management und der Geschäftsführung aktuelle und präzise Informationen zur Verfügung zu stellen. Einschlägige Literatur, Statistiken oder die Zusammenfassung von Studien können so für relevante Personen und Personengruppen rasch und unbürokratisch aufbereitet werden.

> **Bibliothekskatalog und Wissenschaftsdatenbank**
>
> Als Standardtools zur internen Nutzung wurden 2015 ein zentraler **Bibliothekskatalog** für die Fachliteratur des Hauses und eine **Wissenschaftsdatenbank** als Nachschlagewerk für Publikationen von Mitarbeitern, wissenschaftlichen Abschlussarbeiten betreuter Studenten sowie laufender und abgeschlossener Projekte und Studien entwickelt.
>
> **Projekte und Innovationen aus der Praxis für die Praxis**
> Das Bildungsformat **WissensWert** basiert auf der Methodik eines Barcamps und eines World Cafés. Es macht Wissen für Mitarbeiter nicht vertikal, sondern horizontal verfügbar. Innerhalb von Peergroups mit Referenten aus unterschiedlichen Berufsgruppen und Standorten der Geriatrischen Gesundheitszentren wird so der interdisziplinäre Austausch über aktuelle Projekte und Innovationen aus der täglichen Praxis in der Altersmedizin und Pflege forciert. Vom Wissen profitieren Mitarbeiter, Patienten und Bewohner gleichermaßen.

Die Gründung des Albert Schweitzer Instituts war der richtige Schritt und ein voller Erfolg. Bald zeigte sich, dass sich Investitionen in Forschung und Entwicklung lohnen. Nicht nur, da sich das Albert Schweitzer Institut bald in der (lokalen) Scientific Community einen Namen machte, sondern auch, da die Forschungs- und Entwicklungsarbeit kontinuierlich die Weiterentwicklung des Unternehmens am Puls der Zeit anstieß. Zwei Gefahren taten sich in der Durchdringungsphase auf: das breite Forschungs- und Entwicklungsportfolio und Verselbstständigungstendenzen.

12.4 Strategische Kooperationen als Maxime

Schwerpunktsetzung wird dem breiten Forschungs- und Entwicklungsportfolio der Gründungsjahre in der Exzellenzphase die Fokussierung auf einige wenige Top-Themen ermöglichen. Eine Katalysatorfunktion des Albert Schweitzer Instituts, die disloziert an vielen Stellen des Unternehmens Forschungs- und Entwicklungsprojekte anstößt und umsetzt, wird aufkommende Verselbstständigungstendenzen der Abteilung als scharf umrissene, geschlossene Organisation aufbrechen. Der Blick am Übergang zur Exzellenzphase richtet sich nach außen: *Strategische Kooperationen auf lokaler und internationaler Ebene* werden eingegangen.

Diese Aspekte werden folglich näher beleuchtet:

- Vorantreiben regionaler Vernetzung,
- Internationalisierung als Antwort auf die Globalisierung.

Netzwerk Altersmedizin Steiermark

Das „Netzwerk Altersmedizin", ein Zusammenschluss vielfältiger am Thema Altersmedizin und Pflege interessierter lokaler Player formiert sich. Über dieses Netzwerk gehen die Geriatrischen Gesundheitszentren *immer vielfältigere Kooperationen mit (großen) Gesundheitsdienstleistern* (z. B. hinsichtlich Kontingentübernahmen) *und Wirtschaftsunternehmen* (z. B. hinsichtlich gemeinsamer Produktentwicklungen) ein. Neue Studienkooperationen entstehen und führen zu vertieften Kooperationen in der Lehre. Über den steirischen Humantechnologie-Cluster, welcher über 200 lokale Organisationen der Life-Science-Branche vernetzt, entstehen neue Projektpartnerschaften. Der erste Jahreskongress des Netzwerks Altersmedizin Steiermark versammelt 2019 an die 300 Experten des Fachgebiets und eröffnet an einem der drei Kongresstage auch interessierten Laien Einblicke ins Themenfeld. Im Rahmen eines Informationstags in den Geriatrischen Gesundheitszentren informieren sich diese nicht nur über neueste Erkenntnisse aus den Bereichen Altersmedizin, Pflege, Therapie und Active and Assisted Living, sondern haben auch die Möglichkeit, das neue Versorgungsprodukt kennenzulernen: das Albert Schweitzer Trainingszentrum für pflegende Angehörige.

Dieses wurde 2018 nach einer intensiven zweijährigen Planungsphase eröffnet. Mittlerweile ist es zu einem eigenen Produkt im Portfolio der Geriatrischen Gesundheitszentren herangereift. Das Trainingszentrum erfährt breiten Zuspruch aus der Bevölkerung, aber auch von regionalen Partnern aus dem Gesundheits- und Sozialwesen, von Forschungseinrichtungen, wie auch aus der Industrie. Viele regionale Kooperationspartner und Initiativen, wie zum Beispiel „Demenzfreundliche Stadt Graz", tragen überdies durch Mitbewerbung unserer Kurse dazu bei, dass die durchschnittliche Auslastung der Kursangebote derzeit bei 86 Prozent liegt. Im Oktober 2019 erhielt das Albert Schweitzer Trainingszentrum der Geriatrischen Gesundheitszentren der Stadt Graz den ersten Preis beim Klinik Award in der Kategorie „Innovative Patientenversorgung".

> Was lernen pflegende Angehörige in den Kursen und warum lohnt es sich für sie, die Kurse zu besuchen? Hr. S., der an allen fünf Kursen teilgenommen hat, um auf die Betreuungssituation seiner Frau mit besonderen Bedürfnissen gut vorbereitet zu sein, gibt Antwort auf genau diese Fragen:
>
> „Meine Frau ist zurzeit in der Albert Schweitzer Klinik II der Medizinischen Geriatrie im Krankenhaus und wird hier gepflegt. Ich bin jeden Tag bei ihr und im Zuge dieses Besuches habe ich erfahren, dass das Trainingszentrum hier eröffnet wird und hab' mir gedacht bei einer Eröffnung gibt es meistens auch Brötchen und deshalb bin ich dann zu dieser Eröffnung gekommen. Ich habe gleich die Broschüren für die Kurse mitgenommen, die ich natürlich sofort gebucht habe. Weil ich muss ja, denn wenn meine Frau nach Hause kommt, will sie ja keinen unvorbereiteten Mann an ihrer Seite haben, der keine Ahnung hat, wie man eben eine Person mit Beeinträchtigungen pflegt. Für mich wesentlich war: „Wie gehe ich damit um?", „Wie hebe ich meine Frau vom Krankenbett in den Rollstuhl und umgekehrt?", „Was mache ich im Bad,

zum Beispiel beim Duschen?" oder die Körperpflege. Und das habe ich alles hier gelernt. Das Besondere an den Kursen für mich war, dass sie so praxisorientiert waren. Und dass da eine Musterwohnung auch zu besichtigen ist, das heißt, wie man eine Wohnung für Menschen mit Beeinträchtigungen einrichtet und worauf man Acht geben muss, wie zum Beispiel beim Umbau des Badezimmers. Das sind alles Punkte, die weiß ja jemand nicht, der damit noch nie was zu tun gehabt hat oder nie in die Situation gekommen ist. Und die Gestaltung der Kurse an und für sich: zuerst war immer eine Einführung. Da hat sich jeder aus der kleinen Gruppe einmal vorstellen können, seine Probleme nennen und dann ist das besprochen worden. Und das war wichtig auch für die anderen Teilnehmer. Ich habe es direkt gespürt, wie sie durch den Austausch eine Erleichterung erfahren haben.

Das wichtigste Erlebnis für mich war, dass eine Diplomkrankenschwester bei einer behinderten Person, die komplett gelähmt ist, mit einer Hand das Leintuch gewechselt hat, während die Patientin im Bett gelegen ist und die andere Hand hat sie bei der Patientin gehalten, damit der Körperkontakt da ist. Ja, die Patientin liegt im Bett und man muss das mal probieren mit einer Hand.

Eine der Kursteilnehmerinnen hat das dann geübt und ich habe mir gedacht „das gibt's ja gar nicht!". Aber die hat das so geschickt gemacht. Jedenfalls habe ich nicht mehr so eine Angst, weil vorher, da habe ich mir gedacht: „Hoffentlich schaffe ich das mit meiner Frau".

Ich bin sehr froh und den Geriatrischen Gesundheitszentren dankbar, dass es diese Kurse überhaupt gibt. Ich kann anderen pflegenden Angehörigen nur empfehlen, diese Kurse zu besuchen, denn hier können sie immer wieder Tipps mitnehmen und lernen auch technische Hilfsmittel, die das Leben mit Beeinträchtigungen erleichtern, kennen. Die Referenten waren alle sehr gut vorbereitet und haben meine Angst vor der Pflege zuhause genommen und Befürchtungen aus dem Weg geräumt.

Auch solche Personen, die daheim schon Angehörige zu pflegen haben, sollten diese Kurse besuchen. Das ist ganz wichtig, denn in den Kursen werden Probleme von Angehörigen besprochen und vor welchen Hausforderungen sie stehen. Das wird alles besprochen. Es bleibt kein Problem ungelöst zurück, also es wird alles durchbesprochen und die Referenten waren alle sehr gut vorbereitet. Ich kann wirklich nur sagen: Die Kurse waren einmalig. Ich weiß gar nicht, ob es das in Österreich überhaupt noch irgendwo gibt."

Internationalisierung als Antwort auf die Globalisierung

Regionale Vernetzung ist den Geriatrischen Gesundheitszentren ein wichtiges Anliegen. Der Blick über die lokalen Grenzen hinaus hat jedoch ebenso hohen Stellenwert. In Bezug auf internationale Kooperationen forciert das Unternehmen seit mehreren Jahren die Zusammenarbeit mit der *Volksrepublik China* im Bereich Altersmedizin und Altenpflege. Denn Chinas wirtschaftliche Fortschritte und die drei Jahrzehnte lang praktizierte Einkindpolitik fordern ihren Tribut: Sie führen zu einer rasanten Vergreisung der chinesischen Gesellschaft. Nun mangelt es eklatant an qualifizierter Altenpflege. Schon 2020 würden in China 6,57 bis 7,31 Millionen Pflegepersonen benötigt. Derzeit gibt es rund 2 Millionen, darunter nur 300 000 qualifizierte Altenpfleger (Erling 2019). Es mangelt aber nicht nur an qualifizierter Altenpflege, sondern auch an der Umsetzung des konfuzianistischen Ideals: der Ehrfurcht vor dem Alter (ebd.).

Gemeinsam mit ihrem chinesischen Partner verfolgen die Geriatrischen Gesundheitszentren die Vision, Albert Schweitzer in China als Marke zu etablieren und die Qualität der Altenpflege in den chinesischen Provinzen durch die *Einrichtung von Albert Schweitzer Competence Centers* an Universitäten zu steigern. Konkret wurde 2015 eine strategische Kooperationsvereinbarung mit Peking geschlossen, welche eine Pekinger Delegation nach Graz brachte und eine Gegeneinladung der Geriatrischen Gesundheitszentren nach Peking bewirkte. Dort zeigte sich, dass China neben Konzepten für die stationäre Altenpflege auch die häusliche Versorgung alter Menschen sowie Bau- und Architekturberatung für Pflegeheime und geriatrische Einrichtungen stark nachfragt. Auf mehrere Sondierungsreisen in die chinesischen Provinzen Jiangsu, Shanghai und Zhejiang, die Fachvorträge und Kooperationsanbahnungen, sowie die Unterzeichnung von Kooperationsverträgen zum Ziel hatten, erfolgte 2018 die Gründung des ersten Albert Schweitzer Competence Centers in der Provinz Jiangsu. So könnte bezüglich der geriatrischen Versorgung eine Drehscheibe zwischen Europa und China geschaffen werden.

■ 12.5 Ausblick

Die Vielfalt an Kompetenzbereichen und Forschungsfeldern des Albert Schweitzer Instituts, welche in den ersten Jahren entstanden ist, führt dazu, dass das Institut in der Organisation als Innovationsabteilung betrachtet wird, die für innovative Fragestellungen aller Art herangezogen werden kann. Dies führt wiederum dazu, dass sich der Fokus nun ein Stück weit weg von Forschung und Entwicklung hin zu Bildung, Beratung und Wissensmanagement verlagert, eine Entwicklung, die das Rückbesinnen auf den Zweck und die tatsächlichen Aufgabenbereiche des Instituts entsprechend des Businessplans erfordert. Hierzu wird eine Spezialisierung auf einige wenige Forschungsschwerpunkte notwendig sein.

In Kooperation mit namhaften (außer-)universitären Partnern ist es unser Ziel für die nächsten Jahre, ein multinationales Forschungsnetzwerk für Altersforschung aufzubauen. Als Stützpunkt soll ein am Hauptstandort der Geriatrischen Gesundheitszentren befindliches, historisches Gebäude dienen. Das zu revitalisierende barocke Vorstadthaus wird künftig nicht nur das Albert Schweitzer Institut beherbergen. Es soll Begegnungsstätte und Kristallisationspunkt der Altersmedizin und Pflege sein, als Katalysator dienen, Menschen zusammenbringen und Kommunikation ermöglichen. Als Gastgeber wollen wir der Boden sein, auf dem Forschungs- und Entwicklungsprojekte der Altersmedizin blühen können.

12.6 Literatur

AAL AUSTRIA Innovationsplattform für intelligente Assistenz im Alltag: *AAL Vision Österreich. Positionspapier AAL.* URL: *http://www.aal.at/wp-content/uploads/2016/02/AAL_Vision_Ö_Positionspapier_final_online_27042015.pdf.* Abgerufen am 11.10.2018

Beauchamp, Tom L.; Childress, James F.: *Principles of biomedical ethics.* Oxford University Press, New York 2013

Behrmann, Detlef: *Wissen managen und lernend entwickeln.* In: PADUA Die Fachzeitschrift für Pflegepädagogik, Patientenedukation und -bildung, Volume 12 (2017), S. 155–161

CPMP/ICH/135/95: *Leitlinie zur guten Klinischen Praxis.* URL: *https://www.medunigraz.at/fileadmin/forschen/kks/pdf/ICH-GCP.pdf.* Abgerufen am 14.02.2019

Disselkamp, Marcus: *Innovationsmanagement: Instrumente und Methoden zur Umsetzung im Unternehmen.* 2. überarbeitete Auflage. Springer Gabler Verlag, Wiesbaden 2012

Doppler, Klaus; Lauterburg, Christoph: *Change Management: Den Unternehmenswandel gestalten.* 13. überarbeitete Auflage. Campus Verlag, Frankfurt am Main 2014

Drucker, Peter: *Management im 21. Jahrhundert.* 4. Auflage. Econ, Düsseldorf 2005

Ethikkommission der Medizinischen Universität Wien: *Einleitung.* URL: *http://ethikkommission.meduniwien.ac.at/einreichungen/welche-projekte-muessen-eingereicht-werden/.* Abgerufen am 06.02.2019

Erling, Johnny: *China wird schneller alt als reich.* Der Standard. 2019 E-Paper: URL: *https://derstandard.at/2000098893717/Einkindpolitik-gefaehrdet-Pensionen-China-wird-schneller-alt-als-reich.* Abgerufen am 10.03.2019

Gabler Wirtschaftslexikon: *Businessplan.* URL: *https://wirtschaftslexikon.gabler.de/definition/businessplan-31252/version-254814.* Abgerufen am 6.2.2019

Gabler Wirtschaftslexikon: *Ethik.* URL: *https://wirtschaftslexikon.gabler.de/definition/ethik-34332.* Abgerufen am 06.02.2019

Großklaus, Rainer H.G.: *Von der Produktidee zum Markterfolg: Innovationen planen, einführen und erfolgreich managen.* 2. Auflage. Springer Gabler Verlag, Wiesbaden 2014

Herkner, Harald; Müllner, Marcus: *Ethik und klinische Forschung.* In: Herkner, Harald; Müllner, Marcus (Hrsg.): *Erfolgreich wissenschaftlich arbeiten in der Klinik. Grundlagen, Interpretation und Umsetzung: Evidence Based Medicine.* 3. überarbeitete Auflage. Springer-Verlag, Wien 2011, S. 263–266

Höfler, Manfred; Schwarenthorer, Franz; Dolleschall, Hubert; Bodingbauer, Dietmar: *Abenteuer Change Management: Handfeste Tipps aus der Praxis für alle, die etwas bewegen wollen.* 6. überarbeitete Auflage, Frankfurter Allgemeine Buch, Frankfurt am Main 2018

Kilian, Dietmar; Krismer, Robert; Loreck, Stefan; Sagmeister, Anreas: *Wissensmanagement. Werkzeuge für Praktiker.* 3. Auflage. Linde Verlag, Wien 2007

Kilian, Dietmar; Mirski, Peter; Hauser, Martin; Weigl, Markus: *Projektmanagement: Praxis, Theorie, Werkzeuge.* Linde Verlag, Wien 2008

Körtner, Ulrich J. (Hrsg.): *Grundkurs Pflegeethik.* Facultas Verlag, Wien 2017

Jöstingmeier, Marco; John, René: *Unterscheidungsmöglichkeiten von Innovation: Teil I: Radikalität und Inkrementalität in organisations- und gesellschaftstheoretischer Perspektive. Beiträge zur Sozialinnovation Nr. 17.* Institut für Sozialinnovation, Berlin 2017. URL: http://www.isinova.org/images/BzS17.pdf. Abgerufen am 6.2.2019

Nagl, Anna: *Der Businessplan. Geschäftspläne professionell erstellen. Mit Checklisten und Fallbeispielen.* 8. überarbeitete Auflage. Springer Gabler Verlag, Wiesbaden 2015

Prudix, Dietmar: *Erfolgreiches Projektmanagement: Vom sicheren Umgang mit Menschen in Projekten.* Gabler, Wiesbaden 2016

Probst, Gilbert; Raub, Steffen; Romhardt, Kai: *Wissen managen. Wie Unternehmen ihre wertvollste Ressource optimal nutzen.* Springer Gabler Verlag, Wiesbaden 2012

Preißing, Dagmar (Hrsg.): *Erfolgreiches Personalmanagement im demografischen Wandel – die Praxisbeispiele.* De Gruyter Oldenbourg Verlag, München 2014

Sauter, Werner; Scholz, Christiana: *Kompetenzorientiertes Wissensmanagement. Gesteigerte Performance mit dem Erfahrungswissen aller Mitarbeiter.* Springer Gabler Verlag, Wiesbaden 2015

Schippinger, Walter; Horn, Eva; Augustin, Thomas, Hierzer, Andrea; König, Constanze; Mrak, Peter: *Evaluation of the Predictive Significance of Comprehensive Geriatric Assessment for Discharge Destination after Hospitalisation in Geriatric Patients. Poster presentation.* 7th Congress of the European Geriatric Medicine Society. Malaga 28.–30.09.2011

Sterrer, Christian: *Das Geheimnis erfolgreicher Projekte: Kritische Erfolgsfaktoren im Projektmanagement – Was Führungskräfte wissen müssen.* Springer Gabler Verlag, Wiesbaden 2014

Trukeschitz, Birgit; Schneider, Cornelia: *„ZentrAAL" – Salzburger Testregion für AAL-Technologien: Idee, Konsortium und Übersicht über die Inhalte der Evaluierung.* In: Trukeschitz, Birgit; Schneider, Cornelia; Ring-Dimitriou, Susanne: *Erkenntnisse der AAL-Forschung. Smartes Betreutes Wohnen. Nutzung, Systemakzeptanz und Wirkungen von „meinZentrAAL".* BoD, Norderstedt 2018, S. 2–9

Weber, Thomas: *Wissensmanagement. Instrumente, Methoden und Erfahrungen.* Igel Verlag RWS, Hamburg 2014

World Medical Association: *World Medical Association Declaration of Helsinki. Ethical Principles for Medical Research Involving Human Subjects.* In: JAMA 20, Volume 310 (2013), S. 2191–2194

13 Unternehmenskultur – Sinnstiftung macht nicht nur in agilen Zeiten den Unterschied

Judith Goldgruber

> Als moderner Ansatz der Organisationstheorie erweitert das Unternehmenskulturkonzept die organisationstheoretischen Konzepte um kulturelle Aspekte. Bis zu diesem Zeitpunkt blieb weitgehend unberücksichtigt, dass nicht nur Personen und Gruppen spezifische Überzeugungen, Werte und Normen entwickeln, sondern ganze Organisationen verhaltensbestimmende Wertvorstellungen hervorbringen. Dies änderte sich mit Einführung des Unternehmenskulturkonzepts in die Managementliteratur grundlegend. Verdeutlicht dieses Konzept doch, dass das soziale System „Organisation" nur dann möglichst realistisch erfasst werden kann, wenn nicht nur die beobachtbare Realität in einer Organisation betrachtet wird, sondern auch die Werte und Normen, Überzeugungen und Annahmen, die hinter dieser Realität liegen (Goldgruber 2012).

Ein Blick auf eben diese kulturellen Elemente, die hinter der beobachtbaren Realität liegen, soll das vorliegende Buch nun abrunden. In diesem abschließenden Buchbeitrag erfahren Sie im Rahmen einer knappen theoretischen Vorstellung des Unternehmenskulturansatzes, auf welchem Fundament organisatorischen Handelns die 20-jährige Managementreise der Geriatrischen Gesundheitszentren beruht. Welche Werte und Normen hier wichtig sind, welchen Orientierungsmustern das Unternehmen folgt, welche Annahmen und Überzeugungen dem Handeln zugrunde liegen und ob es gelingt, die im Claim, dem Leitbild und den Führungsgrundsätzen formulierten kulturellen Elemente tatsächlich zu leben. Hierzu wurde eine Unternehmenskultur-Diagnose (Glasl/Lievegoed 2016, Glasl o. J.) durchgeführt.

Wohin die Geriatrischen Gesundheitszentren ihre Managementreise führen könnte und welcher nächste Schritt der Unternehmensentwicklung sich abzeichnet, wird nun abschließend umrissen. Das schwedische Esther-Netzwerk und die niederländische Organisation Buurtzorg dienen als Vorbilder auf dem Weg des weiteren Ausbaus der Patientenorientierung im Sinne von „Patient first".

13.1 Grundlagen der Unternehmenskultur

Der Kulturbegriff entstammt der Anthropologie und bezeichnet dort die historisch gewachsenen und komplexen Orientierungsmuster einer Volksgruppe. Die Managementforschung überträgt den Begriff auf Organisationen. Jede Organisation entwickelt eine spezifische Kultur, indem sie eigene, unverwechselbare Orientierungsmuster und Symbole schafft, die das Verhalten ihrer Mitglieder nachhaltig prägen (Steinmann u. a. 2013). Weder in der Anthropologie noch in der Managementliteratur existiert eine einheitliche Definition des Kulturbegriffs.

Einer gängigen Definition von Schein (2010, S.44) zufolge stellt Kultur „die Summe aller gemeinsamen, selbstverständlichen Annahmen, die eine Gruppe in ihrer Geschichte erlernt hat" dar. Im Gabler Wirtschaftslexikon wird Unternehmenskultur als „Grundgesamtheit gemeinsamer Werte, Normen und Einstellungen, welche die Entscheidungen, die Handlungen und das Verhalten der Organisationsmitglieder prägen" (Gabler Wirtschaftslexikon 2018) definiert.

Die Beziehung zwischen Kultur und Management rückte in den 1980er-Jahren immer stärker ins Bewusstsein von Organisationstheoretikern und Managern. Zweifel an der prinzipiellen Kontrollierbarkeit von Organisationsprozessen, der totalen System- und Komplexitätsbeherrschung und der Überbetonung rationaler Führungstechniken und Führungsinstrumente kamen auf. Sinn- und Orientierungsdefizite waren die Folge. Diese lösten Diskussionen über einen Wertewandel aus. Auch der Aufstieg Japans zur führenden Industrienation und die Suche nach den Erfolgsfaktoren rückten hierzulande den Unternehmenskulturansatz ins Zentrum (Hopfenbeck 2002).

Die Wurzeln des Unternehmenskulturansatzes liegen in verschiedenen sozialwissenschaftlichen Disziplinen. Seine Kernüberlegungen sind in der Human-Relations-Bewegung, McGregors Theorie Y und der Organisationsentwicklung angelegt (Lang et al. 2005):

- Die *Human-Relations-Bewegung* rückt soziale Beziehungen am Arbeitsplatz in den Vordergrund und grenzt sich damit deutlich von früheren organisationstheoretischen Ansätzen (insbesondere Webers Bürokratiemodell und Taylors Scientific Management) ab, in welchen Menschen eine passive, mechanistische Funktion innerhalb der Organisation zugewiesen wird (Kieser 2019).
- Die *Theorie Y* zählt zur Human-Resources-Bewegung, welche die Human-Relations-Bewegung um die Beachtung individueller Motive und Ziele erweitert. McGregor, einer der Hauptvertreter der Human-Relations-Bewegung, formuliert eine der maßgeblichen Theorien dieser Bewegung: Die Theorie Y. Dem traditionellen, an physiologischen Bedürfnisebenen (und somit vordergründig dem Wunsch nach Entlohnung) orientierten Führungsverständnis (Theorie X) stellt er ein modernes Führungsverständnis gegenüber, das sich an den Wünschen der Menschen nach sozialer Anerkennung und Selbstständigkeit und ihrem Streben nach Selbstverwirklichung und Potenzialentfaltung orientiert (Theorie Y) (Sanders/Kianty 2006).

- *Organisationsentwicklung* verändert Organisationen und die in ihr tätigen Menschen im Rahmen eines längerfristig angelegten, umfassenden Entwicklungsprozesses, der von den Betroffenen getragen wird. (Kieser 2019)

Da selbst in der Anthropologie keine einheitliche Definition von Kultur vorliegt, verwundert es nicht, dass die Vielfalt der Kulturkonzepte auch bei der Übertragung auf den Organisations- und Managementbereich bestehen blieb. Um die bestehenden Kulturkonzepte besser einordnen und verstehen zu können, erstellte Sackmann (2007) eine Übersicht über mögliche Konzeptualisierungen von Kultur (Tabelle 13.1):

- Sackmann (2007) unterscheidet zunächst verschiedene *Perspektiven* von Kultur. Die funktionalistisch/rational-mechanische Perspektive betrachtet Kultur als organisationale Variable, die durch das Management gezielt manipulierbar ist. In der interpretativen Perspektive beschreiben Metaphern die – hier gesellschaftlich und symbolisch konstruierte – Unternehmenskultur. Die pluralistische Perspektive begreift Kultur als dynamisches Konstrukt. Organisationale Wirklichkeit wird hier sozial konstruiert. Organisationen erschaffen Kultur und insbesondere kulturelle Artefakte.
- Kultur kann unterschiedlich beschaffen sein. Die Perspektive der Betrachtung beeinflusst aber jedenfalls die Einstellung über die *Beschaffenheit* von Kultur. Sackmann (2007) unterscheidet drei Möglichkeiten der Beschaffenheit von Unternehmenskultur. Organisationen können als Träger einer einzigen, einzigartigen und einheitlichen Kultur verstanden werden. Kultur wird hier als „Klebstoff" gesehen, der die ganze Organisation durchdringt und zusammenhält. Auch Subkulturen (z. B. Abteilungen, Berufsgruppen), die eigenständige und unabhängige Kulturen entwickeln, können in den Fokus rücken. Schließlich können Unternehmenskulturen gleichzeitig hinsichtlich gewisser Aspekte einheitlich und dennoch in Subkulturen differenziert und fragmentiert sein. Dieser Ansatz stellt die Komplexität von Unternehmenskultur in den Vordergrund.
- In der Organisations- und Managementliteratur besteht weitgehend Einigkeit darüber, dass Unternehmenskultur aus verschiedenen *Ebenen* besteht und sich aus mehreren Bestandteilen zusammensetzt. Wie die allermeisten Autoren, insbesondere auch Schein (z. B. 2010), unterscheidet Sackmann (2007) schließlich verschiedene Ebenen von Kultur. In ihre Kulturdefinitionen beziehen Organisationsforscher und Manager zumeist also mehrere Elemente ein – wenn auch nicht dieselben. Keine Einigkeit besteht etwa darüber, welches die relevantesten Bestandteile von Kultur sind und demzufolge, welche Komponenten eigentlich erfasst werden sollen. So halten manche Autoren Werte für den zentralen Bestandteil einer Kultur, während andere Autoren grundlegende unausgesprochene Annahmen oder soziale Konstruktionen der organisationalen Wirklichkeit gemeinsam gehaltener Überzeugungen und wieder andere die symbolischen Bedeutungen von Artefakten für die zentralsten Komponenten der Organisationskultur halten.

Tabelle 13.1 Konzeptualisierungen von Kultur in Organisationen (Sackmann 2007, S.23)

Perspektiven von Kultur	Beschaffenheit von Kultur	Ebenen von Kultur
Kultur als … - Variable - Metapher - dynamisches Konstrukt	- Ganzheitlich, homogen, stark differenziert (Subkulturen) - Komplex, gleichzeitig - Ganzheitlich, differenziert, fragmentiert	- Artefakte - Praktiken - Normen - Werte - Überzeugungen - Annahmen

In den unterschiedlichen Ansätzen der Unternehmenskultur finden sich die verschiedenen Konzeptualisierungen notwendigerweise wieder. Unternehmenskultur kann aus verschiedenen Blickwinkeln betrachtet werden. Einige Organisationsforscher und Manager gehen davon aus, dass eine Organisation eine Kultur hat („Hat-Kulturansatz"). Andere sehen die Organisation insgesamt als Kultur an („Ist-Kulturansatz"). Steinmann und Kollegen (2013) unterscheiden zwei Schulen:

- Der *funktionalistische Ansatz* folgt dem „Hat-Kulturansatz". Ausgegangen wird hier davon, dass Systeme eine Kultur entwickeln, um bestimmte Probleme zu lösen. Die Unternehmenskultur wird nach ihrem Funktionsbeitrag zum Systemerhalt analysiert.
- Der *symbolische Ansatz* folgt hingegen dem „Ist-Kulturansatz". Er begreift Kultur als Fundament organisatorischen Handelns und ist somit weitergreifender als der funktionalistische Ansatz. Unternehmenskultur wird als Konstruktion begriffen, um die Welt verstehen zu können. Als selbst geschaffene Sinngemeinschaft hilft sie den Mitarbeitern dabei, Orientierung zu gewinnen.

Einige Kernelemente, die heute allgemein mit dem Begriff der Unternehmenskultur verbunden werden, lassen sich an dieser Stelle zusammenfassen (Steinmann u.a. 2013):

- Unternehmenskultur ist ein implizites Phänomen. Sie hat keine physische Existenz, die sich direkt beobachten ließe.
- Unternehmenskultur wird gelebt. Ihre Orientierungsmuster sind selbstverständliche Annahmen, die dem täglichen Handeln zugrunde liegen.
- Unternehmenskultur ist ein kollektives Phänomen. Sie bezieht sich auf gemeinsame Orientierungen, Werte, Normen und Überzeugungen und vereinheitlicht organisatorisches Handeln.
- Unternehmenskultur hat eine Entwicklungsgeschichte. Sie ist das Ergebnis eines Lernprozesses im Umgang mit Problemen.
- Unternehmenskultur stiftet in einer komplexen Welt Sinn und Orientierung.
- Unternehmenskultur wird selten bewusst gelernt. Vielmehr wird sie in einem Sozialisationsprozess vermittelt.

Kulturebenen-Modell von Schein

Der wohl berühmteste Kulturansatz stammt von Schein (z. B. 2010). Ihm zufolge besteht Kultur aus „… den gemeinsamen unausgesprochenen Annahmen, die eine Gruppe von Menschen bei der Bewältigung externer Aufgaben und beim Umgang mit internen Beziehungen erlernt hat" (Schein 2010, S. 173).

Unternehmenskultur setzt sich seinem Kulturebenen-Modell (Bild 13.1) nach aus mehreren Ebenen zusammen. Aus sichtbaren Ebenen, aber auch aus unausgesprochenen und unsichtbaren. Sie manifestiert sich in offenem Verhalten, Ritualen, Artefakten, Atmosphäre und propagierten Werten. Ihre Wurzeln liegen in den grundlegenden unausgesprochenen Annahmen.

Artefakte	Sichtbare Organisationsstrukturen und Prozesse
Öffentlich propagierte Werte	Strategien, Ziele, Philosophien (propagierte Rechtfertigungen)
Grundlegende unausgesprochene Annahmen	Zumeist unbewusste, für selbstverständlich gehaltene Überzeugungen

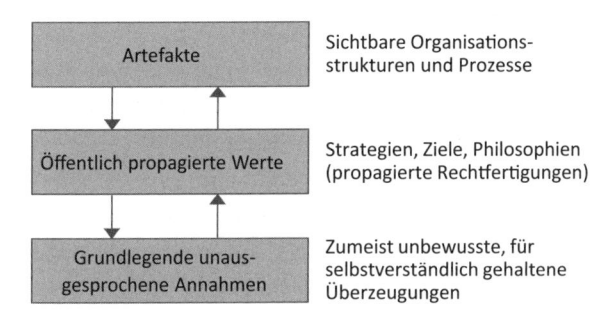

Bild 13.1 Ebenen der Unternehmenskultur (Schein 2010, S. 31)

Um die spezifische Kultur eines Unternehmens verstehen zu können, ist es nötig, ausgehend von den Oberflächenphänomenen nach und nach den kulturellen Kern des Unternehmens zu erschließen.

- Auf der *Ebene der Artefakte* ist Kultur sichtbar. Sie zeigt sich in Form von Organisationsstrukturen und -prozessen und umfasst physische Manifestationen (z. B. Corporate Design, Logo, Gebäude, Kleidung, materielle Objekte), Verhaltensweisen (z. B. Kommunikationsmuster, Zeremonien, Rituale, Traditionen, Bräuche, Belohnung, Bestrafung) und sprachliche Manifestationen (z. B. Geschichten, Witze, Firmenjargon, Spitznamen, Mythen, Helden, Metaphern). Die sichtbaren Elemente können zwar beobachtet werden, Artefakte sind aber schwer zu entschlüsseln. Warum Strukturen und Prozesse so aufgebaut sind, wie sie sind, kann auf Ebene der Artefakte nicht hinreichend verstanden werden.

- Die *Ebene der öffentlich propagierten Werte* umfasst Strategien, Ziele und Philosophien mit hohem Eigenwert für die Mitarbeiter (z. B. Autonomie, Mitbestimmung, Stabilität) sowie ungeschriebene Regeln über „richtiges" und „falsches" Verhalten. Doch das offene Verhalten wird von einer tieferen Denk- und Wahrnehmungsebene gesteuert. Die grundlegenden unausgesprochenen Annahmen können sich mit den öffentlich propagierten Werten decken, müssen es aber nicht zwangsläufig.

- Die *Ebene der grundlegenden unausgesprochenen Annahmen* ist die Quelle der Unternehmenskultur. Diese muss historisch erschlossen werden, da sich die grundlegenden unausgesprochenen Werte, Überzeugungen und Annahmen auf Grundbereiche der sozialen Existenz beziehen, die in jeder Kultur und jeder historischen Entwicklungsperiode eines Unternehmens zu lösen sind. Hierzu zählen etwa Grundannahmen über die Umwelt, Vorstellungen über Wahrheit und Zeit, Grundannahmen über die Natur des Menschen, über die Natur des menschlichen Handelns und über zwischenmenschliche Beziehungen. Diese Annahmen werden von den Unternehmensgründern und einflussreichen Führungskräften geprägt. Die Grundannahmen bilden ein miteinander verbundenes, jedoch nicht zwingend konsistentes System, das die beiden höheren Ebenen der Unternehmenskultur durchdringt und prägt. Hier zeigt sich, dass Kultur nur vollständig erfasst werden kann, wenn neben den sichtbaren Artefakten und den öffentlich propagierten Werten auch die unbewussten, für selbstverständlich erachteten Überzeugungen, Wahrnehmungen, Gedanken und Gefühle analysiert werden.

Neben Annahmen über das Innere eines Unternehmens beinhaltet die Unternehmenskultur auch Annahmen über das Selbstbild des Unternehmens im Verhältnis zu seinen Umwelten (Schein 2010):

- *Überleben im äußeren Umfeld:* Um überleben und wachsen zu können, muss jedes Unternehmen im Rahmen seiner Mission, Strategie und Ziele, seiner Strukturen und Prozesse sowie durch Regulationssysteme tragfähige Annahmen darüber entwickeln, was getan werden soll und wie etwas getan werden soll.
- *Integration des menschlichen Faktors:* Mit den Annahmen, die das Überleben im äußeren Umfeld beeinflussen, interagieren kulturelle Annahmen wie etwa gemeinsame Sprache und Konzepte, Gruppengrenzen und Identität, Charakter von Autorität und Beziehungen, Zuweisung von Belohnungen und Status.
- *Zugrundeliegende tiefere Annahmen:* Der Umgang von Unternehmen mit Fragen des äußeren Überlebens und der inneren Integration basiert auf tieferen Annahmen über das Wesen der Realität, der Zeit, des Raums, der Wahrheit, des Menschen und der menschlichen Beziehungen, die ebenfalls entschlüsselt werden müssen, wenn die Kultur verstanden werden soll.

Unternehmenskultur und Unternehmenserfolg

Die Bedeutung der Unternehmenskultur für den Erfolg von Unternehmen ist Gegenstand zahlreicher Untersuchungen unterschiedlicher Disziplinen (z. B. Baetge u. a. 2007, Degener 2004, Hauser u. a. 2007). Im Rahmen eines umfassenden Literaturreviews analysierten etwa Baetge und Kollegen (2007) 16 empirische Arbeiten zum Zusammenhang von Unternehmenskultur und Unternehmenserfolg und identifizierten einen „harten" Kern von Unternehmenskulturdimensionen. Unabhängig von Organisationstypen und -branchen bilden die folgenden Kulturaspekte diesen „harten" Kern (Baetge u. a. 2007):

- *Identifikationsaspekte* erzeugen ein „Wir-Gefühl" (z. B. Mission, Normen).
- *Integrationsaspekte* stärken soziale Beziehungen zwischen den Mitarbeitern (z. B. Teamarbeit, Mitarbeiterorientierung).

- *Koordinationsaspekte* steuern arbeitsteilige Prozesse effizient (z. B. Planorientierung, Optimierungsstreben).
- *Motivations- und Zufriedenheitsaspekte* beeinflussen die Befindlichkeit der Mitarbeiter (z. B. Mitarbeiterbeteiligung, Fairness).
- *Innovationsaspekte* stärken die Fähigkeiten mit dem Umgang von Neuerungen (z. B. Anpassungsfähigkeit, Innovation).
- *Kundenzufriedenheitsaspekte* stärken den Außenauftritt des Unternehmens (z. B. Mitarbeiterverhalten, Marktorientierung).

Diese sechs Aspekte sind Bestandteil jeder Unternehmenskultur. Sie bilden zwar stets den Kern der Kultur, somit aber eben nur einen Teil der Unternehmenskultur. Eine hohe Ausprägung der Dimensionen des Kulturkerns hat einen positiven Einfluss auf den Unternehmenserfolg. So ist etwa eine hohe Identifikation der Mitarbeiter mit ihrem Unternehmen wünschenswert. Die Integration neuer Mitarbeiter sowie eine koordinierte Aufgabenverteilung ermöglichen reibungslose Leistungsprozesse in jedem Unternehmen. Motivierte und zufriedene Mitarbeiter sorgen für wirtschaftlichen Erfolg in jedem Unternehmen. Innovationen sichern die langfristige Existenz jedes Unternehmens und Kundenzufriedenheit bewirkt Kundenbindung und stellt somit letztlich eine Voraussetzung für künftige Einnahmen dar. (Baetge u. a. 2007)

Wirkungen von Unternehmenskultur

Die Wirkungen von Unternehmenskultur lassen sich nach Steinmann und Kollegen (2013) besonders gut an sogenannten starken Kulturen illustrieren: Starke Kulturen vermitteln prägnante Orientierungsmuster und werden von den Mitarbeitern geteilt, deren Überzeugungen und Verhaltensmuster nicht nur oberflächlich erworben, sondern tief verankert sind. Die Stärke der Unternehmenskultur spiegelt die Stärke und Klarheit des Unternehmensgründers, die Menge und Intensität der Erfahrungen der Mitarbeiter und den Unternehmenserfolg (Schein 2010). Starke Kulturen galten früher als ideal, da sie als Schlüsselfaktor für unternehmerische Spitzenleistungen angesehen wurden. Heute weiß man, dass sie keineswegs nur positive, sondern auch negative Wirkungen haben können (Steinmann u. a. 2013).

Zu den bedeutendsten positiven Wirkungsweisen starker Kulturen zählen (Steinmann u. a. 2013):

- *Handlungsorientierung durch Komplexitätsreduktion:* Starke Unternehmenskulturen vermitteln dem einzelnen Mitarbeiter ein klares, verständliches und überschaubares Weltbild. Durch Komplexitätsreduktion erbringen sie eine weitreichende Orientierungsleistung und schaffen eine klare Basis für das tägliche Handeln. Diese Handlungsorientierungsfunktion ist vor allem in Situationen bedeutsam, in denen formale Regelungen zu kurz greifen.
- *Effiziente Kommunikation:* Durch die einheitlichen Orientierungsmuster der Mitarbeiter in Unternehmen mit starken Kulturen gestalten sich Abstimmungsprozesse

wesentlich einfacher und direkter als dies typischerweise bei formaler Kommunikation der Fall ist.
- *Rasche Entscheidungsfindung:* In starken Kulturen lassen sich auch relativ einfach tragfähige Kompromisse in Entscheidungs- und Problemlösungsprozessen finden, da die Mitarbeiter eine einheitliche Sprache sprechen, einem konsistenten Präferenzsystem folgen und die zentralen Werte des Unternehmens akzeptieren.
- *Motivation und Teamgeist:* Die Mitarbeiter sind aufgrund der orientierungsstiftenden Kraft der kulturellen Muster und der gemeinsamen Verpflichtung auf die Vision des Unternehmens zumeist intrinsisch motiviert und zeigen das auch nach außen.

Demgegenüber stehen folgende negative Wirkungsweisen starker Kulturen (Steinmann u. a. 2013):

- *Tendenz zur Abschließung:* Starke Kulturen mit festen Traditionen und Ritualen laufen Gefahr, zu „geschlossenen Systemen" zu mutieren. Kritik oder Warnsignale, die widersprüchlich zur bestehenden Kultur sind, drohen verdrängt oder überhört zu werden.
- *Innovationsbarrieren:* Starke Kulturen sind schwachen solange überlegen, solange Ideen umgesetzt werden, die mit der bisherigen Geschäftspolitik im Einklang stehen. Sobald eine strategische Neuorientierung ansteht, werden stabile und stark verfestigte Kultursysteme zum Problem, da die Sicherheit, die starke Kulturen bieten, in Gefahr gerät; Angst und Abwehr sind die Folgen.
- *Fixierung auf traditionelle Erfolgsmuster:* Starke Kulturen schaffen eine enge emotionale Bindung an gewachsene Vorgangsweisen und Denkmuster. Neue Ideen stehen mit den herkömmlichen Vorstellungen oft im Widerspruch und sind damit schwer zu argumentieren.
- *Kollektive Vermeidungshaltung:* Die Umsetzung neuer Ideen setzt Offenheit, Kritikfähigkeit und Unbefangenheit voraus. Aufgrund ihrer emotionalen Bindungen verfügen starke Kulturen jedoch nicht über diese Fähigkeiten und oft auch nicht über die Fähigkeit zur Selbstreflexion, was kollektive Vermeidungshaltungen begünstigt.
- *Mangel an Flexibilität:* Die negativen Effekte starker Kulturen bewirken in Summe Starrheit und mangelnde Anpassungsfähigkeit. Starke Kulturen werden aus diesem Grund auch als „unsichtbare Barrieren" für organisationalen Wandel bezeichnet.

13.2 Unternehmenskultur-Diagnose der Geriatrischen Gesundheitszentren

Beobachtbare Elemente der Unternehmenskultur der Geriatrischen Gesundheitszentren sind im Claim, dem Leitbild und den Führungsgrundsätzen niedergeschrieben (Bild 13.2). Werte und Haltungen wie Menschlichkeit, Wertschätzung, Vertrauen und Verantwortung spielen eine zentrale Rolle.

Claim
Bei uns sind Menschen in den besten Händen.

Leitbild
Wir behandeln und betreuen vorwiegend ältere Menschen individuell nach gesicherten Erkenntnissen mit Menschlichkeit und Kompetenz.
Wir achten die Autonomie und Persönlichkeit der uns vertrauenden Menschen, erhalten und fördern und fordern als Führungskräfte unsere Mitarbeiter nach gemeinsam getragenen Grundsätzen.
Wir lösen unsere Aufgaben mit persönlichem Engagement, eigenverantwortlich, im Team und geben so einander Sicherheit.
Wir leisten durch nachhaltiges Handeln einen gesellschaftlichen Mehrwert.
Wir führen unser Unternehmen nach den Grundsätzen der Wirtschaftlichkeit, Sparsamkeit, Zweckmäßigkeit und unter Beachtung ethischer Werte.

Führungsgrundsätze

Aufgaben:
- Für Ziele und Resultate sorgen
- Organisieren
- Entscheiden und Kommunizieren
- Kontrollieren und Werten
- Führen, Fördern, Fordern

Verhalten und Werte:
- Respekt und Wertschätzung
- Vertrauen und Loyalität
- Positives Vorbild
- Professioneller Umgang mit Ressourcen
- Offenheit und Entwicklungsfähigkeit

Bild 13.2 Claim, Leitbild und Führungsgrundsätze der Geriatrischen Gesundheitszentren

Der handlungsprägende, tieferliegende Rahmen einer Unternehmenskultur lässt sich freilich nicht einfach beobachten. Um hierüber nähere Erkenntnisse zu erlangen, wurden anlässlich der Führungskräftekonferenz 2019 die Teilnehmer zu ihren Einschätzungen der Unternehmenswirklichkeit in Bezug auf die Ziel-/Zweckorientierung, die Effizienz-/Mittelorientierung, die Zukunftsorientierung und weitere Grundorientierungen der Geriatrischen Gesundheitszentren befragt.

Für die Unternehmenskultur-Diagnose wurde das Instrument „12 Grundorientierungen der Organisation" (Glasl o. J.) eingesetzt. Das Befragungsinstrument dient der Erfassung der Grundorientierungen, die kulturbestimmend sind und somit Normen, Werte und Leitideen des Unternehmens konkretisieren. Es basiert zum einen auf den organisationstheoretischen Organisationsmetaphern von Morgan (z. B. 2018), zum anderen auf den Konflikttheorien von Glasl (z. B. 2017).

> **Die zwölf Grundorientierungen des Unternehmenskultur-Diagnoseinstruments nach Glasl (o. J.):**
> 1. Ziel-/Zweckorientierung,
> 2. Risikobereitschaft,
> 3. Standardregelungen,
> 4. Kundenorientierung,
> 5. Macht-/Kontrollinteresse,
> 6. Vergangenheitsorientierung,
> 7. Effizienz-/Mittelorientierung,
> 8. Sicherheitsstreben,
> 9. situatives Handeln,
> 10. Potenzialorientierung,
> 11. Gemeinwohlinteressen,
> 12. Zukunftsorientierung.

Einschätzung der Unternehmenswirklichkeit

An der Unternehmenskulturbefragung nahmen 59 Personen teil, was einer Rücklaufquote von 84 Prozent entspricht. Der Gesamtdurchschnitt, also der Mittelwert über alle Fragen, die von allen Befragungsteilnehmern beantwortet wurden, liegt bei 3,10 (Skala von 1 bis 4), einem erfreulichen Wert. Insgesamt schätzen die Befragungsteilnehmer die Geriatrischen Gesundheitszentren als zukunftsorientiert (3,60), ziel- und zweckorientiert (3,23) und effizienz- und mittelorientiert (3,21) ein. Mögliche Entwicklungsfelder sehen sie insbesondere im Zusammenhang mit dem Verstärken einer Wohlwollenskultur, dem weiteren Ausbau der Risikokultur, dem Gestalten eines Beteiligungssystems der Mitarbeiter am finanziellen Erfolg des Unternehmens und nicht zuletzt dem Forcieren einer ausgeprägten Feierkultur.

Besonders hohe Zustimmungsraten gibt es bei folgenden Themenfeldern:

Zukunftsorientierung

Die Zukunftsorientierung der Geriatrischen Gesundheitszentren ist sehr hoch ausgeprägt. Die Befragten geben an, auf vielen Gebieten den Ehrgeiz zu haben, etwas grundlegend Neues zu verwirklichen (3,64), gerne Schritte auf Neuland zu setzen, auch wenn sie vom Umfeld oft nicht sofort verstanden werden (3,52), sich ganz eindeutig als Trendsetter in ihrer Branche zu sehen (3,61) – wobei die Trendsetterrolle von älteren Mitarbeitern und Mitarbeitern mit Führungsfunktion besonders positiv gesehen wird – und in ihrem Denken und Tun stark auf langfristige und zukunftsweisende Entwicklungen ausgerichtet zu sein (3,62). Darüber hinaus betrachten die Befragten ihr Unternehmen als besonders offen für frühe Signale, die auf neue Ideen, Werte und Trends im Umfeld hinweisen können (3,64). Sie geben an, keinen Stillstand zu kennen und immer wieder die Initiative zu bahnbrechenden Neuerungen zu ergreifen (3,71).

Ziel- und Zweckorientierung

Mit über dem Gesamtdurchschnitt liegender Zustimmung beurteilen die Befragten auch die Items zur Ziel-/Zweckorientierung. Als entscheidend für den Erfolg beurteilen sie Leitbilder und klare Aussagen zum Sinn und Zweck ihrer Tätigkeit (3,36). Bevor neue Aktionen beginnen, geben die Befragten an, großen Wert auf das Formulieren begeisternder Ziele zu legen (3,18) und für einmal klar formulierte Visionen und Ziele später auch die nötigen Mittel zur Verwirklichung zu finden (3,22). Sie vermuten auch, dass ihre Überzeugung für die Mission der Geriatrischen Gesundheitszentren auf die gesamte Belegschaft ansteckend wirkt (3,18). Insbesondere die über 50-jährigen Führungskräfte beurteilen ihre Überzeugungsfähigkeit besonders positiv.

Effizienz und Sicherheit

Auch die Effizienz-/Mittelorientierung der Geriatrischen Gesundheitszentren heben die Befragungsteilnehmer besonders hervor. Die genaue Überprüfung der Realisierbarkeit von Vorhaben und Kosten (3,49) und, damit einhergehend, die aus der Sicherheitsorientierung stammende Überzeugung, bei allen Handlungen grundsätzlich von einer gesunden materiellen Basis auszugehen (3,5), betonen die Befragten besonders. Bei Umsetzungsplänen bereits zu Beginn sehr genau die notwendigen Rahmenbedingungen zu prüfen, erachten sie als wichtig (3,05). Die Befragten sehen sich als Meister im Finden ausgeklügelter Umsetzungsstrategien und dazu passender Instrumente (3,4). Wie die Mittel für Neues, das begonnen werden soll, beschafft werden können (2,89), scheint weniger zentral zu sein und zeugt wohl von einer hohen ideellen Ausrichtung.

Vernetzung und Gemeinwohl

Vernetzung kennzeichnet die Exzellenzphase einer Organisation. Dass die Geriatrischen Gesundheitszentren auf höchster Ebene Beziehungen zu Verbänden, politischen Stellen und Machthabern unterhalten (3,72), betonen die Befragten besonders. Dieses Item erhält die höchste Zustimmung aller Items des Unternehmenskultur-Diagnoseinstruments überhaupt. Auch darüber, dass die Position des Unternehmens am Markt durch überlegtes Suchen und Unterhalten von Allianzen gestützt und ausgebaut wird (3,45), gibt es breiten Konsens. Die Befragten verorten klar definierte Unterstellungs- und Befugnisverhältnisse (3,30). Die Bewertungen der Grundorientierung „Macht- und Kontrollinteresse" fallen somit sehr positiv aus. Ansatzpunkte für Verbesserungspotenzial gibt es allein beim Thema „Druck". Die Ergebnisse zeigen, dass die Befragungsteilnehmer das Verstärken einer Wohlwollenskultur begrüßen würden (2,60).

Mögliche Entwicklungsfelder ergeben sich zu den folgenden Themenfeldern:

Risikobereitschaft und Fehlerkultur

Für mutige Entscheidungen und Vorhaben sind die Befragten ganz eindeutig, auch wenn diese vorübergehend einmal ins Auge gehen können (3,33). Einen einmal als falsch erkannten Weg sofort wieder zu verlassen, fällt ihnen aber nicht ganz leicht (2,93). Sich ganz ungewöhnlichen und überraschenden Situationen zu stellen, macht der Mehrheit der Befragten weitgehend Spaß (2,93). Hinsichtlich der Fehlerkultur zeigt die Befragung, dass Risiken nicht selbstverständlich Chancen bedeuten (2,53).

Hier tut sich ein mögliches Entwicklungsfeld auf, denn psychologische Sicherheit gilt als wichtiges Kulturelement.

Sicherheitsstreben

Wie bereits hervorgehoben, gehen die Befragten bei all ihrem Handeln grundsätzlich von einer gesunden materiellen Basis aus (3,50). Es muss aber nicht jede Entscheidung wirklich solide sein, zuweilen lässt man sich auch auf „Spielereien" ein (2,80), was Innovation begünstigt. Bei Entscheidungen, bei denen Chancen und Gefahren gleich groß sind, sehen jüngere Mitarbeiter eher den Sicherheitsgedanken im Vordergrund (2,78) und ältere Mitarbeiter eher die Risikobereitschaft (2,11), wobei der Mittelwert bei 2,40 liegt. Verlässlichkeit, Ausdauer und Beständigkeit im Unternehmen wird von den älteren Mitarbeitern deutlich kritischer gesehen als von den jüngeren (2,88).

Finanzielle Mitarbeiterbeteiligung

Beinahe zwei Drittel der Befragten geben an, dass Mitarbeiter nicht am finanziellen Erfolg partizipieren können (2,08). Die Teilhabe am finanziellen Erfolg wird von den jüngeren Mitarbeitern deutlich kritischer gesehen (1,82) als von den älteren (2,33) und von Frauen (2,03) noch einmal deutlich kritischer als von Männern (2,42). Obwohl dieses Ergebnis wohl mit den vorgegebenen Gehaltsschemata im öffentlichen Dienst erklärt werden kann, ergibt sich hieraus ein weiteres mögliches Entwicklungsfeld.

Firmenfeiern

Schließlich zeigen die Befragungsergebnisse Entwicklungspotenzial hinsichtlich der Feierkultur. Kritisch wurde ein Item eingeschätzt, das sich auf das Feiern von Erfolgen bezieht. Die Befragten sind mehrheitlich der Ansicht, dass Firmenfeiern das Gefühl der Zusammengehörigkeit und Harmonie noch weiter stärken würden (2,16).

Unternehmenskultur-Diagnose und Leitbild: Stimmen diese überein?

Stimmen die Ergebnisse der Unternehmenskultur-Diagnose mit dem Leitbild der Geriatrischen Gesundheitszentren überein? Drei Sätze des Leitbildes können anhand der Unternehmenskultur-Diagnose bestätigt werden:

- Patientenorientierung ist vorhanden und das „Patient first"-Prinzip soll sogar noch explizit verstärkt werden.
- Das Erzielen von gesellschaftlichem Mehrwert durch nachhaltiges Handeln ist im Unternehmen tief verankert.
- Auch wirtschaftliches, sparsames und zweckmäßiges Handeln unter Beachtung ethischer Werte wird großgeschrieben.

Darüber, ob die Führungskräfte ihre Mitarbeiter nach gemeinsam getragenen Grundsätzen ausreichend fördern und fordern und darüber, ob Teamarbeit größer geschrieben wird als Individualismus, kann eine Diagnose, in die mehrheitlich Führungskräfte einbezogen wurden, freilich keine Auskunft geben.

13.3 Wandel der Unternehmenskultur

Die Unternehmenskultur-Diagnose zeigt, dass folgende Grundorientierungen künftig noch stärker gelten sollten:

1. Eine noch stärkere Fokussierung der *Gemeinwohlinteressen* (3,05) wünschen sich 58 Prozent der Befragten. Diese kann etwa durch einen noch besseren Abgleich der strategischen Unternehmensziele mit Gesellschaftsinteressen, durch eine noch stärkere Förderung kultureller und sozialer Anliegen oder durch noch mehr Kooperation mit Partnerorganisationen erreicht werden.
2. Noch mehr *Kundenorientierung* (3,10) wünschen sich 44 Prozent der Befragungsteilnehmer. Noch mehr „Patient first", noch mehr Wertschätzung, noch mehr Qualität und Sorgfalt, weniger Statusdenken und eine noch höhere Ausrichtung an der Wertschöpfung werden – auf der Basis eines ohnehin hochgradig kunden- und qualitätsorientierten Unternehmens – weiter angestrebt.
3. Noch mehr *Potenzialorientierung* (3,12) wünscht sich mehr als ein Drittel der Befragten (36 %). Dies beinhaltet etwa die Entwicklung von noch flexibleren Formen der Führung und Zusammenarbeit, noch flexiblere Anpassungsmöglichkeiten an die Erwartungen von Stakeholdern und noch mehr Offenheit für frühe Signale, die auf neue Ideen, Werte und Trends im Umfeld hinweisen.

Die folgenden Grundorientierungen sollten künftig hingegen nicht mehr so stark gelten:

1. Eine Abschwächung des *Macht-/Kontrollinteresses* (3,31) wünschen sich 61 Prozent der Befragten.
2. Knapp die Hälfte der Befragten (46 %) wünscht sich noch weniger *Vergangenheitsorientierung* (2,82). Das ohnehin top-zukunftsorientierte Unternehmen sollte konsequent seinen Zukunftsweg verfolgen und sich – stolz auf seine Unternehmensgeschichte – von manchen der Produkte und Verfahren, lieb gewordenen Gewohnheiten und Traditionen, trennen.
3. Knapp ein Drittel der Befragten (29 %) wünscht sich eine *Abschwächung der Standardregelungen* (2,80). Dies bedeutet etwa mehr gegenseitige Rücksichtnahme, mehr Interessensausgleich und mehr intuitives Abwägen von Risiken und Gefahren bei Entscheidungen.

Aber kann Kulturwandel geplant und aktiv herbeigeführt werden? Zu dieser Frage teilen sich die Meinungen. Drei Standpunkte werden umrissen (Steinmann u. a., 2013):

- *„Kulturingenieure"* vertreten eine instrumentalistische Sichtweise und meinen, Unternehmenskultur – ähnlich wie andere Führungsinstrumente – gezielt einsetzen und planmäßig verändern zu können.
- Demgegenüber betrachten *„Kulturalisten"* Unternehmenskultur als organisch gewachsene Lebenswelt, die sich jeglichem gezielten Herstellungsprozess entzieht. Unternehmenskulturen „managen" zu wollen, ist ihrer Ansicht nach naiv und gefährlich, da gezielter Manipulation Tür und Tor geöffnet würden.

- Eine dritte Gruppe, zu welcher u. a., Schein (z. B. 2010) zählt, akzeptiert die Idee eines geplanten Wandels. Unter dem Stichwort „*Kurskorrektur*" sollen zunächst verkrustete Muster durch den Verweis auf deren problematische Wirkungen deutlich gemacht werden, darauf folgend wird für neue Werte plädiert.

Da Unternehmenskulturen ihrem Charakter nach komplex sind, ist es nicht möglich, eine vollständig neue Kultur zu konstruieren und Schritt für Schritt zu implementieren. Diese mechanistische Vorstellung verkennt den Charakter kultureller Beziehungen. Neue Denk- und Arbeitsweisen können zwar angeregt werden, sie werden aber von den Mitarbeitern erst dann initialisiert – und somit zum Teil der neuen Kultur – wenn sie über längere Zeit tatsächlich besser funktionieren als die herkömmlichen. (Schein 2010)

Der Idee der „Kurskorrektur" und somit jener eines geplanten Wandels folgend, gehen die Geriatrischen Gesundheitszentren den Weg einer langfristigen Kulturentwicklung. Kulturbefragungen der gesamten Belegschaft sind geplant.

13.4 Wohin die Managementreise führen wird

Am Ende des Buchs und somit am vorläufigen Ende der Managementreise der Geriatrischen Gesundheitszentren angekommen, stellt sich die Frage, was nun folgen mag?

Deutliche Hinweise darauf lassen sich nicht nur aus ersten Entwicklungen im Umfeld, sondern insbesondere auch aus der Unternehmenskultur-Diagnose ableiten. Unterstreicht diese doch, dass dem Unternehmen eine ausgeprägte Zukunftsorientierung innewohnt. Sie verdeutlicht, dass Innovationsgeist zu einem zielorientierten Schaffensprozess führt, bei dem aus Ideen anwendbare Problemlösungen entstehen. Und proaktives Handeln, das bahnbrechende Neuerungen fördert, ist im Unternehmen tief verankert. Die Diagnose zeigt auch, dass die Ziel- und Zweckorientierung sehr ausgeprägt ist. Die Mitarbeiter orientieren sich stark an ihren gemeinsam formulierten Leitbildern und finden in ihrer Tätigkeit Sinn. Sinnstiftung ist wohl ein ganz besonders wichtiges kulturelles Element eines Unternehmens, denn wenn der Einzelne seinen Beitrag zum Großen und Ganzen als sinnvoll erlebt, ändern sich überkommene Strukturen ganz nebenbei. Eine gesunde materielle Basis, wie sie in den Geriatrischen Gesundheitszentren gegeben ist, gibt Sicherheit. Effizientes Handeln ist möglich. Profit kann aber nur die Folge von effizientem Handeln derer, die in ihrem Tun Sinn erfahren, sein, nicht das Ziel. In dieselbe Richtung weist auch ganz klar das Bekenntnis, im Einklang mit gesellschaftlichen Interessen handeln zu wollen. Aber nicht nur der Wunsch nach einer noch stärkeren Förderung von Gemeinwohlinteressen, sondern auch das Bestreben nach einem weiteren Ausbau der Kundenorientierung im Sinne von „Patient first" sowie nach noch mehr Potenzialorientierung verdeutlichen, dass künftiger Erfolg wohl in der Sinnstiftung auszumachen ist.

Es ist nicht anzunehmen, dass die Entwicklung eines Unternehmens mit der in diesem Buch beschriebenen vierten Phase, der Exzellenzphase, abgeschlossen ist. Vielmehr ist eine ständige Weiterentwicklung des Unternehmens anzunehmen und auch anzustreben. So skizzieren etwa Glasl und Lievegoed (2016) zu ihren Entwicklungsphasen eines Unternehmens, der Pionierphase, der Differenzierungsphase, der Integrationsphase und der Assoziationsphase, eine fünfte – bislang empirisch nicht beschriebene – Phase, die weniger orts- und zeitgebunden und auch weniger materialisiert sein kann. Tatsächlich lassen sich auch für die Managementreise der Geriatrischen Gesundheitszentren schon mehr oder weniger deutliche Umrisse des Ufers erkennen, auf welches das Schiff zusteuern könnte.

Als logische Weiterentwicklung zeichnet sich eine, bereits begonnene, stetige Abkehr von der im Gesundheitssystem nach wie vor vorherrschenden Systemorientierung hin zu einer noch deutlicheren Patientenorientierung ab. Auch die Unternehmenskultur-Diagnose verdeutlicht, dass sich die Befragungsteilnehmer eine noch stärkere Patientenorientierung wünschen.

Zwei unserer Vorbilder, die uns Klarheit über unsere nächsten Entwicklungsschritte geben, wollen wir abschließend vorstellen:

Das Esther-Netzwerk – macht Patientenorientierung wahr

Ein Leuchtturm im europäischen Gesundheitswesen für die konsequente Umsetzung integrierter Versorgung mit vorbildlicher Patientenorientierung ist im südschwedischen Jönköpings län zu finden. Vor mehr als 20 Jahren wurde dort das sogenannte Esther-Netzwerk (Region Jönköpings län, o.J.) gegründet, welches in einem systemischen Ansatz Gemeinden, Krankenhäuser, Primärversorgungseinrichtungen und auch einige private Anbieter im Gesundheits- und Sozialbereich zum Wohle der Patienten miteinander vernetzt. Um die echten Patientenbedürfnisse eruieren, den exakten Bedarf an abgestimmter Versorgung erkennen und maßgeschneiderte Versorgungsangebote ableiten zu können, erfanden die Gründer des Esther-Netzwerks eine historische und zugleich symbolische Person, die als Repräsentantin für jede beliebige ältere Person bzw. Person mit komplexen Bedürfnissen steht (Vackerberg u.a. 2016).

> **Wer ist Esther?**
>
> Nicoline Vackerberg erzählt von der Entstehungsgeschichte
> (Graz, 20.10.2019):
>
> „Im Schweden der Jahrtausendwende lebt eine alte Frau: Esther. Wie viele alte Frauen und Männer ist sie chronisch krank, multimorbid und in ihrer Funktionalität eingeschränkt. Die 88-Jährige lebt alleine, irgendwo im Norden Smålands. Ihre Tochter lebt in Nordschweden, welches über die Jahre zu ihrem Lebensmittelpunkt geworden ist.

> Eines Tages fühlt sich Esther schlecht. Ihre Beine schmerzen. Sie sind schwer und geschwollen. Esther konsultiert die örtliche Gemeindeschwester. Diese verweist sie an einen Allgemeinarzt. Esther muss im örtlichen Krankenhaus vorständig werden. Nach unzähligen Untersuchungen und Begegnungen mit unterschiedlichen Professionalisten sowie sage und schreibe 32 Wiederholungen ihrer Krankengeschichte, bekommt sie ein Rezept für ein Medikament ausgestellt, das ihre Beine abschwellen lassen soll. Mit dem Rezept im Gepäck wird Esther vom Krankenhaus entlassen. Wieder zuhause, hat sie eine hochstrapaziöse Reise durch das Gesundheitssystem hinter sich. Esther ist erschöpft. Da das Medikament wirkt, fühlt sie sich aber bald wieder besser.
>
> Esther denkt über ihre beschwerliche Reise durch das Gesundheitssystem nach. Systemzweifel kommen auf. Schließlich erfuhr sie am eigenen Leib, dass die Prozesse nicht optimal laufen. Obwohl alle Berufsgruppen im Gesundheitswesen mit bester Absicht und völlig richtig arbeiteten, obwohl alle ihr Bestes gaben, war Esthers Weg durch das Gesundheitssystem augenscheinlich nicht der beste Weg für Esther. Denn das Gesundheitssystem unterstützt Kooperation und Koordination oft nicht oder verunmöglicht diese sogar. Dies führt zu Unzufriedenheit bei Patienten und zu nicht adäquaten Versorgungsprozessen."

Esther steht stellvertretend für so viele Kontakte mit dem Gesundheitssystem, die täglich, vielfach, überall auf der Welt stattgefunden haben könnten.

In Schweden wollte man diese unzufriedenstellende Situation nicht länger hinnehmen. Heute steht Jönköpings län Modell für die Transformation des Gesundheitssystems und ist beispielhaft für Innovation im Gesundheitswesen (Baker et al. 2008). Die Vision des Esther-Netzwerks beschreiben Vackerberg und Kollegen (2016) wie folgt: „The network's vision is that ‚Esther will feel safe and independent with the support of an energetic network.'" (S. 54) System-Coaches, die sogenannten Esther-Coaches, bilden den Kern des Esther-Netzwerks. Diese ehrenamtlichen Mitarbeiter mit gesundheitsprofessionellem Hintergrund, die bei den unterschiedlichen miteinander vernetzten Versorgungsanbietern tätig sind, fördern systematisch die ganzheitliche Entwicklung des Gesundheitssystems, über organisationale Grenzen hinweg. Konstant stellen sie die Frage „What is best for Esther?" (Vackerberg u. a., 2016, 54) und richten ihr Handeln daran und damit an der oben genannten Vision aus. So gelingt es ihnen, Schritt für Schritt das Gesundheitsystem im Detail zu verändern und das atemberaubend nah am Patienten.

Die folgenden grundlegenden Elemente charakterisieren das Esther-Netzwerk (Vackerberg u. a., 2016, S. 54 ff.):

- expliziter *Kundenfokus*, durch die kontinuierliche Einbeziehung von Vertretern der Zielgruppe (Senioren) in Verbesserungsprozesse,
- ein *lösungsorientierter Coaching-Ansatz*, der im Gegensatz zu einem problembasierten Ansatz nicht nur zu schnelleren Ergebnissen führt, sondern vor allem den Schwerpunkt auf Verbesserung und Stärkung legt,

- das Bereitstellen eines *unterstützenden Coach-Netzwerks* (Esther-Coaches) mit geteilten Werten („What is best for Esther?"),
- *Systemdenken*, das anstelle des Schubladendenkens einzelner Professionen oder Gesundheitsanbieter das Verstehen und Beeinflussen des komplexen Gesamtsystems erst ermöglicht.

Die Idee des Esther-Netzwerks mit seiner grundlegenden Haltung, Patienten und ihre Bedürfnisse ins Zentrum aller Überlegungen und jeglicher (Qualitäts-)Verbesserungsmaßnahmen zu stellen und den Patienten Gehör zu verschaffen, sorgt nicht nur innerhalb Schwedens, sondern auch international für Aufsehen. Dem Esther-Netzwerk gehören mittlerweile so unterschiedliche Länder wie Großbritannien und Singapur an.

Durch eine Mitgliedschaft im Esther-Netzwerk und die konsequente Ausrichtung am Esther-Markenzeichen „What is best for Esther?" könnten die Geriatrischen Gesundheitszentren, zunächst intern und im weiteren Verlauf vernetzt mit anderen Gesundheitsanbietern der Region, ihre besondere Stellung in der Patientenorientierung weiter ausbauen. Denn Esther-Thinking eignet sich für die altersmedizinische Versorgung wohl in besonderem Maße, da gerade geriatrische Patienten einen komplexen Versorgungsbedarf durch Angehörige unterschiedlicher Berufsgruppen (z. B. Ärzte, Pflegekräfte, Therapeuten, Sozialarbeiter) haben.

Ein weiteres Vorbild, in dem wir finden, wonach wir suchen, stammt aus den Niederlanden.

Die Organisation Buurtzorg – erfindet Management neu

Bei Buurtzorg handelt es sich um eine bahnbrechende Organisation mit einer Pflegephilosophie, bei der ebenfalls die Pflegebedürftigen im Mittelpunkt stehen. Buurtzorg fußt auf nachbarschaftlicher ambulanter Krankenpflege, einer langen niederländischen Tradition. Diese wurde spätestens ab den 1980er-Jahren durch große Krankenpflegeunternehmen abgelöst. Man versprach sich gesteigerte Effizienz durch hohe Spezialisierung, mehr Flexibilität, ökonomische Vorteile der Skalierung und kontinuierliche Verbesserung. Allerdings stießen die großen, zunehmend fusionierten, mechanistischen Krankenpflegeunternehmen mehr und mehr auf Widerstand bei Patienten wie Pflegekräften. (Laloux 2017)

Jos de Blok, eine Pflegekraft, die es leid hatte, unter diesen Bedingungen zu arbeiten, gründete 2006 Buurtzorg. Bei Buurtzorg arbeiten Pflegekräfte unter gänzlich anderen Bedingungen, mit einer gänzlich anderen Sichtweise von Pflege. Werte wie Freiheit, Zeit, Wertschätzung und Bindung werden großgeschrieben. Sich selbstorganisierende Teams von zehn bis zwölf Mitgliedern leisten hervorragende Pflegearbeit. Hierfür braucht es keine Teamleiter innerhalb der Teams und keine Manager auf übergeordneten Ebenen, lediglich eine unterstützende Zentrale mit Beratungsfunktion und selbstgeführte Pflegeteams. Die Organisation beschäftigt heute mehr als 9 000 Pflegekräfte – drei Viertel aller ambulanten Pflegekräfte in den Niederlanden – in 800 selbstgeführten Teams. (Laloux 2017)

Buurtzorg ist gekennzeichnet durch die folgenden Kernelemente (Laloux 2017):

- *Selbstführung:* Die Organisation verfügt über Strukturen mit wirkungsvollen und fluiden Systemen verteilter Autorität und kollektiver Intelligenz (z. B. selbstgeführte Teams, Entscheidungsfindung im Beratungsprozess, Selbsteinschätzung bei der Bezahlung, keine Anreize, intrinsische Motivation zur Leistung, natürliche Hierarchien).
- *Ganzheit:* Die Organisation entwickelt Praktiken, durch welche die Mitarbeiter nach und nach die Masken ihres „professionellen" Selbst abnehmen und sich in ihrer Ganzheit in die Arbeit einbringen können (z. B. Menschen kommen mit ihrem ganzen Selbst zur Arbeit, bringen manchmal ihre Kinder und Haustiere mit, legen ihre Perfektion ab, teilen gemeinsame Bezugspunkte, nehmen sich Zeit zu reflektieren).
- *Evolutionärer Sinn:* Die Mitarbeiter werden eingeladen, darauf zu horchen und zu verstehen, in welche Richtung sich die Organisation entwickeln will (z. B. sie verfolgen keinerlei strategische Pläne, entwickeln strukturierte Formen des Zuhörens, richten sich gemeinsam am Sinn der Organisation aus, haben keine Budgets, verfügen über eine innewohnende Fähigkeit zur Veränderung).

Buurtzorg steht beispielhaft für eine völlig neue Form von Organisationen. Diese bezeichnet Laloux (2017) als evolutionäre Organisationen. Sie haben das Potenzial, das Management, wie wir es bisher kennen, durch die drei soeben umrissenen Kernelemente Selbstführung, Ganzheit und evolutionärer Sinn radikal zu verändern. Sie nutzen auch eine neue, der Natur entlehnte, Metapher: Die Metapher der Organisation als lebendiges System. Im Unterschied zu den heute vorherrschenden Organisationsmodellen, die Laloux (2017) als impulsiv, konformistisch, leistungsorientiert und pluralistisch typisiert, ermöglicht es das evolutionäre Organisationsmodell erst, auf die vor uns liegenden Herausforderungen durch permanente Veränderungen adäquat zu reagieren. Denn hierarchische, der Pyramidenstruktur folgende Systeme, wie es mit wenigen Ausnahmen alle heutigen Organisationen sind, können, Laloux (2017) zufolge, der heutigen Komplexität nicht mehr gerecht werden, da die wenigen Führungskräfte an der Spitze schlicht nicht mehr die Kapazität haben, die Komplexität zu erfassen und damit umzugehen. Er postuliert, dass auf dieser hier skizzierten nächsten Stufe von Organisationsmodellen wohl wirkungsvollere, seelenvollere und sinnvollere Organisationen entstehen, als die heutigen.

Doch können bestehende Organisationen, wie die Geriatrischen Gesundheitszentren, zu evolutionären Organisationen transformiert werden?

Die Transformation einer bestehenden Organisation ist möglich, alleine für den Weg gibt es kein Patentrezept. Laloux (2017) nennt aber ganz klar zwei notwendige Voraussetzungen auf dem Weg zur evolutionären Organisation:

- *Top-Management:* Der Geschäftsführer bzw. Unternehmensgründer muss aus einer evolutionären Weltsicht leben.
- *Eigentümer:* Die Eigentümer bzw. Repräsentanten der Organisation müssen eine evolutionäre Weltsicht verstehen und annehmen.

Warum der Geschäftsführer eine notwendige Voraussetzung einer selbstgeführten Organisation ohne Pyramidenstruktur ist?

In der Tat fallen viele der traditionellen Rollen eines Geschäftsführers in evolutionären Organisationen weg (z. B. Entscheidungen über Zielvorgaben, Budgets oder Beförderungen). Zwei wesentliche Rollen bleiben aber:

- Der Geschäftsführer bleibt das öffentliche Gesicht der Organisation.
- Er bleibt auch der Sensor dafür, wohin die Organisation gehen möchte.

Neue Rollen kommen hinzu:

- Ganz wesentlich obliegt es dem Geschäftsführer, den Raum für die evolutionären Strukturen und Praktiken zu halten und damit die operativen Prinzipien evolutionärer Organisationen, die sich radikal vom traditionellen Managementdenken unterscheiden, immer und immer wieder gegen Kritiker zu verteidigen.
- Der Geschäftsführer ist Vorbild in Bezug auf die Kernelemente evolutionärer Organisationen: Selbstführung, Ganzheit und evolutionäre Sinnausrichtung.
- Und ansonsten obliegt ihm die Rolle, Kollege zu sein, wie jeder andere auch.

An dieser Stelle kommt wohl die Frage auf, wo die Transformation der Organisation eigentlich beginnen sollte. Vier Ansätze wären denkbar (Laloux 2017):

- Das Unternehmen könnte in einer Abteilung neue Methoden testen und damit experimentieren, um zu lernen.
- Anstatt gleich die gesamte Abteilung zu transformieren, wäre freilich auch denkbar, neben der bestehenden Abteilung eine eigene, von Buurtzorg inspirierte Abteilung zu schaffen. Die Mitarbeiter müssten die Wahlfreiheit haben, in welchem der beiden Modelle sie arbeiten möchten.
- Weniger dramatisch wäre sicherlich ein Einstieg in die Transformation über viele parallele Experimente begeisterter Mitarbeiter, welche die neue Arbeitsweise in unterschiedlichsten Bereichen ausprobieren möchten, verteilt über das ganze Unternehmen. Die besten Lösungen könnten allgemein eingeführt werden.
- Denkbar wäre auch, einer freiwilligen Gruppe die Möglichkeit zu geben, einen ausgewählten Themenbereich agil zu gestalten (z. B. das Wissensmanagement, die Meeting-Praxis oder Budgeting-Prozesse).

Grundvoraussetzung für jegliche Transformation bleibt aber wohl eine in die Organisation eingebaute Anpassungs- und Lernfähigkeit. Denn weitreichende Veränderungen und neue Lösungen sind früher oder später abzusehen. Auch sind die Rahmenbedingungen, die durch die Umwelten (z. B. Gesetzgeber) determiniert werden, zu beachten. Haben diese doch förderliche, im Gesundheitswesen aber wohl oft eher hemmende und begrenzende Einflüsse (z. B. hinsichtlich der Errichtung von Pflegeheimen der 5. Generation) auf Organisationen.

Jede Organisation durchläuft nach ihrer Gründung im Rahmen ihres Wachsens und Reifens verschiedene Entwicklungsphasen. Glasl und Lievegoed (2016) beschreiben das generelle Muster wie folgt: Zunächst entsteht ein globales Gebilde, das sich differenziert, später integriert und schließlich mit seiner Umgebung explizit koppelt. Die Anforderungen an die Organisation werden von Entwicklungsphase zu Entwicklungsphase komplexer. Die Organisation muss immer wieder neue Formen des Organisierens und Führens hervorbringen und sich jeweils neu mit ihrem Umfeld arrangieren.

Die skizzierte Entwicklung erfolgt aber nicht zwangsläufig und nicht mit naturgesetzmäßiger Notwendigkeit. Die Organisation kann in ihrer aktuellen Entwicklungsphase verweilen und diese perfektionieren. Sie kann gezielte Maßnahmen setzen, um in die nächsthöhere Entwicklungsphase einzutreten. Sie kann aber auch erkennen, besser noch einmal einen Schritt zurück zu machen, um die versäumten Hausaufgaben der vorherigen Entwicklungsphase nachzuholen. Bestimmt durch ihre Wertvorstellungen und ihre Leitideen und natürlich beeinflusst durch generelle Machbarkeitsfaktoren haben die Menschen dazu Gestaltungsfreiheit. So erfolgt etwa die in diesem Buch beschriebene Entwicklung der Geriatrischen Gesundheitszentren mehr oder weniger in 5-Jahres-Phasen, die den von Glasl und Lievegoed (2016) beschriebenen Entwicklungsphasen ähnlich sind.

Abschließend drängt sich wohl die Frage auf, ob denn nicht eine Entwicklungsphase übersprungen werden könnte oder ob es nicht möglich wäre, gleich von Unternehmensgründung an eine höhere Phase zu verwirklichen? Aber nein, Phasen des Wachsens und Reifens müssen Schritt für Schritt gegangen werden. So wie Menschen nach ihrer Geburt Kindheit, Jugend, Erwachsenenzeit und Reifung durchleben, tun dies auch Organisationen. Das Überspringen von Phasen oder das Einsteigen in höhere Phasen wäre praktisch, war Glasl und Lievegoed (2016) zufolge aber noch jedes Mal ein Misserfolg.

Und so kommt es, dass in diesem Buch, in einer schnelllebigen Zeit wie der unseren, 20 Jahre Unternehmensentwicklung beschrieben werden, denn Reifung braucht Zeit. Nur über den zurückgelegten Weg, den die Geriatrischen Gesundheitszentren gegangen sind, ist es ihnen heute möglich, zu erspüren, dass sich das Unternehmen bereits auf den Weg gemacht hat, in eine noch patientenorientiertere Zukunft; ohne Abstriche. Ob dieser Weg einen traditionellen Strategiewechsel einläuten wird oder ob er im Rahmen agilen Vorgehens in kleinen Schritten, eng verwoben mit und orientiert an den betroffenen alten Menschen und letztlich durch Versuch und Irrtum gelingen wird, wird sich zeigen. Der Weg wird gegangen werden, da die notwendige Haltung der Menschen gegeben ist und weil mit dieser Haltung Sinnstiftung einhergeht. Dennoch: Ohne die vier Entwicklungsphasen von der Pionierphase bis hin zur Exzellenzphase durchlaufen zu haben und ohne die ursprünglichen Strategien „Beste Geriatrie Österreichs sein" und „Ein führendes Kompetenzzentrum für Altersmedizin und Pflege in Europa sein", bliebe die Klarheit für den nächsten Schritt verborgen und künftige Innovation im Sinne von „Patient first" Illusion.

13.5 Literatur

Baetge, Jörg; Schewe, Gerhard; Schulz, Roland; Solmecke, Henrik: *Unternehmenskultur und Unternehmenserfolg: Stand der empirischen Forschung und Konsequenzen für die Entwicklung eines Messkonzeptes.* Journal für Betriebswirtschaft, 57 (2007), S. 183 – 219

Baker, Ross; MacIntosh-Murray, Anu; Porcellato, Christina; Dionne, Lynn; Stelmacovich, Kim; Born, Karen: *Jönköping County Council. High Performing Healthcare Systems: Delivering Quality by Design*, S. 121 – 144. URL: *http://qualitybydesign.blogspot.com/2008/12/chapter-4-jnkping-county-council-smland.html.* Abgerufen am 04.09.2019.

Degener, Mirko: *Unternehmenserfolg und soziale Verantwortung.* Peter Lang Verlag, Frankfurt am Main, 2004

Gabler Wirtschaftslexikon: *Unternehmenskultur.* URL: *https://wirtschaftslexikon.gabler.de/definition/unternehmenskultur-49642/version-272870.* Abgerufen am 14.08.2019

Glasl, Friedrich; Lievegoed, Bernard: *Dynamische Unternehmensentwicklung. Grundlagen für nachhaltiges Change Management.* 5. neubearbeitete Auflage. Haupt/Verlag Freies Geistesleben, Bern/Stuttgart 2016

Glasl, Friedrich: *Konfliktmanagement. Ein Handbuch für Führungskräfte, Beraterinnen und Berater.* 11. neubearbeitete Auflage. Haupt/Verlag Freies Geistesleben, Bern/Stuttgart 2017

Glasl, Friedrich: *12 Grundorientierungen der Unternehmenskultur.* Trigon Entwicklungsberatung, o.J.

Goldgruber, Judith: *Organisationsvielfalt und betriebliche Gesundheitsförderung. Eine explorative Untersuchung.* Springer Gabler Verlag, Wiesbaden 2012

Hauser, Frank; Schubert, Andreas; Aicher, Mona: *Unternehmenskultur, Arbeitsqualität und Mitarbeiterengagement in den Unternehmen in Deutschland.* Ein Forschungsprojekt des Bundesministeriums für Arbeit und Soziales. Bundesministerium für Arbeit und Soziales, 2007. URL: *https://www.bmas.de/SharedDocs/Downloads/DE/PDF-Publikationen/forschungsbericht-f371.pdf;jsessionid=DCEE495D3A2A8B4B289DAB4D784E4FE8?__blob=publicationFile&v=2.* Abgerufen am 3.12.2019

Hopfenbeck, Waldemar: *Allgemeine Betriebswirtschafts- und Managementlehre: Das Unternehmen im Spannungsfeld zwischen ökonomischen, sozialen und ökologischen Interessen.* 14. Auflage. Verlag Moderne Industrie, München 2002

Kieser, Alfred: *Managementlehren – von Regeln guter Praxis über den Taylorismus zur Human Relations-Bewegung.* In: Kieser, Alfred; Ebers, Mark (Hrsg.): *Organisationstheorien.* 8. neubearbeitete Auflage. Kohlhammer, Stuttgart 2019, S. 75 – 121

Laloux, Frederic: *Reinventing Organizations visuell. Ein illustrierter Leitfaden sinnstiftender Formen der Zusammenarbeit.* Vahlen Verlag, München 2017

Lang, Rainhart; Winkler, Ingo; Weik, Elke: *Organisationskultur, Organisationaler Symbolismus und Organisationaler Diskurs.* In: Weik, Elke; Lang, Rainhart (Hrsg.): *Moderne Organisationstheorien 1. Handlungsorientierte Ansätze.* Lehrbuch. 2. neubearbeitete Auflage. Gabler Verlag, Wiesbaden 2005, S. 207 – 258

Morgan, Gareth: *Bilder der Organisation* (Sonderausgabe). Schäffer-Poeschel Verlag, Stuttgart 2018

Region Jönköpings län.: *Esther – in English* URL: *https://plus.rjl.se/infopage.jsf?nodeId=31383*. Abgerufen am 04.09.2019.

Sackmann, Sonja: *Assessment, evaluation, improvement: Success through corporate culture*. 2. Auflage. Bertelsmann Stiftung, Gütersloh 2007

Sanders, Karin; Kianty, Andrea: *Organisationstheorien: Eine Einführung*. Verlag für Sozialwissenschaften, Wiesbaden 2006

Schein, Edgar: *Organisationskultur: The Ed Schein Corporate Culture Survival Guide*. 3. neubearbeitete Auflage. EHP, Bergisch Gladbach 2010

Steinmann, Horst; Schreyögg, Georg; Koch, Jochen: *Management: Grundlagen der Unternehmensführung. Konzepte, Funktionen, Fallstudien*. 7. neubearbeitete Auflage. Springer Gabler Verlag, Wiesbaden 2013

Vackerberg, Nicoline; Levander, Märta; Thor, Johan: *What Is Best for Esther? Building Improvement Coaching Capacity With and for Users in Health and Social Care – A Case Study*. In: Quality Management in Health Care, Volume 25, Issue 1, (2016), S. 53–60

Abkürzungsverzeichnis

AAL	Active and Assisted Living
ACU	Appalic Care Unit/Wachkomastation
AD	Aufsuchender Dienst
AG/R	Akutgeriatrie/Remobilisation
AI	Artificial Intelligenz
APN	Advanced Practice Nurse
ASIGG	Albert Schweitzer Institut für Geriatrie und Gerontologie
BA	Bachelor of Arts
BCG	Boston-Consulting-Group
BIA	Business-Impact-Analyse
BMG	Bundesministerium für Gesundheit
BPR	Business-Process-Re-engineering
BSC	Balanced Scorecard
BW	Betreutes Wohnen
CIRS	Critical Incident Reporting System
COPD	Chronic Obstructive Pulmonary Disease
CPMP	Committee on Proprietary Medicinal Products
CSR	Corporate Social Responsibility
DBfK	Deutscher Berufsverband für Pflegeberufe
DM	Demenz- und Memory Klinik
DNR	Do Not Resuscitate
DRP	Disaster-Recovery-Plan
DTB	Demenz Tagesbetreuung
EBITDA	Earnings before interest, taxes, depreciation and amortization
EbM	Evidenzbasierte Medizin
EBN	Evidence-based Nursing
EDV	Elektronische Datenverarbeitung
EFQM	European Foundation for Quality Management
ELGA	Elektronische Gesundheitsakte
EPA	Elektronische Patientenakte
EU	Europäische Union
FI	Forschungsinstitut
GDA	Gesundheitsdiensteanbieter
GEKO	Geriatrischer Konsiliardienst
GGZ	Geriatrische Gesundheitszentren der Stadt Graz

GSBG	Gesundheits- und Sozialbereichsbeihilfengesetz
HLS-EU	European Health Literacy Surveys
HO	Hospiz
HRM	Human-Resources-Management
IMC	Intermediate Care
IPS	Initiative für Patientensicherheit
ISMS	Information Security Management System
ISO	International Organization for Standardization
IT	Informationstechnologie
IzEP	Instrument zur Erfassung von Pflegesystemen
KAG	Krankenanstaltengesellschaft
KI	Künstliche Intelligenz
KIS	Krankenhausinformationssystem
KL	Klinik
KPM	Kontinuierliches Prozessmanagement
KTQ	Kooperation für Transparenz und Qualität im Gesundheitswesen
KVP	Kontinuierlicher Verbesserungsprozess
LKF	Leistungsorientierte Krankenanstaltenfinanzierung
LP	Langzeitpflege
MAS	Master of Advanced Studies
MbD	Management by Delegation
MbDR	Management by Decision Rules
MbE	Management by Exception
MbO	Management by Objectives
MbP	Management by Participation
MbR	Management by Results
MG	Medizinische Geriatrie
MIS	Management-Informationssystem
NQZ	Nationales Qualitätszertifikat für Alten- und Pflegeheime
OE	Organisationsentwicklung
ÖKOPROFIT	ÖKOlogisches PROjekt Für Integrierte UmweltTechnik
ÖNORM	Österreichische Norm
OP	Operation
p. a.	per anno
PDCA	Plan-Do-Check-Act
PIS	Personalinformationssystem
PR	Public Relations
QM	Qualitätsmanagement

QR	Quick Response
RNS	Remobilisation und Nachsorge
SMART	Spezifisch, messbar, anspruchsvoll, realistisch, terminiert
SoC	Sense of Coherence
SQL	Structured Query Language
SROI	Social Return on Investment
SWOT	Strenghts, Weaknesses, Opportunities, Threats
TKL	Tagesklinik
TQM	Total-Quality-Management
TZ	Trainingszentrum
USP	Unique-Selling-Proposition
VUCA	Volatility, uncertainty, complexity, ambiguity
W+	Wohnen plus
WHO	Weltgesundheitsorganisation
WLAN	Wireless Local Area Network

Index

A

Active and Assisted Living 292
Advanced Practice Nurse 121
Agility 51
Alleinstellungsmerkmal 265
Alltagsmanager 124
Altern
– der Gesellschaft 91
Altersgerechtes Arbeiten 169
Ambiguität 51
Anforderungen an die Wohnraumgestaltung von älteren und demenzerkrankten Bewohnern 207
Angehörigengespräche 97
Arbeitgeber 277
Architektur der Pflegeheime der 4. Generation 206
Authentifizierung 219
Autonomie 94

B

Balanced Scorecard (BSC) 26, 185
Basisassessments
– Ziele des 92
Bedarfserhebungen 189
Behandlungsangebot
– multidimensionales 92
Behandlungsqualität 227
Benchmarking 191
Benutzerschnittstelle 224
Beratung
– konsiliarische 97
Berichtswesenbesprechungen 189
Beschaffungsprozess 187
Best Point of Care 47, 129
Best Point of Service 47

Betreuungsangebot
– multidimensionales 92
Bezugspflegeperson 112
Billigstbieterprinzip 187
Budget 190
Budgetierung 189
Business-Impact-Analyse (BIA) 231
Businessplan 289

C

Changemanagement 11
Clarity 51
Clinical-Decision-Support-Systeme 235
Controlling
– operatives 182
– strategisches 182
Corporate Design 266
Corporate Identity 266
Critical Incident Reporting System 251
Crossmediale Kommunikation 279

D

Daten 224
Datenintegrität 219
Datenverluste 231
Demenz 206
Demografie 91
Demografiestatistiken 91
Demografische Entwicklung 91
Dienstleistungen
– infrastrukturelle 199
Digitalisierung 131, 224
Dokumentation
– medizinische 225

E

Effizienzsteigerung 232
EFQM 248
EFQM-Modell 18, 253
Electronic Health 234
Elektronische Gesundheitsakte (ELGA) 227
ELGA-Portal 227
Employer Branding 277
Employer of Choice 174
Entscheidungsfindungsprozesse
- ethische 97
Entscheidungssituation 94
Erfahrungswissen
- Integration von 294
Ergebnisqualität 243
Evidence-based Nursing 123
Evidenzbasierte Medizin 104

F

Fachleitfäden 117
Facility-Management 199
- Ziele des 199
Finanzen 185
Finanzperspektive 26
Forschung 104
Führung
- Werkzeuge wirksamer 139
Führung (Leadership) 137
Führungsinstrument 185
Führungsstil 147

G

Gebäudedienstleistungssystem 199
Gemeinschaftsküche 206
Gemeinwohlinteressen 312
Gerechtigkeit
- soziale 94
Geriatrischer Konsiliardienst 97
Geriatrisches Assessment 92
Gesundheitsförderung 127, 163
Gesundheitskompetenz 127
Good Clinical Practice 290
Grundkonzepte
- der Excellence 253
Grundprinzipien
- ethische 290
Gruppen
- familienähnliche 206

H

Handeln
- situatives 312
Handlungsempfehlungen 104
Herausforderung der Zukunft für die Pflege 130

I

Indikatoren
- evidenzbasierte 114
Informationsmanagement 295
Informationssicherheitssystem 219
Innovation
- inkrementelle 284
- radikale 284
Innovationen 284
Interessenskonflikt 94
ISO 9001 248

J

Journal Clubs 123

K

Klinikmanagementansatz
- ganzheitlicher 277
Klinisches Informationssystem oder Krankenhausinformationssystem (KIS) 225
Kommunikation
- mit potenziellen Partnern 289
Komplexität 51
Konkurrenzvergleich
- anonymer 272
Kontinuierlicher Verbesserungsprozess 246
Kontinuierliches Prozessmanagement (KPM) 223
Konzept
- der Pflegeheime 124
Krankheitsbewältigung 127
Kriterien-Modell 253
KTQ 248
KTQ-Modell 249
Kulturwandel. Siehe
Kunden 185
Kundenorientierung 312
Kundenperspektive 26

L

Lebensführung
- selbstständige 92
Lebensphasenbezogener Personalentwicklungsansatz 166
Lebensqualität 127
- bestmögliche 102
Lebenszusammenhang
- bisheriger 207
Leistungsanforderungen 163
Leistungsfähigkeit
- älterer Menschen 169
Leistungsprozesse 224
Leitidee 279
- durchgängige 279
Leitlinien
- evidenzbasierte 104
Lessons Learned 294
Loyalität 163

M

Macht-/Kontrollinteresse 312
Management by Objectives (MbO) 154
Management-Informationssystem (MIS) 192
Marke
- Arbeitgeber als 277
Marketingcontrolling 274
Medien
- soziale 274
Medienauswahl 279
Medikationsdaten 227
Medizinethik
- Prinzipien der 291
Medizinprodukt 229
Mitarbeiter 137, 277
- Integration neuer 163
- potenzielle 277
Mitarbeiterbefragungen 172
Mitarbeitereinführungsprozess 163
Mitarbeiterförderung und -entwicklung 185
Mitarbeitergespräch 163
Mitarbeiterperspektive 26
Mitarbeiterzufriedenheit 112
Mystery Shopper 272

N

Normalitätsprinzip 124
Notfallkonzepte 231
Notfallpläne 231

P

Palliativmedizin 102
Partizipation 111
Patientenakte
- elektronische 225
Patientenbeteiligung 111
Patientendatenverwaltungssystem 225
Patientensicherheit 227
Patientenwohl 94
Patientenzentrierung 111
Patientenzufriedenheit 112
Patient first 111
Performanceziele 185
Personenzentriertheit 114
Pflege
- patientenorientierte 117
Pflegeorganisationskonzept 112
Pflegeprozess 112
Pflegequalität 114
Pflegewissenschaft 121, 131
Pflegewohnheime der 4. Generation 124
Planung
- strategische 182
Polypharmazie 97
Potenzialorientierung 312
Potenzialperspektive 26
Prävention 127
Praxiserfahrungen 104
Praxisorientierung 117
Primary Nursing 112
Prinzipien ethischen Handelns in der Medizin 94
Privatsphäre 206 f.
Projektmanagement 243
Prozesse
- interne 185
Prozessimplementierung 223
Prozessperspektive 26
Prozessqualität 243
Public Relations 265

Q

Qualitätsdimensionen 243
Qualitätskriterien 187
Qualitätsmanagement 114, 240
Qualitätsmanagementsystem 247
Qualitätssicherung 117
Qualitätssteigerung 232

R

Radar-Logik 253
Rehabilitation 92
Rehabilitationspotenzial 92
Reifegrad
- der Mitarbeiter 148
Reifegradmodell 248
Risikoanalyse 231
Risikobereitschaft 312
Risikomanagement 232

S

Schadensvermeidung 94
Selbstbestimmung 207
Servant Leadership 151
Sicherheitsstreben 312
Situatives Führen 148
Standardregelungen 312
Stimulation 207
Strategie 185f.
Strategisches und operatives Controlling 181
SWOT-Analyse 189

T

Tarifgestaltung 189
Team
- interdisziplinäres 92
Testkaufmethode 272
Total Quality Management (TQM) 18, 240
Trauerphase 102
Trendanalyse 285

U

Unbeständigkeit 51
Understanding 51
Unique Selling Proposition 265
Unsicherheit 51
Unternehmensführung
- marktorientierte 274
Unternehmenskultur 163
Unternehmensziele 223
Unterstützung
- kollegiale 97

Unterstützungssystem
- soziales 102

V

Veränderungsprozesse
- Umsetzung von 172
Verbesserungspotenziale 189
Verbundzertifizierung 249
- vernetzte 249
Verfügbarkeit 219
Vergangenheitsorientierung 312
Vernetzung 234
Versorgung
- integrierte 277
Versorgungsplanung 97
Vertraulichkeit
- von Informationen 219
Vision 51
Volatilität 51

W

Wertvorstellungen
- des Patienten 104
Wettbewerbsvorteile 277
Wiederherstellungszeiten 231
Wirksame Führung 139
Wissensmanagement 295
Wunschvorstellungen
- des Patienten 104

Z

Zertifizierung
- vernetzte 249
Zertifizierungs- und Reifegradmodelle 248
Zertifizierungsvarianten 249
Zielerreichung 137
Zielgruppe 265
Zukunftsszenarien 285
Zuweiser
- Bedürfnisse der 277
Zuweisermarketing 277
Zuweisermarktig 277
- Vorteile des 277

Herausgeber und Autoren

Herausgeber

Gerd Hartinger ist promovierter Wirtschafts- und Gesundheitswissenschaftler, Bauingenieur und Professor für Gesundheitsökonomie.

Er verfügt über langjährige Managementerfahrung in internationalen Industriekonzernen, u.a. war er Geschäftsführer des größten österreichisch/tschechischen Groß-Joint-Ventures. Er war langjährig in leitenden Funktionen in mittleren und großen Krankenanstalten (u.a. im Univ. Klinikum Graz) tätig und seit 2000 ist er Geschäftsführer der Geriatrischen Gesundheitszentren der Stadt Graz.

Unter seiner Führung wurden die Geriatrischen Gesundheitszentren u.a. zum Staatspreisträger für Unternehmensqualität nach EFQM 2014, zum EFQM Excellence Award-Finalisten 2015 und 2017 zum zweifachen EFQM-Preisträger.

Im Zuge des Klinik Awards 2015 wurde Gerd Hartinger in Berlin zum Manager des Jahres gekürt.

Die Quality Austria ehrte ihn 2016 als österreichischen Qualitätschampion und 2017 verlieh ihm die European Organization for Quality in Bled/Slowenien den European Quality Leader Award.

Sein Forschungs- und Lehrschwerpunkt liegt in der Gesundheitsökonomie. Gerd Hartinger ist FH-Professor sowie Autor einschlägiger Fachbücher und Publikationen.

Neben seiner Funktion als Geschäftsführer der Geriatrischen Gesundheitszentren der Stadt Graz kommt die Erfahrung als Aufsichtsrat bei mehreren großen Krankenanstalten Gesellschaften hinzu.

Bei der Gründung zahlreicher wohltätiger und ehrenamtlicher Vereine (Wachkomaverein, Bunte Blätter, Verband Geriatrischer Krankenhäuser Österreichs etc.) war Gerd Hartinger federführendes Mitglied.

Judith Goldgruber studierte Gesundheitsmanagement und Gesundheitsförderung an der Fachhochschule Burgenland und promovierte 2010 im Fachgebiet Gesundheitswissenschaften am Institut für Management und Ökonomie im Gesundheitswesen der Privaten Universität für Gesundheitswissenschaften, Medizinische Informatik und Technik in Hall in Tirol. Ihre Doktorarbeit „Organisationsvielfalt und betriebliche Gesundheitsförderung" erschien 2012 bei Gabler Research.

Nach mehrjähriger Hochschultätigkeit in Lehre und Forschung als wissenschaftliche Mitarbeiterin leitet sie seit 2014 das Albert Schweitzer Institut für Geriatrie und Gerontologie der Geriatrischen Gesundheitszentren der Stadt Graz.

Mit ihrem interdisziplinären Team beschäftigt sie sich mit drängenden Fragen des Alter(n)s. Die Forschungsschwerpunkte reichen von Gesundheitsförderung und Prävention im Alter über Active and Assisted Living bis hin zur geriatrischen Versorgungsforschung.

Für die Produktneueinführung des Albert Schweitzer Trainingszentrums für pflegende Angehörige am österreichischen Gesundheitsmarkt nahm sie 2019 in Berlin den Klinik Award „Innovative Patientenversorgung" entgegen.

Autoren

Martina Bohnstingl ist Geschäftsbereichsleiterin der Alternativen Wohnformen der Geriatrischen Gesundheitszentren der Stadt Graz. Sie ist Gesundheits- und Pflegemanagerin sowie Qualitäts- und Risikomanagerin.

Waltraud Haas-Wippel ist akad. Pflegemanagerin, akad. Gerontologin, Sachverständige und Universitäts-Lektorin und seit 1996 Pflegedienstleiterin der Geriatrischen Gesundheitszentren der Stadt Graz.

Brigitte Hermann ist Fachärztin für Innere Medizin, spezialisiert in Geriatrie und Palliativmedizin und leitet die Abteilung für Medizinische Geriatrie an der Albert Schweitzer Klinik der Geriatrischen Gesundheitszentren der Stadt Graz.

Daniela Knapp ist seit April 2011 Leiterin des Finanzmanagements und dritte stellvertretende Geschäftsführung. Zudem ist sie seit 2015 als externe Lektorin für Controlling an der FH Burgenland tätig.

Lisa Adele Laubreiter ist Gesundheitswissenschaftlerin, studiert angewandte Ethik und ist Assistentin der Ärztlichen Leitung Albert Schweitzer Klinik der Geriatrischen Gesundheitszentren der Stadt Graz.

Martin Orehovec ist Qualitäts- und Projektmanager der Geriatrischen Gesundheitszentren der Stadt Graz und begleitete die Zertifizierungen nach KTQ und die EFQM-Bewerbungen.

Martina Pojer ist Sozialmanagerin und Sozialarbeiterin. Sie ist seit 2006 in den Geriatrischen Gesundheitszentren beschäftigt und war an der Konzeption der neuen Pflegewohnheime beteiligt. Sie ist als Geschäftsbereichsleitung Pflegewohnheime und Heimleitung tätig.

Franz Scheucher ist Leiter der Bereiche Technik und Facility Managements sowie Marketing/PR der Geriatrischen Gesundheitszentren der Stadt Graz.

Walter Schippinger ist Facharzt für Innere Medizin/Hämatologie, Onkologie und Geriatrie. Er ist Ärztlicher Leiter der Albert Schweitzer Klinik und Gastprofessor an der Medizinischen Universität Graz.

Irene Schwarz verstärkt seit November 2009 als Assistentin der Leiterin Human Resources das Team in den Geriatrischen Gesundheitszentren. Seit März 2019 ist sie als Stabsstelle für Prozesse und Richtlinien im Bereich HRM zuständig.

Anita Tscherne studierte auf der Wirtschaftsuniversität in Wien. Seit Mai 2008 ist sie Leiterin Human Resources und Stellvertreterin des Geschäftsführers in den Geriatrischen Gesundheitszentren der Stadt Graz.

Lisa Weidinger ist Pflegewissenschaftlerin und Gesundheitsmanagerin. Seit 2015 ist sie bei den Geriatrischen Gesundheitszentren als wissenschaftliche Mitarbeiterin beschäftigt. Nebenberuflich ist sie als Lektorin an der FH Wiener Neustadt tätig.

Tina Carina Wellmann fungiert als Stabsstelle Marketing/PR der Geriatrischen Gesundheitszentren der Stadt Graz.

Stefan Windisch ist seit 20 Jahren Leiter der IT- und Prozessmanagementabteilung der Geriatrischen Gesundheitszentren der Stadt Graz.

Romana Winkler ist in der Strategischen und Operativen Planung der Geriatrischen Gesundheitszentren der Stadt Graz tätig. Sie ist E-Qalin® Prozessmanagerin, EFQM Assessorin und NQZ Zertifiziererin.